Lieber R...

vielen Dank für

10 Jahre

Kommunikation

der feinen Sorte!

Mach's gut!

Stefan

Schriftenreihe

E U B

Erziehung – Unterricht – Bildung

Band 154

ISSN 0945-487X

Verlag Dr. Kovač

Stefan Gebhard

Demokratie als Lebensform

*Genese, Entwicklung und Relevanz
der Sozialen Gruppenarbeit*

Verlag Dr. Kovač

Hamburg
2011

VERLAG DR. KOVAČ e. K.

FACHVERLAG FÜR WISSENSCHAFTLICHE LITERATUR

Leverkusenstr. 13 · 22761 Hamburg · Tel. 040 - 39 88 80-0 · Fax 040 - 39 88 80-55

E-Mail info@verlagdrkovac.de · Internet www.verlagdrkovac.de

Bibliografische Information der Deutschen Nationalbibliothek
Die Deutsche Nationalbibliothek verzeichnet diese Publikation
in der Deutschen Nationalbibliografie;
detaillierte bibliografische Daten sind im Internet
über http://dnb.d-nb.de abrufbar.

ISSN: 0945-487X
ISBN: 978-3-8300-5599-0

Zugl.: Dissertation, Universität Zürich, 2006

© VERLAG DR. KOVAČ in Hamburg 2011

Inhaltsverzeichnis

I Einleitung

Als eine der drei klassischen Methoden der Sozialen Arbeit kann die Soziale Gruppenarbeit auf eine lange, wechselvolle Geschichte zurückblicken.

Die ersten, wenn auch noch unsystematischen Versuche, das Potential der Gruppe in Bezug auf soziales Zusammenleben nutzbar zu machen, liegen bereits über ein Jahrhundert zurück. Orientiert an und geprägt durch die Erziehungsvorstellungen des Pragmatismus, entwickelte sich das *group work* in den Vereinigten Staaten von Amerika seit den 20er Jahren des vergangenen Jahrhunderts als Methode der demokratischen Erziehung. Demokratie wurde dabei – gemäß der amerikanischen Tradition – nicht als ausschließlich politisches Konzept, sondern als Lebensform verstanden.

Die bestehenden Ähnlichkeiten und Berührungspunkte zur Sozialarbeit führten in den folgenden zwanzig Jahren zu einer allmählichen Annäherung der beiden Felder, die schließlich darin mündete, dass das *group work* zum *social group work*, zur Sozialen Gruppenarbeit wurde.

Im Zuge der durch die amerikanische Militärregierung propagierten Umerziehung zur Demokratie wurde die Methode nach dem Zweiten Weltkrieg in Deutschland eingeführt. Dort wurde sie in vielfältiger Weise rezipiert, bis sie sich in den 60er-Jahren schließlich als fester Bestandteil des Methodenkanons der deutschen Sozialarbeit etablierte.

Im Rahmen gesellschaftlicher Veränderungen waren gegen Ende der 60er-Jahre die in der Bundesrepublik bestehenden gesellschaftlichen Organisationsformen – und in diesem Zusammenhang auch die Methoden der Sozialen Arbeit – einer umfassenden Kritik ausgesetzt.

Diese bedingte schließlich die Transformation tradierter sozialpädagogischer bzw. sozialarbeiterischer Handlungsorientierungen, wobei die methodengeleitete Arbeit, zugunsten einer individualistischen, am Begriff der Therapie orientierten Handlungsweise immer mehr in den Hintergrund rückte.

Grundlegendes Resultat dieser Entwicklung war, dass die durch die Nutzung von Gruppenprozessen gekennzeichnete Soziale Gruppenarbeit an Bedeutung verlor.

Dies sollte sich später, einhergehend mit einem Paradigmenwechsel in der Sozialen Arbeit, speziell der Jugendhilfe, zumindest partiell wieder ändern. Das Kinder- und Jugendhilfegesetz (KJHG), dessen Inhalte durch den Einfluss des Konzepts der Lebensweltorientierung mitgeprägt wurden, repräsentiert seit 1991 die rechtliche Manifestation dieser Neuorientierung.

Im Rahmen der Hilfe zur Erziehung ist die Soziale Gruppenarbeit dort als eine mit einem Rechtsanspruch verbundene Leistung festgeschrieben.

Betrachtet man den Kontext der Verortung, so lässt sich vermuten, dass die Soziale Gruppenarbeit im Laufe ihrer deutschen Rezeption eine wesentliche Transformation durchlaufen hat, aufgrund derer aus dem einstigen "Hilfsmittel im Dienste der Demokratie" eine therapeutische Dienstleistung entstanden ist.

Die Absicht der hier vorliegenden Arbeit besteht nun darin, diese Entwicklungen näher zu beleuchten und verständlich zu machen.

Eine solche Zielsetzung setzt voraus, dass die Entwicklung der Methode im Rahmen einer historischen Untersuchung zugänglich gemacht wird. Bisher liegt, wie NEUFFER (vgl.1994: 31) festgestellt hat, keine durchgängige Darstellung der Geschichte der Sozialen Gruppenarbeit in Deutschland vor. Vorliegende historische Untersuchungen zur Sozialen Gruppenarbeit in Deutschland binden diese entweder in den weiteren Kontext der Geschichte der Sozialarbeit in Deutschland ein (MÜLLER 1992/1988) oder untersuchen Einzelaspekte (GASTERSTAEDT U.A. 1995, FREY 2003) der Entwicklung. Den Zusammenhang zwischen der Methodenentwicklung in den USA und Deutschland thematisiert lediglich ein älterer Sammelband (MÜLLER 1970), der, wenn er auch grundlegende Texte kommentiert, die Dynamik der Entwicklung nicht im weiteren Kontext der gesellschaftlichen Veränderungen erfasst. Zudem werden die zugrunde liegenden philosophischen Konzepte und Überlegungen ausgespart. Dies erscheint angesichts der gegenseitigen Durchdringung von Methode und demokratischer Philosophie als wenig ertragreich.

Einen Versuch, die Entwicklung in den USA zu beschreiben, liefert KONOPKA (1963, dt. 1968). KONOPKA, deren eigene therapeutische Ausrichtung des *social group work* in Deutschland große Prominenz erlangt hat, zeichnet dabei ein Bild der Methode, das einen teleologischen Charakter nicht entbehrt. Der von ihr aufgezeichnete Prozess verläuft linear auf die von ihr definierte und propagierte Zielvorstellung einer therapeutisch gewendeten Gruppenarbeit zu. Eine analoge, wenn auch differenziertere, Vorgehensweise verfolgt die Arbeit von REID (1981).

Die beiden letztgenannten Arbeiten sind als Lehrbücher konzipiert. Solche sind nach KUHN (1996/1962) zwar unverzichtbar, werden jedoch im Allgemeinen im Anschluss an "Paradigmenwechsel" (KUHN 1996: 10) in der wissenschaftlichen Theoriebildung verfasst. Unter 'Paradigmata' versteht KUHN "allgemein anerkannte wissenschaftliche Leistungen, die für eine gewisse Zeit einer Gemeinschaft von Fachleuten maßgebende Probleme und Lösungen liefern" (ebd.). Er geht davon aus, dass die Geschichte jedes Faches von Wandeln in den dominierenden Paradigmen geprägt ist. Dies stelle keine besondere Schwierigkeit dar, problematisch sei vielmehr, dass Lehrbücher im Anschluss und zur Dokumentation dieser Veränderungen geschrieben würden und dabei im Bestreben, das neue Paradigma verständlich zu erklären, den eigentlichen Prozess des Paradigmenwechsels übergingen bzw. verschleierten. "Lehrbücher beginnen also damit, dass sie den Sinn des Wissenschaftlers für seine Disziplin abstumpfen, und gehen dann daran, für das von ihnen Ausgeschaltete einen Ersatz zu liefern." (ebd.: 148f.) Verfasser von Lehrbüchern unterliegen also der "Versuchung die Geschichte rückwärts zu schreiben" (ebd.: 149), indem sie vorherige Entwicklungen als Vorgeschichte des Aktuellen begreifen, die sich linear auf die gegenwärtige Situation hin bewegte. Historische Positionen, die nicht in diese Linearität passen, werden dabei übergangen bzw. so umgedeutet, dass sie der je eigenen Position entsprechen. "Der Zweck solcher Bücher ist [...] zwangsläufig der, zu überzeugen und pädagogisch zu wirken." (ebd.: 15). Lehrbücher als "pädagogische Vehikel" (ebd.:149), sind wie TRÖHLER feststellt "grundsätzlich ahistorisch, dekontextuell und antidiskursiv"(2001: 27).

Eine solche Ausgangslage bedingt hinsichtlich der historischen Rekonstruktion und Analyse der Entwicklung der Sozialen Gruppenarbeit eine kritische Herangehensweise. Das bedeutet, dass die Geschichte nicht in Form einer möglichst linearen Entwicklung nachgezeichnet wird, sondern vielmehr die einzelnen Entwicklungsstadien bezüglich ihrer Disparitäten, ihrer eventuellen Brüche und der daraus resultierenden Veränderungen untersucht und in dem sie bedingenden Kontext analysiert werden.

Ein besonderes Augenmerk liegt dabei auf der Fragestellung, ob und wenn ja inwieweit der Demokratiebegriff des *social group work* in Deutschland anschlussfähig war. Dieser Aspekt ist, wie TRÖHLER (2003a) bemerkt, insbesondere vor dem Hintergrund einer Internationalisierung pädagogischer Debatten und Fragestellungen von Bedeutung.

Wurde weiter oben festgestellt, dass die Geschichte der Sozialen Gruppenarbeit in Deutschland noch nicht respektive unzureichend aufgearbeitet ist, so sind die Kontexte der einzelnen Entwicklungsphasen zumeist gut dokumentiert bzw. aufgearbeitet. Dieser Umstand ermöglicht es – trotz einer begrenzten Daten-

und Materialbasis[1] hinsichtlich einzelner Phasen die die Soziale Gruppenarbeit in Deutschland durchlaufen hat –, die grundlegenden Etappen der Entwicklung der Methode in Deutschland nachzuzeichnen und zu analysieren (II).

Auf Grundlage dieser Erkenntnisse wird die gegenwärtige Situation der Sozialen Gruppenarbeit in den Blick genommen und hinsichtlich ihrer Differenzen zum historischen Vorbild untersucht und bewertet (III).

Eine isolierte Betrachtung der Entwicklung in Deutschland greift wegen des der amerikanischen Tradition entstammenden Kerns der Methode zu kurz. Um ein angemessenes Verständnis der Sozialen Gruppenarbeit in Deutschland zu ermöglichen, erscheint eine Darstellung der zugrunde liegenden philosophischen Überlegungen unabdingbar.

Daher werden in Kapitel II/ 1.1 ff. sowohl die gesellschaftlichen Hintergründe, als auch die relevanten philosophischen Ansätze in ihrem amerikanischen Kontext rekonstruiert.

Auf dieser Grundlage erfolgt eine Darstellung der ersten Versuche Sozialer Arbeit mit Gruppen in den USA und in England (II/1.2 ff.).

Kapitel II/1.3 ff. zeichnet die konkrete Entwicklung der Methode des *group work* in den Vereinigten Staaten nach und analysiert diese hinsichtlich ihrer unterschiedlichen Akzentuierungen.

Um vor diesem historischen Hintergrund die Entwicklung in Deutschland nachvollziehen zu können, werden in Kapitel II/2ff. historische Anschlussmöglichkeiten für eine Arbeit mit Gruppen in Deutschland analysiert und hinsichtlich ihrer Kompatibilität und Anschlussfähigkeit untersucht.

Die Situation nach Ende des Zweiten Weltkriegs stellt den Ausgangspunkt für die Einführung der Sozialen Gruppenarbeit in Deutschland dar. Den Anfang bil-

---

[1] So sind beispielsweise zu den in den 50er und 60er-Jahren bedeutendsten Einrichtungen, die die Methode praktizierten, nämlich dem Hansischen Jugendbund (HJB) in Hamburg und der Arbeitsstätte für Gruppenpädagogik "Haus Schwalbach" keine Archivmaterialien mehr zugänglich. Für "Haus Schwalbach" gilt, dass das Archiv des 1985 aufgelösten Vereins nach einer ca. zehnjährigen kostenlosen Einlagerung in den Kellerräumen einer Kirchengemeinde endgültig vernichtet wurde (vgl. schriftliche Mitteilung durch das ehemalige Vorstandsmitglied des Vereins und spätere Nachlassverwalterin der Einrichtung, Frau Margret ZEIMENS vom 12. Juni 2003). In Bezug auf den HJB ist die Situation wie folgt: LORENZ (1967) zitiert in seiner Dissertation aus der Generalakte die das Jugendamt für die Einrichtung führte. Die Einrichtung wurde jedoch kurz darauf aufgelöst. GASTERSTAEDT U. A. (1995) zitieren aus der Arbeit von LORENZ. Im Aktenverzeichnis des Staatsarchivs der Hansestadt Hamburg finden sich im relevanten Bereich der Jugendfürsorge keine Hinweise auf den Verbleib des Materials. Die vorliegende Arbeit basiert daher ausschließlich auf veröffentlichten Quellen und weiterführender Literatur.

den dabei die amerikanischen Bemühungen zur demokratischen Re-education der Deutschen (II/3.1ff.). Daneben werden erste deutsche Reaktionen auf das demokratische Angebot in den Blick genommen. Im Anschluss daran werden unter II/3.2ff. die ersten, spezifisch deutschen Manifestationen der Sozialen Gruppenarbeit thematisiert. Kapitel II/3.3 befasst sich mit der Etablierung der Sozialen Gruppenarbeit als einer Methode der deutschen Sozialarbeit. Die Veränderung der Sozialen Gruppenarbeit im Zuge gesamtgesellschaftlicher Veränderungsprozesse ist Gegenstand von Kapitel II/3.4.

Die Psychologisierung und Therapeutisierung der Sozialen Arbeit sowie die daraus resultierenden Folgen bilden den Abschluss der historischen Betrachtung (II/4).

Ausgehend von der historischen Darstellung wird unter III die aktuelle Situation der Sozialen Gruppenarbeit beleuchtet und ihre Position im System der Sozialen Arbeit bestimmt. Die für die heutige Begründung Sozialer Gruppenarbeit maßgebliche Grundlage, das KJHG, soll in seiner Entstehung, seinem Inhalt und seiner Struktur dargestellt und analysiert werden (II/1ff.). Von Bedeutung sind dabei insbesondere jene Bereiche des Gesetzes, die in direktem Zusammenhang mit der Sozialen Gruppenarbeit stehen.

In Kapitel III/2ff. wird im Anschluss die "Wiederentdeckung" der Sozialen Gruppenarbeit thematisiert. Neben der Darstellung der unterschiedlichen Erscheinungsformen, werden dabei insbesondere empirische Befunde zum Gegenstand von Bedeutung sein.

Die bei der Realisierung Sozialer Gruppenarbeit auftretenden Probleme und Schwierigkeiten werden in Kapitel III/3ff. dargestellt. Kapitel III/4ff. diskutiert und bewertet die Möglichkeiten und Risiken einer Neuverortung der Sozialen Gruppenarbeit. Wesentliche Aspekte der Bearbeitung sind dabei der Bezug auf das zentrale Konzept der Lebensweltorientierung und dessen Anwendbarkeit auf die Beschreibung des Sozialen in der Gesellschaft. Ausgehend von einer kritischen Bilanzierung des Dargestellten (III/5) wird vor dem Hintergrund der Ergebnisse der Arbeit abschließend der Zusammenhang einer Revitalisierung der Sozialen Gruppenarbeit diskutiert (IV).

II   Rekonstruktion der Geschichte Sozialer Gruppenarbeit und ihrer Rezeption in Deutschland

1   Grundlagen der Entwicklung in den USA und England

Um die Geschichte des *group work* bzw. der Sozialen Gruppenarbeit nachvollziehen zu können, ist es unabdingbar, die historischen Wurzeln dieser Methode zu betrachten und darzustellen. Dabei sind es nicht ausschließlich die Betrachtungen und Ausführungen zum konkreten Gegenstand, die zu einem möglichst ganzheitlichen Blick auf die Methode befähigen, vielmehr müssen in einem ersten Schritt die ursprünglichen Überlegungen philosophischer Art sowie die sozialgeschichtlichen und gesellschaftlichen Hintergrundfaktoren betrachtet werden, die letztlich die Entwicklung der Handlungsform bedingt haben (vgl. dazu 1.1f.). Die ersten Ansätze praktischer sozialer Arbeit, wie sie in der englischen bzw. amerikanischen Settlement-Bewegung praktiziert wurden, stehen hierzu in einem Wechselverhältnis. Wechselverhältnis bedeutet, wie weiter unten noch gezeigt werden wird, dass die theoretischen Überlegungen keinesfalls abgeschlossen waren, als es zu den ersten praktischen Manifestationen des Handelns kam, sondern dass die Entwicklung in einem Prozess des gegenseitigen Austausches erfolgte. Dieser basierte auf persönlichen Beziehungen zwischen Institutionen und Akteuren der Bewegung. So soll beispielsweise "der Kontakt mit dem Hull-House wesentlich zur Formung von *Dewey's* Ideen über Erziehung und demokratische Bildung beigetragen haben." (TUGGENER 1971: 104).
Nach diesen ersten Versuchen sozialer Arbeit mit Gruppen wird im nächsten Schritt die Entstehung des *group work* dargestellt (1.3f.), wobei die ursprüngliche Tendenz, eine eigenständige Rolle im Bereich der Erziehung einzunehmen, schließlich durch verschiedene Umstände bedingt dahin gehend verändert wurde, dass die Methode als *social group work* zu einem Teil des amerikanischen *social work*, also der amerikanischen Sozialarbeit wurde.
Anhand der Rekonstruktion ausgewählter, zentraler Aspekte und Argumentationsgänge werden dabei die grundsätzlichen Entwicklungslinien und somit die Voraussetzungen für die Entstehung des *group work* verdeutlicht.

1.1 Philosophisch-gesellschaftlicher Hintergrund

Man kann weder die Entstehung eines philosophischen Denksystems noch die Genese einer pädagogischen Methode wie der Gruppenarbeit unabhängig vom jeweiligen zeitlichen und örtlichen Kontext begreifen. Da es sich bei der Sozialen Gruppenarbeit und der ihr zugrunde liegenden Philosophie des Pragmatismus um ein in den Vereinigten Staaten von Amerika entstandenes Phänomen handelt, ist es daher notwendig, eine Vorstellung der Umstände und Bedingungen zu erhalten, die zur Zeit der Entstehung, sprich am Ende des 19. und zu Beginn des 20. Jahrhunderts wirksam waren. Dies setzt zwei miteinander verknüpfte Stränge voraus: die ideengeschichtliche Genese der Denkrichtung des Pragmatismus, sowie daraus folgend dessen grundlegende sozialphilosophische Überlegungen. Diese wiederum sind jedoch als spezifische Manifestationen eines umfangreicheren Kontexts zu begreifen. Als ein von Menschen geschaffenes Phänomen repräsentieren sie eine spezifische kulturelle Tradition, sind also bedingt durch verschiedene damals wirksame kulturelle Hintergrundbedingungen und Überzeugungen.

Bezüglich der in Nordamerika wirksamen kulturellen Hintergrundüberzeugungen gibt es innerhalb der Soziologie und Geschichtswissenschaft keinen Konsens. Für eine solche allgemeine Charakterisierung erweist sich die Untersuchung *Habits of the Heart* (dt. Übersetzung: *Gewohnheiten des Herzens*, 1987)[2] von BELLAH U. A. als hilfreich. BELLAH U. A. beschränken sich nicht wie die meisten anderen Forscher auf einen spezifischen Strang der amerikanischen Geschichte, sondern unterscheiden vier verschiedene Traditionen. Diese ergeben ein vielschichtiges Bild der amerikanischen Kultur- und Sozialgeschichte, das den Autoren zufolge nach wie vor für die weiße Mittelschicht von Bedeutung ist.[3] Mithilfe BELLAHS Rekonstruktion sollen die unterschiedlichen kulturellen Orientierungen und sozialen Grundkonflikte geschildert werden, die zur Entstehung des Pragmatismus beigetragen haben.

---

[2] Der Begriff geht zurück auf eine Beschreibung von Alexis DE TOCQUEVILLE. Dieser "definiert Sitten und Bräuche nicht eindeutig, sondern spricht einmal von 'Gewohnheiten des Herzens', an anderer Stelle von Vorstellungen, Meinungen Ideen, die 'geistige Gewohnheiten formen', und von 'der Summe und intellektuellen Neigungen der Menschen in einer Gemeinschaft' (DE TOCQUEVILLE zit. in BELLAH U. A.: 61).

[3] Aus theoretischen und forschungsökonomischen Gründen klammern BELLAH U. A. die Geschichte der Arbeiterbewegung, der Schwarzen und der Immigranten aus. Für die hier vorliegende Arbeit mag dies auf den ersten Blick wie eine verkürzende Reduktion erscheinen, jedoch wird diese durch die explizite Beziehung des Pragmatismus zur amerikanischen Mittelschicht relativiert.

BELLAH U. A. treffen eine grundsätzliche Unterscheidung zwischen einem über einen längeren Zeitraum dominanten utilitaristischen Individualismus und einem expressiven bzw. therapeutischen Individualismus. Diesen individualistischen Traditionen werden zwei gemeinschaftsbezogene Traditionen – die biblische und die republikanische – gegenübergestellt.

Als repräsentativen Vertreter des *utilitaristischen Individualismus* in der Geschichte Nordamerikas identifizieren BELLAH U. A. Benjamin FRANKLIN (1706-1790). Die wichtigste Aufgabe der amerikanischen Gesellschaft ist es gemäß dieser Tradition, dem einzelnen "seinen Aufstieg durch Eigeninitiative zu ermöglichen [...]. Gegen Ende des 18. Jahrhunderts war man sich einig, daß in einer Sozialordnung, in der jeder energisch seine Interessen verfolgte, das gesellschaftliche Wohl sich automatisch ergäbe. Das wäre utilitaristischer Individualismus in reiner Form."(BELLAH U.A. 1987: 57f.)

Das Ziel der, auf John LOCKE zurückgehenden und vornehmlich in Großbritannien entwickelten, utilitaristischen Philosophie war es, dem Individuum möglichst große Freiräume zu gewähren, innerhalb derer es sein Leben, selbstbestimmt zu gestalten vermag.

Dies erfolgt zugunsten einer weit gehenden Zurückdrängung des Staates und der Gesellschaft. Als Garant für die Aufrechterhaltung der sozialen Ordnung fungiert dabei neben der Annahme eines natürlichen Selbstregulierungsmechanismus die Fähigkeit zur individuellen Selbstkontrolle und zum tugendhaften Verhalten. Dabei lässt aber BELLAH U.A. zufolge die "krampfhafte Selbstkontrolle der franklinschen 'Tugenden' [...] zu wenig Raum für Liebe, für menschliche Gefühle und für eine tiefer gründende Selbstverwirklichung" (ebd.: 58)[4].

So verwundert es nicht, dass sich um die Mitte des 19. Jahrhunderts, quasi in Reaktion auf die Dominanz der utilitaristischen Orientierung eine zweite Tradition des Individualismus herauszubilden begann. Nach BELLAH U. A. war dies der *expressive bzw. therapeutische Individualismu*s, der sich in der

---

[4] SCHUBERT (1995) weist diese Kritik unter Bezug auf HARTZ zurück, mit der Begründung, sie träfe die ursprünglichen Intentionen des Utilitarismus nicht. Aus historischer Perspektive sei es gerade das Ziel des Utilitarismus gewesen, günstige Bedingungen für die Selbstverwirklichung zu schaffen. "Erst die Vorherrschaft von Utilitarismus *und* Liberalismus in Nordamerika führte zu einer paradoxen Entwicklung. Der Anspruch auf individuelle Freiheit verkehrte sich in sein Gegenteil. Der Liberalismus, der das Individuum von äußeren Zwängen befreien wollte, degenerierte zu einer Konformität erzwingenden Ideologie" (30, Herv. S.G.). Dies sei vor allem den veränderten Rahmenbedingungen, sprich dem Fehlen einer feudalistischen und aristokratischen Tradition zuzuschreiben. Zur Doppeldeutigkeit des Individualismus siehe auch BELLAH U. A: 1987: 174ff.

transzendentalistischen Bewegung repräsentierte und heute noch von der therapeutischen Bewegung getragen wird.

Für BELLAH U. A. gilt Walt WHITMAN (1819-1882) als der historisch repräsentative Charakter des expressiven Individualismus[5]. Im Gegensatz zum Utilitaristen, dessen vornehmliches Ziel der eigentätig realisierte gesellschaftliche Aufstieg im materiellen Wohlstand ist, strebt der Transzendentalist nach Verwirklichung der eigenen Persönlichkeit.

So bedeutete Freiheit für WHITMAN in erster Linie "die Freiheit, sein eigenes Selbst auszudrücken, gegen jeden Zwang und jede Konvention [...]" (ebd.: 59). Obwohl weiterhin republikanischen Idealen (s. u.) verpflichtet lag "der eigentliche Nutzen der amerikanischen Unabhängigkeit [...] darin, das Selbst zu kultivieren und auszudrücken und es in seiner ungeheuren sozialen und kosmischen Weite zu erforschen" (ebd.:59).

Neben diesen beiden individualistischen Strömungen rekonstruieren BELLAH U. A. zwei gemeinschaftsorientierte Traditionen in Nordamerika. John WINTHORP (1588-1648), einer der berühmtesten Gründerväter der nordamerikanischen Gesellschaft repräsentiert hierbei die *puritanisch-biblische Tradition*. Folgt man der Analyse Max WEBERS, so waren beide – Puritaner und Utilitaristen am ökonomischen Erfolg orientiert und interessiert. "Materieller Wohlstand war für sie ein Kennzeichen göttlichen Wohlgefallens, da sich die Prädestination der Gläubigen im Rahmen einer 'protestantischen Ethik' nur durch das Führen eines arbeitsamen Lebens beweisen lässt." (SCHUBERT 1995: 32)

Jedoch, so BELLAH U. A. war nicht der materielle Reichtum das ausschließlich handlungsleitende Kriterium, "[...] sondern der Aufbau einer Gemeinschaft, in deren Mittelpunkt ein genuin ethisches und geistiges Leben stand." (1987: 53) Noch an Bord des Schiffes das ihn nach Amerika brachte, hielt WINTHORP im Jahr 1630 eine Predigt über das 'Modell der christlichen Nächstenliebe', das er und seine Glaubensgenossen in der 'Stadt der Hügel' verwirklichen wollten. Diese Vorstellung eines mithin demokratisch gedachten Experiments wird in der Folge noch von zentraler Bedeutung für die Entstehung des Pragmatismus sein.

Die zweite gemeinschaftsorientierte Tradition ist der *Republikanismus*. Als repräsentativen Vertreter dieser Bewegung charakterisieren BELLAH U. A. den Verfasser der Unabhängigkeitserklärung, Thomas JEFFERSON (1743-1826). "Jeffer-

---

[5] Weitere hier anzuführende Vertreter wären Henry David THOREAU (1818-1862) und Ralph Waldo EMERSON (1803-1882). Insbesondere EMERSON wird im weiteren Verlauf, speziell im Zusammenhang mit der konkreten Entstehung des Pragmatismus, noch von Bedeutung sein (Kapitel 1.1.3 über Charles Horton COOLEY). Zur Bedeutung Walt WHITMANS für John DEWEY: siehe ROCKEFELLER 1991: 152ff.

son hielt Gleichheit für einen universalen Grundsatz, der zu allen Zeiten und an allen Orten wahr sei. Dennoch war er mit der Überzeugung, daß sich der Gleichheitsgedanke politisch nur in bestimmten Zeiten und an bestimmten Orten unter relativ seltenen Bedingungen praktisch umsetzen lasse, ein genuiner Anhänger der republikanischen Theorie." (ebd.: 54)

Im Kontrast zu den Idealen utilitaristischer, expressiver bzw. puritanischer Prägung war JEFFERSONS Leitidee die, "einer sich selbst regierenden Gesellschaft relativ Gleicher mit Partizipationschancen für alle" (ebd.: 55). Sein Begriff der Freiheit erscheint hier weniger voraussetzungsreich und doch ungleich anspruchsvoller als die Festlegung auf die Möglichkeit der Verwirklichung privater Interessen im Utilitarismus, die kontemplative Selbstverwirklichung des Transzendentalismus oder auch die puritanische Selbstrealisierung eines gottgegebenen Schicksals in der Arbeit.

"Freiheit war für Jefferson nicht so eng mit moralischen Grundsätzen verbunden wie für Winthorp. Der für Jefferson wichtigste Freiheitsgedanke, die Religionsfreiheit, sollte dafür Sorge tragen, daß Menschen wie Winthorp nicht die Macht hätten, andere unter ihren Glauben zu zwingen. Allgemein trat Jefferson für die Freiheit der Person von willkürlichen Staatsübergriffen und für die Freiheit der Presse von jeder Form der Zensur ein. Jedoch hielt er ein gebildetes Volk, das sich aktiv an den Regierungsgeschäften beteiligte, für die beste Verteidigung der Freiheit. Die Vorstellung einer formalen Freiheit, die dem Volk einfach erlaubt zu tun, was ihm gefällt – zum Beispiel einzig und allein Geld zu verdienen – war für Jefferson ebenso unzureichend wie für Winthorp. So wichtig beiden formale Freiheit war – ihre wahre Bedeutung erhielt Freiheit nur in dieser bestimmten Gesellschaft mit einer bestimmten Lebensform." (ebd.: 55)

Die hier kurz skizzierten Traditionen lassen sich nicht in Reinform identifizieren und weiterverfolgen, vielmehr erscheinen sie als interdependente Entwicklungslinien, quasi als Gemenge unterschiedlich akzentuierter Ideale, die jedoch, nimmt man die soeben dargelegte idealtypische Fassung als Grundlage, erste Hinweise auf die verschiedenen Konstitutionsbedingungen des Pragmatismus zur Verfügung stellen.

Der Zeitraum von der Ankunft der ersten Siedler bis hin zur Mitte des 19.Jahrhunderts war also durch eine unterschiedlich gelagerte und gewichtete Vorherrschaft dieser vier Typen kultureller Überzeugung und Prägung gekennzeichnet. Sie lieferten die Motivation zur ständig vorangetriebenen Westexpansion, zum steten Kampf gegen die *frontier*.

Diese in relativer Harmonie voranschreitende Entwicklung wurde durch zwei einschneidende Ereignisse bzw. Prozesse ökonomischer und politischer Art abrupt gestoppt: Der amerikanische Bürgerkrieg von 1861 bis 1865 und die parallel verlaufende Industrialisierung zeigten sich als fundamentale Krisensituationen, welche eine neue, zeitadäquate Antwort erforderten. So sieht MENAND den Bürgerkrieg als Auslöser eines tief greifenden "generational shift", der zur Zurückweisung vieler Denkweisen und Überzeugungen der Vorkriegszeit führte (2001: 58ff.).[6] Angesichts dieses umfassenden Wandels sieht MENAND den Krieg, wenn auch mit Einschränkungen, als Geburtsstunde des modernen Amerika: "The war alone did not make America modern, but the war marks the birth of modern America." (ebd.: IX)

Analog zu den durch den Sezessionskrieg veränderten politischen Rahmenbedingungen erschienen auch im Feld der Ökonomie neue, nach Antworten rufende Fragestellungen.

Die bis dahin vorwiegend agrarisch geprägten Strukturen des Landes wurden durch die zunehmende Industrialisierung grundlegend verändert. Forciert wurde dieser Umstand insbesondere durch die Niederlage der Konföderierten. Die militärische Überlegenheit der Nordstaaten resultierte nicht zuletzt aus den dort stärker entwickelten industriellen Kapazitäten. Die industrielle Überlegenheit fand somit im Friedensschluss von 1865 ihren politischen Ausdruck.

BELLAH U. A kommentieren diese Entwicklung wie folgt:

"Zwischen der Periode der Westexpansion und des industriellen Wachstums im Anschluß an den Bürgerkrieg und dem Eintritt der Vereinigten Staaten in die Weltpolitik im ersten Weltkrieg vollzog die amerikanische Gesellschaft die schnellste und tiefgreifendste Umwandlung in ihrer Geschichte. Nichts weniger als eine neue nationale Gesellschaft entstand in jener Zeit eine Gesellschaft, die sich von der des 19. Jahrhunderts unübersehbar unterschied und deren Strukturen noch heute vorherrschen." (67)

Die Neuordnung des ökonomischen und politischen Feldes führte unweigerlich auch zur Herausbildung neuer sozialer Strukturen, deren Handhabung im gesellschaftlichen Zusammenhang wiederum neuer, differenter Bearbeitungsweisen

---

[6] In seiner beeindruckenden Arbeit beschreibt MENAND diese Vorgänge entlang der Biographie von Oliver Wendell HOLMES, einem der späteren Protagonisten der pragmatischen Bewegung.

bedurfte. Steven C. ROCKEFELLER stellt dazu fest: "It was a time when America experienced the vanishment of the frontier and woke up to the seriousness of the social and economic problems accompanying rapid industrialization and urbanization." (1991: 3).

Einer der Protagonisten der pragmatischen Bewegung, George Herbert MEAD, beschreibt in *Movements of Thought in the Nineteenth Century* (1936) den Ablauf der industriellen Revolution in England und die daraus resultierenden Veränderungen (vgl.: 1936: 169-198). Die dort vorgestellten Phänomene und Entwicklungen lassen sich gegen Ende des 19. Jahrhunderts auch in den Vereinigten Staaten feststellen. Die Einführung von spezialisierten Arbeitsplätzen in neu geschaffenen Fabriken führte zu einer Trennung von Lebens- und Arbeitswelt. Zum einen wurden neue Methoden der Produktion entwickelt, die sowohl die Effektivität der Arbeitskraft erhöhten, als auch zu einer potentiellen Vermehrung des Wohlstands führten, andererseits aber das Phänomen der Entfremdung hervorriefen. In der Nähe der so entstandenen Fabrikanlagen formierten sich große Agglomerationen: Großstädte modernen Zuschnitts entstanden. Gleichzeitig sahen sich die Menschen ungekannten ökonomischen Krisen und Mangelsituationen ausgesetzt, die neue Organisationsformen wie die Gewerkschaften hervorriefen. Hinzu kam als ein spezifisch nordamerikanisches Phänomen der stetige Zustrom an Immigranten aus Europa, der weitere Probleme mit sich brachte. MENAND nennt unter Berufung auf MORISON U. A. folgende Zahlen: "Between 1901 and 1910, 8,795,386 immigrants were admitted to the United States; 70 percent were from Southern and Eastern Europe, prinicipally Catholics and Jews. Between 1911 and 1920, another 5,735,811 people were admitted from abroad, 59 percent of whom came from Southern and Eastern Europe." (2001: 381)

Ein Beispiel für die krisenhafte und zugleich von Fortschrittswillen durchdrungene Situation in den neu entstandenen Städten liefert PHILPOTT anhand seiner Studie über die Stadt Chicago[7]. In *The Slum and the Ghetto* (1978) beschreibt er die Entwicklung Chicagos hin zu einer urbanen Großstadt. Die rapide fortschreitende Industrialisierung bedingte und benötigte zugleich einen enormen Bevölkerungszuwachs in der Stadt. Dies hatte zur Folge, dass aus dem kleinstädtischen Chicago innerhalb einer kurzen Zeitspanne eine Millionenmetropole wur-

---

[7] Die Auswahl dieser Veranschaulichung erfolgt analog zu der zentralen Bedeutung Chicagos für die Entwicklung des Instrumentalismus John DEWEYS bzw. der Settlement-Bewegung unter Jane ADDAMS (vgl. dazu Kapitel 1.1.1 bzw. 1.2.2).

de. Innerhalb eines Jahrhunderts wuchs die Bevölkerung von 5 000 auf etwa drei Millionen an (vgl. ebd.: 7).

Jahr	Bevölkerung	Jahr	Bevölkerung
1840	4 470	1890	1 099 850
1850	29 963	1900	1 698 575
1860	109 260	1910	2 185 283
1870	298 977	1920	2 701 705
1880	503 185	1930	3 376 438

(Quelle: PHILPOTT 1978: 7)

PHILPOTT zufolge wurde das dramatische Wachstum der Stadt für die Amerikaner zum Sinnbild der Unumkehrbarkeit des Fortschritts in der Neuen Welt: "Chicagos 'I will' spirit was unstoppable." (ebd.: 7)
War die Stadt anfänglich noch von Produktimporten aus anderen, älteren Städten abhängig und vornehmlich als Markt- und Umschlagplatz für Rohstoffe aus der Umgebung relevant, so wurde sie bald, insbesondere ab den 50 er-Jahren des 19. Jahrhunderts zu einem Produktionsort für Güter unterschiedlichster Art. Chicago wurde neben New York zur zweitgrößten Stadt der Vereinigten Staaten und zur fünftgrößten weltweit. Durch die explosionsartige Expansion der Industrie wurde ein rascher und umfangreicher Ausbau des Verkehrswesens, insbesondere des Eisenbahnsystems, erforderlich. Der Bedarf an Arbeitskräften, vor allem im Niedriglohnbereich, also dem der ungelernten Arbeiter, wuchs immens und wurde vornehmlich durch Migration aus den unterschiedlichsten Nationen gedeckt. Während sich in den 70er-Jahren das Bevölkerungswachstum der Stadt infolge eines großen Brandes im Jahr 1871, der weite Teile der Stadt zerstörte, verlangsamte, stieg die Einwohnerzahl in der Folge umso steiler an. Obschon eine starke Zunahme in der Geburtenrate konstatiert werden kann, war es wiederum vornehmlich die Migration, die für die Zuwächse verantwortlich war. Dies hatte Auswirkungen auf die Bevölkerungsstruktur: Waren im Jahr 1850 knapp die Hälfte der Einwohner Immigranten, so stieg ihr Anteil im Jahr 1900 auf vier Fünftel der Gesamtbevölkerung (vgl. ebd.: 6ff.). Folgende Tabelle veranschaulicht diese Entwicklung:

Dekade	totaler Anstieg der Bevölkerung	Anstieg der im Ausland gebo- renen Bevöl- kerung	Anstieg der schwarzen Bevölkerung	Anstieg der weißen Zu- wanderer aus anderen Regi- onen der USA
1830-1840	4 450			
1840-1850	25 493		270	
1850-1860	79 297	38 942	632	
1860-1870	189 717	89 993	2 736	63 000
1870-1880	204 208	60 302	2 789	95 000
1880-1890	596 665	245 807	7 791	144 000
1890-1900	598 725	136 446	15 879	265 000
1860-1900	1 589 315	532 488	29 195	567 000

(Quelle: PHILPOTT 1978: 8)

Die Arbeitsbedingungen der neuen Einwohner waren fast immer miserabel und unmenschlich. Schlechte Lebensverhältnisse, beengte Wohnbedingungen und katastrophale hygienische Zustände waren für die Immigranten an der Tages-ordnung. Korrespondierend zum hohen Immigrantenanteil, bestand eine scharfe soziale Spaltung in arme und reiche Bevölkerungsgruppen. Obwohl die Stadt insgesamt aus einem multiethnischen Gemisch unterschiedlichster Gruppen be-stand, wurden enge und scharfe Grenzen in der Gruppierung der verschiedenen Nationalitäten deutlich. Diese führten zu veritablen sozialen Spannungen, die eine gesellschaftspolitische Reaktion und Lösung erforderlich machten (vgl. da-zu auch Kapitel 1.2.2).

Steven C. ROCKEFELLER beschreibt die allgemeine Lage zusammenfassend wie folgt:

"During the 1890s the American nation struggled with a crisis of identity and direction. A simpler, hallowed way of life associated with the frontier and rural America was being lost under the impact of industrialization and urbanization, and there was no way to return to the lost Eden. In addition, even though the machine, the factory, and the city brought prosperity to some, it was difficult for the average citizen to believe that these new forces could be har-nessed so as to serve the common good and equitably distribute America's abundance." (1991:221)

Die soeben geschilderte Umbruchsituation korrespondierte mit Entwicklungen im Bereich der Wissenschaft. Eine zentrale Rolle kam dabei den sozialphilosophischen Ausdeutungen von Charles DARWINS 1859 zuerst veröffentlichter Evolutionstheorie zu, die zumeist im Anschluss an den englischen Philosophen Herbert SPENCER (1820-1903) darauf abzielten, die gesellschaftliche Wandlungssituation angemessen zu begreifen und zu steuern. SPENCER, der den Begriff der Evolution in seinem modernen Verständnis zu popularisieren half (vgl. HAWKINS 1997: 82ff.) prägte mit der Formel des "survival of the fittest" eine bestimmte Sichtweise menschlicher Gesellungsformen. Sein sozialdarwinistischer Ansatz war laut HAWKINS, vor allem dadurch geprägt, dass er biologisch-evolutionäres Denken mit einem politischen Ansatz zu verbinden suchte. Den Kampf der Menschheit um Anpassung im Rahmen der natürlichen Selektion verband SPENCER mit der fortschrittsoptimistischen Deutung, dass dieser auf lange Sicht zu einem Wandel der Gesellschaftsorganisation führen würde. Der militant-kämpferische Impuls der Menschen sollte in einer industriellen Gesellschaft münden, in der marktförmige Konkurrenz um begrenzte Ressourcen zum einzigen Regulationsprinzip menschlicher Organisation werden sollte. Diese individualistische Deutung setzte ein Minimum an staatlicher Intervention und sozialpolitischer Aktivität voraus, da eine solche lediglich die "unfit people" vor der Ausmerzung bewahren würde. Demgegenüber plädierte SPENCER für ein Höchstmaß an individueller Freiheit.

Einen gleichartigen, jedoch ungleich schärferen Ansatz des Sozialdarwinismus lieferte William Graham SUMNER (1840-1910), ein Vertreter der politischen Ökonomie (vgl. ebd.: 108ff.). SUMNER verknüpfte in seinem sozialdeterministischen Ansatz explizit soziologische mit biologischen Aspekten, wobei er davon ausging, dass der Darwinismus sowohl für das Verständnis der organischen Welt als auch für das des sozialen Lebens Relevanz besitzt. Aufgrund des Bevölkerungsdrucks sah er einen "struggle against nature" am Wirken, der im Sinne eines Naturgesetzes nicht von Menschen außer Kraft gesetzt werden kann. Während die Auseinandersetzung zwischen den Individuen und der Natur von ihm als Kampf ums Dasein gedeutet wurde, interpretierte er das Verhältnis der Individuen zueinander als einen Wettkampf um die Ressourcen des Lebens. Dieses Konkurrenzverhältnis, so SUMNER, sei ausschlaggebend für das auf jeder Stufe gesellschaftlicher Entwicklung wirksame Prinzip der Kriegführung um die Vorherrschaft über lebenserhaltende Güter. So verteidigte auch SUMNER – analog zu SPENCER – das Prinzip des laissez-faire und des Individualismus gegen staatliche Interventionen und sozialistische Gesellschaftsentwürfe.

Mit TUGGENER lassen sich also drei wesentliche, miteinander verwobene Faktoren identifizieren die die Entwicklung Amerikas zu jener Zeit kennzeichneten: "Der 'laissez-faire'-Gedanke aus der klassischen Nationalökonomie, Elemente aus der protestantischen Ethik und die sozialdarwinistischen Überlegungen verbanden sich im Zeichen konservativen politischen Denkens zu einem gedanklichen Regelkreis [...]" (ebd.: 101).

Nachdem gegen Ende des 19. Jahrhunderts aufgrund der oben beschriebenen ökonomischen Entwicklungen die Grenzen und Schwierigkeiten der durch den Sozialdarwinismus und den ungebremsten Individualismus geprägten Denkweise offensichtlich wurden, musste ein Weg gefunden werden, die Resultate dieser Entwicklung zu bearbeiten.

TUGGENER sieht dabei die "moral democracy" (102) als Amerikas Antwort auf diese Problemstellung. Dabei gehe es nicht um das Verwerfen der Naturgesetze, vielmehr äußere sich diese Neuorientierung darin, "daß nun nicht weiter die Unterwerfung unter die Gesetze, sondern ihre rationale Manipulation zugunsten der Entwicklung von Mensch und Gesellschaft zur Grundlage neuer wissenschaftlicher und sozialreformerischer Aktivität wurde." (ebd.: 102)

Einer der maßgeblichen Impulse war dabei der Denkansatz John DEWEYS. Dessen instrumentalistische Interpretation des Pragmatismus hatte – wie weiter unten noch gezeigt wird – zentrale Bedeutung für die Entwicklung des *group work*.

Daher wird im Folgenden DEWEYS philosophischer Ansatz rekonstruiert: Ausgehend von der biographischen Kontextualisierung seines Schaffens soll dabei vor allem sein pädagogisches Hauptwerk *Demokratie und Erziehung* Berücksichtigung finden, in dem er die Konzeption einer auf demokratischer Erfahrung beruhenden Erziehung entwickelt. Neben der Darstellung und Analyse dieses Werks wird an ausgewählten zentralen Stellen, der Bezug zu anderen Arbeiten DEWEYS hergestellt, um so ein umfassenderes Verständnis des Ansatzes zu ermöglichen.

1.1.1 John Dewey – Demokratie und Erziehung

John DEWEY wurde am 29. Oktober 1859 als viertes Kind (sein gleichnamiger Bruder starb neun Monate vor seiner Geburt) von Archibald und Lucina DEWEY in Burlington, Vermont geboren. Sein Vater war Inhaber eines Einzelhandelsgeschäfts, das er jedoch mit Beginn des Bürgerkriegs aufgab, um aufseiten der Republikaner für den Erhalt der Union zu kämpfen. Um näher beim Vater zu sein, verlegte die Familie in dieser Zeit ihren Wohnsitz nach Virginia, doch kehrte sie nach Kriegsende, genauer im Jahr 1867 nach Burlington zurück, wo der Vater wiederum im Einzelhandel tätig wurde. Während der kriegsbedingten Abwesenheit des Vaters, übernahm Lucina DEWEY, eine resolute und sehr religiöse Person, die dominante Rolle in der Erziehung der Kinder. So erhielt John bereits in jungen Jahren religiöse Unterweisung in der First Congregational Church und wurde zugleich von seiner Mutter zu einem gottgefälligen Lebenswandel angehalten. Obwohl er sich später eindeutig von der religiös-christlichen Überzeugung distanzierte, blieb dieser frühe und erzwungene Kontakt mit dem Glauben laut ROCKEFELLER nicht ohne Folgen: "His strong reaction against the intense evangelical pietism that she represented may be viewed as one source of Dewey's lifelong hostility to dogmatism and his aversion to moral thinking that is preoccupied with introspection, feelings, and inner purity." (1991: 38) Zugleich war es aber dieser erste Kontakt mit Glaubensfragen in einer zutiefst religiösen Umgebung, der in ihm "an intense emotional craving for unification" (ebd.: 29) vermittelte und ebenso sein Interesse auf die Frage nach der Auflösung von Dualismen lenkte. "Young Dewey took the dualism of flesh and spirit and the ideal of Christ's perfection to heart, and together with Lucina's teachings, it eventually caused him to experience some trying difficulties in his social relations." (ebd.: 39)

Jedoch war die Jugend DEWEYS in Burlington nicht ausschließlich durch diesen religiösen Aspekt geprägt. Ebenso sehr war die politische Atmosphäre im Gemeinwesen entscheidend: Burlington war entgegen gängigen Vermutungen nicht die ländliche und egalitäre Idylle Neu-Englands, sondern, wie WESTBROOK feststellt, eine aufstrebende Holzfällerstadt, die mit zunehmenden sozialen Problemen zu kämpfen hatte und DEWEY so erste Erfahrungen mit einer "industrial democracy" ermöglichte (vgl. 1991: 1). Die Aussage WESTBROOKS gewinnt zunehmend an Plausibilität, wenn man beachtet, dass Lucina DEWEY neben ihrem Engagement in der Kirchengemeinde auch als Philanthropin sozial aktiv war. Eine solche Tätigkeit erscheint zwar unter der Maßgabe eines demokratisch durchdrungenen Gemeinwesens als durchaus üblich, jedoch gewinnt sie ihre eigentliche Bedeutung erst unter dem Aspekt des Vorhandenseins drängender sozialer Problemlagen. Laut WESTBROOK war es jenes Engagement der Mutter, das zu DEWEYS lebenslanger Abneigung so genannter "do-gooders" führte, deren Altruismus er als Verlängerung einer egoistischen Tendenz verstand (vgl. ebd.: 3).

Jedoch, und dies ist entscheidend, war das soziale und politische Leben in Burlington durch eine zutiefst demokratische Haltung und Handlungsweise gekennzeichnet. "Burlington was a place where the challenge and freedom of pioneer days still lingered in the air and town meetings were the heart of democratic self-government." (ROCKEFELLER 1991: 1)

Bezogen auf den weiteren Verlauf von DEWEYS Leben und Karriere stellt DYK-HUIZEN in seiner Biographie fest: "It was out of this early Vermont experience that democracy became part of the marrow of his bones." (1979: 328)

Diese retrospektiv getroffene Aussage verweist bereits sehr deutlich auf das zentrale Anliegen John DEWEYS. Bevor es jedoch so weit kommen konnte, waren vielfältige Bildungs- und Entwicklungsprozesse vonnöten:

Nach Beendigung seiner schulischen Ausbildung begann DEWEY im Jahr 1875 ein akademisches Studium an der örtlichen Universität, der University of Vermont in Burlington. Diese war, so DYKHUIZEN, dafür bekannt, dass sie "encouraged their students to be themselves and to think their own thoughts" (1979: 10). Neben den klassischen, an den konventionellen Inhalten der Highschool orientierten Fächern belegte DEWEY dort insbesondere Kurse zu sozial- und moralphilosophischen Fragestellungen sowie zur politischen Philosophie. Folgt man WESTBROOK, so war DEWEY kein besonders eifriger Student, erst gegen Ende des Studiums gelang es ihm, seine Nachlässigkeit zu überwinden. Abgesehen von den curricularen Inhalten interessierte er sich ferner für soziologische Theorien, u. a. für die Arbeiten Herbert SPENCERS, sowie für die damals neue Richtung der Evolutionsbiologie im Anschluss an DARWIN (vgl. 1991: 5).

Wie oben bereits kurz erwähnt, war die Universität von Burlington ein Ort der relativen geistigen Freiheit und Stimulation. Diese war mithin bedingt durch die dort vertretene und vorherrschende philosophische Ausrichtung. Die Universität von Burlington war geprägt durch den *Vermont Transcendentalism*, der sich auf den Philosophen James MARSH (1794-1842), einen ehemaligen Rektor der Einrichtung, zurückführen lässt.

DEWEY schließt sein Studium im Jahr 1879 ab. MENAND kommentiert dies wie folgt: "He was sent into the world as the last of the Vermont Transcendentalists" (ebd.: 238). Danach ging er als Highschool – Lehrer für zwei Jahre nach Oil-City, Pennsylvania. Er kehrte 1881 nach Burlington zurück, wo er bei seinem ehemaligen Professor, Henry Augustus Pearson TORREY privaten Philosophieunterricht erhielt. Obwohl sich dieser sehr fromme Mann für wenig mehr als seine Studien und seine kirchlichen Aktivitäten interessierte, gelang es ihm die Fähigkeiten DEWEYS zu erkennen und ihn in seinem philosophischen Interesse zu bestärken (vgl. ebd.: 252f.). Ungeachtet der damit verbundenen finanziellen Probleme und der ungewissen Perspektiven begann dieser daher im September

1882 ein Graduiertenstudium der Philosophie an der Johns Hopkins University in Baltimore. Obgleich er von verschiedenen Professoren, darunter Daniel C. GILMAN, der Leiter der Einrichtung, darauf aufmerksam gemacht wurde, dass für die professionelle Laufbahn des Philosophen gewöhnlich eine theologische Vorbildung nötig sei, wählte DEWEY Geschichte und Politikwissenschaft als Nebenfächer. Die Johns Hopkins University war eine der ersten amerikanischen Universitäten, die, ähnlich den europäischen, insbesondere den deutschen Einrichtungen, eine Ausbildung für bereits Graduierte anbot. Der Schwerpunkt lag dabei eindeutig auf der Verbindung von Lehre und Forschung, wobei Forschungstätigkeiten auch von den Studenten erwartet wurden.

Das Interesse der Universität, *science* im Sinne von *Wissenschaft* zu praktizieren, fand in der öffentlichen Meinung ihre Entsprechung darin, dass es hieß, die Hopkins University sei eine gottlose Einrichtung. Der sehr religiöse Daniel GILMAN wollte diesem Dilemma entgehen, indem er – ganz in der Tradition MARSHS – versuchte, Vernunft und Glauben miteinander zu versöhnen. Der Bereich in dem diese Versöhnung stattfinden sollte, war die Philosophie. Seine Aufgabe war daher "to find a philosopher whose research project was the synthesis of scientific and religious worldviews, someone who could reconcile mechanics with miracles." (MENAND 2001: 258) Da sich in jener Zeit die vormals einheitlich behandelten Fächer Philosophie und Psychologie auseinander entwickelten und die Introspektion zugunsten der experimentellen *New Psychology* zurückgedrängt wurde, versuchte GILMAN William JAMES aus Harvard abzuwerben. Obwohl dieser zuerst nicht abgeneigt war, hinderten ihn letztlich persönliche Gründe daran, den Ruf anzunehmen (vgl. ebd.: 260f.). Jedoch sprach er verschiedene Empfehlungen aus, nämlich für George Sylvester MORRIS, Stanley G. HALL und Charles Sanders PEIRCE. Ebendiese drei wurden von GILMAN eingestellt, so dass DEWEY bei jedem von ihnen studierte. Er hörte PEIRCE über Logik[8], sowie im Wechsel HALL und MORRIS über Philosophie und Psychologie. DEWEY entschied sich für MORRIS, der ihn in der Folge stark beeinflusste. Für MENAND war die Entscheidung für den an HEGEL und KANT orientierten MORRIS die logische Konsequenz aus DEWEYS frühem Kontakt mit dem Vermonter Transzendentalismus (vgl. ebd.: 261).[9] Nach seiner Promotion, die er im Jahr

---

[8] Laut ROCKEFELLER war er jedoch zu diesem Zeitpunkt nicht in der Lage, die Bedeutung der sehr durch die Mathematik geprägten methodologischen Gedanken PEIRCES zu erkennen und aufzunehmen. (vgl. 1991: 76f.)
[9] DEWEY fand in MORRIS einen Menschen, der ihm einerseits charakterlich sehr ähnlich war, andererseits durch seine wissenschaftliche Arbeit neue Horizonte eröffnete. Die durch MORRIS erfolgte Einführung in die hegelsche Philosophie "[...] supplied a demand for unification

1884 mit einer Dissertation über *The Psychology of Kant* abschloss, ging DEWEY als Assistenzprofessor an die Universität von Ann Arbor in Michigan. Dies geschah durch die Vermittlung seines bisherigen Mentors MORRIS, der neben seiner Stelle an der Hopkins University auch den Vorsitz der philosophischen Fakultät in Michigan innehatte.

Bereits zu Beginn seiner Zeit in Michigan lernte DEWEY seine spätere Ehefrau Harriet Alice CHIPMAN kennen, die er im darauffolgenden Jahr 1885 heiratete. Diese Beziehung und die daraus folgende Familiengründung waren, so ROCKEFELLER, ein entscheidendes Element für die weitere Entwicklung von DEWEYS Denken: "[...] during the Michigan years he began to realize the truth in his own philosophical and psychological theory that a person finds himself and real happiness in and through his social relationships." (1991: 150).

Seine Forschungsarbeit entwickelte sich nun entsprechend: Zum einen beschäftigte er sich mit dem Verhältnis von Philosophie und Psychologie, er war der Meinung, dass die Philosophie keine eigene Methodologie benötigte, da es sich bei ihr um eine erweiterte, verstehende Form der Psychologie handle. Andererseits beschäftigte er sich bereits hier mit ökonomischen und industriellen Frage- und Problemstellungen. Er engagierte sich zudem in verschiedenen studentischen Organisationen, sowie für Zusammenschlüsse, die sich mit der Qualitätsentwicklung an den Hochschulen einsetzten. 1887 erschien seine erste Monographie, eine Arbeit mit dem Titel *Psychology*. Dort versuchte er eine wissenschaftliche Sichtweise der Psychologie mit der Philosophie des deutschen Idealismus in einem einzigen philosophischen System zu vereinigen. Obwohl das Buch eine recht große Verbreitung fand, wurde DEWEY insbesondere von Stanley G. HALL und dessen Mentor William JAMES, wegen des hegelianischen Ansatzes kritisiert.

Im Jahr 1888 erhielt DEWEY aufgrund seiner zunehmenden Popularität einen Ruf auf den Lehrstuhl für Philosophie an Universität von Minnesota. Er akzeptierte dieses Angebot, kehrte jedoch bereits ein Jahr später nach Michigan zurück, um dort als Leiter der Fakultät für Philosophie, die Position des verstorbenen MORRIS zu übernehmen. Er setzte dort sein vielfältiges Engagement aus der Vergangenheit fort, jedoch erschien nun zu Beginn der 90er-Jahre des 19. Jahr-

---

that was doubtless an intense emotional craving [...] My earlier philosophic study had been an intellectual gymnastic. Hegel's synthesis of subject and object, matter and spirit, the divine and the human, was, however, no mere intellectual formula; it operated as an immense release, a liberation." (*From Absolutism to Experimentalism*, zit. n. Menand 2001: 266f.) Zur Bedeutung MORRIS und dessen philosophischen Überlegungen: vgl. MENAND 2001: 264ff.; ROCKEFELLER 1991:77ff..

hunderts bereits sehr deutlich die Demokratie als zentraler Fokus seines Interesses. DYKHUIZEN stellt dazu fest: "Democracy in all its phases – political, economic, social, cultural – came to claim Dewey's strongest allegiance and to command his deepest loyalties, interest in social aid and social reform groups began to replace his interest in the church." (1979:73)

War er zuvor trotz seiner kritischen Haltung noch sehr involviert in die christlich-religiösen Zusammenhänge und Positionen, so wendete er sich nun eindeutig den konkreten und praktischen Verhältnissen in einer demokratisch verfassten Gemeinschaft zu. Gemäss seiner hegelianischen Überzeugung behielt er jedoch sein Streben nach Vereinheitlichung bei: "For Dewey the kingdom of God is being realized in and through the development of machinery, economic organizations and the democratic community of persons in general." (ROCKEFELLER 1991: 167). Das hegelsche Moment in seinem Denken verliert jedoch in den 90er Jahren zunehmend an Bedeutung. Bezüglich der Datierung dieser Veränderung gibt es keine endgültige und übereinstimmende Beurteilung: ROCKEFELLER konstatiert eine Abkehr von HEGEL ab 1893, einhergehend mit einem Überdenken seiner Psychologie und Ethik (vgl. ebd.: 198). Hingegen meint WESTBROOK, dass DEWEY in den 1890ern seine Arbeit von der "metaphysical method" und der "transcendental logic of internal relations" bereinigt, im Prinzip aber an HEGELS Gedanken festgehalten hätte (vgl. 1991:61). Es war also vielmehr ein "slow 'drifting away'" (ebd.), das eine exakte Datierung nahezu unmöglich macht. Relative Einigkeit besteht jedoch in der Anerkennung der zentralen Bedeutung von DEWEYS Wechsel an die Universität von Chicago im Jahr 1894. In diesem Jahr berief ihn der Präsident der vier Jahre zuvor gegründeten Universität, William Rainey HARPER, auf den Lehrstuhl für Philosophie. Auf Deweys Wunsch hin traten mit ihm zusammen auch James R. ANGELL, James H. TUFTS und George Herbert MEAD (siehe folgendes Kapitel) in den Dienst der Einrichtung. Die Abteilung die DEWEY übernahm, sollte zugleich psychologische, pädagogische und philosophische Fragestellungen und Lehraufträge übernehmen, was dazu führte dass DEWEY neben der Fakultät für Philosophie auch die neu geschaffene Abteilung für Pädagogik leitete. Bezüglich der Bedeutung der Pädagogik für sein Denken stellt DEWEY in einem Brief an seine Frau fest: "I sometimes think i will drop teaching phil–directly, & teach it via *pedagogy*. [...] The school is the one form of social life which is abstracted & under control– which is directly experimental, and if philosophy is ever to be an experimental science, the construction of a school is its starting point." (1.November 1894, zit. n. MENAND 2001: 319f., Herv. i. O.) Aus eben jener Ankündigung resultierte im

Jahr 1896 die Gründung einer universitätszugehörigen Elementarschule, der sogenannten "Laboratory-School". In dieser bald "Dewey-School" genannten und
von seiner Frau geleiteten Versuchsschule wurde der praktische Niederschlag
von DEWEYS Philosophie unter Laborbedingungen erprobt. Der wechselseitige
Einfluss von Theorie und Praxis sollte dort den starren Charakter und die Probleme der Schule mittels experimenteller und modellhafter Methoden aufzubre-
chen helfen und neue Formen des Unterrichtens von Kindern ermöglichen. "At
the Laboratory School, therefore, children were involved workshop-type pro-
jects in which learning was accomplished in a manner that simulated the way
Dewey thought it was accomplished in real life: through group activities." (ebd.:
323) Durch die Initiierung und Begleitung dieses Projekts sowie durch weitere
vielfältige Aktivitäten im Rahmen der Schulentwicklung und -organisation begründete DEWEY seinen Ruf als einer der führenden Erziehungsphilosophen der
Vereinigten Staaten.

Neben diesem von ihm entwickelten Projekt engagierte sich DEWEY auch intensiv im von Jane ADDAMS geleiteten Hull-House Settlement (vgl. dazu 1.2.2).
Gerade der Kontakt mit Jane ADDAMS hat nach DEWEYS eigener Ansicht sein
philosophisches Denken entscheidend beeinflusst[10]: Im Anschluss an eine Diskussion, in der ADDAMS die Position vertrat, dass es keine realen Antagonismen
zwischen verschiedenen Institutionen gibt, sondern sich diese nur als falsche
Wahrnehmungen der einzelnen Personen und deren Reaktionen entwickeln, bekannte DEWEY wiederum in einem Brief an seine Frau, dass ADDAMS Recht habe: "I can see that I have always been interpreting the [he wrote 'Hegelian,' but
crossed it out] dialectic wrong end up–the unity as the reconciliation of
opposites, instead of the opposites as the unity in its growth, and thus translated
the physical extension into a moral thing."(10.-11.Oktober 1894, zit. n. MENAND
2001: 313). An anderer Stelle schrieb DEWEY über die Bedeutung von ADDAMS,
dass "[...] one of the things I have learned from her is the enormous value of
mental non-resistance, of tearing away the armor plate of prejudice, of conven-
tion, isolation, that keeps one from sharing full in the larger and even more un-
familiar and alien ranges of the possibilities of human life and experience."
(DEWEY in *In Response* (1930), zit. n. ROCKEFELLER 1991: 229) Er erkennt, so

---

[10] Hier zeigt sich einmal mehr die wechselseitige Verflochtenheit und Beeinflussung innerhalb des Diskussionszusammenhangs in Chicago. So bestätigt Christopher LASCH in der Einleitung zu einem Sammelband über *The Social Thought of Jane Addams* (1965), dass es zwar
schwer sei zu unterscheiden, ob nun DEWEY ADDAMS maßgeblich geprägt habe, oder umgekehrt. Sicher sei jedoch, dass sie sich gegenseitig beeinflusst haben und sich ihrer Verbundenheit bewusst waren (vgl. dazu WESTBROOK 1991: 89).

MENAND, dass die dem Menschen begegnenden Handlungswiderstände nicht gleichzusetzen sind mit grundsätzlich gegenteiligen Interessenlagen. Hier trifft sich nun DEWEYS eigene Einschätzung mit der Beurteilung der Biographen die, wie oben schon angeführt, die Situation in Chicago als bedeutsam erachten. Während MENAND die Konfrontation mit den Problemen der Großstadt Chicago mehrfach konkret und praktisch belegt (vgl. 2001: 295ff.), führt WESTBROOK diesbezüglich die Kluft zwischen dem absoluten Idealismus und den konkreten Bezügen der menschlichen Erfahrung und Praxis an (vgl. 1991: 60). So war die Zeit in Chicago maßgeblich für die Veränderung in DEWEYS Denken: "Dewey had abandoned idealism and joined James as a leader of the 'pragmatists' who proposed to utilize this Yankee sensibility to reconstruct philosophy. This shift from absolute idealism to pragmatc naturalism did not alter Dewey's democratic convictions but it did transform the philosophical foundations of his democratic theory, placing it on an original and distinctively American footing." (ebd.: 60) Diese Veränderung im Denken DEWEYS, die sich über die gesamte Zeit in Chicago hinzog, war die Folge einer intensiven und zeitlich extensiven Auseinandersetzung mit dem Gedankengut William JAMES', insbesondere mit dessen *Principles of Psychology*. Der Anknüpfungspunkt DEWEYS war JAMES' Beurteilung des Geistes als "fighter for ends", wobei er davon ausging, dass das Bewusstsein keine passive oder indifferente Instanz sei, sondern vielmehr gefühlsmäßig in bedeutungsvollem Handeln involviert ist. Wie WESTBROOK feststellt war seine Rezeption der *Principles* selektiv: Während er offensichtliche Widersprüche außer Acht ließ, machte er sich die "objektiven", also biologisch orientierten Inhalte zu Eigen. JAMES' Argumente waren die Quelle der Perspektiven und Probleme, die es DEWEY ermöglichten seinen Organizismus zu "naturalisieren" (vgl. 1991: 66f.).[11]

Dieser inhaltlichen Um- bzw. Neuorientierung folgte der Wechsel DEWEYS an die Columbia Universität in New York im Jahr 1904. Die Umstände, die zum Rückzug von seinen Chicagoer Aufgaben führten, sind nicht restlos geklärt, verantwortlich waren jedoch verschiedene politische Fragestellungen, über die es

---

[11] Grundlegend dafür war folgender Umstand: Während der absolute Idealismus die funktionalen Trennungen der klassischen, sowie der kantschen Philosophie überwinden konnte, indem er das absolute Bewusstsein (Geist) als Überentität einführte, welcher diese Trennungen als Teil einer organische Funktion angehörten, so ermöglichten es die Erkenntnisse der neuen Psychologie sowie der aufstrebenden Biologie nun, diese Trennungen als obsolet und nicht in der menschlichen Erfahrung verankert erscheinen zu lassen. Dasselbe gilt auch für den Bereich der Gotteserfahrung (vgl. WESTBROOK 1991: 67). Diese Sichtweise vertrat DEWEY erstmals 1896 in dem Artikel *The Reflex Arc Concept in Psychology* (EW 5, 96-109, siehe dazu weiter unten).

keine für DEWEY akzeptable Einigung gab.[12] Bedeutsam war in diesem Zusammenhang sicherlich die Demission seiner Frau Alice als Leiterin der "Laboratory School" (vgl. dazu MENAND 2001: 331ff.). In New York übernahm DEWEY eine Professur für Philosophie und die Leitung des Lehrerseminars und blieb – ohne jemals wieder administrative Aufgaben zu übernehmen – dort bis zu seiner Emeritierung im Jahr 1930. In dieser Zeit schrieb er die meisten seiner bekannten Arbeiten, insbesondere auch das weiter unten näher zu analysierende Werk *Democracy and Education* (1916). Nach dem endgültigen Rückzug aus dem universitären Wirken am Ende der 30er-Jahre, betätigte sich der "advocate of democracy" (WESTBROOK 1991: X) bis zu seinem Tod am 1. Juni 1952 weiter als Autor und Publizist.

Aus dieser kursorischen Darstellung ergibt sich ein deutlicher Hinweis auf das Interesse DEWEYS, genauer gesagt seinen Versuch, Erziehung und Philosophie miteinander zu verknüpfen, und zwar in einer Weise, die gängigen erziehungsphilosophischen Vorstellungen zuwiderläuft: "Dewey championed the cause of progressive education and the new social sciences as the most effective instruments of human growth and social progress in a democratic society." (ROCKEFELLER 1991: 3)

Ausgangspunkt sind die Vorstellungen von William JAMES, der den Pragmatismus auf zweifache Weise begreift, zum einen als eine Methode, ein "vermittelndes System" (2001: 37) und zum anderen als eine genetische Theorie über die Entstehung und Bedeutung von Wahrheit. Der Pragmatismus vermittelt zwischen den durch unterschiedliche Mentalitäten geschaffenen Dualismen und zwar in der Weise, dass die praktischen Folgen eines Urteils in Betracht gezogen werden (vgl. ebd.: 61). Der Verzicht auf das Absolute wird auf instrumentelle Weise gehandhabt, so dass Gedanken nur bezüglich des durch sie hervorgebrachten Verhaltens von Bedeutung sind. Diese Anwendung auf jeweils konkrete Fälle hat ein besonderes Verständnis von Wahrheit zur Folge: "*Das Wahre ist die Bezeichnung für alles, was sich im Rahmen von Überzeugungen und aus exakten, klar angebbaren Gründen als gut erweist.*" (ebd.: 75, Herv. i. O.) DEWEY greift diese Gedanken auf und überträgt sie von psychologischen Beschreibungen auf Betrachtungen über die Erziehung. In seinem 1916 erstmals erschienen Werk *Democracy and Education* (2000a) werden die beiden Begriffe

---

[12] Interessant erscheint in diesem Zusammenhang eine Aussage DEWEYS, die er zu Beginn seines Wirkens in Chicago, anlässlich des *Pullmann*-Streiks in einem Brief an seine Frau festgehalten hat: "Chicago Univ. is a capitalistic institution – that is, it too belongs to the higher classes." (20. Juli 1894 zit. n. WESTBROOK 1991: 91)

auf eine Weise verknüpft, "die dem traditionellen Erziehungsdenken widerspricht, also einen Traditionsbruch darstellt, der zugleich einen Weg eröffnet die moderne Gesellschaft angemessen pädagogisch zu begreifen" (OELKERS 2000b: 494). *Erziehung* wird dabei als demokratische Erfahrung begründet, während *Demokratie* als Medium der Erziehungserfahrung verstanden wird. "Erziehung ist nicht Funktion oder Instrument der Politik, sondern sie verwirklicht sich *als* Demokratie." (ebd.: 495, Herv.i. O.)

DEWEY begründet dies wie folgt:
(1. Kapitel "Erziehung als Lebensnotwendigkeit") Ein Lebewesen versucht, solange es existiert, die ihn umgebenden Kräfte zu nutzen, zum einen bezogen auf die rein physische Ebene, d.h. zur Selbsterhaltung, und zum anderen in Bezug auf Vorgänge, die man mit dem Begriff der Erfahrung beschreiben könnte. Diese Erfahrung besteht aus "Glaubenssätzen, Idealen, Hoffnungen, [...] Glück, Elend und Brauch" (2000a: 16), und das Mittel ihrer Erneuerung ist die Erziehung. Diese Form der ständigen Erneuerung ist unausweichlich, um nicht hinter eine bereits erreichte Entwicklungsstufe zurückzufallen. Das Anliegen, das Erziehung in der jeweiligen Gesellschaft hat, ist der Erhalt und möglichst auch die Erweiterung der menschlichen Erfahrung. Da die Gesellschaft aber wesentlich durch Kommunikation, Austausch und Erziehung gekennzeichnet ist, hat dies zur Folge, dass die Wechselseitigkeit dieser Vorgänge Bedingung für Entwicklung ist. Ist diese nicht gegeben, d.h., erfolgt anstelle des Austausches nur eine einseitige Nutzung der Kapazitäten, so ist die Existenz einer sozialen Gruppe nicht gegeben. "Soweit die Beziehungen zwischen Eltern und Kind, Lehrer und Schüler, Arbeitgeber und Arbeitnehmer, Herrschern und Beherrschten auf dieser Stufe bleiben, bilden die Beteiligten keine im eigentlichen Sinn soziale Gruppe." (ebd.: 20) Obwohl bereits das reine Zusammenleben erzieherische Wirkung hat, ist es angesichts der Komplexität der gesellschaftlichen Verhältnisse notwendig, diesen durch systematische, planvolle Erziehungsverhältnisse entgegenzutreten, um die Erhaltung der Funktionsweise der betreffenden Gesellschaft zu gewährleisten. Gerade in einer hoch entwickelten Kultur, in der große Teile des Wissens in symbolischer Form gespeichert sind, ist es notwendig, dass der Lehrstoff so weit wie möglich der "Wirklichkeit" entspricht, also das widerspiegelt, was praktische Bedeutung hat, um eine Isolation und Künstlichkeit der Erziehung zu verhindern (vgl. ebd.: 24f.).

Vornehmlichste Aufgabe einer Philosophie der Erziehung ist es daher, so DE-
WEY, "[...] die planmäßige Erhaltung eines richtigen Kräfteverhältnisses zwischen der unsystematischen und der systematischen, der unabsichtlich erfolgen-
den und der absichtlichen Erziehung" (ebd.: 25) zu gewährleisten.

(2. Kapitel "Erziehung als Funktion der Gesellschaft") Erziehung, ob planvoll
oder unbeabsichtigt, beschäftigt sich, wie zuvor angeführt, mit den Bedingungen
des Aufwachsens. "Der Grundbedeutung seiner Bestandteile nach bedeutet das
Wort Erziehung auch 'Führung', 'Leitung', 'in die Höhe bringen'." (ebd.: 26) Erziehung ist dementsprechend also eine gestaltende, bildende und formende Tätigkeit. Formung muss dabei in dem Sinne betrachtet werden, dass sie die für
eine soziale Gruppe relevanten Interessen, Zwecke und Ideen berührt und die
Erfahrung entsprechend nutzbar macht. Dies bedeutet, dass es sich dabei nicht
ausschließlich um äußere Formung handeln kann, vielmehr sind es die Tätigkeiten der Umgebung, die in den zu Erziehenden gewisse Reaktionen hervorrufen.
Sie erzeugen ein für jeden Menschen spezielles System von Verhaltensweisen
und Handlungsdispositionen, das jedoch mehr als die Summe der einzelnen
Glieder ausmacht. Vielmehr ist es der Zusammenhang zwischen den Gegenständen und der eigenen Betätigung, der die Gesamtheit dieser Situation bestimmt
(vgl. ebd.: 27). Die wirkliche Umgebung eines Menschen bilden daher "[...] die
Dinge, mit deren Veränderung ein verändertes eigenes Verhalten einhergeht"
(ebd.: 28). Steht ein Wesen mit anderen in Beziehung, so besitzt es eine soziale
Umgebung und muss seine Handlungen in Bezug zu den Handlungen bzw.
Handlungserwartungen der anderen setzen. Geschieht dies, so wie es bei Tieren
der Fall ist, ohne ein inneres Interesse, ergibt sich eine Gewohnheitsbildung auf
Basis äußerer Reize. Erziehungsvorgänge hingegen sind getragen durch die
Identifikation mit dem sozialen Interesse an der gemeinsamen Handlung. Dabei
werden im besten Fall gemeinsame Ideen und Gefühle erzeugt, die eine aktive
Teilnahme an der Handlung bewirken (vgl. ebd.: 28ff.). Veranschaulichen lässt
sich dieser Vorgang gut am Beispiel der Sprache und des Spracherwerbs, da
Worte genau wie Gegenstände ihre Bedeutung dadurch erlangen, dass sie in Bezug auf eine gemeinsame Erfahrung gebraucht werden. "Die Sicherstellung des
gleichartigen Gebrauches liegt in der Tatsache, daß Gegenstand und Wort zunächst in einer *gemeinsamen* Handlung angewandt werden: als Mittel, eine tätige Verbindung zwischen dem Kinde und dem Erwachsenen herzustellen." (ebd.:
33, Herv. i. O.) Gleiches gilt für die Manieren und den Geschmack, auch für
diese Bereiche ist der Einfluss der sozialen Umgebung entscheidend. Die be-

wusste Belehrung hingegen ist als "Wissen zweiter Hand" (ebd.: 37) zu betrachten, wobei Erziehung also maßgeblich durch die Beeinflussung der Umgebung der zu Erziehenden bestimmt ist. Die Schule stellt im Vergleich zur zufällig auftauchenden Umgebung einen Versuch der planvollen Regulierung derselben dar. Dabei muss sie drei Aufgaben erfüllen: Erstens soll sie "eine *vereinfachte* Umwelt" (ebd.: 39) bereitstellen; zweitens muss sie hinsichtlich des Erwünschten bzw. Unerwünschten selektieren; drittens muss sie versuchen, Chancengleichheit in Bezug auf unterschiedliche soziale Herkunft herzustellen.

Abschließend thematisiert DEWEY die Verwendung des Begriffs der sozialen Gruppe, den er in diesem Zusammenhang für präziser, als den der Gesellschaft oder der Gemeinschaft hält. Aufgrund der Heterogenität der Lebensverhältnisse, der Vielzahl unterschiedlicher Gruppierungen ist für ihn "eine moderne Gesellschaft ein Gewebe vieler, mehr oder weniger innig verbundener Gesellschaften" (ebd.: 40). Dabei ist es Aufgabe der Schule, zwischen der Komplexität der unterschiedlichen sozialen Umgebungen, den Formen des Zusammenlebens und den inneren Dispositionen des Individuums zu vermitteln. Sie hat dabei eine ausgleichende und vereinheitlichende Funktion (vgl. ebd.: 41).

(3. Kapitel "Erziehung als Führung") Nachdem in den vorangegangenen Kapiteln Erziehung in ihrer allgemeinen Funktion bestimmt wurde, wendet sich DEWEY nun einer besonderen Form zu, nämlich "derjenigen der Leitung, Beherrschung und Führung" (ebd.: 42). Während "Beherrschung" unter Umständen als etwas von außen einwirkendes, eine zwanghafte Beeinflussung verstanden werden kann, ist der Begriff der "Führung" ein neutraler Ausdruck, der die Auffassung nahe legt, "daß die aktiven Tendenzen des Geleiteten in eine gewisse beständige Richtung gelenkt werden, anstatt ziellos auseinanderzustreben" (ebd.: 43). Führung beschreibt dabei die grundlegende Funktion, die sowohl als leitender Beistand, wie auch als Regulierung oder Beherrschung verstanden werden kann. Beherrschung wird dann negativ aufgefasst und mit Zwang und Gewalt assoziiert, wenn dem Menschen rein individualistische, antisoziale Tendenzen unterstellt werden. Laut DEWEY entspricht dies jedoch nicht der Natur des Menschen. Es gibt zwar Tendenzen, eigene Wege zu gehen, doch besteht ein größeres Interesse darin, "[...] sich in die Betätigungen der anderen hineinzugesellen und an vereintem Tun, am Zusammenwirken teilzuhaben" (ebd.: 43). "Beherrschung" ist daher nur eine entschiedene Form der Leitung von Kräften und umfasst sowohl die Selbstbeherrschung als auch die Führung durch andere.

Führung bedeutet dabei, "daß die zu irgendeiner Zeit wirkenden Impulse auf ein bestimmtes Ziel gesammelt und daß in die Folge der Handlungen Ordnung und

Zusammenhang gebracht werden" (ebd.: 63). Die Handlungen der Menschen sind immer durch die ihnen zugrunde liegenden Reize beeinflusst. Dabei sind zwei Aspekte von Führung entscheidend: Erstens der räumliche Aspekt, der die Erreichung eines Ziels ermöglicht, und zweitens der zeitliche, der das für weitere Handlungen notwendige Gleichgewicht realisiert. Zu beachten ist dabei, dass eine rein äußerliche Führung unmöglich ist, da die Umgebung zwar Reize liefert, um Reaktionen auszulösen, diese Reaktionen wiederum aber den inhärenten Tendenzen der Individuen entspringen (vgl. ebd.: 45).

Ebenso ist in Betracht zu ziehen, dass die erreichte Beeinflussung zwar dem Ziel entspricht, aber zugleich den zeitlichen Aspekt, also die Bewahrung des Gleichgewichts, unmöglich macht (vgl. ebd.: 46).

Im Anschluss daran unterscheidet DEWEY zwei Arten der sozialen Führung (vgl. ebd.: 46ff.). Führung ist dann offensichtlich, wenn sie unmittelbar beabsichtigt ist. Dies geschieht meist dann, wenn Widerstand gegen den Führungsanspruch offenbart wird. Die weitaus häufigere und effektivere Art ist für ihn jedoch die unbewusste Führung. Während bei der erstgenannten eine Unterscheidung zwischen moralischem und physischem Ergebnis zu treffen ist, beruht die zweite "[...] auf der Art und Weise, in der Personen, mit denen das unreife Wesen in Beziehung steht, die Dinge benutzen, die Instrumente verwenden, mit denen sie ihre Ziele erreichen. Das bloße Vorhandensein der sozialen Atmosphäre, in der das Individuum lebt, sich bewegt, existiert, ist die dauernde und wirksame Macht, die seine Betätigung dirigiert." (ebd.: 48)

Einfluss kann also niemals unabhängig von der physischen Umgebung ausgeübt werden, wobei diese jedoch lediglich die Funktion als Mittel zur Kontaktaufnahme erfüllt, während "Nachahmung, die Notwendigkeit des Zusammenarbeitens" (ebd.: 49) Führung erst bewirkt und veränderte Dispositionen erzeugt.

DEWEY kommt daher zu dem Schluss, dass die Instrumente der Führung im Wesentlichen intellektueller und nicht persönlicher Art sind.

"Sie bestehen [...] in den Gewohnheiten des Verstehens, die sich bilden, indem Gegenstände in einer Weise gebraucht werden, die dem Verhalten des anderen entspricht [...]. Der 'Geist' als ein wirkliches Ding ist genau genommen die Fähigkeit, die Dinge zu verstehen im Hinblick auf den Gebrauch, der von ihnen in einer Sachlage gemacht wird, an der mehrere beteiligt sind. Geist in diesem Sinne bedeutet die Methode der erfolgreichen sozialen Führung." (ebd.: 55)

Mit Geist sind also die im Umgang mit anderen Personen erworbenen gewohn-
ten Reaktionen auf bestimmte Gegenstände gemeint. Eine dualistische Trennung
zwischen Mensch und Dingen ist aus diesem Grund nicht gegeben. Der Umgang
mit Dingen allein kann zwar zu äußerlicher Anpassung führen, jedoch erst im
Zusammenwirken mit bestimmten Zwecken werden daraus sinnvolle Handlungen (vgl. ebd.: 55f.). Das Reiz-Reaktions-Schema der klassischen Psychologie
und die auf dem Nachahmungstrieb aufbauende Sozialpsychologie greifen
DEWEYS Meinung nach zu kurz. Sie erkennen weder die Bedeutung der einzelnen Reize für den jeweils Nachahmenden an, noch verstehen sie es den Nachahmungstrieb in seiner Bedeutung für das Zustandekommen eines sinnvollen
Ganzen zu beschreiben. Sie beziehen sich auf die Nachahmung von Zwecken,
nicht auf die wertvollere Nachahmung von Mitteln zur Erreichung von bestimmten Zwecken (vgl. ebd.: 55 ff.).

Deutlich wird dabei, dass der menschliche Geist sich nicht dualistisch trennen
lässt, sondern vielmehr sozial und praktisch ist, also auf Kooperation und ge-
meinsamem Handeln beruht.

Die Überlegungen, die DEWEY hier ausbreitet, gehen in ihrem Kern zurück auf
den – bereits oben erwähnten – Artikel *The Reflex Arc Concept in Psychology*
von 1896. Er kritisiert darin das für die *New Psychology* charakteristische Konzept des Reiz-Reaktions-Schemas als eine nicht hinreichend genaue Darstellung
der tatsächlich ablaufenden Prozesse. Sein wesentliches Argument sind dabei
die nach wie vor vorhandenen dualistischen Annahmen:

"The older dualism between sensation and idea is repeated in the current dualism of peripheral
and central structures and functions; the older dualism of body and soul finds a distinct echo
in the current dualism of stimulus and response. Instead of interpreting the character of sensation, idea and action from their place and function in the sensory-motor circuit, we still incline
to interpret the latter from our preconceived and preformulated ideas of rigid distinctions between sensations, thoughts and acts." (1972a: 96f.)

Als Folge dieser metaphysischen Überbleibsel ist das Reflexbogenmodell "[...] a
patchwork of disjointed parts, a mechanical conjunction of unallied processes."
(97). In einer bereinigten Interpretation muss die Erfahrung jedoch eine
"comprehensive, organic unity" (ebd.) darstellen, in der Reiz und Reaktion nicht
als getrennte Einheiten auftreten, sondern vielmehr als funktionell differenzierte
Faktoren innerhalb eines einzigen konkreten Ganzen agieren. Mit diesem Ganzen ist die Einheit der senso-motorischen Koordination gemeint, die in sich die
Gedanken, die Wahrnehmung und die Bewegung als Funktionen vereinigt. Nur

innerhalb einer solchen Einheit sind Reiz und Reaktion als spezifische Elemente zu verstehen. Ebenso erlangen sie ihre Bedeutung nur innerhalb dieses Rahmens. Er stellt heraus, dass sich Erfahrung nicht in einzelne voneinander zu trennende Akte unterteilen lässt, sondern sich nur durch den Blick auf die Gesamtheit der Handlung begreifen lässt. Er illustriert diesen Sachverhalt anhand des auf JAMES zurückgehenden Beispiels, des Kindes das nach der Flamme einer brennenden Kerze greift und sich daran verbrennt (vgl. ebd.: 97ff.). Anhand der Analyse des dabei ablaufenden Prozesses gelangt er zu der Feststellung: "the so-called response is not merely *to* the stimulus; it is *into* it. The burn is the original seeing." (ebd.: 98; Herv. i. O.) Die Verwobenheit von Gedanken, Wahrnehmung und Handlung wird dann offensichtlich und manifest, wenn sich Handlungsprobleme zeigen, deren Lösung eine bewusste Reaktion erfordern.

(4. Kapitel "Erziehung als Wachstum") Unter Wachstum versteht DEWEY das Vertraut machen mit denjenigen Vorgängen, die für die zukünftige Erhaltung und Ausgestaltung der Gesellschaft notwendig sind. Als erste Bedingung hierfür identifiziert er die Unreife (vgl. 2000a: 64). Er sieht diese als eine positive Kraft, die Entwicklung und soziales Wachstum ermöglicht und kritisiert zugleich, die aus der negativen Auffassung des Wortes entstehende Neigung, Kinder als defizitäre Wesen anzusehen.

"Unreife" ist durch zwei wesentliche Merkmale gekennzeichnet: Unselbständigkeit und Bildsamkeit. Während Kinder im physischen Sinn anfänglich nahezu hilflos und fast vollständig unselbstständig sind, ermöglichen ihnen ihre bereits vorhandenen sozialen Fähigkeiten, diesem Mangel entgegenzutreten (vgl. ebd.: 66f.).

Die Bildsamkeit stellt "die besondere Anpassung des jugendlichen Geschöpfes an die Aufgabe des Wachstums" (ebd.: 68) dar. Das Kind lernt aus seinen Erfahrungen, indem es die Reaktionen auf experimentelle Weise miteinander kombiniert. Dabei ist es entscheidend, "daß bei der Erlernung einer Handlung Methoden entwickelt werden, die in anderen Situationen verwertbar sind" (ebd.: 69). Indem Gewohnheiten erworben und strukturiert werden, lernt das Kind zu lernen.

Gewohnheit ist dabei "die tätige Beherrschung der Umgebung durch die Beherrschung der handelnden Organe" (ebd.: 70f.). Anpassung ist in diesem Zusammenhang dann aktiv, als "Beherrschung der Mittel um Ziele zu erreichen" (ebd.: 71) zu verstehen. Dies beschränkt sich jedoch nicht nur auf die motorischen, ausführenden Aspekte, sondern schließt vielmehr auch die geistigen und moralischen Orientierungen ein. Dabei ist immer zu beachten, dass nur durch den Gebrauch der Intelligenz die Bildsamkeit erhalten und die Entstehung von wachstumshemmenden Routinehandlungen vermieden werden kann. Aufgrund dieser und der zuvor angestellten Überlegungen ergeben sich für DEWEY bestimmte Folgerungen für die Pädagogik:

"Wenn gesagt wird, Erziehung sei Entwicklung, so hängt alles davon ab, was wir unter Entwicklung verstehen. Unser Endergebnis war, daß Leben Entwicklung ist und Entwicklung und Wachstum Leben sind. Ins Pädagogische übersetzt, bedeutet das, 1. daß der Vorgang der Erziehung kein Ziel außerhalb seiner selbst hat: er ist sein eigenes Ziel; 2. daß der Erziehungsvorgang beständige Neugestaltung, dauernden Neuaufbau, unaufhörliche Reorganisation bedeutet." (ebd.: 75)

Durch die zuvor benannten falschen Annahmen, dass Unreife ein Mangel, Anpassung ausschließlich passiv und Gewohnheiten starr seien, entsteht die Überzeugung, Wachstum *habe* ein bestimmtes festgeschriebenes Ziel, wobei es in Wirklichkeit ein Ziel *ist* (vgl. ebd.: 76). Der Schluss, den DEWEY daraus zieht, ist daher folgender: "Da es in Wirklichkeit nichts gibt, worauf sich der Begriff des Wachstums bezieht, ausgenommen *weiteres* Wachstum, so läßt sich der Begriff der Erziehung keinem anderen unterordnen – ausgenommen weiterer Erziehung." (ebd.: 77, Herv. i.O.) Erziehung in diesem Sinne entspricht der tätigen Entwicklung des Lebens und ist daher weder Vorbereitung auf das Erwachsensein, noch ausschließliche Vermittlung von Lehrstoff an der Schule. Der Wert der Schulerziehung liegt vielmehr darin, "in welchem Ausmaße sie das Verlangen nach dauerndem Wachstum weckt und die Mittel bereitstellt, um dieses Verlangen zu stillen" (ebd.: 80). "Dauernd" meint dabei, dass Wachstum nicht mit Beendigung der Kind- bzw. Schulzeit beendet ist, sondern dass dort die Grundlagen für die weitere, lebenslange Entwicklung gelegt werden.
Daraus ergibt sich am Ende des 6. Kapitels DEWEYS Definition von Erziehung, als diejenige "Rekonstruktion und Reorganisation der Erfahrung, die die Bedeutung der Erfahrung erhöht und die Fähigkeit, den Lauf der folgenden Erfahrung zu leiten, vermehrt" (ebd.: 108). Seines Erachtens betrifft dies unterschiedslos alle Lebensalter und ist kein auf die Kindheit oder das Jugendalter beschränkter Vorgang.

(7. Kapitel "Der demokratische Gedanke in der Erziehung") Nachdem sich die bisherigen Ausführungen auf die Erziehung allgemeiner Art bezogen, ergänzt

DEWEY sie nun um den Faktor des jeweiligen gesellschaftlichen Zusammenhangs. Da Erziehung durch Leitung und Entwicklung immer die Teilnahme am Leben einer Gruppe sichert, ist es klar, dass sie sich je nach Art des Gruppenlebens unterscheiden muss. Dabei ist von Bedeutung, ob eine Gesellschaft, sofern sie im Wandel begriffen ist, diese Veränderung zum Besseren als ihren Lebenszweck ansieht oder lediglich ihren unveränderten Fortbestand anstrebt (vgl. ebd.: 113). Da jegliche Erziehung in einer Gruppe und durch eine Gruppe sozialisierenden Charakter hat, dieser aber wesentlich durch die Sitten und Ziele der Gruppe bestimmt ist, ist es notwendig, einen Wertmaßstab für die jeweilige Form des Zusammenlebens zu definieren. Um die praktische Relevanz dieses Maßstabes sicherzustellen, kann nicht auf das Konstrukt einer vermeintlich idealen Gesellschaft zurückgegriffen werden. Vielmehr müssen aus den tatsächlich vorhandenen Formen die wünschenswerten Züge herausgehoben werden (vgl. ebd.: 115).

DEWEY definiert zwei Kriterien, die für die Ausgestaltung der Erziehung von Belang sind: Zum einen sind dies die von allen Gliedern der Gruppe geteilten Interessen, zum anderen der vielfältige und freie Kontakt mit anderen Gruppen.

"Damit sie eine große Zahl von Werten gemein haben, müssen alle Glieder der Gruppe die gleiche Möglichkeit haben, den anderen zu geben und von ihnen zu nehmen. Es muß eine reiche Mannigfaltigkeit gemeinsamer Unternehmungen und Erfahrung vorhanden sein.[...] Die Erfahrung jeder dieser Gruppen verliert an Sinn und Bedeutung, wenn der freie Austausch zwischen den verschiedenen Formen der Lebenserfahrung behindert wird" (ebd.: 117).

Ist der aus der Vielfalt der geteilten Interessen entspringende freie Wechselverkehr eingeschränkt, so wird das Gleichgewicht der intellektuellen Anregung gestört. Dies ist sowohl in Gesellschaften der Fall, in denen Sklaverei im rechtlichen Sinn herrscht, als auch in solchen, in denen Menschen Tätigkeiten ausüben, ohne deren soziale Bedeutung zu kennen und ohne ein persönliches Interesse an deren Ausführung zu haben (vgl. ebd.: 118).
Die Veränderung solcher Umstände ist nach DEWEY die Aufgabe der Wissenschaft, die die Entstehung und Klarstellung der Beziehungen zwischen dem Menschen und seiner Arbeit im Besonderen leisten muss. Er umreißt dabei bereits seine Vorstellung von Sozialforschung als dem Instrument der Aufklärung über die gesellschaftlichen Verhältnisse, die er später in der 1927 erstmals erschienenen Arbeit *Die Öffentlichkeit und ihre Probleme* (DEWEY 1996) unter dem Titel *Die Suche nach der Großen Gemeinschaft* (vgl. ebd.: 141ff.) weiter

ausführt.[13] Die Feststellung, dass in solch einer entfremdeten Gesellschaft das Verständnis der Menschen "auf die technische Seite der Erzeugung und den Absatz der Güter" (DEWEY 2000a: 118) beschränkt sei, verweist wiederum auf die Überlegungen seines Chicagoer Kollegen George Herbert MEAD (siehe auch folgendes Kapitel). Dieser hatte bereits in seinem Aufsatz *Industrial Education, the Working-Man, and the School* die unreflektierte, industrielle Tätigkeit kritisiert und die reflektierte, den Arbeitsprozess durchschauende und überblickende, industrielle Tätigkeit als fundamentale Form der Freiheit beschrieben (vgl. MEAD 1908/09: 370ff.).[14]

Diese Form der Freiheit äußert sich DEWEY (1996) zufolge letztlich in der Formierung einer Öffentlichkeit, die es dem Einzelnen und der Gemeinschaft ermöglicht, ihre eigenen Angelegenheiten, unter ständiger Beachtung und Realisierung der veränderten sozialen Bedingungen und im Rahmen ihres assoziierten Handelns selbstbestimmt und gleichberechtigt zu vertreten. Ausgangspunkt dieser Formation ist die Wahrnehmung von Handlungsfolgen sowohl direkter als auch indirekter Art, wobei letztere als die hier Wesentlichen zu erachten sind.

---

[13] 1946 erschien eine Neuauflage dieser Arbeit mit einem veränderten Vorwort. Dessen Formulierung steht unter dem Eindruck des soeben beendeten Weltkriegs und betont die damit einhergehenden demokratietheoretischen Frage- und Problemstellungen; siehe dazu auch weiter unten: der Einfluss DEWEYS auf die Demokratisierung Deutschlands im Rahmen der Reeducation.

[14] Die Anfänge dieser Überzeugungen reichen bei beiden – DEWEY und MEAD – zurück in ihre gemeinsame Zeit in Michigan. DEWEY arbeitet dort von 1888 bis 1892 zusammen mit Franklin FORD einem syndikalistischen Sozialisten und Journalisten, am so genannten *Thought News*-Projekt. FORD beabsichtigte mit der Schaffung einer landesweiten zentralen Zeitungsagentur, die Befreiung des Informationssystems von kommerziellen Interessen zu erreichen und so wissenschaftliche Intelligenz für sozialreformerische Absichten nutzbar zu machen. DEWEY nahm die Idee begeistert auf und versuchte, die journalistischen und agitatorischen Fähigkeiten und Ideen FORDS in seine philosophischen Überlegungen einzubinden und dessen Projekt voranzutreiben. Aus jener Zeit resultiert sein besonderes Interesse an der experimentellen Methode als dem effektivsten Weg der Forschung. Während DEWEY sich aktiv in das, letztlich vor seiner Verwirklichung gescheiterte Projekt einbrachte begleitete MEAD es zwar wohlwollend und interessiert, engagierte sich jedoch nicht persönlich (vgl. dazu ROCKEFELLER 1991: 171ff. und JOAS 1980: 26f.).

Das Anliegen das DEWEY hier vertritt, nimmt gewissermaßen die Befürchtungen und Feststellungen der demokratischen Realisten, insbesondere von Walter LIPPMANN vorweg. LIPPMANN erkennt in *Public Opinion* (1922) die Bedeutung der Zeitung für die demokratische Meinungsbildung explizit an, bemerkt und kritisiert jedoch deren beschränkte Effektivität (vgl.: 203ff.). In *Die Öffentlichkeit und ihre Probleme* greift DEWEY u.a. die Betrachtungen und Einschätzungen LIPPMANNS auf und benutzt diese quasi als Folie für seine demokratietheoretischen Überlegungen. So beschäftigt er sich auch 1927 noch mit der Beschaffenheit und Struktur des Zeitungswesens in einer demokratischen Gesellschaft: "Eine Zeitung die nur eine Tagesausgabe einer Vierteljahresschrift für Soziologie oder Politikwissenschaft ist, würde zweifellos nur begrenzten Absatz und nur geringen Einfluß besitzen."(DEWEY 1996: 155)

"Die Öffentlichkeit besteht aus all denen, die von indirekten Transaktionen in solch einem Ausmaß beeinflußt werden, daß es für notwendig gehalten wird, sich um diese Folgen systematisch zu kümmern." (ebd: 29) Von Bedeutung ist dabei, dass der angenommene Unterschied zwischen privat und öffentlich nicht mit der Unterscheidung zwischen dem Individuellen und dem Sozialen gleichgesetzt wird. Dieser Dualismus ist aufgrund der immerwährenden Assoziiertheit menschlichen Handelns nicht zu rechtfertigen (vgl. ebd.: 158). "Aber *als* Mitglied der Verbindung kann er nicht im Gegensatz zu der Einheit stehend, zu der er gehört, betrachtet werden. *Als* ein Mitglied der Verbindung sind seine Eigenschaften und Handlungen offensichtlich jene, die er kraft ihrer besitzt." (ebd.: 159, Herv. i. O.) Daher ist es weiterhin nicht möglich eine Unterscheidung, zwischen einer Öffentlichkeit, die sich in der Organisation eines demokratischen Staates manifestiert und einer demokratischen Lebensweise in Form einer sozialen Größe zu treffen. Demokratie in diesem Sinne bedeutet gleichberechtigte Partizipation in allen Bereichen. Dies wiederum verweist auf DEWEYS Vorstellung von einem demokratischen Ideal in der Erziehung.

Eine demokratische Gesellschaft ist demnach durch die "beständige Neuanpassung an die durch mannigfaltige Wechselwirkung entstehenden neuen Sachlagen" (DEWEY 2000a: 120) gekennzeichnet, wobei Demokratie mehr als nur eine Regierungsform ist. "Sie ist in erster Linie eine Form des Zusammenlebens, der gemeinsam und miteinander geteilten Erfahrung." (ebd.: 121) Genau wie bei der Realisierung der Öffentlichkeit geht es auch bei der Erziehung um die Befreiung der Kräfte, die in einer isolierten, die Interessen ausschließenden Gruppe, unterdrückt werden. Die Grundlage für die Realisierung einer demokratischen Öffentlichkeit sieht DEWEY in der Wiederherstellung der kleinen, lokalen Gemeinschaften, wie Familie und Nachbarschaft gegeben (vgl. ebd.: 178f.). Diese müssen sich entsprechend den Vorstellungen über die Entwicklung der Individuen ihrer Kräfte und Interessen bewusst werden, diese befreien, sich zusammenfinden und in den freien Austausch miteinander treten. Hier wird der implizite, normative Gedanke DEWEYS deutlich. Demokratie wird nicht nur als eine zu prüfende und möglicherweise zu verwerfende Form des Zusammenlebens gesehen, sondern als die einzige Möglichkeit zur Verwirklichung seiner Konzeption. Davon ausgehend und zur Bekräftigung seiner Feststellungen kritisiert DEWEY anschließend populäre, erzieherische Idealvorstellungen. So hat PLATO in seiner Erziehungsphilosophie zwar die Bedeutung der sozialen Ordnungen und deren Abhängigkeit von den erzieherischen Mitteln erkannt, er verkennt jedoch die

Bedeutung, die Individualität dabei hat (vgl. ebd.: 124). ROUSSEAU hingegen hat seiner Ansicht nach bei seiner Betonung der Natur zwar die Vielfalt des Individuellen erkannt und beachtet, scheitert aber am Widerspruch zwischen Natur und sozialer Ordnung. Durch die angeblich naturgemäße Verneinung der Erziehung entsteht bei ihm ein System, das sich auf zufällig auftauchende Umstände stützen muss (vgl.: ebd.: 126ff.). Ebenso seien die nationalen Ziele der staatlich getragenen Erziehung des Nationalismus zu eng, um die Verbindungen der Menschen angemessen zu charakterisieren. Durch die Betonung des gegenwärtigen Zustands und die Ausblendung zukünftigen Geschehens, wird das eigentliche Ziel, nämlich die "Förderung der bestmöglichen Verwirklichung des Menschheitsgedankens" (ebd.: 131) aus dem Blick verloren.

Diese Beispiele verdeutlichen insgesamt nochmals die umfassende Konzeption von DEWEYS Ansatz, wobei insbesondere die Bedeutung der Erziehungsziele herausgehoben ist, die im Folgenden ausführlich dargelegt werden.

(8. Kapitel "Die Ziele der Erziehung") Ausgehend von der zuvor getroffenen Feststellung, dass das Ziel der Erziehung die Befähigung des Einzelnen zur Fortführung der Erziehung sei, wobei dies die Annahme einer umfassenden Gegenseitigkeit im menschlichen Verkehr voraussetzt, differenziert DEWEY nun zwischen Zielen innerhalb und außerhalb des Erziehungsprozesses (vgl. ebd.: 137f.). Ziele außerhalb des Vorgangs sind solche, die ausschließlich auf Ergebnisse abzielen, die "mehr Mittel im Dienste fernerer Ziel von *anderen* als ihr wahres eigenes Ziel" (ebd.: 138, Herv. i. O.) sind, wohingegen Ziele innerhalb des Vorgangs ein Endergebnis präsentieren, "das sozusagen die Summe und der Abschluss des gesamten Vorgangs ist" (ebd.: 139). Er wendet dabei die in Kapitel 3 beschriebenen Orientierungen räumlicher und zeitlicher Art so, dass die von außen herangetragenen Ziele der ersten Art, und die innerhalb des Vorgangs liegenden der zweiten Art, sich entsprechen. Die dem Erziehungsvorgang inhärenten Ziele sind durch ihre zeitliche Bedeutung eindeutig fortschreitend und auf die Zukunft gerichtet zu betrachten.

Es besteht also in jedem Fall eine Verbindung zwischen Zielen und Ergebnissen, jedoch ist ein Ziel dadurch gekennzeichnet, dass die einzelnen Teile des Geschehens immer in einem inneren Zusammenhang stehen.

"Von einem Ziel kann man nur bei einer geregelten und geordneten Tätigkeit, bei der fortschreitenden Vollendung eines Vorgangs sprechen. Bei einer Handlung, die sich über eine gewisse Zeit erstreckt, und in der jeder folgende Einzelakt aus den vorausgegangenen herauswächst, bedeutet 'Ziel' die Voraussicht im Hinblick auf den Zweck oder den möglichen Abschluß." (ebd.: 139)

Unter Berücksichtigung des vorhergesehenen Endergebnisses gibt das Ziel die Richtung der Handlung vor und beeinflusst die einzelnen notwendigen Schritte. Es wirkt dabei in dreifacher Weise vorausschauend: 1. durch Beobachtung der Umstände werden die zur Erreichung verfügbaren Mittel und möglichen Hindernisse identifiziert; 2. Eine Reihenfolge der verwertbaren Mittel kann festgelegt werden, was deren zweckmäßige Auswahl und Anordnung erleichtert; 3. es ermöglicht dem Handelnden, zwischen verschiedenen Mitteln zu wählen (vgl. ebd.: 139f.). Durch die genaue Beobachtung und die daraus resultierende Vielzahl der Handlungsmöglichkeiten ist es möglich, der jeweiligen Handlungsweise Sinn und Bedeutung zu verleihen. Somit bedeutet "Handeln im Hinblick auf ein Ziel [...] dasselbe wie *verständig* handeln" (ebd.: 141, Herv. i. O.). Unter Verstand versteht DEWEY eine "absichtliche, zweckmäßige Betätigung, die durch Wahrnehmung von Tatsachen und ihrer Beziehungen zueinander geregelt ist" (ebd.: 141). Man muss also die Fähigkeit besitzen Pläne zu entwickeln, zu verstehen, wie etwas getan wird und dabei die aktuellen Umstände auf zukünftige Folgen und umgekehrt, zukünftige Folgen auf momentane Tatsachen zu beziehen.

Daraus wiederum ergeben sich folgende Kennzeichen eines guten Ziels: Es muss aus den vorhandenen Bedingungen entstehen, es muss in seiner Gestalt variabel sein, d. h., es muss den jeweiligen Umständen angepasst werden können, und es muss schließlich Auslöser für gewisse Tätigkeiten sein (vgl. ebd.: 143f.).

Damit steht fest, dass ein gutes, innerhalb einer Handlung liegendes Ziel nicht ausschließlich ein Mittel zur Realisierung eines bestimmten Zwecks sein kann, sondern vielmehr beides, d.h. Mittel und Zweck zugleich sein sollte.

"Jedes Mittel ist zeitweilig Ziel - bis es erreicht ist; jedes Ziel wird ein Mittel zur Fortführung der Handlung, sobald wir es erreicht haben. Wir nennen es *Ziel*, wenn es die *zukünftig* einzuschlagende Richtung der Tätigkeit bezeichnet, in deren Durchführung wir begriffen sind; wir nennen es Mittel, wenn es die *gegenwärtige* Richtung festlegt." (ebd.: 145, Herv. i.O.)

Analog dazu lässt sich diese Vorstellung von Zielen zweckgerichteter Tätigkeit auch widerspruchsfrei auf die Ziele der Erziehung übertragen. Der Erzieher bzw. Lehrer trägt dabei die Verantwortung für die Beobachtungen, Anordnungen und Pläne, die für die Durchführung der jeweiligen Tätigkeit notwendig sind. DE-

WEY gibt im Folgenden einige allgemeine Kennzeichen guter Erziehungsziele an: "1. Ein Erziehungsziel muß in den wesentlichen Betätigungen und Bedürfnissen (einschließlich der ursprünglichen Instinkte und Verhaltensweisen) des zu erziehenden Menschen begründet sein (ebd.: 147); 2. [es] muß sich in eine Methode des Zusammenwirkens mit den Betätigungen der zu Erziehenden umsetzen lassen." (ebd.: 148) Dabei ist vor allem die Umgebung von Bedeutung, die so beschaffen sein muss, dass sie die Fähigkeiten des zu Erziehenden befreit und ordnet; 3. Der Erzieher muss sich der Gefahr "allgemeiner" und "höchster" Ziele bewusst sein. "Allgemein" bedeutet zwar Auswirkung auf unbestimmt viele Dinge, jedoch zugleich auch losgelöst von bestimmten Inhalten, was eine Entfernung von der Wirklichkeit ergibt (vgl. ebd.: 149). Dieses letzte Kennzeichen nimmt DEWEY zum Anlass einige der gängigen pädagogischen Theorien als allgemein gültige Erziehungsziele zu kritisieren.

(9. Kapitel "Naturgemäße Entwicklung und Wert für die Gesellschaft als Erziehungsziele")
Ausgehend von der Feststellung, dass Erziehungsziele jeweils die Reaktion auf Missstände und Schwächen in der bestehenden Ordnung sind und damit ein Gegengewicht zur Erziehungswirklichkeit darstellen, beschreibt DEWEY ROUSSEAUS Vorstellung von der Erziehung als naturgemäßer Entwicklung. Er kritisiert dabei die Gegenüberstellung der Begriffe Gesellschaft und Natur. Die Schwäche dieser dualistischen Auffassung "besteht in der Gedankenlosigkeit, mit der der Begriff 'natürlich' im Sinne von normal mit dem Begriff der physischen Natürlichkeit verwechselt wird" (ebd.: 153), was zu einer Unterschätzung der Fähigkeit der intelligenten Voraussicht und Planung führt. Er gesteht ROUSSEAU zwar zu, die notwendige Umgestaltung der Erziehung eingeleitet zu haben, dabei aber die Bedeutung der sozialen Umwelt verkannt zu haben. Die Kennzeichnung von Entwicklung als "von innen heraus" ist nach DEWEYS unhaltbar.
Bezüglich des Ziels "Wert für die Gesellschaft" sagt DEWEY, dass es ein Resultat des Erkennens der Mangelhaftigkeit des Erziehungsziels der naturgemäßen Entwicklung sei (vgl.: ebd.: 161). Diese neue Zielbeschreibung sollte die Mängel der vorherigen beseitigen, indem durch das Eingreifen der Gesellschaft die Ordnung der Verhältnisse mittels sozialer Normen sichergestellt wird. Auch hier sieht DEWEY wiederum den Dualismus zwischen Mensch und Natur wirken, der durch einen weiteren, nämlich den Dualismus zwischen Individuum und Gesellschaft beseitigt werden soll. Problematisch bei diesem Ansatz ist die Wertlegung

auf Unterordnung zur Sicherung von Leistungsfähigkeit. Damit werden die im Einzelnen liegenden Potentiale unnötigerweise beschränkt und wirken folglich dem demokratischen Gedanken entgegen. Dies führt unter Umständen zu einer Festschreibung der bestehenden Verhältnisse, inklusive der bestehenden Ungleichheiten, wohingegen es das Ziel der fortschrittlichen Erziehung ist, "an der Beseitigung unbilliger Vorrechte und unbilliger Zurücksetzungen mitzuhelfen [...]" (ebd.: 162). Diese Feststellung verweist auf DEWEYS sozialreformerische Vorstellungen und Aktivitäten.

Die Vereinbarkeit der Erziehungsziele "Wert für die Gesellschaft" und "Kultur" stellt den letzten Punkt der Gegenüberstellung dar. Kultur als Pflege und Reife zu definieren, ist etwas Persönliches. Sie steht im Gegensatz zur naturgemäßen Entwicklung, die sich mit dem Rohen und Ungepflegten assoziieren lässt (vgl. ebd.: 164). Der Kulturbegriff ist dann identisch mit dem Wert für die Gesellschaft, wenn darunter die Beachtung der Einzigartigkeit der Individuen verstanden und respektiert wird. Gerade diese einzigartigen, besonderen Fähigkeiten sind es, die den "Wert für die Gesellschaft" ausmachen. Die Gegenüberstellung von Persönlichkeit bzw. Kultur und "Wert für die Gesellschaft" ist DEWEYS Ansicht nach einzig ein Resultat der Klassengesellschaft (vgl. ebd.: 165). Die bestehenden Schranken ermöglichen es, das Menschsein der einen zu entwickeln, während die anderen einzig damit beschäftigt sind, ihren Lebensunterhalt durch die Produktion gesellschaftlich relevanter Güter zu verdienen, und dabei eine ausschließlich äußere Entwicklung durchlaufen. Dies steht den Erfordernissen und Bedingungen einer demokratischen Gesellschaft entgegen. "Wenn jedoch die Demokratie einen moralischen und idealen Sinn hat, so kann es nur der sein, daß für die Gesellschaft wertvolle Leistungen von *allen* verlangt werden, daß aber auch die Möglichkeit zur Entwicklung ihrer besonderen Fähigkeiten allen gegeben wird." (ebd.: 165)

Gerade mit der Beurteilung dieses "Wertes für die Gesellschaft" steht oder fällt das demokratische Ideal. Erkennt man nur die erstgenannte Bedeutung desselben an, so ist es unmöglich, eine auf gleichberechtigter Teilnahme fußende Gesellschaft zu realisieren. Der "soziale Wert" muss in die Erfahrung eingebunden werden und darf nicht rein äußerlich betrachtet werden. Nur so ist es möglich, Persönlichkeit als das freie Geben und Nehmen des Austausches zu begreifen. Es gilt, einen Kulturbegriff zu realisieren, der dem Einzelnen eine Selbstverwirklichung ermöglicht, in der Selbstaufopferung und Selbstvervollkommnung miteinander verbunden sind, anstatt dualistisch gegenübergestellt zu werden (vgl. ebd.: 167).

In den folgenden Kapiteln ordnet DEWEY die bis dahin geschilderten Zusammenhänge und Feststellungen in den spezifischen Kontext der Schule ein, um schließlich zu einer zusammenfassenden Darstellung seines Ansatzes zu gelangen. Dabei versucht, er das Wesen und die Bedeutung der Philosophie und ihre Verbindung mit der Erziehung in konziser Form darzulegen, um letztlich eine von dualistischen Gegenüberstellungen gereinigte Erkenntnistheorie vorzustellen.

(24. Kapitel "Die Philosophie der Erziehung") Ausgehend von der Zusammenfassung des Inhalts der bisherigen Erörterungen versucht DEWEY, eine Definition der Philosophie zu geben und, damit zusammenhängend, das Wesen der Erziehungsphilosophie zu kennzeichnen. Er versucht dabei in gewisser Weise,. eine eigene Einschätzung seiner Erörterungen vorzunehmen.

Die bis dahin erfolgten Ausführungen haben, laut DEWEY, lediglich die Probleme beschrieben, mit denen sich die Philosophie beschäftigt und die ein Resultat der Schwierigkeiten sozialen Lebens darstellen. Zu fassen sind diese Probleme in Form dualistischer Gegenüberstellungen wie z. B. Geist und Stoff, Seele und Körper, Individuum und Gesellschaft oder Theorie (Erkenntnis) und Praxis (Handeln). Die philosophischen Systeme, die sich damit auseinander setzen, beschäftigen sich also mit den sozialen Schwierigkeiten ihrer Zeit (vgl. ebd.: 416f.). Philosophie bietet eine Art allgemeiner Darstellung der vielfältigen Einzelheiten der Welt und des Lebens. Sie ordnet entweder die Vielfalt zu einer letzten Einheit oder führt, wie im Fall der dualistischen Systeme, die einzelnen Tatsachen auf eine geringe Zahl letzter Prinzipien zurück (vgl. ebd.: 417). Entscheidend für eine Definition der Philosophie ist aber, dass damit immer auch eine Form der Lebensführung gemeint ist – eine Lebensführung, die durch eine bestimmte geistige Haltung geprägt ist. Dies bedingt, dass Philosophie nicht ausschließlich von ihrem stofflichen Gehalt her definiert wird. "Was 'Allgemeinheit, Allumfassung, Endgültigkeit' bedeutet, das versteht man leichter von einer anderen Seite her: von der der geistigen Haltung gegenüber der Welt, welche in ihnen beschlossen liegt." (ebd.: 418)

Es geht also nicht um die Erkenntnis der Endlichkeit eines Stoffes, denn diese ist aufgrund der fortlaufenden Erweiterung der Erfahrung nicht möglich, vielmehr ist es die Reaktionsweise auf die Ereignisse, die durch größtmögliche Einheitlichkeit und Widerspruchsfreiheit gekennzeichnet sein muss.

Totalität als Merkmal der Philosophie meint dabei keine feststehende Handlungsanleitung, sondern die Möglichkeit der sinnvollen Erhaltung des Gleichgewichts innerhalb unterschiedlichster Handlungen. Des Weiteren ist die Philosophie wie das Denken ein hypothetischer Versuch, den Erfordernissen gerecht zu werden. Sie steht dabei, analog zum Denken, im Widerstreit zur gesicherten Erkenntnis, die in ihrer reinen Form in der Wissenschaft verkörpert wird. Philosophie ist kein Lösungsvorschlag, sondern eine Aufgabe. Sie beschreibt Schwierigkeiten und versucht, Methoden bereitzustellen, diese zu überwinden (vgl. ebd.: 420).

Diese Aufgabenstellung wird oftmals dadurch verschleiert, dass sich Philosophen durch die Verwendung einer ihnen eigenen Fachsprache gewissermaßen von den alltäglichen, konkreten Problemen isolieren und daher eine tätige Verbindung zwischen Gegenstand und Methode vermeiden. Hier spielt nun Erziehung eine besondere Rolle. Sie schafft das Bindeglied zwischen dem menschlichen Gehalt der philosophischen Erörterung und dem jeweiligen Problem. "Der pädagogische Ausgangspunkt gestattet es, die philosophischen Probleme dort aufzufinden, wo sie entstehen, wo sie zu Hause sind, wo die Entscheidung für die eine oder die andere Lösung zu verschiedenen praktischen Folgerungen führt." (ebd.: 423) Veränderungen sind allerdings nur dann möglich, wenn die dazu verwendeten Mittel erzieherisch sind, d. h. wenn sie "geistige und sittliche Haltungen abändern" (ebd.: 423).

DEWEY meint daher, dass Philosophie durch Erziehung Mittel bereitstellen kann, die es ermöglichen, "die Kräfte der Menschen im Sinne ernster und durchdachter Lebensauffassung zu verwerten" (ebd.: 424). Erziehung ist für ihn ein Laboratorium zur Verwirklichung philosophischer Formulierungen. Diese Aussage gewinnt ihre wirkliche Bedeutung, wenn man den praktischen Niederschlag dieser philosophischen Ausführungen in der von DEWEY initiierten "Laboratory-School" identifiziert.

Der letzte Punkt seiner Ausführungen beschäftigt sich mit der Beziehung zwischen Vernunft und Tat, dem Verhältnis von Theorie und Praxis. Diese Auseinandersetzung zwischen der rein intellektuellen, erkennenden Vernunft und dem tugendhaften Handeln führte zu einer ausdrücklichen Formulierung des Problems des Aufeinandertreffens von geistig-moralischem Verhalten und den konkreten Schwierigkeiten des sozialen Lebens. DEWEY folgert daraus: "Philosophie ist die Theorie der Erziehung in ihrer allgemeinsten Gestalt" (ebd.: 426). Diese Feststellung leitet über zur Darstellung seiner Erkenntnistheorie, die gemäß den vorigen Ausführungen, zugunsten einer durch Stetigkeit gekennzeichneten Entwicklung, auf die üblichen dualistischen Gegenüberstellungen verzichtet.

(25. Kapitel "Erkenntnistheorie") Durch das Aufzeigen der Schwierigkeiten dualistischer Erkenntnistheorien rechtfertigt und begründet DEWEY hier seine antidualistische, auf Stetigkeit bauende Theorie der Erkenntnis. Ausgangspunkt seiner Argumentation sind die Grenzen zwischen sozialen Gruppen. Diese sind verantwortlich für die dualistischen Gegenüberstellungen philosophischer Theorien und behindern den seiner Meinung nach für demokratische Entwicklung unabdingbaren freien Austausch und Wechselverkehr zwischen Gruppen und Individuen. Diese Feststellung gewinnt deutlichere Konturen, wenn man DEWEYS spätere Beschäftigung mit dem Verhältnis von Theorie und Praxis berücksichtigt. Damit setzt er sich explizit in der Arbeit *Die Suche nach Gewißheit* (2001; i. Org.: *The Quest for Certainty*, 1929) auseinander. Ausgehend von der historischen Analyse der Entstehungsbedingungen der modernen Philosophie und Geistestätigkeit stellt er fest, dass sich die dualistische Trennung von Theorie und Praxis aus dem Umgang mit Unsicherheiten und Unwägbarkeiten des menschlichen Lebens herleitet. Auf der Suche nach der absoluten Gewissheit im Sinne einer totalen Beherrschung der Lebensumstände wurde der Bereich des Unwandelbaren, des Ewigen als eine rein geistige, eine theoretische Aufgabe betrachtet und im Feld der Religion und später der Philosophie verortet. Dem die Praxis gegenüber, das Feld des praktischen Handelns als dem Bereich der Veränderung, des Umgangs mit stets neuen Situationen und Risiken. Die daraus resultierende Arbeitsteilung führte letztlich zu einer strikten und dualistischen Trennung der beiden Bereiche. Daraus folgt hinsichtlich des Verhältnisses von Theorie und Praxis:

"Eine Theorie, die vom konkreten Tun und Machen getrennt ist, ist leer und nichtig; die Praxis wird dann zu einem unmittelbaren Aufgreifen von Gelegenheiten und Genüssen, welche die Umstände bieten, ohne die Anleitung, welche die Theorie – Erkenntnis und Ideen – gewähren könnte." (2001: 281)

Theorie und Praxis sind also interdependent verbunden und entsprechend zu denken, wobei das Problem des Verhältnisses zwischen beiden nicht ausschließlich ein theoretisches ist:

"Es ist auch das praktische Problem des Lebens. Denn es ist eine Frage danach, wie die Intelligenz die Handlung beeinflussen und wie die Handlung zu einem wachsenden Verständnis für die Bedeutung führen könnte; eine klare Ansicht von Werten, die der Anstrengung wert sind, und der Mittel, durch sie in den Gegenständen der Erfahrung gesichert werden könnten." (ebd.: 281f.)

Nach diesem kurzen Exkurs in die nachträgliche Begründung und Vertiefung seiner Überlegungen zum Theorie-Praxis-Verhältnis erscheint nun die im Folgenden dargestellte Erkenntnistheorie als eine, aus den vorhergehenden Ausführungen resultierende Konsequenz. DEWEY versucht dort, eine durch Stetigkeit gekennzeichnete Entwicklung zu umreißen, die auf die üblichen dualistischen Gegenüberstellungen verzichtet.

Er beginnt mit der Gegenüberstellung von Erfahrungswissen und höherer, rationaler Erkenntnis. Während Erstgenanntes gemeinhin nur als nützlich angesehen wird und dem anwendungsbezogenen Alltagswissen entspricht, ist Letztere geistig, endgültig und theoretisch (vgl. 2000a: 428f.). Diese Trennung äußert sich in der Realität durch das Vorhandensein einer arbeitenden und einer gebildeten, von den Pflichten des Broterwerbs befreiten Klasse und entspricht, philosophisch betrachtet, der Unterscheidung zwischen Allgemeinem (Vernunft) und Besonderem (Erfahrung).

Der zweite benannte Gegensatz ist im Doppelsinn des Wortes "Bildung" angelegt. Einerseits ist Bildung als die Gesamtheit des Bekannten etwas Äußerliches, dass in Summe bereits fertig existiert. Andererseits, und hiermit beschreibt DEWEY nochmals einen der zentralen Punkte seiner Erziehungsphilosophie, "bedeutet Bildung etwas, was der einzelne *tut*, wenn er lernt: er bildet sich. Bildung ist ein Vorgang, ein persönliches Tun." (ebd.: 429f., Herv. i. O.) Die hier wirksame dualistische Trennung zwischen Innerem und Äußerem wird in der Pädagogik im Rahmen der Trennung zwischen Stoff und Methode offensichtlich.

Er benennt in der Folge noch weitere Gegensätze, unter anderem den zwischen aktivem und passivem Erkennen sowie den zwischen Intellekt und Gefühl (vgl. ebd.: 430f.). Diese näher zu beleuchten, ist nicht notwendig, denn von Interesse ist vielmehr, wohin diese Trennungen führen. "Alle diese Trennungen erreichen ihren Höhepunkt in einer solchen zwischen Erkennen und Handeln, Theorie und Praxis, zwischen dem Geist als Ziel und Seele alles Tuns und dem Körper als Organ und Mittel desselben." (ebd.: 431)

Ziel dieser Aufstellung ist die Verdeutlichung der Unhaltbarkeit dieser Widersprüche und die Konstruktion eines Ausgangspunkts für eine auf dem Gedanken der Stetigkeit beruhende Theorie der Erkenntnis. Zur Begründung dieser Theorie zieht DEWEY die Fortschritte der Wissenschaften, insbesondere der Naturwissenschaften und der naturwissenschenschaftlichen Methoden heran.

Auf diese Weise erkannte die Physiologie und die mit ihr verbundene Psychologie den Zusammenhang der geistigen Tätigkeit mit dem Nervensystem. Die Überwindung des Körper-Seele-Dualismus wurde durch die Erkenntnis möglich, dass das "Gehirn [...] das Werkzeug einer beständigen Neugestaltung des menschlichen Tuns im Sinne der Aufrechterhaltung seines Zusammenhangs" ist, "d. h. es [das Gehirn, S. G.] dient einer solchen Abänderung des zukünftigen Handelns, wie sie durch das frühere Handeln notwendig gemacht wird." (ebd.: 432)

Die Feststellung, dass das Nervensystem keine einfache Reaktion auf Reize repräsentiert, sondern Teil eines vielfältigen Beziehungsgeflechts ist, lässt die Anpassung als einen wechselseitigen Vorgang erscheinen.

Einen weiteren Beitrag leistete die Biologie mit der Entdeckung der Entwicklung des organischen Lebens. Die Evolutionslehre und ihre Betonung des ständigen Übergangs ermöglichen es, das Leben als eine ständige Anpassung und Entwicklung vom Einfachen hin zum Komplexen zu betrachten. Lebewesen sind in der Folge aktive Handelnde im Weltgeschehen, die die Unwägbarkeiten desselben teilen und daher gezwungen sind, vorausschauend auf ihre Umwelt einzuwirken (vgl. ebd.: 433).

Als die dritte große Macht betrachtet DEWEY die Entwicklung der experimentellen Methode als *des* Weges des Erkenntnisgewinns und der Bewertung derselben. Experimente haben seiner Meinung nach eine lange Tradition, angefangen beim praktischen Umgang mit zunächst unbeherrschbaren Kräften bis hin zum wissenschaftlichen Ausprobieren von Gedanken (vgl. ebd.: 434). Die hier angesprochene Bedeutung der experimentellen Methode ist in zweifacher Weise relevant. Einmal in der üblichen Konnotation des wissenschaftlichen Forschens mittels Hypothesenbildung und andererseits in Bezug auf die Funktionsweise menschlichen Denkens. Der Unterschied zwischen diesen beiden Arten des Forschens ist lediglich graduell, bezogen auf die Intensität und Strenge des methodischen Vorgehens. In der Studie *How We Think* von 1910[15] beschäftigt sich DEWEY mit den Grundlagen und Aufgaben menschlichen Denkens. Ausgehend von einer begrifflichen Klärung des Denkens stellt er fest, dass die Basis des Denkens, also einzelne Gedanken, aus vorgängiger Erfahrung und erworbenem Wissen resultieren (vgl. DEWEY 2002: 15).

---

[15] Die Arbeit steht in engem Bezug zu den innerhalb der "Laboratory-School" gemachten praktischen Erfahrungen. Im Jahr 1933 erschien eine wesentlich veränderte Neuausgabe des Werks.

Er betrachtet daher die folgende experimentelle Vorgehensweise als den geeignetsten Weg des Nachforschens, sei es nun in Bezug auf alltägliche Problemstellungen oder auf die Lösung wissenschaftlicher Fragestellungen: "(i) Man begegnet einer Schwierigkeit, (ii) sie wird lokalisiert und präzisiert, (iii) Ansatz einer möglichen Lösung, (iv) logische Entwicklung der Konsequenzen des Ansatzes, (v) weitere Beobachtung und experimentelles Vorgehen führen zur Annahme oder Ablehnung, das heißt, der Denkprozess findet seinen Abschluss, indem man sich für oder wider die bedingt angenommene Lösung entscheidet." (ebd.: 56) Denken wird hier als eine Form des Problemlösens gefasst und begriffen, die sich in einer je spezifischen Situation in Abhängigkeit von einer konkreten Schwierigkeit zu bewähren hat.

Von besonderem Interesse ist dabei der Umstand, dass DEWEY davon ausgeht, dass die Trennung des Denkaktes in eine induktive und eine deduktive Phase einen in der Realität nicht anzutreffenden Dualismus darstellt, der in Form einer künstlichen Auftrennung den Kern der Problemstellung verfehlt. Seines Erachtens sind diese beiden Phasen des Denkens miteinander verknüpft und nur als funktionale Differenzierungen eines je gemeinsamen Aktes anzusehen (vgl. ebd.: 62ff). An anderer Stelle (1929/2001) beschäftigt sich DEWEY explizit mit der Frage der Anwendung der experimentellen Methode auf gesellschaftliche Fragestellungen. Obwohl diese Angelegenheiten einen bleibenden und hohen Wert besitzen, erscheint die experimentelle Methode auf den ersten Blick als ein erzwungener Verzicht auf Maßstäbe und regulative Autorität. DEWEY begegnet diesem Vorwurf wie folgt: "Aber im Prinzip bedeutet die experimentelle Methode gerade nicht zufälliges und zielloses Handeln; sie impliziert Leitung durch Ideen und Erkenntnisse. Die Frage um die es geht, ist eine praktische Frage." (2001: 273)

Die experimentelle Methode als "praktischer Kunstgriff" (DEWEY 2000a: 434) ermöglicht die Überwindung dogmatischer Positionen sowie die Beseitigung handlungsbestimmender Glaubenssätze. Sie dient dem Fortschritt, indem sie die Schaffung von Zusammenhängen erlaubt und die tätige Auseinandersetzung mit der Welt, mit dem Ziel der Beherrschung der Dinge, befördert.

Aufgrund dieser Ausführungen gelangt DEWEY, nachdem er nochmals die spezifischen Probleme der einzelnen, zeitlich aufeinander folgenden Erkenntnistheorien dargelegt hat (vgl. ebd.: 435 ff.), zu der Feststellung:

"Die Erkenntnistheorie, die hier vertreten worden ist, kann man als 'pragmatisch' bezeichnen. Ihr wesentlicher Zug besteht darin, daß sie den Zusammenhang zwischen dem Lernen und einer die Umgebung zweckvoll umgestaltenden Tätigkeit aufrecht erhält. [...] Erkenntnis ist nicht nur das, was uns zum *Bewußtsein* kommt, sondern besteht in allen denjenigen Dispositionen, die wir bewußt benutzen, um das zu verstehen, was um uns her vorgeht" (ebd.: 441).

Nach dieser ausführlichen Darstellung des Ansatzes John DEWEYS sollen die wesentlichen Bestandteile seiner Vorstellung nochmals kurz zusammengefasst werden. Grundlage dafür ist die von DEWEY 1897 verfasste Schrift *My Pedagogic Creed* (1972b), in der er bereits in konzentrierter Form die Grundzüge seiner Erziehungsphilosophie äußert. "Here is Dewey passionately, even flamboyantly, confident of his vision of the nature, purpose, and inevitable progress of education." (DWORKIN 1959: 19)

"I believe that all education proceeds by the participation of the individual in the social consciousness of the race. This process begins unconsciously almost at birth, and is continually shaping the individual's powers, saturating his consciousness, forming his habits, training his ideas, and arousing his feelings and emotions." (DEWEY 1972b: 84)

Bereits hier ist die Grundlage jeglicher Erziehung beschrieben. Entwicklung wird als ein Prozess betrachtet, der mit der Geburt beginnt und ein Leben lang andauert – ein Prozess, der die Teilnahme am Geschehen voraussetzt, um in diesem Rahmen das Training von Gewohnheiten und die Entwicklung eines Selbstbewusstseins zu ermöglichen.

Erreicht wird dieses Ziel, "indem die Kräfte des Kindes durch die Anforderungen, die seine soziale Situation an es stellt, angeregt werden" (HYLLA 2000: 8). In DEWEYS Worten lautet dies: "I believe that the only true education comes through the stimulation of the child's powers by the demands of the social situations in which he finds himself" (DEWEY 1972b: 84).

DEWEY identifiziert zwei Dimensionen des Erziehungsprozesses, eine psychologische und eine soziologische Seite. Während die Erstgenannte den Ausgangspunkt auf Basis der dem Kind innewohnenden Instinkte bildet, ist die zweite, in Form der sozialen Umwelt, also diejenige die diese Instinkte gestaltend umsetzt, ebenso bedeutsam für eine angemessene Entwicklung. "I believe that this educational process has two sides – one psychological and one sociological; and neither can be subordinated to the other or neglected without evil results following." (ebd.: 85)

Diese Ausführungen führen ihn letztlich zu der Feststellung: "The individual who is to be educated is a social individual and [...] society is an organic union of individuals." (ebd.: 86) Die Bedeutung des Sozialen liegt darin, die Realität, also den Bezug zur Wirklichkeit sicherzustellen, während die Bewahrung des Individuellen vor der Anonymität einer gleichgeschalteten Masse schützt. Dabei gilt es, auf Grundlage psychologischer Einsicht die Interessen, Gewohnheiten und Fähigkeiten des Kindes zu erkennen, zu interpretieren und in Bezug zu ihren sozialen Entsprechungen zu setzen. Erziehung in diesem Sinne muss als "continuing reconstruction of experience" (ebd.: 91) betrachtet werden, bei der eine Identität von Ziel (Erziehung) und Mittel (Erziehungsprozess) besteht.

Erziehung als ständige Rekonstruktion von Erfahrung, unter Beachtung des Wohls des Kindes, ist also DEWEYS philosophischer Anspruch.[16] Setzt man diesen in Verbindung zu seiner Vorstellung von der experimentellen Methode als Mittel zur Gestaltung und Prüfung von Hypothesen so müsste Erziehung unter der Annahme anderer Grundbedingungen zwangsläufig anders geartet sein. Bis dahin fehlt also ein normativer Anspruch in den Ausführungen John DEWEYS. Dieser wird jedoch bereits implizit gesetzt, wenn er Schule als eine Umgebung der besonderen Art beschreibt (Kapitel 2). Explizit folgt er dann in der Beschreibung des demokratischen Ideals in der Erziehung (Kapitel 7). Demokratie wird dabei nicht nur als Regierungsform, sondern vielmehr als die den Menschen angemessenste Form des sozialen Lebens begriffen und so moralisch gerechtfertigt. Notwendig hierzu ist die Möglichkeit zum freien, wechselseitigen Austausch, zur Kommunikation als Grundbedingung von Partizipation. DEWEY kritisiert dabei die bestehenden Verhältnisse. Der Primat der Ökonomie als eine Form oligarchischer Unterdrückung wird insoweit in Frage gestellt, als er unter Missachtung menschlicher Bedürfnisse und Fähigkeiten zu einer Entfremdung vom Leben führt.

Zentral ist ferner DEWEYS Auffassung vom "Lernen durch Tun". Resultierend aus seinen Vorstellungen vom Erfahrungslernen stellt es, wie später noch gezeigt wird, einen entscheidenden Beitrag zur Entwicklung des *group work* dar. Angekommen ist dieses Prinzip dort unter dem vielfach verwendeten Schlagwort "learning by doing".

---

[16] Aufgrund dieser Konzeption ist DEWEYS Ansatz oftmals als "kindzentriert" bezeichnet worden. Jedoch erscheint diese Indienstnahme durch und für reformpädagogische Vorstellungen als voreilig und wenig fundiert (vgl. dazu OELKERS/ HORLACHER 2002a: 171ff., OELKERS/ HORLACHER 2002b: 8ff.).

Abschließend bleibt mit den Worten Jürgen OELKERS festzuhalten: "Seine Erziehungstheorie ist der Versuch, die totalitäre Pädagogik in ihren Wurzeln zu widerlegen und Platz zu schaffen für eine sozialliberale Sichtweise, von der Dewey wußte, daß sie sich *gegen* die Tradition neu begründen lassen muß." (2000: 497) Diese Aussage verweist bereits auf die Bedeutung und den Zusammenhang der Übernahme des auf DEWEYS Ideen aufbauenden *group work*, im Rahmen der Redemokratisierung Deutschlands nach 1945 (siehe dazu 3.1).

Die soeben dargelegte Erziehungsphilosophie DEWEYS bildet sicherlich den Ausgangspunkt für die theoretische Grundlegung des *group work*. Jedoch fehlt ihr in gewissen Zügen die sozialpsychologische Untermauerung. Während DEWEY die pädagogischen Aspekte einer demokratischen Erziehung ausbreitet und diese, wie zuvor gezeigt in den Rahmen einer politischen Philosophie stellt, so fehlt seinem Werk doch die Tiefendimension in der Herleitung der sozialpsychologischen Grundlagen. Diese findet sich bei seinem Chicagoer Kollegen und Freund George Herbert MEAD. WESTBROOK (1991) konstatiert in seiner biographischen Arbeit zu DEWEY: "One might well say that Mead rather than Dewey himself provided the fullest social psychology for Deweyan democratic theory."
CHARLES W. MORRIS bemerkt hierzu in grundsätzlicher Weise:

"Die Arbeiten Meads und Deweys ergänzen einander in vielen Aspekten und stehen meines Wissens niemals in bemerkenswertem Widerspruch zueinander. [...] Das Ergebnis war eine natürliche Arbeitsteilung innerhalb einer gemeinsamen Aufgabe. [...] Liefert Dewey Reichweite und Weitblick, so liefert Mead analytische Tiefe und wissenschaftliche Genauigkeit." (1934: 14f.)

Diese Feststellung verweist wiederum auf die bereits oben erwähnte besondere Arbeitssituation an der Universität Chicago und wird verstärkt durch die lebenslange private Beziehung zwischen DEWEY und MEAD.
Dass es sich dabei um ein auf Gegenseitigkeit beruhendes Austauschverhältnis handelt, welches nicht im Sinne eines einseitigen Zuarbeitens zu deuten ist, zeigt auch das späte Bekenntnis von Hans JOAS, einem ausgewiesenen Experten für MEADS Werk (u. a.: 1980, 1985, 1999). Unter Bezug auf die geäußerte Kritik an seiner Interpretation MEADS räumt er ein, dass diese "die Bedeutung John Deweys nicht genügend deutlich werden läßt" (1999: 287). Weiterhin meint er,

dass die Analyse von MEADS Arbeiten mit dazu beitragen kann, die Bedeutung DEWEYS noch deutlicher hervorzuheben (ebd.: 288). Obwohl MEAD im Zusammenhang mit der Entstehung des *group work* nur sporadisch bzw. indirekt erwähnt wird, erscheint es daher sinnvoll, die wesentlichen Gedanken aus seinem Werk, soweit sie für diese Arbeit relevant sind, zu rekapitulieren und in Bezug zu seinen gesellschaftspolitischen Aktivitäten zu stellen.[17] Darauf aufbauend werden noch einmal die thematischen Gemeinsamkeiten und Bezüge der Erziehungsvorstellungen DEWEYS und MEADS fokussiert und expliziert, um die Interdependenz der Ansätze hervorzuheben. Abschließend soll, gewissermaßen der Entwicklung der Methode des *social group work* vorgreifend, die Frage nach den Gründen für die weitgehende Ausblendung von MEADS Ansatz in der Gruppenarbeit thematisiert werden.

1.1.2 George Herbert Mead – Soziale Identitätsbildung und demokratische Reform

George Herbert MEAD wurde am 27. Februar 1863 als Sohn des protestantischen Pfarrers von South Hadley, Massachusetts, geboren und starb am 26. April 1931 in Chicago.

Sein Vater wurde 1869 auf eine Professur für Homiletik ans Oberlin College in Ohio berufen und lehrte dort bis zu seinem Tod im Jahr 1881. In ebenjene Bildungseinrichtung trat im Jahr 1879 auch der junge MEAD ein. Das College war, so JOAS, einerseits bekannt für seine religiöse Orthodoxie und Dogmatik, zeichnete sich aber andererseits durch die Betonung der sozialen Verpflichtungen des Christentums aus und engagierte sich radikal für die Emanzipation von Schwarzen und Frauen (vgl. 1980: 21).

---

[17] Der gesellschaftstheoretische und gesellschaftspolitische Ansatzpunkt MEADS erscheint vor allem auch im Hinblick auf die spätere Rezeption seines Werks durch die deutsche Sozialpädagogik von Belang. Hans THIERSCH einer der maßgeblichen Protagonisten einer interaktionistischen Sozialpädagogik (siehe dazu auch weiter unten die Kapitel zum Kinder- und Jugendhilfegesetz (III/1ff.), sowie zur Sozialen Gruppenarbeit und Lebensweltorientierung(III/4.1) hob 1977 die Bedeutung von MEADS sozialpsychologischem Konzept hervor, um jedoch zugleich einschränkend festzustellen, dass "interaktionistische Analysen [...] also mit gesellschaftstheoretischen Annahmen verbunden und in der 'Dialektik des Konkreten' verstanden werden" müssen (THIERSCH 1977: 1). MEADS dezidiertes Eintreten für die Demokratie, sowohl theoretisch als auch praktisch, wird in dieser Sichtweise schlicht negiert. Die folgenden Ausführungen sollen daher auch dazu beitragen, diesen vernachlässigten Aspekt der Arbeit MEADS zu verdeutlichen.

Folgt man der Interpretation JOAS', so übte die damals bereits virulente Debatte um die Evolutionslehre DARWINS hier noch keinen Einfluss auf den Werdegang MEADS aus, vielmehr besaßen "[...] angeblich naturwissenschaftlich begründbare Ideen zu einem deterministischen Weltbild oder sozialdarwinistische Gesellschaftsvorstellungen für den jungen Mead keinerlei Attraktivität. Sein Problem ist vielmehr, wie die moralischen Werte eines sozial engagierten Christentums ohne theologische Dogmatik und jenseits der puritanischen Lebensführung bewahrt werden können." (ebd.: 21)

WENZEL stellt fest, dass MEAD in seinem *Senior Year* 1882-83, als Herausgeber der College- Zeitschrift, des *Oberlin Review*, ein intensives Interesse an den Diskursen der *Social Gospel*- Bewegung und des Progressivismus zeigte und deutlich Partei für soziale Reformbestrebungen bezog. Analog dazu, so WENZEL weiter, zog der junge MEAD eine Karriere im Feld der christlich inspirierten Sozialarbeit in Betracht (1990: 20f.).

Zuerst einmal sollte jedoch sein Werdegang eine andere Richtung nehmen. Nach dem Tod seines Vaters war MEAD gezwungen, sein Studium selbst zu finanzieren und nach dem Abschluss seiner Ausbildung im Jahr 1883 für seinen Lebensunterhalt aufzukommen. Nach einer kurzen Tätigkeit als Lehrer, die er wegen Disziplinproblemen mit den Schülern bald aufgab, trat er eine Stelle als Vermessungsingenieur im Eisenbahnbau bei der Wisconsin Central Rail Road Company an, für die er in den nächsten Jahren tätig war. Hans JOAS zufolge war es diese praktische Erfahrung, die seine lebenslange Aufgeschlossenheit gegenüber Entwicklungen im technisch-naturwissenschaftlichen Bereich ermöglichte und verstärkte. Jedoch war MEAD mit dieser Tätigkeit nicht glücklich, er sah sich unfähig, eine konventionelle bürgerliche Laufbahn einzuschlagen und zum "money getting animal" (Brief MEADS an Henry CASTLE vom 16.3.1884, zit. n. JOAS 1980: 22) zu werden. Hinzu kam die fehlende Alternative: Seine Distanz zum Christentum verbaute ihm Perspektiven im theologischen Bereich, seine mangelnde Glaubensfähigkeit führte ihn in eine tiefe Orientierungslosigkeit und letztlich zu einer existenziellen Krise in Bezug auf seine beruflichen und menschlichen Ziele.

So entschloß er sich im Jahr 1887, trotz der ökonomischen Risiken zu einem Studium an der Harvard-Universität. Er studierte dort bei Josiah ROYCE, der insbesondere sein Bild vom deutschen Idealismus prägte. Nachdem er sich bereits zuvor, im Selbststudium mit KANT beschäftigt hatte und dort gewissermaßen eine Zuflucht vor der theologischen Dogmatik gefunden hatte, konnte er hier nun, forciert durch seine Faszination für ROYCE, eine systematische Beschäftigung mit der Philosophie praktizieren. Obwohl auch William JAMES in Harvard lehrte, studierte MEAD nicht bei ihm. Jedoch hatte er als Hauslehrer seiner Kinder persönlichen Kontakt zu JAMES.

Trotz der Faszination für ROYCE erkannte MEAD schon bald, dass es sich bei dessen Philosophie um ein der amerikanischen Kultur und Denkweise übergestülptes Produkt handelte, das weder eine authentische Interpretation amerikanischen Lebens bot, noch eine Leitlinie für das Handeln in der amerikanischen Gegenwart zur Verfügung stellte.

1888 beschloß MEAD daher, die physiologische Psychologie anstelle der Philosophie zu seinem Fach zu machen. Folgt man JOAS, so lagen dieser Wahl zwei unterschiedliche Motive zugrunde: Einmal war dies die Einsicht, das nur mittels empirischer Forschung neue Erkenntnis jenseits reiner Begriffsklärung realisiert werden kann, und zum anderen hielt MEAD dieses Fach für geeignet, seine Ideen und Interessen zu verfolgen, ohne mit den bis dato immer noch die universitären Strukturen dominierenden, christlichen Kirchen in Konflikt zu geraten (vgl. 1980: 23).

Das damalige Zentrum der experimentellen physiologischen Psychologie war Deutschland, und zwar insbesondere Leipzig, wo Wilhelm WUNDT das erste Forschungslaboratorium eingerichtet hatte.

MEAD studierte im Wintersemester 1888/89 in Leipzig, wo er auch Vorlesungen bei WUNDT hörte, allerdings solche über Philosophie und nicht in seinem eigentlichen Fach. Nach einem Semester wechselte MEAD nach Berlin, wo er unter anderem bei Wilhelm DILTHEY studierte. Bei ebendiesem übernahm er in der Folge auch eine Dissertation über die Kritik am empirischen Begriff des Raumes, die er jedoch nie abgeschlossen hat. JOAS sieht in der Konzeption dieser Arbeit bereits die grundlegenden Motive MEADS anklingen, zu deren Ausarbeitung ihm allerdings damals die Mittel gefehlt haben (vgl. 1980: 25).

Einen weiteren, zwar nicht wissenschaftlichen, aber sehr prägenden Einfluss für MEADS weiteren Lebensweg identifiziert JOAS im Kontakt mit der deutschen sozialdemokratischen Arbeiterbewegung. Hier erhielt er, dessen Wunsch nach handelnder sozialen Aktivität bereits zuvor manifest geworden war und dessen Bewusstsein für die Notwendigkeit sozialer Reformen in den USA geschärft war, Anregungen für die spätere Umsetzung sozialdemokratischer bzw. sozialistischer Postulate.

1891 erhält MEAD ein Angebot als Dozent für Psychologie an der Universität von Michigan in Ann Arbor und verlässt daraufhin Berlin. Er begann dort erstmals selbstständige experimentelle Forschungen durchzuführen, versuchte aber, diese zu systematisieren, indem er nach einer grundsätzlichen, theoretischen Klärung seines Standpunktes suchte. Hinweise für diese Klärung erhoffte er sich im Werk HEGELS, was sicherlich auch dazu beigetragen hat, dass sich der Kontakt zum, damals ebenfalls in Ann Arbor lehrenden John DEWEY rasch intensivierte und schließlich zu einer lebenslangen Freundschaft verfestigte[18]. MEAD war in dieser Zeit auch an dem oben bereits im Zusammenhang mit DEWEY gewürdigten *Thought News*-Projekt beteiligt. Dies ist jedoch, so JOAS, der einzige Beleg für eine politische Aktivität in der Zeit in Michigan (1980: 26) und meines Erachtens wiederum ein Hinweis auf die durchaus besondere Situation und Motivationskulisse in der Stadt Chicago (s. o.). Dorthin ging MEAD 1894 als Assistenzprofessor und blieb schließlich bis zu seinem Tod dort. Seine Berufung erfolgte analog zur Ernennung DEWEYS und auf dessen ausdrücklichen Wunsch hin.

Neben seiner Lehr- und Forschungstätigkeit an der Universität engagierte sich MEAD hier in zahlreichen Vereinigungen und Einrichtungen sozialer und politischer Art, wobei der Fokus seines Interesses oder genauer die grundlegende Hintergrundmotivation stets bildungspolitischer und/oder pädagogischer Art war. So war er jahrelang Schatzmeister im Hull-House Settlement[19](s. u.); er war Mitglied und zeitweise Präsident des City Club, einer kommunalpolitischen Reformvereinigung, die sich mit Themen wie der Demokratisierung der Stadtplanung, der Frage nach den Möglichkeiten politischer Partizipation für Einwanderer, der Reform des städtischen Gesundheitswesens und der Berufsbildung beschäftigte; er war Vorsitzender des Verwaltungsrats der Chicago Physiological School, einer Schule für behinderte und verhaltensauffällige Kinder (ein weiteres Mitglied dieses Gremiums war John DEWEY; vgl. DEEGAN/BURGER 1978: 364)[20]; als Mitglied verschiedener Streikschlichtungskomitees versuchte MEAD, einen Ausgleich zwischen Arbeitgeber- und Arbeitnehmerinteressen zu

---

[18] Laut JOAS (1980: 214) lassen sich entgegen gängiger Vermutungen in der MEAD-Literatur jedoch keine Belege dafür finden, dass MEAD in häufigem Kontakt zu dem ebenfalls in Ann Arbor lehrenden Charles Horton COOLEY (vgl. folgendes Kapitel) stand.

[19] Hierzu gibt es widersprüchliche Angaben. Die hier erwähnte Funktion nennt JOAS (1980: 28). Gary Allen COOK (1993: 99ff.) verweist hingegen auf eine enge Verbundenheit MEADS zum Settlement der Universität Chicago, während er den Kontakt zum Hull-House lediglich in Form einiger Vorträge erwähnt. Soweit bestätigt dies auch EBERHARTER in ihrer Dissertation über Jane ADDAMS (1994). Sie nennt etwas vage seine freundliche Unterstützung und Verbundenheit zur Einrichtung. Berücksichtigt man die vielfältige Eingebundenheit der verschiedenen Akteure, so erscheint diese Widersprüchlichkeit jedoch als wenig bedeutsam.

[20] Hans JOAS zufolge war er auch Mitarbeiter an der "Laboratory-School" von DEWEY (1980: 29); JOAS gibt hierfür jedoch keine Belege an, und auch ich habe keine weiterführenden Hinweise dazu gefunden.

ermöglichen; und nicht zuletzt engagierte er sich besonders für Frauenrechte und
für eine Reform des Jugendstrafrechts[21].

Wie bereits an diesen knappen Ausführungen deutlich wurde, ist MEADS Fokus
ein eindeutig durch eine (sozial-)pädagogische Motivation getragenes Insistieren
auf den Möglichkeiten der Realisierung demokratischer Gesellschaft. Von besonderem Interesse sind für ihn die sozialpsychologischen Voraussetzungen und
Bedingungen, die ein solches Unterfangen möglich machen, ohne dabei jedoch
den jeweiligen gesellschaftlichen Zusammenhang als ein entscheidendes Konsti-
tutions- und Produktionsmerkmal für die Konstruktion von Individualität außer
Acht zu lassen. Geradezu paradigmatisch ist hierfür seine Arbeit *Movements of
Thought in the Nineteenth Century* (1972/1936)[22]. In dieser ideengeschichtli-
chen Rekonstruktion des modernen Denkens betont MEAD stets die Bedeutung
der sozialgeschichtlichen Zusammenhänge und berücksichtigt die jeweiligen
Entwicklungen der empirischen Wissenschaften. Beide Elemente werden in ihrem Bezug zum Fortschritt der gesellschaftlichen Produktion sowie als Aufgabe
und Problemstellung für die philosophische Deutung gesehen. Aus diesem
Zusammenhang ergibt sich eine besondere Motivlage, die er wie folgt charakterisiert: "This is what we are doing: we are solving problems, and those problems
can appear only in the experience of the individual. It is that what gives the importance to the individual, gives him a value which cannot be stated." (MEAD
1972: 411)[23] Die Lösung von Problemen, wie sie in der Erfahrung des Individu-

---

[21] Siehe dazu weiter unten MEADS Aufsatz zur *Psychologie der Strafjustiz*. JOAS hat Hinweise
auf eine größere Arbeit MEADS zu diesem Thema gefunden, konnte diese jedoch nicht biblio-
graphisch ermitteln (vgl. JOAS 1980: 215).
[22] Bei dieser Arbeit handelt es sich um eine posthum herausgegebene Vorlesungsmitschrift.
Der Umstand, dass MEAD während seines ganzen Lebens keine selbstständigen Schriften herausgegeben hat, führt zu zweierlei Missverständnissen: Zum einen wurde aufgrund dieses
Mangels oftmals angenommen, er hätte nur äußerst wenig publiziert (dies widerlegt JOAS
1980). Während sich damit möglicherweise die geringe Verbreitung und Kenntnis von
MEADS Gedanken erklären lässt, ist andererseits durch den Sachverhalt, dass gerade ehemalige Schüler MEADS ein Interesse an der Veröffentlichung seiner Ideen hatten, eine Situation
entstanden, die es oftmals nicht erlaubt, Rückschlüsse auf die ursprüngliche Intention der in
den posthum veröffentlichten Vorlesungsmitschriften enthaltenen Texte zu ziehen: vgl. dazu
weiter unten die Situation bezüglich der Sozialpsychologievorlesungen.
[23] Einen ähnlichen Standpunkt hat Jane ADDAMS in ihrem Aufsatz *The Settlement as a Factor
in the Labor Movement* (1895) geäußert. Probleme, so ADDAMS, müssten bevor sie als solche
bearbeitet werden können, zuerst Gegenstand des öffentlichen Gewissens bzw. Bewusstseins
werden. Dazu bedarf es des handelnden Engagements einzelner vorausdenkender Menschen:
"ONE MAN OR GROUP OF MEN sometimes reveal to their contemporaries a higher con-
science by simply incorporating into the deed what has been before but a philosophic proposi-
tion. By this deed the common code of ethics is stretched to a higher point" (ADDAMS
2002:46, Herv. i. O.). Analog zu MEAD geht sie davon aus, dass die Bearbeitung eines Prob-

ums auftauchen, ist bezogen auf die Einzigartigkeit des jeweils Betroffenen, wobei die Wissenschaft hierbei nützliche Dienste bei der Bewältigung der je spezifischen Situation leistet. Analog zu PEIRCE wird Wissenschaft als unbegrenzte Kommunikationsgemeinschaft und als ein Instrument zur Erlangung von Kontrolle über die Lebensumgebung verstanden (vgl. ebd.: 360). Die Voraussetzung für die Entwicklung einer solchen Form der problemlösefähigen Intelligenz ist das Vorhandensein einer Ich-Identität[24] des Individuums, die als ein Produkt der Evolution der Gesellschaft, aus dieser hervorgeht.

"A self which is so evidently a social indivdual that it can only exist in a group of social individuals is as much a result of the process of evolution as other biological forms. A form that can co-operate with others through the use of significant symbols, set up attitudes of others and respond to them, is possible through the development of great tracts in the central nervous system that are connected with our processes of articulation, with the ear, and so with the various movements that can go on in the human form." (ebd.: 382)

Was MEAD hier in einer reifen Form als die wechselseitige Bedingtheit und Durchdringung von Individuum und Gesellschaft komprimiert beschreibt, ist das Ergebnis seiner Untersuchungen zur sozialen Genese der Ich-Identität, die er über lange Jahre betrieben hat. Ebenjene Theorie ist hier nun von Bedeutung und soll in ihren wesentlichen Schritten rekonstruiert werden, um danach in den – oben bereits angeführten – Zusammenhang mit der wissenschaftlich geleiteten Reform und Entwicklung von Gesellschaft gestellt zu werden. Grundlage der Rekonstruktion ist eine von MEAD in den Jahre 1909 bis 1913 veröffentlichte Aufsatzreihe[25]. Sein Ansatz ist dabei, wie JOAS feststellt, von der Idee geleitet,

---

lems das Auftauchen desselben im Bewusstsein eines Einzelnen voraussetzt. Grundbedingung einer gelungenen Anpassung und gesellschaftlicher Entwicklung ist daher die Verknüpfung individueller Leistung und gesellschaftlichen Interesses.

[24] Analog zu den deutschen Übersetzungen der Arbeiten MEADS wird hier für den Begriff "Self" derjenige der Ich-Identität verwendet.

[25] Da der Gegenstand der sozialen Identitätsbildung auch wesentlicher Bestandteil der Vorlesungen zur Sozialpsychologie war, wäre es ebenso möglich gewesen auf die ebenfalls posthum veröffentlichte Arbeit *Mind, Self and Society* (1934, hg. von Charles W. MORRIS; dt. *Geist, Identität und Gesellschaft* [1968]) zurückzugreifen. Angesichts der Tatsache, dass diese Vorlesung in verschiedenen Fassungen, mit je unterschiedlichen Schwerpunktsetzungen vorhanden ist (siehe z. B. *The Indivdual and the Social Self. Unpublished Works of George Herbert Mead* [1982] hg. von David MILLER) wird darauf jedoch soweit als möglich verzichtet. JOAS stellt fest, dass man in Bezug auf *Mind, Self and Society* eher von der Arbeit MORRIS sprechen kann, der den Text häufig eigenmächtig ergänzt und verändert hat (vgl. 1985: 8).

die "sozialen Bedingungen und Funktionen der Selbstreflexivität von Individuen
aufzuklären. Um dies zu leisten, muß er die Möglichkeitsbedingungen dieser
Selbstreflexivität aufweisen: in der Dimension der Unterscheidung der Grundstruktur menschlicher Sozialität von allen tierischen Sozialformen" (1980: 92).
Wie COOK (1993: 56ff.) festhält, ist die Entwicklung seines Konzepts bereits in
seinem Aufsatz The Definition of the Psychical (1903) vorgezeichnet. Insbesondere greift MEAD DEWEYS organisches Modell des Reflexbogens (vgl. dazu vor-
heriges Kapitel) auf und entwickelt dieses weiter. Vorbereitet wird sein sozialpsychologischer Ansatz, so COOK, bereits in der Veröffentlichung Concerning
Animal Perception (1907).

Im Aufsatz Sozialpsychologie als Gegenstück der physiologischen Psychologie
(1980, GA Bd.1, 199-209; i.O.: Social Psychology as Counterpart to Physiological Psychology, 1909)[26] beschreibt er drei damals verbreitete, jedoch nicht
hinreichende Ansätze der Sozialpsychologie. Diese nimmt er als Ausgangspunkt
für seine eigenen Überlegungen, er versteht sie jedoch nicht in Form konkreter
Vorlagen, sondern vielmehr als Problemfelder, die paradigmatisch bei den jeweiligen Autoren aufzufinden sind. Diese wären: BALDWIN und seine Untersuchungen zum sozialen Bewusstsein, ROYCE und seine These von der sozialen
Vermittlung der sprachlichen Bedeutung und der Reflexion sowie
McDOUGALLS Lehre von der Existenz sozialer Instinkte. Zusätzlich bezieht er
sich auf William JAMES' Fassung der Ich-Identität. Diesem gesteht er zu, erkannt
zu haben, dass die Identität vollständig von einem sozialen Bewusstsein determiniert, quasi mit ihm verwoben ist. Er bemängelt jedoch, dass keinerlei Aussagen hinsichtlich der Bedeutung der Natur dieser Identität für die kognitiven und
emotionalen Phasen des Bewusstseins gemacht werden (vgl. GA 1, 1980: 199-
202).

Die Implikationen, die deren Positionen haben, fasst MEAD wie folgt zusammen:

Dieser Umstand ist von besonderem Interesse, da MEADS Status als "Klassiker der Soziolo-
gie" zumeist mit dieser Arbeit begründet wird. Zu den Vorlesungen stellt der Herausgeber
MILLER fest, dass es wesentliche Unterschiede in der Ausgestaltung der von ihm veröffent-
lichten Vorlesungen von 1914 und 1927 gibt (vgl. 1982: 6ff.).
Hinzu kommt dass eben diese Aufsatzserie weiter unten als Argument für die Verbindung von
MEADS Denken und seinen praktisch-reformerischen Tätigkeiten dient.

[26] Bei diesem sowie den folgenden auf diese Weise gekennzeichneten Aufsätzen handelt es
sich um Übersetzungen aus: George Herbert MEAD: Gesammelte Aufsätze. Band 1. hg. von
Hans JOAS (1980). Die Angaben der Fundstellen beziehen sich jeweils auf diese Ausgabe.

"Die menschliche Natur ist mit sozialen Instinkten und Antrieben begabt. Das Bewußtsein von Sinn und Bedeutung ist durch gesellschaftliche Kommunikation zwischen den Menschen entstanden. Das Ich bzw. die Ich-Identität, die in jeder Handlung und in allem Wollen impliziert ist und auf die sich unsere frühesten Werturteile beziehen, muß in einem sozialen Bewußtsein existieren, in dem die *socii*, die jeweilige Identität der anderen, ebenso unmittelbar gegeben ist wie die eigene Identität." (202; Herv. i. O.)[27]

Diese Sichtweise hat in zweierlei Hinsicht Konsequenzen: Zum einen folgt daraus, dass jede Gruppe von Instinkten einer Gruppe sozialer Objekte den Inhalt sowie die Form zur Verfügung stellt, zum anderen, dass dies Auswirkungen auf eine Theorie der Nachahmung hat.

Das Vorhandensein sozialer Instinkte setzt voraus, dass bestimmte Haltungen und Bewegungen eines Lebewesens Reize darstellen, die bei anderen Lebewesen bestimmte Reaktionen auslösen. Entscheidend ist dabei, dass Nachahmung keine reine Folge der Ausstattung mit Instinkten repräsentiert, sondern nur unter Berücksichtigung der Präsenz einer weiteren Ich-Identität gegeben sein kann. Voraussetzung für die Nachahmung ist also ein soziales Bewusstsein (vgl.: 206).

"Wichtig an der sozialen Organisation des Verhaltens durch Instinkte ist also nicht so sehr, daß ein Lebewesen in einer sozialen Gruppe tut, was die anderen tun, sondern daß das Verhalten eines Lebewesens einem anderen als Reiz zu einer bestimmten Handlung dient, daß diese Handlung ihrerseits jenes erste Lebewesen zu einer bestimmten Reaktion reizt und daß sich diese Wechselwirkung in unablässiger Interaktion fortsetzt. [....] Menschliche Kommunikation geht in ihren Anfängen wahrscheinlich nicht auf Nachahmung zurück, sondern auf eine Kooperation, bei der unterschiedliches Verhalten zutage tritt, bei der aber gleichwohl das Handeln des Einen das des Anderen beantwortet und hervorruft." (206)

MEAD folgert daraus, dass das Konzept der Nachahmung weiterentwickelt werden muss, zu einer Theorie der sozialen Reize und Reaktionen sowie zu einer Theorie der sozialen Situationen, die aus diesen Reizen und Reaktionen resultieren.

---

[27] Zum sozialen Charakter der Instinkte äußert sich MEAD im unveröffentlichten und undatierten Aufsatz: *The Social Character of Instinct* (spartan.ac.brocku.ca/~lward/Mead/Unpublished/Meadu04.html; 03.03.2004).

Hier gelangt MEAD nun zum zweiten zentralen Teil seines Aufsatzes, nämlich dem Theorem, dass auch das Bewusstsein von Bedeutungen in seinem Ursprung sozialer Natur ist (vgl. ebd.: 207). Er bezieht sich hier auf Wilhelm WUNDT (s. o.), der im ersten Band seiner *Völkerpsychologie* (1911) die Entstehung der Sprache als ein Resultat von Gebärden, genauer: von Lautgebärden erklärt. Sprache als Gebärde ist in erster Linie ein Ausdruck von Gefühlen. Eine Gebärde ist dabei eine abgeschnittene Handlung, die den emotionalen Gehalt einer Handlung anzeigt. Für MEAD ist aus dieser emotionalen Zeichenfunktion die intellektuelle entstanden, wobei dies durch das Vorhandensein einer sozialen Situation bedingt war. Erst diese hat es, durch den Bezug auf ein weiteres Individuum ermöglicht, die ursprünglich nur nervöse Erregung in Schritten zu einer Bedeutung zu transformieren.

"Und diese Bedeutung bestand eben im Wert einer Handlung für ein anderes Individuum. Dessen Reaktion auf diesen Ausdruck einer Emotion durch eine weitere synkopierte Handlung mit ihrer sozialen Zeichenhaftigkeit legte die Grundlage der Kommunikation, eines gemeinsamen Verständnisses sowie der wechselseitigen Anerkennung der Haltungen, über die die Menschen auf dem Feld sozialer Interaktion verfügten." (ebd.: 207)

Erst unter diesen Voraussetzungen war eine Transformation hinsichtlich einer allgemein geteilten Bedeutung möglich: aus der Lautgebärde wurde das signifikante Symbol.

In dem Maße, in dem Haltungen mögliche Handlungen repräsentierten, konnten diese Bedeutung erlangen, während die Handlungen wiederum bedeutungsvoll waren, wenn sie den Beginn einer Reaktionskette darstellten. In dieser "Geburt" des Symbols sieht MEAD die Voraussetzung für die Entstehung des menschlichen Denkens gegeben – einem Denken, dass letztlich nichts anderes ist, als eine verinnerlichte Kommunikation oder ein stilles Sprechen (vgl.: 208). Die Reflexivität des Bewusstseins ist daher gebunden an *und* bedingt durch das Vorhandensein einer sozialen Situation oder in MEADS Worten: "Es muß die Ich-Identität der anderen geben, wenn die eigene Ich-Identität existieren soll" (208).

In dem 1910 veröffentlichten Artikel *Soziales Bewußtsein und das Bewußtsein von Bedeutungen* (1980 GA Bd.1. 210-221; i. O.: *Social Consciousness and the Consciousness of Meaning*) knüpft MEAD an den vorhergehenden Aufsatz an und entwickelt auf dieser Grundlage seinen Ansatz der Kommunikation durch

Gebärden weiter. Ausgehend von der zuvor getroffenen Feststellung, dass Gebärden als frühe äußere Stadien sozialer Handlungen zu betrachten sind, definiert er den sozialen Charakter einer Handlung:

"Sozial ist eine Handlung, wenn in ihr ein Individuum durch sein Handeln als Auslösereiz für die Reaktion eines anderen Individuums dient. Die wechselseitige Anpassung dieser Individuen impliziert, daß ihr Verhalten beim jeweils anderen angemessene und ebenso nützliche wie abschätzbare Reaktionen hervorruft." (210)

Den Frühstadien sozialer Handlungen kommt dementsprechend insofern Bedeutung zu, als sie die Basis für jegliches weitere Interaktionsverhalten bilden. Sie umfassen neben den Haltungen des Körpers und der Kontrolle der Sinnesorgane auch alle Anfänge von Werbungsverhalten, elterlicher Fürsorge und Feindseligkeit und zeigen damit die grundlegende Handlungsbereitschaft sowie die mögliche Richtung der Handlung in ihrer Vorbereitung an. Alle diese Regungen lassen sich bereits bei Tieren erkennen und haben im Laufe der Evolution besondere Bedeutung erlangt. Die Gebärde markiert hierbei den Beginn einer sozialen Tätigkeit, indem sie eine Reaktion bei einem anderen Lebewesen hervorruft. Wie JOAS bemerkt, überwindet MEAD hier den von DARWIN stammenden Anthropomorphismus, wonach Gebärden dem Ausdruck von Emotionen dienen (vgl. 1980: 101).
Bezogen auf das Tierreich regeln sie das Kampf-, Spiel- und Werbungsverhalten, sie setzen die Interaktionspartner zueinander in Beziehung. Die Bedeutung der Gebärde liegt hier also in ihrer Funktion der Ermöglichung einer wechselseitigen Anpassung der sich ständig verändernden sozialen Reize und sozialen Reaktionen. Sie ist quasi das vermittelnde Element zwischen diesen beiden Phasen. MEADS zentrales Thema ist hier die These, "daß ein Bewußtsein von Bedeutungen nur in der Beziehung dieser wechselseitigen Anpassungen sozialer Reize und Reaktionen auf die Tätigkeiten entstehen kann, die sie letztlich vermitteln". (212)
Hierzu fasst er den Begriff der Bedeutung in einer neuen Weise, indem er diese nicht als Reaktion der anderen objektivistisch versteht, sondern sie als das je spezifische Bewusstsein der Handlungsbereitschaft des Einzelnen selbst begreift (vgl.: 213ff.).

"Die Assoziation eines Inhalts mit einem anderen ist nicht die Symbolisierung einer Bedeutung. Im Bewußtsein einer Bedeutung müssen das Symbol und das, was symbolisiert wird, das Ding und das, was es bedeutet, getrennt vorgestellt werden." (216)

Jedoch gilt dies ausschließlich für das Bewusstsein von Bedeutungen und nicht für die Existenz von Bedeutungen an sich. Entscheidend ist also die Differenzierung zwischen bedeutungsvollen Handlungen und dem Bewusstmachen dieser Bedeutung. So existiert zwar Bedeutung gerade in der perfekt harmonisierten, habitualisierten Beziehung zwischen Handlung und Gegenstand, jedoch ist hier zu berücksichtigen, was bereits zuvor festgestellt wurde, nämlich, dass dort, wo Bedeutung existiert, kein Bewusstsein derselben auftritt. "Es ist für die Ökonomie unseres Verhaltens in der Tat wesentlich, daß eine Verknüpfung von Reiz und Reaktion habitualisiert wird und unter die Bewußtseinsschwelle sinkt." (215)
Wenn also gewohnheitsmäßiges Handeln nicht zu einem Bewusstsein der eigenen Reaktionshaltung führt, lässt es sich dann möglicherweise in Situationen mit Handlungskonflikten lokalisieren? MEAD geht dieser Frage nach, zieht aber den Schluss, dass eben jene Konfliktsituationen die Aufmerksamkeit nicht auf die eigene Haltung lenken, sondern "auf eine schärfere Bestimmung der Objekte, die den Reiz bilden" (218). Eine Antwort findet er vielmehr auf dem Gebiet der Gebärden. Das dort ablaufende Wechselspiel des sozialen Verhaltens bezieht sich auf die Veränderung von Haltungen, die begonnen als Anzeichen auf Reaktion, eine weitere entsprechende Reaktion beim Gegenüber veranlassen und so eine Reaktionskette in Gang setzen. Die Situation, in der Bedeutung im Sinne MEADS entstehen kann, muss also eine sein, in der die Aufmerksamkeit auf das eigene Handeln und nicht auf die Umgebung gerichtet ist. Eine solche Situation findet sich ausschließlich bei der Interaktion von Handelnden. Nur die unmittelbare Reaktion auf das eigene Verhalten durch andere, zwingt einen Menschen dazu, sich und seine Funktion als Reizquelle bewusst wahrzunehmen:

"Während des gesamten Vorgangs einer Interaktion mit anderen analysieren wir ihre Handlungsansätze durch unsere instinktiven Reaktionen auf die Veränderung ihrer Körperhaltung und auf andere Anzeichen sich entwickelnder sozialer Handlungen. Wir haben gesehen, daß der Grund hierfür in der Tatsache liegt, daß soziales Verhalten, nachdem es bereits begonnen worden ist, einer fortwährenden Neuorientierung unterliegen muß, weil die Individuen, auf deren Verhalten unser eigenes Verhalten antwortet, ihrerseits ständig ihr Verhalten in dem Maße verändern, in dem unsere Reaktionen zutage treten. Unsere Orientierung an ihren wechselnden Reaktionen findet daher durch einen Prozeß der Analyse unserer eigenen Reaktionen auf ihre Reize statt. In diesen sozialen Situationen treten nicht nur miteinander in Konflikt liegende Handlungen auf, die eine verschärfte Definition der Reizelemente erfordern, sondern auch ein Bewusstsein der eigenen Haltung als einer Interpretation der Bedeutung eines sozialen Reizes. Wir sind uns unserer Haltungen bewußt, weil sie für Veränderungen im Verhalten anderer Individuen verantwortlich sind. Reagiert jemand auf die Wetterverhältnisse, so hat das auf das Wetter selbst keinerlei Einfluß. Für den Erfolg seines Verhaltens ist nicht von Bedeutung, daß er sich seiner eigenen Haltungen und Reaktionsgewohnheiten bewußt wird, sondern der Anzeichen von Regen oder schönem Wetter. Erfolgreiches Sozialverhalten dagegen führt auf ein Gebiet, in dem das Bewußtsein eigener Haltungen zur Kontrolle des Verhaltens anderer verhilft." (219)

MEAD veranschaulicht dies anhand eines Vergleichs zwischen einer Kampfsituation und einem Hindernislauf. Der Läufer, der andauernd mit Problemen beschäftigt ist, deren Lösung unmittelbar und mithilfe motorischer Koordination erfolgen muss, hat keine Gelegenheit, seinen Bewegungen, die ein Ausdruck seiner Haltung sind, Aufmerksamkeit zu schenken. Der Kämpfer hingegen sieht sich Problemen anderer Art ausgesetzt. Zwar muss auch er aus dem Augenblick heraus handeln, jedoch – und dies markiert den fundamentalen Unterschied – muss er berücksichtigen, dass die von ihm eingenommene Verteidigungshaltung durch seinen Gegner interpretiert wird, und diese Interpretation den Gegner im schlechtesten Fall dazu bringt, den Schlag in einer anderen als der erwarteten Weise auszuführen. Er muss sich also bewusst sein, dass seine eigene Gebärde die Situation verändert, auf die er zu reagieren hat (vgl.: 220).
MEAD verweist in der Folge auf die Rolle der Sprache als einer hochspezialisierten Form der Gebärde, auf den Umstand, dass die eigenen Haltungen und die anderer die Grundlage des Aufbaus der Identität und den engen Zusammenhang von Bedeutungs- und Selbstbewusstsein bilden. So sieht er die Aufgabe der weiteren Ausarbeitung seines Ansatzes auch darin, "den Prozeß der Sprache in diesen Begriffen zu analysieren, auf den fundamentalen Charakter des Bewußtseins von
Bedeutungen für das Selbstbewußtsein hinzuweisen und schließlich den Prozeß des Denkens selbst als ein Spiel von Gebärden zwischen Identitäten darzustel-

len, selbst wenn diese Identitäten Teil unseres inneren Selbstbewußtseins sind."
(221)

Die Ausarbeitung dieses Programms ist Gegenstand der nächsten Aufsätze und zugleich eines der Themen die MEAD über weite Strecken seiner Laufbahn beschäftigen werden. Bevor er jedoch die weitere Entwicklung seiner Theorie forciert, liefert er in seinem Artikel *Welche sozialen Objekte muß die Psychologie voraussetzen?* (1980 GA Bd.1. 222-231; i. O.: *What Social Objects must Psychology presuppose?*, 1910) eine Art Rechtfertigung und Verteidigung seines eigenen funktionalistischen Ansatzes. Es geht ihm insbesondere um die Zurückweisung der introspektionistischen Tendenzen in eben jener funktionalistischen Schule. So versucht er, den Nachweis zu führen, dass das Introspektionsverfahren als ein Ansatz, der seinen Ausgangspunkt in der Selbstgewissheit des Subjekts hat, insofern irreführt, als es die soziale Konstitution des Selbstbewusstseins missversteht (vgl. 222ff.). MEAD versucht, das Selbstbewusstsein bzw. die Ich-Identität als Begriff eines objektiven Realitätshandelns zu verteidigen, sie als Teil eines sozialen und materiellen Prozesses zu verstehen. Seine Hoffnungen bezüglich der Anerkennung dieses Verständnisses setzt er in die Weiterentwicklung der Sozialwissenshaften.

"Wenn wir exakte Sozialwissenschaften hätten, die Personen genau definieren und die Gesetze des sozialen Wandels mit mathematischer Exaktheit bestimmen könnten, dann wäre die Annahme angemessen, daß wir die Identität anderer in eben der Weise als vorhanden hinnehmen müßten, in der wir gegenständliche Objekte als vorhanden hinnehmen. Ihr Vorhandensein wäre durch die Wissenschaft garantiert, die sich mit ihnen beschäftigen." (225)

Er betont erneut die Wichtigkeit der Gebärden für die Entstehung von Bedeutung, wobei er hier erstmals menschliches Verhalten im Unterschied zu jenem von Tieren definiert.

"Menschliches Verhalten unterscheidet sich zunächst und vor allem vom Verhalten der Tiere durch eine Zunahme der Hemmungen, die eine wesentliche Phase willkürlicher Aufmerksamkeit darstellen. Verstärkte Hemmungen bedeuten eine Zunahme von Gebärden, Anzeichen von Handlungen, die nicht ausgeführt werden, und von angenommenen Haltungen, deren funktionaler Wert im Verhalten nicht vollständig zum Ausdruck gelangt." (228)

Entscheidend ist hierbei, dass die Entstehung von Bedeutung sich nicht ausschließlich aus den Reaktionen der Anderen und aus den eigenen Reaktionshaltungen herleiten lässt, sondern auf den Zusammenhang eigener Handlungen *und* antizipierbarer Reaktionen der Anderen angewiesen ist (vgl. 229ff.). Waren diese eben dargelegten Elemente (zumindest implizit) bereits in der einen oder anderen Form in MEADS bisherigen Überlegungen präsent, so liefert er am Ende des Aufsatzes eine weitere inhaltliche Neuerung, die er jedoch nicht weiter begründet:

"Was für eine Theorie wir auch immer von der Geschichte der Dinge haben mögen, das soziale Bewußtsein muß einem gegenstandsbezogenen Bewußtsein vorausgehen. Korrekter könnten wir sagen, daß die Erfahrung in ihrer ursprünglichen Form reflexiv wurde aufgrund der Anerkennung der Identität der anderen, und daß sich erst allmählich eine reflexive Erfahrung von Dingen als rein physikalischer Natur ausdifferenzierte." (231)

MEAD propagiert hiermit nochmals die Entstehung der Selbstreflexivität aus sozialen Situationen, betont aber, dass jene Selbstreflexivität zugleich auch die Vorbedingung für die Konstitution der Dinge im instrumentellen Sinn darstellt.
Darauf aufbauend stehen im Aufsatz *Der Mechanismus des sozialen Bewusstseins* (1980; GA Bd.1. 232-240; i. O.: *The Mechanism of Social Consciousness* [1912]) zwei Problembereiche im Mittelpunkt: zum einen, das soeben erwähnte Verhältnis von sozialen und physischen Objekten und zum anderen die Ausarbeitung eines Verständigungsmechanismus, der alternativ zur Konzeption WUNDTS die Anwendung des zuvor erarbeiteten Bedeutungsbegriffs auf die Frage nach der Entstehung der menschlichen Sprache aus der Gebärdenkommunikation erlaubt.
Bezogen auf den ersten Bereich bestimmt MEAD zunächst den Charakter eines sozialen Objekts. Gegenständliche Objekte sind dadurch gekennzeichnet, dass sinnliche Reize mit Vorstellungen aus vergangenen Erfahrungen, sowie Distanzreize und Kontaktbewegungen miteinander verbunden werden. Für die sozialen Objekte hat dies folgende Konsequenzen:

"Es ist selbstverständlich richtig daß ein Mensch für die Wahrnehmung eines anderen Menschen ganz ebenso ein gegenständliches Objekt ist wie ein Baum oder ein Stein. Doch ein Mensch ist mehr als ein gegenständliches Objekt, und es ist dieses Mehr, das ihn als soziales Objekt oder als Identität konstituiert. Diese Identität ist auf das eigentümliche Verhalten bezogen, das soziales Verhalten genannt werden kann." (233)

Im Folgenden integriert MEAD den Bereich der Lautgebärden und deren Bedeutung für die Konstitution sozialer Objekte.

"Wir hatten gesehen, daß ein Objekt aus der sinnlichen Erfahrung eines Reizes, der zum Handeln antreibt, und aus den Vorstellungen besteht, die sich aus vergangenen Erfahrungen mit dem Endergebnis einer Handlung gebildet haben. Ein soziales Objekt besteht mithin aus den Gebärden, d.h. den frühen Anzeichen einer beginnenden sozialen Handlung bei anderen und aus den Vorstellungen unserer eigenen Reaktionen auf diese Reize." (236)

Nachdem nun das Wesen sozialer Objekte und deren Beziehung zur Sprache und den Lautgebärden bestimmt ist, beginnt er den Sachverhalt auf die konkrete Entwicklung kindlicher Identität auszuweiten. Ein Kind erlangt ein Gefühl seines Körpers, indem es lernt die einzelnen Teile zu einem einzigen Objekt zu vereinigen. Voraussetzung dafür ist die Vorstellung einer Konzeption von gegenständlichen Objekten, die nachdem sie in den kindlichen Erfahrungsbereich gedrungen sind, in Abgrenzung zum eigenen Körper gedacht werden können. "Dies gilt in gleicher Weise für ein Objekt, das im sozialen Verhalten auftritt, für die Ich-Identität. Die Form des sozialen Objekts muß zunächst in der Erfahrung einer Identität der anderen gefunden werden." (237)

Es gelingt einem Kind also erst, sich selbst zum Objekt zu machen, wenn es in seiner Umgebung soziale Objekte erkannt hat. Diese entstehen wiederum dadurch, dass die Wahrnehmung von Reizen mit den Erinnerungen an vergangene Reaktionen in die eigene Erfahrung Eingang findet. Soziale Wahrnehmungsinhalte beziehen sich daher zuerst immer auf andere, erst im Anschluss entstehen "unvollständige und partielle Identitäten (ein jeweiliges 'Mich')" (238). Eben dieses *Mich*, das von einem Menschen wahrgenommene Bild seiner Person beim Interaktionspartner, variiert in Abhängigkeit von der Vielfalt der Interaktionssituationen. Die Aufgabe der Identität, so sie denn einmal entstanden ist, ist die Synthetisierung der jeweils unterschiedlichen, neuen *Michs* zu einem Selbstbild. Als Antwort auf die Frage, warum nun eben der Mensch im Unterschied zum Tier sich selbst zum Objekt nehmen kann, einen Bezugspunkt finden kann, bezieht MEAD nun die zuvor bereits mehrfach erwähnte Lautgebärde als einen weiteren entscheidenden Baustein in seine Theorie ein. Die Lautgebärde ermöglicht es dem Menschen, sich selbst unmittelbar in sozialen Handlungen wahrzunehmen.

"Die Tatsache, daß das Naturwesen Mensch sich selbst ebenso wie andere reizen und auf seine Reize ebenso wie auf die Reize anderer reagieren kann, fügt in sein Verhalten die Form eines sozialen Objekts ein, aus dem ein 'Mich' entstehen kann, auf das sogenannte subjektive Erfahrungen bezogen werden können." (238).

Jedoch hält MEAD die Selbstwahrnehmung der Lautgebärde nicht für die einzige Möglichkeit zum Aufbau einer Identität. Er verweist in diesem Zusammenhang auf die Entwicklung taubstummer Kinder und erachtet lediglich die Selbstaffektion als notwendig. "Jede Gebärde durch die ein Individuum seinerseits ebenso angeregt oder affiziert werden kann, wie sie andere anregt oder affiziert, und die daher bei ihm selbst in der Weise eine Reaktion hervorrufen kann, wie sie es sonst bei anderen macht, dient als Mechanismus für den Aufbau einer Ich-Identität." (239). Die Fähigkeit zu sich selbst zu sprechen ist seiner Meinung nach das entscheidende Element in der Entstehung eines Bewusstseins von Objekten beim Menschen "Das 'Mich' ist die Antwort des Menschen auf sein eigenes Sprechen." (239)
Abschließend erörtert MEAD kurz den Charakter des Ich-Begriffs. Er kann nun, nach seiner vollständigen Analyse der Bedeutung und des Selbstbewusstseins, die Unmöglichkeit eines sich direkt selbst erfahrenden Ichs eindrucksvoll neu belegen. Er stellt nochmals fest, dass sich das Ich nur in Bezug auf vergangene, d. h. erfahrene Handlungen betrachten kann, dass aber dann bereits ein verändertes erinnerndes Ich wirkt:

"Die ihrer selbst bewußte, tatsächlich wirkende Identität im sozialen Umgang ist ein objektives 'Mich', oder es sind deren mehrere in einem fortlaufenden Reaktionsprozeß. Sie schließen ein fiktives 'Ich' ein, das sich nie selbst in den Blick bekommt."(240)

Diese Feststellung ist zugleich der Ausgangspunkt für den letzten Aufsatz der Reihe:
In *Die Soziale Identität* (1980, GA Bd.1. 241-249; i. O.: *The Social Self* [1913]) zeigt MEAD ausgehend von der Unterscheidung der Instanzen Ich ('I'), Mich

('me') und Identität ('self') die dialogische Struktur des Selbstbewusstseins auf und gibt diesen von William JAMES eingeführten Begriffen eine neue, auf seine Theorie der Identitätsbildung abgestimmte Bedeutung. Er geht davon aus, dass ein *Ich* zwar eine Voraussetzung für ein *Mich* darstellt, niemals aber als eine Vorstellung bewusst gemachter Erfahrung erscheinen kann (vgl. 241).

"So findet man in der wiederhergestellten Identität des jeweils vergangenen Augenblicks sowohl ein Subjekt wie ein Objekt. Aber man stößt auf ein Subjekt, das jetzt zum Objekt der Beobachtung geworden ist und von gleicher Natur ist wie die Identität als Objekt, wie wir sie uns im Verkehr mit Menschen in unserer Umgebung vorstellen." (241)

Dabei unterscheidet sich der Inhalt des Subjekts, das nun zum Objekt geworden ist, noch wesentlich vom Inhalt des eigentlichen *Mich*, eben durch seine Charakterisierung als Subjekt. Eine Identität ist also dadurch gekennzeichnet, dass sich ihre Inhalte von denen unterscheiden, an die sie sich wendet. "Die Identität, die als 'Ich' auftritt, ist das Erinnerungsbild einer Identität, die auf sich selbst bezogen handelte, und es ist die gleiche Identität, die der Identität der anderen gegenüber handelte." (242) Während das *Ich* die aus der menschlichen Triebausstattung resultierenden, spontanen und kreativen Impulse repräsentiert, besteht das *Mich* aus den Erfahrungen, die das Ich, das konkret angesprochen wird, durch seine Handlungen erzeugt hat.

"Wenn das 'Ich' spricht, hört das 'Mich' zu. Wenn das 'Ich' zuschlägt, fühlt das 'Mich' diesen Schlag. [...] d.h. nur soweit sich das Individuum sich in einer Handlungsbeziehung zu sich selbst befindet, die der gegenüber anderen gleicht, wird es für sich selbst ein Subjekt und kein Objekt. Und nur soweit es durch sein eigenes soziales Verhalten in gleicher Weise betroffen wird wie durch das der anderen, wird es zum Objekt seines eigenen sozialen Verhaltens." (242)

MEAD geht im Folgenden auf die von JAMES vertretene Position eines ständig präsenten Selbstbewusstseins ein. Er identifiziert diese These mit dem Zusammenhang der Erfahrung eines vagen Begleitbewusstseins: Dieses besteht für ihn "in einem fortlaufenden Strom von Bewußtheit von dem, was wir tun, welcher von dem Bewußtsein eines bestimmten Gebiets von Reizen (ob eines inneren oder äußeren) durchaus zu unterscheiden ist. [...] In unserem Hinterkopf sind wir uns zumeist der eigenen Antworten auf die Bemerkungen die wir anderen gegenüber gemacht haben, sowie der Innervationen mehr oder weniger bewußt, die zu Haltungen und Gebärden führen würden, welche auf unsere Gebärden und Haltungen anderer gegenüber antworten könnten." (243f.)

Eben jenes Phänomen ist es aber, das er erklären muss, um den Rückfall in den Introspektionismus zu vermeiden. Dafür benutzt er das Muster der Reaktion auf sich selbst, das für ihn in der selbstwahrnehmbaren Gebärde gegeben ist. Ein handelnder Mensch hat nicht nur den Bezug auf die Objekte seiner Handlungen, sondern die Handlungen wirken auf ihn zurück: Ein Sprechender hört somit seine eigenen Äußerungen mit. In MEADS Worten heißt das:

"Tatsächlich ist die Situation folgende: Die Ich-Identität handelt in bezug auf andere und ist sich der Objekte ihrer Umgebung unmittelbar bewußt. In der Erinnerung stellt sie die handelnde Identität einer vergangenen Handlung ebenso wieder her wie die anderen Subjekte, denen gegenüber sie handelte. Doch neben diesen Inhalten ruft das Handeln in bezug auf andere Subjekte Reaktionen im Individuum selbst hervor. Da ist dann ein anderes 'Mich', das kritisiert, zustimmt, Vorschläge macht und bewußt plant, also die reflexive Ich-Identität." (244)

Dieses Begleitbewusstsein verschwindet aber, je intensiver und konzentrierter man sich mit einer Sache auseinander setzt. Aus diesem Grund kann es nicht die Vorraussetzung für selbstreflexives Handeln sein. Nachdem MEAD hier nun die soziale Genese und Konstitution der Ich-Identität nachgewiesen hat, kann er die in sich soziale Struktur dieser Identität formulieren. Er verwendet hierzu den Begriff der Rolle und versucht damit auszudrücken, dass sich das Selbstbild aus den inneren Darstellungen der unterschiedlichen Reaktionen der anderen auf einen Menschen zusammensetzt. Durch die innere Repräsentation übernimmt er dann folgerichtig ihre Rolle.

"Auf diese Weise spielen wir die Rollen aller Mitglieder unserer Gruppe. In der Tat werden diese nur insofern Teil unserer sozialen Umwelt, als wir dies tun. Sich der Identität eines Anderen als einer Identität bewußt zu sein, bedeutet, daß wir seine Rolle oder die eines Anderen gespielt haben, mit dem wir ihn zu Zwecken des sozialen Umgangs identifiziert haben. Die innere Antwort auf unsere Reaktionen anderer gegenüber ist daher so verschiedenartig wie unsere soziale Umwelt." (245f.)

MEAD sieht dabei eine kontinuierliche Entwicklungslogik, die von der dialogischen Struktur des kindlichen Selbstbewusstseins bis zu den abstraktesten Denkprozessen reicht. Wenn es seine Handlungen bewerten will, spricht ein Kind zu sich selbst in den erinnerten Worten der Eltern, wobei die zugrunde liegende dramatische Struktur auf Dauer erhalten bleibt. Es verändert sich nur der Grad der Personengebundenheit dieses inneren Kommunikationsprozesses – sie wird sukzessive schwächer, jedoch bleibt der grundlegende Mechanismus der Kommunikation ein sozialer.

"Bis dieser Vorgang zum abstrakten Denkprozeß entwickelt worden ist, behält das Selbstbewußtsein dramatische Gestalt. Die Ich-Identität, die aus einer Verschmelzung der Erinnerung an den handelnden Schauspieler und den begleitenden Chor erwächst, ist ziemlich locker organisiert und in aller Deutlichkeit sozialer Natur. Später wandelt sich die innere Bühne zu einem Forum und zu einer Werkstatt des Denkens. Die Charakterzüge und Stimmen der *dramatis personae* werden undeutlicher, die Betonung fällt auf die Bedeutung des inneren Sprechens, und die bildlichen Vorstellungen beschränken sich auf die notwendigsten Stichworte und Fingerzeige. Aber der Mechanismus bleibt ein sozialer, und jeden Augenblick kann der Prozeß personale Form annehmen." (246, Hervor. i. O.)

An diesem Punkt ist die eigentliche Entstehung von MEADS Konzept der sozialen Identitätsbildung durch symbolvermittelte Interaktion in den wesentlichen Grundzügen abgeschlossen. Zentrales Merkmal ist dabei der Charakter des Sozialen als eines Prozesses der Erfahrung und Erinnerung, der durch Interaktion vermittelt ist. Ebenso von Bedeutung ist der Begriff der Anpassung, hier gedacht als ein wechselseitiges Abstimmen von Bedürfnissen und Intentionen.

Die hier dargelegte Fassung des Konzepts diente in der Folge als Basis für eine stetige Weiterentwicklung des Ansatzes im Rahmen von MEADS sozialpsychologischen Überlegungen.[28] Ein wesentliches Element, das in der Entstehungszeit seines Ansatzes noch keine Berücksichtigung fand, ist der Übergang seiner Persönlichkeitstheorie zu einer Entwicklungslogik der Identitätsbildung.

Hier werden nun wiederum die gesellschaftlichen Voraussetzungen für die individuelle Identitätsbildung relevant. Zentral sind für MEAD dabei zwei Arten des kindlichen Spiels: *play* und *game*. *Play* bezeichnet die spielerische Interaktion des Kindes mit einem imaginären Gegenüber, wobei das Kind beide Rollen

---

[28] Reife Fassungen seines Ansatzes finden sich in *A Behavioristic Account of the Significant Symbol* (1922) oder in *The Genesis of the Self and Social Control* (1924-25).

übernimmt. Es übt dabei die Fähigkeit zur Antizipation des Verhaltens anderer, indem es deren Verhalten durch Imitation direkt repräsentiert und komplementär ergänzt. "Auf diese Weise organisieren sie Reaktionen, die sie bei anderen Personen, aber auch in sich selbst hervorrufen." (MEAD 1973: 192) Wenn es die Fähigkeit zur Übernahme der Perspektiven anderer erreicht hat, also die unbedingte Bindung an eine einzige Bezugsperson überwunden ist, kann es in einem weiteren Schritt die Fähigkeit zur Teilnahme am organisierten Gruppenspiel, dem *game* entwickeln. "Das spielende Kind muß hier bereit sein, die Haltung aller in das Spiel eingeschalteten Personen zu übernehmen, und diese verschiedenen Rollen müssen eine definitive Beziehung zueinander haben. [...] Im Wettspiel gibt es also Reaktionen der anderen, die so organisiert sind, daß die Haltung des einen Spielers die passende Haltung des anderen auslöst." (ebd.: 193f.)[29]

Das Kind stößt hier also auf etwas anderes, eine Organisation der Haltungen aller am jeweiligen Geschehen Beteiligten und muss daher bereit sein, diese anzunehmen.

"Die organisierte Gemeinschaft oder gesellschaftliche Gruppe, die dem Einzelnen seine einheitliche Identität gibt, kann 'der (das) verallgemeinerte Andere' genannt werden. Die Haltung dieses verallgemeinerten Anderen ist die der ganzen Gemeinschaft." (ebd.: 196)

Neben der Berücksichtigung und Übernahme der Haltungen anderer Individuen ist es für die vollständige Entwicklung einer menschlichen Identität unerlässlich auch die entsprechenden Haltungen der jeweiligen Individuen bezüglich der verschiedenen Phasen der gemeinsamen gesellschaftlichen Tätigkeit zu berücksichtigen und analog zu diesen zu handeln. Es entsteht hier ein organisches Modell gesellschaftlichen Werdens und Handelns, das in der Konsequenz zu einer gemeinschaftlichen Kontrolle eben dieser Prozesse führt:

"In der Form des verallgemeinerten Anderen beeinflußt der gesellschaftliche Prozeß das Verhalten der ihn abwickelnden Individuen, das heißt, die Gemeinschaft übt die Kontrolle über das Verhalten ihrer einzelnen Mitglieder aus, denn in dieser Form tritt der gesellschaftliche Prozeß oder die Gemeinschaft als bestimmender Faktor in das Denken des Einzelnen ein. Beim abstrakten Denken nimmt der Einzelne die Haltung des verallgemeinerten Anderen gegenüber sich selbst ein, ohne Bezug auf dessen Ausdruck in einem anderen Individuum. Beim konkreten Denken nimmt er diese Haltung insoweit ein, als sie in den Haltungen

---

[29] Zur Bedeutung des Spiels vgl. auch DEWEY 2002: 119ff.

gegenüber seinem Verhalten bei jenen anderen Individuen ausgedrückt ist, mit denen er in der jeweiligen gesellschaftlichen Situation oder Handlung verbunden ist. " (ebd.: 198)

MEAD thematisiert hier den Bereich der sozialen Kontrolle als eines konstitutiven Elements in der Regulierung gesellschaftlicher Entwicklung.[30] Die Vorstellung von sozialer Kontrolle als ein, die gelungene menschliche Organisation bedingender Faktor erscheint diametral entgegengesetzt zu aktuellen Ansätzen, die soziale Kontrolle als ein repressives Instrument der Gestaltung gesellschaftlichen Zusammenlebens betrachten (vgl. abolitionistische Ansätze in der Kriminologie, siehe dazu LAMNEK 1997: 314ff.).

Unter Berücksichtigung des gesellschaftlichen Ursprungs der Identität und des interdependenten, wechselseitigen Konstitutionsverhältnisses von Gesellschaft und Individuen bemerkt MEAD zum Zusammenhang von Selbstkritik und gesellschaftlicher Kritik: "Somit tendiert die gesellschaftliche Kontrolle keineswegs dazu, das menschliche Individuum zu unterdrücken oder seine bewußte Individualität auszulöschen; ganz im Gegenteil, sie ist in Wirklichkeit für diese Individualität von entscheidender Bedeutung und mit ihr verbunden." (1973: 302). Vielmehr ist die Individualität und Einzigartigkeit des Einzelnen nur möglich durch die Einbettung in den gesellschaftlichen Erfahrungsprozess, der die – individuelle und soziale – Verhaltenskontrolle erst ermöglicht.

Eine Illustration des Konzepts des generalisierten Anderen im Zusammenhang der sozialen Kontrolle liefert MEAD in seinem Aufsatz zur Psychologie der Strafjustiz (*The Psychology of Punitive Justice* [1917-18]. GA Bd. 1. 253-284). In der Strafjustiz werden anders als in zivilrechtlichen Verfahren die moralischen Einstellungen der Gemeinschaft gegenüber dem Straffälligen herausgefordert und aktiviert. Diese Einstellungen, die MEAD phylogenetisch auf einen Selbstbehauptungsinstinkt der Gemeinschaft zurückführt, haben einen ausgren-

---

[30] An anderer Stelle bemerkt er hierzu: "Insofern es soziale Handlungen gibt, gibt es soziale Objekte. Ich meine, daß soziale Kontrolle darin besteht, eine Handlung des Individuums mit einem sozialen Objekt in Beziehung zu bringen. Das Phänomen der Kontrolle des Objekts über die Handlung ist uns ausreichend vertraut. Gerade weil das Objekt die Form der Handlung ist, steuert es als solches die Ausführung der Handlung. [...] Soziale Kontrolle hängt also davon ab, in welchem Maße die Individuen einer Gemeinschaft fähig sind, die Einstellung der an gemeinsamen Aktivitäten beteiligten anderen zu übernehmen. Denn das soziale Objekt entspricht immer der im Selbstbewußtsein sich entwickelnden Handlung. Neben dem Eigentum sind alle Institutionen solche Objekte, und sie fungieren als Kontrolle von Individuen, die in ihnen die Organisation ihrer eigenen sozialen Reaktionen wiederfinden." (MEAD 1980: 325f.)

zenden Charakter. Die Vergeltungsreaktion führt zu einer Nivellierung der Unterschiede in der Gemeinschaft und in der Konsequenz zu einer Solidarisierung der Mitglieder gegenüber dem Delinquenten. Dieser Mechanismus der Solidarisierung ist auch dann noch wirksam, wenn die Strafjustiz – wie in neuerer Zeit üblich – eher präventiven Charakter gewinnt. "Der Respekt vor dem Gesetz ist die Kehrseite unseres Hasses auf den kriminellen Aggressor." (263)

Eine Alternative zum klassischen, auf Ausgrenzung und Vergeltung bedachten Verfahren sieht er in den damals eingeführten Jugendgerichtsverfahren (vgl. 274ff.). Wie oben bereits angedeutet, war jener Bereich einer der Interessenschwerpunkte von MEADS sozialreformerischer Aktivität. Es geht in diesem Verfahren nicht mehr ausschließlich um die Feststellung der Verantwortlichkeit des Jugendlichen in den Kategorien des Gesetzes, vielmehr "erleben wir den Versuch, die sozialen Ursachen eines sozialen und individuellen Zusammenbruchs zu verstehen und zu beeinflussen sowie die den Schaden auslösende Situation, wenn irgend möglich, zu verbessern und das schuldige Individuum zu resozialisieren" (274).

Das Verfahren ist dadurch gekennzeichnet, dass ein Amtsarzt, ein Psychologe und ein Sozialarbeiter ein mit wissenschaftlichen Methoden erarbeitetes Bild der Situation und der Umstände, die zur Straftat führten, präsentieren. Dabei werden die persönlichen und familiären Verhältnisse und soziale Umstände wie das Wohnumfeld berücksichtigt und zu einer möglichst umfassenden Rekonstruktion der Geschehnisse herangezogen. Daraus werden dann konkrete Lösungsvorschläge und Resozialisierungsmaßnahmen abgeleitet. Der universalisierende Charakter der Moral wird hier zugunsten einer partikularen, auf den Einzelfall bezogenen Lösung abgeschwächt. "Das Ziel einer Bestimmung der Verantwortlichkeit besteht nicht darin, eine Strafe auszusprechen, sondern vielmehr darin, zukünftige Ergebnisse zu erreichen." (275) Im Fokus des Interesses liegt also die erzieherische Absicht, dem Jugendlichen zukünftig die Aufnahme normaler Sozialbeziehungen zu ermöglichen. Es geht also um die Veränderung der sozialen Verhältnisse, in denen der Delinquent lebt. Während die Erwachsenenstrafjustiz durch eine ausschließende Haltung gekennzeichnet ist, spricht MEAD im Zusammenhang des Jugendstrafverfahrens von einer rekonstruktiven Haltung bezüglich der sozialen Verhältnisse, die eine Neuorganisation der Identität des betroffenen Individuums ermöglicht (vgl.: 276ff.).

Die hier beschriebenen Zusammenhänge kennzeichnen die zwei unterschiedlichen Schwerpunkte von MEADS Arbeit: einmal die Annahme, dass gesellschaftliche Entwicklung durch Erziehung positiv beeinflusst wird und zum anderen, dass eben jene erste Annahme einhergehen muss mit einer reformerischen Umgestaltung der sozialen Verhältnisse einhergehen muss, in denen Erziehung stattfindet. Die oben dargelegte Theorie der Identitätsbildung ist, wie JOAS feststellt, im Zusammenhang mit der Forderung nach einer wissenschaftlichen Theorie der Erziehung zu sehen und folgt in ihrer Entstehungszeit auf eine Phase pädagogischpublizistischer Tätigkeit (vgl. JOAS 1980: 29). MEAD selbst schreibt diesbezüglich:

"I have sought to indicate that the process of schooling in its barest form cannot be successfully studied by a scientific psychology unless this psycholgy is social, i.e., unless it recognizes that the processes of acquiring knowledge, of giving attention, of evaluating in emotional terms must be studied in their relation to selves in a social consciousness. So far as education is concerned, the child does not become social by learning. He must be social in order to learn." (1964/1909)

Die herausragende Bedeutung der Erziehung in dem von MEAD später anvisierten Sinn zeigt sich bereits in einem Aufsatz von 1896, in dem er sich zum Verhältnis von Spiel und Erziehung äußert. Er kritisiert dort die Ausrichtung der frühen Kindererziehung auf deren vermeintliche spätere Funktion im Arbeitsleben und fordert stattdessen: "Die gesamte Erziehung eines Kindes sollte, mit einem Wort, nach dem Prinzip gestaltet werden, nach dem ihm das Laufen beigebracht wird." (MEAD 1980: 426) Nicht die Durchführung einer kontrollierten Serie von Beinbewegungen soll im Mittelpunkt stehen, vielmehr müssen dem Kind Gelegenheiten und Möglichkeiten zum Wiederaufrichten und Üben gegeben werden. Bereits hier deutet sich die herausragende Bedeutung der umgebenden Verhältnisse an, die in einem angemessenen Arrangement von Reizen zu präsentieren und zu gestalten sind. Die Übereinstimmung der Konzeptionen MEADS und DEWEYS ist in diesem Zusammenhang offensichtlich.
Neben dieser grundsätzlichen Ähnlichkeit in der Konzeption von Erziehung finden sich nach DENNIS/STICKEL auch weitere deutliche Verbindungen und Ähnlichkeiten in konkreten Einzelthemen (vgl.: 1981: 319-331). Sie analysieren in ihrem Aufsatz die thematischen Verknüpfungen bei MEAD und DEWEY anhand der Bereiche *Play*, *Science Teaching*, *History Teaching* und *Industrial Education*. Obwohl sie dabei die möglicherweise unterschiedliche Entstehung der Ideen außer Acht lassen, gelangen sie zu dem Schluss, dass die Koinzidenz der The-

men, Folge einer gegenseitigen Stimulation, gar eines gemeinsamen Wirkens zu sein scheint. Paul RENGER vertritt in seinem Aufsatz zu *George Herbert Meads Contribution to Philosophy of American Education* (1981) eine differenziertere Sichtweise. Trotz der eindeutigen Hinweise auf thematische Übereinstimmungen warnt er davor, die Bedeutung MEADS zu hoch einzuschätzen. Der Umstand, dass DEWEY sehr extensiv publiziert hat und einen allgemein anerkannten und wesentlichen Beitrag zur Entwicklung der Erziehung geleistet hat, ist nach RENGER höher zu bewerten, als die – wenn auch eindeutige – Ähnlichkeit zwischen beiden Ansätzen (vgl.: 1981: 132). Jedoch sollte, so RENGER, berücksichtigt werden, dass DEWEY vor seinem Zusammentreffen mit MEAD nur einen Artikel veröffentlicht hatte, der explizit die Erziehung zum Gegenstand hatte. MEAD spielte also gleichsam die Rolle eines Katalysators oder wie RENGER selbst konstatiert: "It must be concluded that just as John Dewey has been justifiably recognized as an important philosophic source for Mead, so too should Mead be recognized as an important source of influence on the educational philosophy of John Dewey." (1980: 133)

MEADS Interesse an Erziehung zeigt sich zudem an dem oben bereits erwähnten Engagement für verschiedene Schulprojekte und seinen zahlreichen Veröffentlichungen zur Schulentwicklung.[31]

Eine interessante Interpretation des interdependenten Zusammenhangs von MEADS sozialreformerischem Engagement und seiner wissenschaftlichen Arbeit liefern DEEGAN/ BURGER in ihrem Aufsatz *George Herbert Mead and Social Reform: His Work and Writings* (1978). Ausgangspunkt ihrer Analyse ist die Feststellung des MEAD-Schülers T.V. SMITH, dass nicht die Genese der Identität, sondern vielmehr der Versuch einer "*Amelioration through understanding*"(SMITH 1931: 369, Herv. i. O.) im Mittelpunkt seines Werks steht, und somit das dominante Motiv in seiner Arbeit repräsentiert.

DEEGAN/BURGER sehen in MEADS veröffentlichten Arbeiten den konsistenten Versuch, gesellschaftliche Entwicklung in der Zeit zu begreifen (vgl.: 1978: 362). Unter dieser Prämisse erscheint ihnen sein Engagement für die *Chicago Physiological School* vom Jahr 1900 an, als konsequenter Versuch, seine wissenschaftlichen Überzeugungen in der Praxis zu erproben. Unter dem Eindruck

---

[31] vgl. dazu Veröffentlichungen MEADS (1907-1909), in der von ihm herausgegebenen Zeitschrift *The Elementary School Teacher*; oder die unveröffentlichten und undatierten Arbeiten *The University and the School of Education* und *Social Bearings of Industrial Education* (spartan.ac.brocku.ca/~lward/Mead/Unpublished/Meadu05.html;03.03.2004 spartan.ac.brocku.ca/~lward/Mead/Unpublished/Mead 07.html; 03.03.2004).

der 1899 veröffentlichten Arbeit *The Working Hypothesis in Social Reform* bot die oben genannte Einrichtung ein Versuchsfeld, um Arbeitshypothesen zu generieren und zu erproben (vgl. ebd.: 363). Gleichzeitig sehen DEEGAN/BURGER starke Anzeichen für einen Rückbezug der praktischen Erfahrungen auf MEADS theoretische Arbeiten. Neben der oben dargestellten Aufsatzreihe und dem expliziten Bezug auf die Entwicklung der Identität bei taubstummen Kindern finden sich, den Autoren zufolge, zahlreiche weitere Hinweise in den nach MEADS Tod veröffentlichten Schriften (vgl. ebd.: 364f.) Ebenso sehen DEEGAN/BURGER auch hier die Bedeutung des Faktors Erziehung erneut als gegeben an, diese fungiert als pragmatischer Schritt in der Identitätsentwicklung behinderter Kinder.

Einen weiteren Hinweis auf die wechselseitige Durchdringung von wissenschaftlichem Interesse und gesellschaftlicher Aktivität identifizieren DEEGAN/BURGER in MEADS erfolgreichem Engagement als Schlichter im *Garments Workers' Strike* von 1910 (vgl. ebd.: 365ff.) Zentral für die erfolgreiche Lösung des Problems war dabei, so die Autoren, MEADS Überzeugung, durch die Anwendung wissenschaftlicher Methoden und reflexiven Bewusstseins Veränderungen in der Umgebung erreichen zu können. Die Anwendung wissenschaftlicher Methoden auf soziale Probleme erscheint, wie MEAD selbst 1899 festgestellt hat, als einzig dauerhaft erfolgreicher Weg gesellschaftlicher Anpassung und Entwicklung:

"Die Konzeption einer anderen Welt stellt sich uns stets als Ergebnis irgendeines spezifischen Problems ein, das eine Neuordnung der Welt, wie sie ist, mit sich bringt, und zwar nicht um einem bis ins einzelne gehenden Ideal eines vollkommenen Universums zu entsprechen, sondern um die bestehenden Schwierigkeiten zu beseitigen. Der Erfolg dieser Bemühungen zeigt sich in der Möglichkeit, diese Neuordnung in die Welt, wie sie ist, einzupassen. [...] Unser reflexives Bewußtsein setzt daher in seiner Anwendung auf unser Verhalten unsere Bemühungen angesichts eines Problems, das sich uns stellt, mit dem Entwicklungsprozeß gleich, durch den dieses Problem überwunden wird. Seinen höchsten Ausdruck erreicht es in einer wissenschaftlichen Formulierung des Problems sowie in der Anerkennung und Anwendung wissenschaftlicher Methoden und Kontrollen." (1980: 368)

Nimmt man diesen bereits früh geäußerten Gedanken MEADS zum Ausgangspunkt, so erscheint sein weiteres Wirken in Chicago gewissermaßen als der Versuch eines Einzelnen, seinen Teil zur Umsetzung eines gewaltigen gesellschaftlichen Programms beizutragen.

Angesichts der dargelegten Arbeiten und Aktivitäten erscheint es geradezu verwunderlich, dass der Einfluss von George Herbert MEAD lokal begrenzt blieb und nach seinem Tod sehr rasch schwand.[32] Auf die Frage nach den Gründen hierfür gibt es unterschiedlich gelagerte und verschieden bewertete Antworten. Es kristallisieren sich hierbei zwei Bereiche heraus: einmal der Zusammenhang von örtlicher Bindung und Publikationstätigkeit und zum anderen der systematische und wissenschaftsgeschichtliche Aspekt der Konjunktur von Themen und Theorien.

Die Feststellung von Anselm STRAUSS (1956: IX-XI), dass MEAD zu seinen Lebzeiten nur wenig publiziert hat, lässt sich durch einen Blick auf die umfangreiche Bibliographie (vgl. MORRIS 1973; JOAS 1980; COOK 1993) entkräften. Der Umstand, dass er keine umfangreichen Monographien hinterlassen hat, lässt sich mit T.V. SMITH darauf zurückführen, dass seine wahre Stärke, das gesprochene Wort, also die Konversation gewesen sei (vgl. 1931: 369). Diese Aussage impliziert zweierlei: Einmal erklärt MEADS rhetorisches Geschick seinen Erfolg in der praktischen Vermittlung seiner Ideen und den teilweise brillanten Charakter seiner Vorlesungen. Die Bevorzugung der persönlichen Kommunikation bedeutet aber zugleich, dass seine Wirkung vorwiegend auf sein engeres Umfeld, also den Diskussionszusammenhang in Chicago beschränkt blieb bzw. er nur dort besondere Erfolge zeitigen konnte. Zum anderen wird dadurch deutlich, warum gerade die Vorlesungen von seinen Adepten zur Veröffentlichung gebracht wurden. Die posthume Veröffentlichung ist jedoch nicht ausschließlich positiv zu werten. Insbesondere hinsichtlich ihres Effekts auf die systematische und wissenschaftsgeschichtliche Einordnung besteht hier Anlass zur Kritik: So wirkt beispielsweise *Mind, Self and Society*, das oftmals als die bedeutendste soziologische Arbeit MEADS bezeichnet wird, dahin gehend irreführend, dass der Herausgeber Charles W. MORRIS den Text oftmals ergänzt und verändert hat (vgl. dazu Anmerkung 25) und insbesondere durch seine Charakterisierung MEADS als Sozialbehaviorist eine bestimmte Interpretationsweise forciert hat (vgl. JOAS 1980: 11f.). Zwar bezeichnete sich MEAD selbst als Behaviorist, versteht diese Zuordnung, so JOAS, jedoch in unterscheidender Abgrenzung zum

---

[32] Hiervon ausgenommen ist selbstverständlich der Sonderfall der Rezeption MEADS im Rahmen des symbolischen Interaktionismus seit den 1970ern. Wobei dieser gerade auch in der Pädagogik allgemein und in der deutschen Diskussion speziell sehr breit rezipiert und verarbeitet wurde (vgl. dazu u. a.: BRUMLIK 1973).

klassischen Behaviorismus nach WATSON. COOK (1993) stellt in Bezug auf die Differenz zwischen MEAD und der klassischen behavioristischen Sichtweise fest: "For the behaviorist, objects are simply there in the environment: they are given to us, and we learn to respond discriminatively to their various features. But for Mead, objects are not simply given to us: we *constitute* them through a process of mediation." (76; Herv. i. O.) Lässt man den Aspekt der Bewertung durch Vertreter des Behaviorismus einmal außer Acht, so zeigt sich, dass gerade diese Selbsteinordnung zu einer Frontstellung gegenüber konkurrierenden Ansätzen führte. Hier ist insbesondere die psychoanalytische Psychologie anzuführen, die besonders in den Jahren nach MEADS Tod weite Verbreitung fand (zum hier relevanten Bereich des *social work*, siehe TUGGENER 1971: 74ff.). Guy E. SWANSON (1961) stellt in seinem Vergleich der Ansätze MEADS und FREUDS fest, dass beide mit ihren Ansätzen wichtige und dauerhaft relevante Beiträge zur Entwicklung der Sozialpsychologie geleistet haben, aber in je eigener Weise bewertet werden: "Mead's work is generally considered fundamental but without fruitful implications for research; Freud's as provocative but wrong." (319) Als Fazit seines Vergleichs konstatiert SWANSON in Bezug auf MEAD Folgendes: "First he provides a way of formulating important aspects of almost any problem we touch in social psychology, but he does not suggest many problems for investigation. Second, certain of his most relevant premises are untestable. Third, many of these features of his scheme which are testable do not fall within the social psychologist's purview." (335f.) Für FREUD hingegen gilt, dass er in der Bewertung annähernd die komplementäre Ergänzung zu MEADS Ansatz repräsentiert. Auf die näheren Implikationen der Sichtweise SWANSONS soll hier nicht weiter eingegangen werden, lediglich seine Feststellung, dass der Ansatz MEADS eine quasi ideale und konfliktfreie Umgebung für die Identitätsbildung voraussetzt, soll hier von Bedeutung sein. Diese Argumentation verweist auf grundlegende Schwierigkeiten hinsichtlich der praktischen Verwertbarkeit seines Ansatzes. Da FREUD explizit die Widrigkeiten menschlicher Entwicklung in seinen Ansatz einbezieht, sie sogar zu seinem Hauptgegenstand macht, erscheint sein Konzept – lässt man das Problem der Gültigkeit und Richtigkeit einmal außer Acht – als durchaus attraktiv für die unmittelbare praktische Anwendung. Daraus lassen sich – im Vorgriff auf die unten abzuhandelnde Entwicklung des *group work* – erste Hinweise auf die Bedeutung der Ansätze in der Gruppenarbeit entnehmen.

Wie TUGGENER feststellt, wurde das amerikanische *social work* seit Beginn der 20er Jahre immer stärker unter psychoanalytischen Gesichtspunkten verstanden, die psychoanalytische Konzeption gewann zunehmend an Einfluss in Ausbildung und Praxis (vgl. 1971: 74f.).

Unter Berufung auf PHILIPPS konstatiert TUGGENER für das *group work*: "Da die Ausbildung für 'group work' nach und nach von den Ausbildungsstätten für 'social work' übernommen wurde, strömte das psychoanalytische Denken über die dominierende Grundausbildung in 'case work' auch in das fachliche Denken des 'group workers' ein." (ebd.: 82f.)

Berücksichtigt man die im einleitenden Kapitel festgehaltenen kulturellen Hintergrundüberzeugungen, so erscheint hier jene des therapeutischen/expressiven Individualismus zunehmend wirksam geworden zu sein.

MEAD hat ein umfassendes genetisches Konzept der sozialen Entstehung der Identität durch Kommunikation vorgelegt. Er zeigt die wechselseitige Bedingtheit und Durchdringung von Individuum und Gesellschaft auf und hebt in diesem Zusammenhang die herausragende Bedeutung demokratischer Prozesse hervor. Die Bedeutung des generalisierten Anderen für die Entwicklung des eigenständigen Individuums ist ein zentrales Merkmal seines Ansatzes. Die intermediäre Vermittlung zwischen diesen beiden Polen wird hinsichtlich der eingeschalteten Stationen von MEAD jedoch nur sehr schematisch erfasst und dargestellt. Deutlicher ist hier der Ansatz Charles Horton COOLEYS, der explizit auf die vermittelnde Funktion der Primärgruppe hinweist, diese analytisch fasst und bezüglich ihrer Bedeutung für die demokratischen Prozesse untersucht.

COOLEY legt in seinen drei Hauptwerken (1902, 1909, 1918) eine eigenständige, soziologisch geprägte Sozialpsychologie vor, die wesentlich durch die Methode der *sympathetic introspection* gekennzeichnet ist.

Im Gegensatz zu MEAD versteht er Gesellschaft nicht als objektiven, durch aktives Handeln und Gestalten geprägten Vorgang, sondern vielmehr als eine Frage des Bewusstseins, des mentalen Zusammenhangs von Vorstellungen. MEAD selbst hat diesen Zusammenhang bereits erkannt und in seinem Aufsatz *Cooleys Beitrag zum soziologischen Denken in Amerika* (1980, GA Bd.1. 329-347)[33] entsprechend gewürdigt und bewertet. Ausgehend von der Feststellung, dass COOLEY sehr stark durch die transzendentalistische Bewegung, insbesondere durch EMERSON geprägt ist (siehe dazu weiter unten) erkennt MEAD, dass COOLEY in egoistischer Weise versucht hat die Realität seiner eigenen Gesellschaft zu er-

---

[33] Im Original: *Cooley's Contribution to American Social Thought*; ursprünglich erschienen in: *American Journal of Sociology* 35, 1930, S. 693-706. Derselbe Aufsatz erschien auch als Vorwort der 1964er Ausgabe von COOLEYS *Human Nature and the Social Order* (xxi-xxxviii).

forschen, und zwar weil er zu eben jener direkten Zugang qua eigener Herkunft hatte. "Die Gemeinschaft, die er gleichsam von innen heraus entdeckte – indem er Beobachtungen, die er durch Introspektion gewonnen hatte, zu objektivieren suchte –, war eine Demokratie, und zwar eine amerikanische." (330) MEAD bestimmt COOLEYS Vorstellung von Gesellschaft als eine Frage des Bewusstseins, "und zwar eines Bewußtseins, das notwendig schon gesellschaftlich vermittelt ist. Das Selbstbewußtsein ist ein direktes Spiegelbild der Vorstellungen, die nach Ansicht des betreffenden Menschen die anderen von ihm haben. Andere existieren für ihn, sofern er eine Vorstellung von ihnen hat, und sie wirken nur über seine Vorstellungen auf ihn ein, ebenso wie er auf andere nur insoweit einwirkt, als sie eine Vorstellung von ihm haben" (331f.)

Bei der Rekapitulation von COOLEYS Ansatz honoriert MEAD zwar dessen Verdienst bezüglich der Überwindung der traditionellen sozialpsychologischen Vorstellung von BALDWIN und JAMES und teilt seine normative Forderung nach Demokratie, jedoch übt er deutliche Kritik an seiner Konzeption, die die Entwicklung der Ich-Identität als einen psychischen Prozess und nicht als eine objektive Erfahrung begreift, seinem ungenügenden sozialpsychologischen Begriffsapparat und seinem wenn auch differenzierenden Festhalten am psychophysischen Parallelismus. Er kommt zu dem Schluss: "Cooley sah nicht, wie die Ich-Identität und die Gesellschaft in elementaren Kommunikationsprozessen entstehen; so konnte er die Realität von Ich-Identität und Gesellschaft in frühen menschlichen Verhaltensformen nicht erfassen." (344) COOLEYS Insistieren auf die psychische Natur der Gesellschaft führt laut MEAD dazu, den Blick auf das Psychische als einer primitiven Stufe der Kommunikation zu verdecken. "Cooleys These von der psychischen Natur der Gesellschaft [...] verpflichtet ihn auf einen eher geistigen als wissenschaftlichen Begriff von Gesellschaft." (345) Letztlich ist es die introspektionistische Haltung, die ihn daran hindert, die Grundlagen und Ursprünge gesellschaftlicher Entwicklung zu erkennen und aufzuzeigen.

SCHUBERT geht zwar davon aus, dass es sich bei COOLEYS Konzeption der Vorstellungen um Teile eines "nach innen verlagerten Kommunikationsprozesses und keine solipsistische 'introspection' [...]" (1995: 255) handelt, jedoch erscheint diese Überzeugung im Vergleich zu MEADS Ausführungen als wenig begründet, sodass die Relevanz und die Fruchtbarkeit von COOLEYS Ansatz – wiederum in Übereinstimmung mit MEAD – vor allem darin zu sehen sind, "daß er so eindrucksvoll untersuchte, wie Gesellschaft aus dem Zusammenschluß und der Kooperation der Primärgruppe und deren auf face-to-face Kontakt basierender Organisation erwächst [...]" (MEAD 1980: 345).

Im Folgenden soll nun COOLEYS Ansatz, soweit für diese Arbeit relevant, dargestellt und rekapituliert werden. Im Anschluss an einige einleitende biographische Bemerkungen hinsichtlich des Entstehungshintergrunds und der spezifischen Färbung seines Werks werden die für das Verständnis des Primärgruppenkonzepts notwendigen Elemente aus COOLEYS Sozialpsychologie kurz dargestellt, um darauf aufbauend das eigentliche Konstrukt in seinem Zusammenhang mit COOLEYS Theorie der Öffentlichkeit darzulegen und zu bewerten. Das besondere Augenmerk dieser Ausführungen liegt dabei auf der bereits erwähnten, vermittelnden Funktion der Primärgruppe.

1.1.3 Charles Horton Cooley – Primärgruppe und demokratische Öffentlichkeit

Charles Horton COOLEY wurde am 17. August 1864 in Ann Arbor, Michigan geboren und starb am 7. Mai 1929 am selben Ort. Als viertes von sechs Kindern des angesehenen Richters und erfolgreichen Juraprofessors Thomas McIntyre COOLEY geboren, litt er bereits in seiner Kindheit unter verschiedenen, teilweise psychosomatisch bedingten Krankheiten sowie einer schwächlichen Allgemeinverfassung. Er heiratete im Jahr 1890 und wurde Vater von drei Kindern.

Der biographische Hintergrund, der hier in aller Knappheit dargestellt wurde, bietet schon allein Raum für vielfältige Interpretationen: COSER (1977: 314) bemerkt, dass sich der junge COOLEY aufgrund seiner schwächlichen Konstitution bereits sehr früh in eine Phantasiewelt des Träumens und Geschichtenerfindens zurückgezogen hat, um dort seine Defizite im sozialen Umgang zu kompensieren. Ebenso wie SCHUBERT (1995) verweist COSER in diesem Zusammenhang auf die von COOLEY lebenslang geführten Tagebücher. Diese Deutung, so sehr sie auf den ersten Blick auch besticht, erweist sich angesichts der fehlenden Nachweise als psychoanalytische Untermauerung dürftiger Fakten.

SCHUBERT wiederum konstatiert in seiner Werkanalyse, für die er einen biographischen Ansatz wählt, dass der an utilitaristischen Erfolgsidealen orientierte Vater gewissermaßen als übermächtiger Schatten und Gegenpol diente, an dem es sich abzuarbeiten galt. (vgl. 1995: 43ff.[34]) SCHUBERT geht sogar soweit, dass die grundlegenden Intentionen COOLEYS eben durch den Konflikt zwischen dem Utilitarismus des Vaters und dem eigenen Interesse am Transzendentalismus zu verstehen seien:

"Mithilfe des Transzendentalismus konnte Cooley zwar das utilitaristische Handlungsmuster seines Vaters durch ein überlegenes Konzept ablösen, aber er konnte die in sich widersprüchliche Forderung des Transzendentalismus nach einer kontemplativen, einsamen Lebensweise *und* einem repräsentativen wirkungsvollen Künstlertum noch schwerer einlösen als die Forderung des Utilitarismus." (ebd.: 70; Herv. i. O.)

Sein Interesse am Transzendentalismus EMERSONS begleitete ihn bereits seit seiner Jugend und insbesondere auch während seiner Studienzeit in Michigan Sein hauptsächliches Thema war dabei die Frage nach der Beschaffenheit der eigenen Identität in Abgrenzung zu den Wünschen und Forderungen insbesondere seines Vaters. Nach Abschluss seines siebenjährigen Ingenieursstudiums im Jahr 1887 arbeitete COOLEY als Konstruktionszeichner und Statistiker. Erst im Jahr 1890 kehrte er an die Universität zurück und schrieb sich – nachdem er sich zuvor im Selbststudium mit DARWIN und SPENCER beschäftigt hatte – für politische Ökonomie und Soziologie ein. In dieser Zeit hörte er auch Vorlesungen bei John DEWEY.[35] Er schließt dieses Zweitstudium mit einer Dissertation über *The Theory of Transportation* im Jahr 1894 ab. Zum Inhalt der Arbeiten, die er in jener Zeit verfasste, bemerkt SCHUBERT: "Kontinuierlich beschäftigt sich Cooley mit Themen des Transports, der Kommunikation, des Fremd- und Selbstverstehens. Cooley interessierte sich im weitesten Sinn für die Frage nach den Mechanismen, die das Verhältnis zwischen Individuum und Gesellschaft regulieren." (1995: 73) In seiner Dissertation beschäftigte er sich daher weniger mit organizistischen Fragestellungen, als vielmehr mit dem darwinistisch geprägten – jedoch nicht im Sinne SPENCERS zu verstehenden – Ansatz, wie historische Veränderungen als Ergebnis der Auseinandersetzung sozialer Bewegungen von-

---

[34] "I should like as an experiment to get off somewhere where Father was never heard of and see whether anybody would care about me for my own sake" (COOLEY; zit. n. COSER 1977: 315).
[35] So ist folgende Äußerung COOLEYS über DEWEY erhalten: "He left a lasting mark, but rather by his personality [...] than by his lectures. [...] [H]is character was deeply admired, for its singularity [...]. We believed that there was something highly original and significant in his philosophy, but had no definite idea as to what it was."(Charles Horton COOLEY im Jahr 1930, zit. n. MENAND 2001: 288)

statten gehen. Folgt man der Argumentation SCHUBERTS (ebd.: 95ff.), war es insbesondere die Auseinandersetzung mit dem Darwinismus die es ihm ermöglichte, seine aus dem Konflikt zwischen transzendentalistischen und utilitaristischen Anschauungen resultierende Persönlichkeitskrise zu überwinden und eigene Vorstellungen zu entwickeln. SCHUBERT sieht darin, in Analogie zu den Veränderungen im Denken DEWEYS – der ebenso als Idealist begonnen hatte – die Möglichkeit des Verzichts auf Ganzheitsvorstellungen, ohne dass man Gefahr laufen würde, in einen Atomismus zu verfallen. Bedingt war dies durch eine erste Erkenntnis der massiven sozialen Problemstellungen, die ihm während seiner Zeit als Ingenieur begegneten und nun in dem Versuch mündeten, diesen angemessen begegnen zu können. Zugleich erkannte er jedoch in den Unsicherheiten der Zeit neue, sich herausbildende Beziehungs- und Bindungsformen, deren Nutzung adäquate Problembearbeitung versprach (vgl. ebd.: 135f.). Die darwinistischen Begriffe der Selektion und des Wettbewerbs verstand er dabei als Mechanismen, "die auf kollektive Interaktionsformen verweisen, durch welche kreativ neue Handlungsziele und Gewohnheiten zur Lösung von Handlungsproblemen gewonnen werden" (ebd.: 140). Damit einher geht ein Verständnis von Demokratie als kommunikativ hergestellter Konsens.

Im Gegensatz zu John DEWEY und George Herbert MEAD engagierte sich COOLEY nicht aktiv in sozialreformerischen Projekten, jedoch stand er diesen Entwicklungen wohlwollend gegenüber. Insbesondere die Aktivitäten des Hull-House waren für ihn ein prototypisches Beispiel für die Möglichkeiten der Ausweitung demokratischer Handlungsspielräume.

Der Verzicht auf eigenes, reformerisches Engagement erscheint unter Berücksichtigung der oben dargelegten, zurückhaltenden und introvertierten Züge von COOLEYS Persönlichkeit geradezu als Konsequenz derselben. Interessanterweise äußert sich diese Zurückgezogenheit auch in der Auswahl seiner Forschungsobjekte. Für seine Studien zur Genese der Identität beobachtete und analysierte COOLEY das Verhalten bzw. die Entwicklung seiner eigenen Kinder.

In seinem durch den Darwinismus geprägten Ansatz verschmelzen soziologische und sozialphilosophische Überlegungen zu dem Versuch, das Soziale in seinem Kern zu erfassen und die daraus resultierenden Implikationen für gesellschaftliche Entwicklung nutzbar zu machen. Dementsprechend sind seine drei Hauptwerke dieser Aufgabe gewidmet, wobei jede dieser Arbeiten einen spezifischen

Aspekt dieser Sichtweise abhandelt und sie gewissermaßen aufeinander aufbauend, eine sukzessive Entwicklung im Denken COOLEYS repräsentieren.[36] In *Human Nature and the Social Order* (1902) zeigt COOLEY, wie sich Individualität und Sozialität im kreativen Handlungsprozess wechselseitig bedingen und konstituieren. Grundlage für diese mikrosoziologische Betrachtung ist eine antidualistische Konzeption von Individualität, die es ihm ermöglicht Kommunikation als einen Prozess zu betrachten, der jenseits einer übergeordneten normativen Ordnung individuelle Zwecke und soziale Ordnung begründet. Identität wird als ein Prozess begründet, in dessen Gestaltung die fortwährende Lösung von Problemen die Begrenzungen der Umweltgegebenheiten sukzessive aufhebt. In *Social Organization* (1909) und *Social Process* (1918) weitet er diese Betrachtungen dann auf die makrosoziologische Ebene aus, der Individuierungsprozess wird nun um Phänomene der Vergesellschaftung erweitert, wobei im erstgenannten Werk, das für diese Arbeit relevante Konzept der Primärgruppe eingeführt wird. Obwohl weiter oben die mit COOLEYS Ansatz verbundenen Schwierigkeiten und Mängel bereits thematisiert wurden, erscheint es aufgrund des inneren Zusammenhangs seiner Arbeiten angebracht die wesentlichen Elemente seiner Theorie der Entwicklung der Ich-Identität – wenn auch nur kurz – zu rekapitulieren, um davon ausgehend das Konzept der Primärgruppe in dem von ihm intendierten Verständnis einführen zu können. Ausgangspunkt für COOLEYS Überlegungen in *Human Nature and the Social Order* ist seine Feststellung, dass die menschliche Natur nicht biologisch determiniert ist, sondern vielmehr durch eine Offenheit und Plastizität gekennzeichnet ist, die es ermöglicht, dass jenseits des Phänomens der Vererbung Veränderung möglich ist. Er bestreitet im Anschluss an William JAMES eine dualistische Konzeption zwischen dem Einzelnen und der ihn umgebenden Welt und versucht damit die cartesianische Trennung von Körper und Geist zu überwinden. Stattdessen konstatiert er eine gegenseitige Durchdringung der Individuum und Gesellschaft: "A separate individual is an abstraction unknown to experience, and so likewise is society when regarded as something apart from indivduals." Und weiter heißt es, dass, "'society'and 'individuals' do not denote separable phenomena, but are simply collective and distributive aspects of the same thing" (COOLEY 1964: 36f.). Die Plastizität der menschlichen Natur öffnet den Weg für einen Interaktionsprozess, der im Verbund mit einer nicht passiv gedachten An-

---

[36] SCHUBERT verweist darauf, dass die Trilogie bereits um die Jahrhundertwende geplant wurde, wobei der letzte Band *Social Process* (1918) quasi den Höhepunkt in COOLEYS Denken repräsentieren sollte. Zur Einschätzung dieses Vorhabens und den tatsächlichen Erträgen: vgl. 1995: 388ff.

passung an bloße Umweltveränderungen die Entstehung von Individuen und sozialen Strukturen ermöglicht. Der wichtigste Mechanismus hierbei ist die Interaktion mittels gemeinsam geteilten Symbolen. Diese verdichtet sich im Laufe der Zeit zu einem komplexen Kommunikationsgeflecht. Der Begriff der Gesellschaft erschließt sich für COOLEY daher wie folgt:

"Society, then in its immediate aspect, *is a relation among personal ideas.* In order to have a society it is evidently necessary that persons should get together somewhere; and they get together only as personal ideas in the mind. Where else? What other possible locus can be assigned for the real contact of persons, or what other form can they come in contact except as impressions or ideas formed in this common locus? Society exists in my mind as the contact and reciprocal influence of certain ideas named 'I,' Thomas, Henry, Susan, Bridget, and so on. It exists in your mind as a similar group, and so on in every mind." (ebd.: 119; Herv. i. O.)

Hier erscheint deutlich der Grund für MEADS Kritik. COOLEY ist sich der Problematik bewusst und versucht diese, an anderer Stelle ein Stück weit zu entschärfen.
"In saying this I hope I do not seem to question the independent reality of persons or to confuse it with personal ideas. The man is one thing and the various ideas entertained about him are another; but the latter, the personal idea, is the immediate social reality, the thing in which men exist for one another, and work directly upon one another's live" (ebd.: 123f.).

Ausgehend von dieser Vorstellung von Gesellschaft entwickelt COOLEY seine Sozialisationstheorie, deren Kernstück die Theorie des "looking-glass-self" darstellt.[37] Seine Konzeptualisierung des Verhältnisses von Individuum und Gesellschaft ermöglicht es ihm, die Ich-Identität als eine dialektisch, aus der Kommunikation entstehende zu begreifen. Selbstbewusstsein ist dann die Reflexion der Vorstellungen, die man von sich selbst hat und anderen zuschreibt; eine isolierte Ich-Identität ist somit unmöglich, oder um es in COOLEYS Worten zu sagen: There is no sense of 'I', [...] without its correlative sense of you, or he, or they." (ebd.: 182)

---

[37] Aufgrund der vorwiegend hinleitenden Funktion des Gegenstands sowie unter Berücksichtigung der oben erwähnten Gründe wird auf eine eingehendere Darstellung seines sozialisationstheoretischen Ansatzes verzichtet. Für eine umfassende Darstellung und Interpretation (u. a. auch im Vergleich zu MEAD und JAMES); siehe SCHUBERT 1995, 273-323.

Den Ausgangspunkt für seine sozialisationstheoretischen Annahmen sieht COO-LEY in der Mutter-Kind-Dyade. Dort entwickelt sich eine rudimentäre Sozialität. Diese geht einher mit der Entwicklung der Kompetenz des Kindes, signifikante Symbole zu verstehen, was wiederum die Voraussetzung für die Perspektiven-übernahme und somit die Entstehung eines sozialen Selbst ist (vgl. COOLEY 1964 Kapitel III). Durch reziproke Verstehens- und Interpretationsleistungen ist es den Mitgliedern einer Gemeinschaft möglich, sich einerseits verbunden zu fühlen, sich zugleich aber auch abzugrenzen (Kapitel IV). Dies ist die Voraussetzung für die Herausbildung einer unverwechselbaren Ich-Identität. COOLEY vergleicht diese mit einem "looking-glass", einem Spiegel:

"Each to each a looking-glass
Reflects the other that doth pass."

"As we see our face, figure, and dress in the glass, and are interested in them because they are ours, and pleased or otherwise with them according as they do or do not answer to what we should like them to be; so in imagination we perceive in another's mind some thought of our appearance, manners, aims, deeds, character, friends, and so on, and are variously affected by it." (ebd.: 184)

Der Begriff des *looking-glass* bedingt notwendigerweise drei wesentliche Elemente: "The imagination of our appearence to the other person, the imagination of his
judgment of that appearance, and some sort of self-feeling, such as pride or mortification." (184) Die Ich-Identität resultiert also auch hier aus einem sozialen Prozess, der einmal Rollenübernahme erfordert und zugleich auch ermöglicht. Deutlich hervor geht auch die Betonung des Handlungsaspekts, der sowohl die Übernahme als auch die Veränderung verschiedener Rollenmuster betont, welche zugleich wiederum abhängig sind vom jeweiligen Grad der Aktivität des Handelnden.

Ausgehend von der Klärung dieses individuellen Aspekts der Identitätsentwicklung ist es nun von Interesse, den Aspekt der sozialen Vermittlung dieses Prozesses zu konzeptualisieren. Die Frage, die sich dabei stellt, ist die nach der Beschaffenheit des Anderen als einem konstitutiven Element der eigenen Identität. Während G. H. MEAD den generalisierten Anderen in einer mehr oder weniger abstrakten Form begreift, erscheint der Andere bei COOLEY in einer konkreten Form: "The primary group is Cooleys notion of the 'Other,' which provides him with a solution to the problem of psychologism and solipsism. But Cooley proposes a concrete and living set of persons – Other Selves – who support and validate a self and give it the verities and substances of life." (PERINBANAYA-GAM 1975: 510) Dem Autor zufolge ist die Primärgruppe "the intermediary between the generalized other and the self as a transmitter of motives" (ebd.: 512). Sie hilft bei der Bewältigung kritischer Situationen in der Identitätsbildung, ebenso wie sie Handlungsmotive generiert und deren Umsetzung unterstützt.

Das Konzept der Primärgruppe führt COOLEY in seinem zweiten Werk *Social Organization* (1909) ein. LEE bemerkt dazu, dass der Begriff der Primärgruppe nicht auf COOLEY zurückgehe und dass dieser ihn aus einer Arbeit von A. W. SMALL und G. E. VINCENT entlehnt habe, wobei es jedoch sein Verdienst sei, die Bedeutung des Begriffs erkannt und diesen analytisch nutzbar gemacht zu haben (vgl. 1964: 23).

Im Vorwort zu *Social Organization* (1909) stellt COOLEY fest: "OUR life is all human whole, and if we are to have any real knowledge of it we must see it as such. If we cut it up it dies in the process [...]". Unter dieser Prämisse rekonstruiert er die grundlegenden Aspekte sozialer Organisation, wobei er davon ausgeht, dass diese in ihrer Gesamtheit auf reziproke Aushandlungsprozesse und Austauschbeziehungen zurückzuführen sind. Um die organische Totalität menschlichen Daseins angemessen beschreiben zu können, zeigt er zuerst, wie der "soziale" und der "individuelle" Geist wechselseitig und historisch bedingt entstanden sind, ohne dabei das Individuum oder die soziale Struktur als universal anzunehmen. "The view that all mind acts together in a vital whole from which the individual is never really separate flows naturally from our growing knowledge of heredity and suggestion, which makes it increasingly clear that every thought we have is linked with the thought of our ancestors and associates, and through them with that of society at large." (1909: 3) Die Individuen sind dabei aktiv teilnehmende, konstitutive Bestandteile der Entstehung sowohl der eigenen Identität als auch der sozialen Struktur.

Die Einheit des sozialen Geistes sieht er jedoch nicht in einfacher Übereinstimmung gegeben, vielmehr ist sie Resultat und zugleich Bedingung für die Organisation bzw. Strukturbildung seiner Bestandteile.

Wesentliche Voraussetzung für ein Gelingen des Prozesses der Identitätsbildung ist, so COOLEY, die Fähigkeit zur *sympathetic introspection*, die es dem Individuum erlaubt, sich in intimen Kontakt mit anderen zu begeben und so in einem auf Gegenseitigkeit beruhenden Prozess Strukturen auf beiden Seiten zu reproduzieren und zu verändern. Jedoch erscheint diese Einheitlichkeit nicht als ein Merkmal einer ständigen Übereinstimmung, vielmehr ist der soziale Geist durch konfligierende Interessen und Meinungen gekennzeichnet, die dazu führen, dass er eine ständige prozessuale Kategorie repräsentiert, deren konstantestes Merkmal eine Annäherung in der Veränderung ist. Dieser durch die *sympathetic introspection* gesteuerte Vorgang bringt ein öffentliches Bewusstsein hervor: Damit meint COOLEY, "a mutual understanding of one another's points of view on the part of the individuals or groups concerned as naturally results from discussion. There are all degrees of this awareness in the various individuals. Generaly speaking, it never embraces a whole in all its complexity, but almost always some of the relations that enter in the whole. The more intimate the communication of a group the more complete, the more thoroughly knit together into a living whole, it is its public consciousness." (ebd.: 10)

So ist also auch die Einheit der öffentlichen Meinung durch ihren interaktionistischen Charakter und ihre wechselseitige Beeinflussung gekennzeichnet, wobei er dies nicht als notwendig negativ betrachtet: "That all minds are different is a condition, not an obstacle, to the unity that consists in a differentiated and coöperative life." (ebd.: 11)

Durch die eben dargelegte interaktionstheoretische Fassung des Verhältnisses von Individuum und Gesellschaft ergeben sich auch weitreichende Konsequenzen für den Bereich der Moraltheorie. COOLEY bemerkt dazu: "A moral view which does not see the individual in living unity with social wholes is unreal and apt to lead to impractical results" (ebd.: 13) Er kritisiert gängige Moralmaßstäbe und lehnt eine universale Begründung der Moral ab, da sich Werte immer in den je konkreten Handlungszusammenhängen konstituieren und bewähren müssen. Nimmt man die oben erwähnte Bezogenheit und Verwurzelung COOLEYS als Beurteilungspunkt, so erscheint seine – analog zu DEWEYS späterer Konzeption erscheinende – Sichtweise als eine natürliche Reaktion auf den multikulturellen Charakter der amerikanischen Gesellschaft der Zeit. Er kritisiert bereits hier, was DEWEY später in der *Suche nach Gewißheit* (1929) so vortrefflich formuliert hat, nämlich die aus der Anwendung universaler Maßstäbe resultierende Trennung zwischen Theorie und Praxis, die als Ergebnis eine Geringschätzung der an theoretisch abgeleiteten Idealen gemessenen praktischen Handlungsresultate zur Folge hat. "Impractible standards have the same ill effects as unenforcible law; they accustom us to separate theory from practice and make a chasm between the individual and the moral ideal." (ebd.: 13)[38] Durch die interdependente Ver-

---

[38] SCHUBERT stellt in seiner Werkinterpretation fest, dass COOLEY die negativen Auswirkungen einer gesinnungsethischen Einstellung am Beispiel der strafrechtlichen Beurteilung von Immigranten durch amerikanische Gerichte bewusst wurde: "Er mußte nämlich feststellen, daß eine universalistische und rechtspositivistische Einstellung Streitfällen im interkulturellen Bereich nicht gerecht werden konnte." (1995: 339f.)

flechtung der einzelnen Elemente führt die Bevorzugung eines Bestandteils notwendigerweise zu einer Stagnation bzw. Fehlanpassung in einem anderen Bereich. Effektive Veränderung und Reform kann daher nur durch ein durch ein durchdringendes Verständnis aller am Prozess beteiligten Elemente erreicht werden. COOLEY schlägt dafür folgende Vorgehensweise vor: "As a rule the practical method is to study closely and kindly the actual situation, with the people involved in it; then gradually and carefully to work out the evil from the mixture by subsituting good for it." (ebd.: 15). Ausgangspunkt für ein solches Vorgehen darf aber nicht die denunziatorische Anklage sein, vielmehr ist Verständnis für die Situation wie für die beteiligten Personen gefordert. Aus diesem im konkreten Fall wirksamen Verständnis extrahiert COOLEY eine allgemeingültige Konzeption und Handlungsanleitung:

"Above all the organic view of mind calls for social knowledge as the basis of morality. We live in a system, and to achieve right ends, or any rational ends whatever, we must learn to understand that system. The public mind must emerge somewhat from its subconscious condition and know and guide its own process." (ebd.: 21)

Analog zu DEWEY und MEAD klingen auch bei COOLEY die wesentlichen Elemente einer pragmatistisch orientierten Reformbestrebung an: die Klärung der handlungsrelevanten Bedingungen in einer Situation; das Verständnis der zugrunde liegenden Motive und Werthaltungen, die sich zu einem sozialen Wissenskorpus verbinden, das wiederum Rückschlüsse auf die Gesamtheit des Systems ermöglicht und so eine reflektierte Veränderung erlaubt. Gleichzeitig besteht jedoch keine ausschließliche Reduktion auf die Handlungsfolgen als Entscheidungsgrundlage, vielmehr muss der jeweilige Akteur seine Motive und Handlungen vor allen Betroffenen legitimieren können.

Auf dieser Grundlage führt COOLEY nun sein Konzept der Primärgruppe ein. Er definiert dieses wie folgt:

"By primary groups I mean those characterized by intimate face-to-face association and coöperation. They are primary in several senses, but chiefly in that they are fundamental in forming the social nature and ideals of the individual. The result of intimate association, psychologically, is a certain fusion of individualities in a common whole, so that one's very self, for many purposes at least, is the common life and purposes of the group. Perhaps the simplest way of describing this wholeness is by saying that it is a 'we'." (ebd.:23)

Als die wichtigsten Zusammenschlüsse dieser Art bezeichnet er die Familie, die Spielgruppen von Kindern und Jugendlichen und die Nachbarschaft, wobei er als deren wichtigste Eigenschaft die Repräsentation der grundlegenden Züge der menschlichen Natur herausstellt, was bedeutet, dass er auch umfassendere und weitgreifendere Verbindungen mit einschließt. Diese Einheiten sind für ihn nicht ausschließlich durch Harmonie und Zuneigung gekennzeichnet, vielmehr zeichnen sie sich durch einen differenzierten und gewöhnlich sogar konkurrierenden Charakter aus, wobei die grundsätzliche sympathische Verbundenheit jedoch die Kanalisierung von Leidenschaften und Selbstbehauptungsansprüchen ermöglicht (vgl. ebd.: 23f.). Zentrales Element ist also der enge Bezug zur menschlichen Natur, wie COOLEY sie in seiner Arbeit von 1902 dargelegt hat. Die Primärgruppe ist für ihn daher kein Spezifikum der amerikanischen Kultur. Während dies für die Familie offensichtlich erscheint, belegt er es in Bezug auf jugendliche Peer-Gruppen am Beispiel von Immigrantenjugendlichen und deren Verbindungen, sowie bezogen auf nachbarschaftliche Organisationsformen in historischer Form am Beispiel von germanischen Stämmen und ihren Dorfgemeinschaften (vgl. ebd.: 24ff.). Jedoch, und dies erscheint bedeutsam, konstatiert er trotz der Gleichartigkeit und Stabilität der menschlichen Natur, dass die Primärgruppen immer in einem weiteren kulturellen und gesellschaftlichen Kontext erscheinen, der wiederum spezifische Ausprägungen in der Primärgruppe hervorbringt:

"Primary groups are primary in the sense that they give the individual his earliest and completest experience of social unity, and also in the sense that they do not change in the same degree as more elaborate relations, but form a comparatively permanent source out of which the latter are ever springing. Of course they are not independent of the larger society, but to some extent reflect its spirit." (ebd.: 27)[39]

Unter Berücksichtigung dieser Faktoren geht COOLEY einen Schritt weiter und präzisiert seine Vorstellung von der menschlichen Natur, nun ergänzt um den Zusammenhang des soeben dargelegten Konzept der Primärgruppe: "Human Nature is not something existing separately in the individual, but a *group-nature or primary phase of society*, a relatively simple and general condition of the

---

[39] Das von ihm angeführte Beispiel der Beeinflussung und Prägung des deutschen Schulwesens sowie der deutschen Familie durch den deutschen bzw. preußischen Militarismus erscheint angesichts der Thematik dieser Arbeit als gelungene Illustration und als erster Hinweis auf die weiter unten abzuhandelnde Problematik.

social mind." (ebd.: 29f.; Herv.i. O.) Die menschliche Natur, so COOLEY, entwickelt sich erst in der und durch die Assoziierung einzelner Individuen in Gruppenzusammenhängen: "Man does not have it at birth; he cannot acquire it except through fellowship, and it decays in isolation." (ebd.: 30) Die Bedeutung der Primärgruppen liegt also darin, stabile und dauerhafte Beziehungsgeflechte bereitzustellen, deren Vorhandensein und direkte Erfahrung konstitutiv für die Entwicklung menschlicher Individualität ist. Sie sind wesentlich für die Entstehung und Vermittlung von sozialen Idealen wie Liebe, Gerechtigkeit und Freiheit. Deren Charakter ist aufgrund ihrer Verwurzelung in der menschlichen Natur und Erfahrung relativ stabil und gleichbleibend in allen Gesellschaften und daher an eine relativ gleichgeartete Vermittlungsinstanz gebunden. "In these [primary group; S. G.] relations mankind realizes itself, gratifies in a fairly satisfactory manner, and from the experience forms standards of what it is to expect from more elaborate association" (ebd: 32). Die Primärgruppenbeziehungen bilden also die Beurteilungsgrundlage und somit auch den Ausgangspunkt für weitere, mithin gesamtgesellschaftliche Zusammenhänge und deren konstruktive Gestaltung.

Entsprechend seiner Konzeption von Gesellschaft als einem Zusammenhang von Vorstellungen betrachtet er diese Art des Zusammenlebens in erster Linie als "imaginative contact with the mind of the others" (ebd.: 34). Hier erscheint nun deutlich der Anlass von MEADS Kritik an COOLEYS Ansatz; hatte Letzterer bislang deutlich die interdependente Verbindung zwischen Individuum und Gesellschaft vertreten, so gelangt er nun zu einer letztlich subjektivistischen Deutung ebenjenes Zusammenhangs.

Nichtsdestotrotz verdeutlicht COOLEY an anderer Stelle sein eigentliches Anliegen: Die Primärgruppe fungiert als Rahmen für die Gestaltung des sozialen Aspekts der Identität. Das gemeinsame Wissen der Gruppe, ihre Ressourcen ermöglichen es dem Individuum seine eigenen Ambitionen und Antriebe zu verwirklichen. Sozialer Wandel, im Sinne eines gesellschaftlichen Fortschritts, ist seiner Meinung nach nicht von der Veränderung der menschlichen Natur abhängig, sondern vielmehr von der effizienten und verstärkten Nutzung dieser für sie konstitutiven Potentiale (vgl. ebd.: 37).

In diesem Kontext können sich, so COOLEY, im Rahmen eines dialogischen Interaktionsprozesses gemeinsame Handlungsorientierungen herausbilden und legitimieren, die zugleich auch die Auflösung unterschiedlicher Ausgangsorientierungen ermöglichen. Berücksichtigt man den oben dargelegten gesellschaftlichen Hintergrund zur Entstehungszeit seiner Arbeiten, so erscheint COOLEYS

Theorie als ein erster umfassender Versuch, den Problemen einer multikulturellen Industriegesellschaft zu begegnen. Er versucht dies, indem er, anknüpfend an nahezu universelle Gemeinsamkeiten, die Möglichkeiten zur Gestaltung einer offenen und flexiblen gemeinsamen Kultur aufzeigt. Jedoch bleibt er nicht auf der Stufe der theoretischen Klärung der Bedingungen stehen, sondern leitet aus seinem Ansatz konkrete sozialpolitische Forderungen ab: "In general the heart of reform is in control of the conditions which act upon the family and neighborhood." (ebd.: 48f.) Die Realisierung einer wirklich demokratischen Kultur ist seines Erachtens nur möglich, wenn die grundlegenden Bedingungen im Alltag gegeben und kontrollierbar sind. Voraussetzung ist also eine funktionierende Kommunikation im Nahbereich, in der Familie, der Nachbarschaft, in Berufs und Freizeitgruppen, sowie in Kinder- und Jugendgruppen. Aufgrund ihrer fundamentalen, da zeitlich sehr früh gelegenen Bedeutung sieht er insbesondere die organisierte Betreuung und Förderung der letztgenannten Gruppen als wesentliches Element zur Förderung demokratischer Handlungsweisen. Dies gilt vor allem dann, wenn es sich um interkulturelle Gruppen handelt, die es den Kindern ermöglichen im gemeinsamen Spiel unterschiedliche kulturelle Überzeugungen und Orientierungen kennen zu lernen und im gemeinsamen sozialen Handlungs- und Lernkontext Verständnis für die jeweils andere Sicht erwerben zu können. "Democracy, it is now held, must recognize as one of its essential functions the provision of ample spaces and apparatus for this purpose, with enough supervision to ensure the ascendency of good play traditions." (ebd.: 49) In gewisser Weise liefert COOLEY damit eine erste begründete Forderung nach organisierter Gruppenarbeit.[40]

Wie aus den letzten Äußerungen hervorgeht, sieht COOLEY das wesentliche Element gesellschaftlicher Entwicklung, insbesondere solcher demokratischer Art, im Mechanismus der Kommunikation gegeben. Er versteht darunter "the mechanism through which human relations exist and develop – all the symbols of the mind, together with the means of conveying them through space and preserving them in time. It includes the expression of the face, attitude and gesture, the tones of the voice, words, writing, printing, railways, telegraphs, telephones,

---

[40] Umso erstaunlicher erscheint es, dass er, wie unten noch gezeigt wird, wenn überhaupt nur sehr sporadisch erwähnt wird. Eine mögliche Deutung hierfür ist seine fachwissenschaftliche Position als Soziologe, dessen Ideen erst in der pädagogischen Weiterentwicklung durch DEWEY wahrgenommen wurden. Angesichts der Übereinstimmungen beider Autoren, insbesondere in Bezug auf die Aufgabe der Schule oder auch der Bedeutung und Funktion von jugendlichen Banden (vgl. dazu COOLEY 1909: 48ff, bzw. DEWEY 2000a/1916) erscheint dies unter Berücksichtigung der Reputation DEWEYS nicht weiter verwunderlich.

and whatever else may be the latest achievement in the conquest of space and time." (ebd.: 61)

Diese verschiedenen Kommunikationsmittel bilden in ihrer Gesamtheit ein organisches Ganzes, das mit der ebenfalls organisch zu denkenden Gesamtheit der menschlichen Gedanken korrespondiert. Die menschliche Natur kann sich nur in kommunikativer Auseinandersetzung und in reziproker Interaktion mit der sozialen Umwelt entfalten. Dies gilt einmal für die Entwicklung einer autonomen Ich-Identität, aber zugleich – aufgrund der wechselseitigen Abhängigkeit von Individuum und Gesellschaft – für den Aufbau und die Reproduktion sozialer Strukturen. "Without communication the mind does not develop a true human nature, but remains in an abnormal and nondescript state neither human nor properly brutal." (ebd.: 62). Als Beispiel für die überragende Bedeutung der Kommunikation führt COOLEY – wie übrigens an anderer Stelle auch G. H. MEAD (1973: 191) – den Fall der blinden und taubstummen Helen KELLER an, deren intellektuelle und soziale Entwicklung erst durch die Vermittlung und das Erwecken eines Sinns für Kommunikation stimuliert wurde. Er kommentiert dies wie folgt: "it is through communication that we get our higher development" (ebd.: 63).

Kommunikation und die ihr zugehörigen Organisationsformen sind, so COOLEY, die nach außen getragenen Strukturen des menschlichen Denkens und somit – entsprechend der organischen Sichtweise – die historisch und kulturell gewachsenen Verkörperungen der menschlichen Potentiale; Potentiale, die einem steten Prozess der Veränderung, Entwicklung und Gestaltung unterworfen sind. "Thus the system of communication is a tool, a progressive invention, whose improvements react upon mankind and alter the life of every individual and institution" (ebd.: 64).

In der Folge beschreibt COOLEY die Ausweitung und das Wachstum der Kommunikation im Zusammenhang der Bedeutung für die soziale Entwicklung und Veränderung von Gesellschaft. Ein wesentliches Argument ist dabei, dass die Einführung und Verbreitung der Kulturtechniken des Lesens und Schreibens und in der Folge die Erfindung des Buchdrucks zentrale Bedeutung für gesellschaftliche Entwicklungs- und Strukturbildungsprozesse hatten, wobei insbesondere die Fähigkeit zum Drucken maßgeblich zur Demokratisierung beitrug. "Printing means democracy, because it brings knowledge within the reach of common people." (ebd.: 75) Mit Beginn des 19. Jahrhunderts konstatiert COOLEY den Beginn einer weiteren, neuen Ära im Feld der Kommunikation, die sich entlang der Schlagworte "enlargement" und "animation" wie folgt charakterisieren lässt:

"Social contacts are extended in space and quickened in time, and in the same degree the mental unity they imply becomes wider and more alert. The individual is broadened by coming into relation with a larger and more various life, and he is kept stirred up, sometimes to excess, by the multitude of changing suggestions which this life brings to him." (ebd.: 82)

Er konstatiert, dass das öffentliche Bewusstsein am Ende des 18. Jahrhunderts in den Vereinigten Staaten auf kleine überschaubare Einheiten begrenzt war. Erst durch die Veränderung und Verbesserung der Kommunikationsmöglichkeiten, wie Eisenbahnen und Telegraphen, sei es möglich gewesen, die vorhandenen Grenzen zu überwinden. Analog zu der bereits erwähnten Bedeutung des Druckens war der hier effektiv wirkende Mechanismus die allgemeine Verbreitung und Wirksamkeit von Informationen, wesentlich repräsentiert durch die Einführung von täglich erscheinenden Zeitungen. Diese ermöglichen einmal "a widespread sociability and sense of community" (ebd.: 84), aber kultivieren ebenso "superficiality and commonplace in every sphere of thought and feeling" (ebd.: 85). Trotz diese negativen Effekte erscheint COOLEY diese Förderung der Diffusion gemessen an der Wirksamkeit und Funktion der Informationsverbreitung, als zu vernachlässigen, zumal der gesetzte Standard zwar einem "somewhat vulgar, but sound and human standard of morality" (ebd.: 85) entspricht. Ausgehend von dieser allgemeinen Darstellung der Veränderungen im Bereich der Kommunikation, nimmt COOLEY die Konsequenzen für das Feld der Politik in den Blick. In der Politik, so COOLEY, "communication makes possible public opinion, which when it is organized, is democracy" (ebd.: 85). Um sein Anliegen zu verdeutlichen beschreibt er die ursprüngliche Situation der Konstitution der amerikanischen Verfassung. Diese war in ihrer genuinen Intention keineswegs demokratisch, vielmehr, so COOLEY, war es die Verfassung einer repräsentativen Republik, die durch besonders befähigte Vertreter geführt werden sollte. Demokratische Beteiligung war damals nicht eingeplant, sondern entwickelte sich, analog zu anderen demokratischen Systemen, mit dem verbesserten Zugang zu Informationen. "When the people have information and discussion they will have a will, and this must sooner or later get hold of the institutions of society." (ebd.: 86) Ein solcher Vorgang ist aufs Engste verknüpft mit Formen der öffentlichen Erziehung, welche notwendigerweise wieder auf die verbreitete Beherrschung der systemimmanent unabdingbaren Techniken angewiesen sind.

Nach diesem Exkurs in die Bedingungen der kommunikativen Bewusstseinsbildung lässt sich nun der Zusammenhang zwischen Primärgruppenbeziehungen und demokratischer Öffentlichkeit angemessen beleuchten. Wie COOLEY am historischen Beispiel der Meinungsbildung in Stammeskulturen feststellt, ist diese wesentlich auf die direkte, face-to-face-Assoziation angewiesen. Analogien in Bezug auf die menschliche Natur als solche ergeben sich für ihn in den Ausprägungen kindlicher Spielformen. Moderne Formen öffentlicher Meinung sind in ihrer Struktur dieselben wie in diesen primitiven Gesellschaften, sie unterscheiden sich lediglich im Ausmaß und in der Entwicklungsstufe (vgl. ebd.: 107ff.). Es gelingt COOLEY also, eine direkte Verbindung zwischen der Primärgruppe als der fundamentalen Form menschlicher Gesellung und der Entstehung einer organisierten Darstellung der von ihr vertretenen und in kooperativer Aushandlung gewonnenen Meinungen herzustellen. Durch die Erkenntnis dieser strukturellen Verknüpfung ist es ihm in der Folge möglich, Demokratie als Ausdruck eines kollektiv zu Bewusstsein gekommenen Prozesses zu begreifen und mithilfe der grundlegenden Primärbeziehungen die Komplexität der demokratischen Orientierung zu beschreiben. Dabei gilt:

"Democracy, instead of being a single and definite political type, proves to be merely a principle of breadth in organization, naturally prevalent wherever men have learned to work it, under which life will be at least as various in its forms as it was before. It involves a change in the character of social discipline not confined to politics, but as much at home in one sphere as another. With facility of communication as its mechanical basis, it proceeds inevitably to dicuss and experiment with freer modes of action in religion, industry, education, philanthropy and the family. The law of survival of the fittest will prevail in regard to social institutions, as it has in the past, but the conditions of fitness have undergone a change the implications of which we can but dimly foresee." (ebd.: 120)

Aus diesem Zitat geht deutlich hervor, wie COOLEY Demokratie begreift: Sie ist für ihn – und hier nimmt er die Gedanken DEWEYS (s. o.) vorweg – in erster Linie eine Lebensform.[41] Die ihr zugehörigen Eigenschaften zeigen sich zwar auch

---

[41] So weist er in Kapitel XIII (S. 135ff.) drei zur Entstehungszeit der Arbeit verbreitete Einwände gegen die Demokratie zurück. Neben dem elitentheoretischen Ansatz der Demokratie

im politischen System, jedoch nicht in der Form eines vorrangigen und absoluten Anspruchs. Die demokratische Durchdringung des Lebens in allen seinen Schattierungen ermöglicht letztlich die Etablierung eines demokratischen politischen Systems. Demnach liegt, analog zu COOLEYS organischer Sichtweise, der Ausgangspunkt demokratischer Gesinnung bereits im frühesten Kindheitsalter und ist von dieser Stelle aus dauerhaft zu entwickeln und zu kultivieren.

Auf dieser Grundlage formuliert COOLEY seine Theorie der "Public Opinion". Diese ist für ihn, "no mere aggregate of separate individual judgments, but an organization, a coöperative product of communication and reciprocal influence." (ebd.: 121) An anderer Stelle ergänzt er, öffentliche Meinung sei "no uniform thing, as we are apt to assume, but has its multifarious differentations."(ebd.: 126) Er stellt jedoch bereits hier heraus, dass es sich dabei um keinen antiindividualistischen Kollektivismus handelt, diese Art der Meinungsbildung keinen Verzicht auf Individualität beinhaltet. Die Einheit, die sich nach außen zeigt, ist also keinesfalls eine der Deckungsgleichheit, sondern ein lebendiges handelndes Gebilde von in Beziehung stehenden Ideen.

Für die Entstehung eines solchen Gebildes gilt folgendes Prinizip: "A group 'makes up his mind' in very much the same matter that the individual makes up his." (ebd.: 121) Unter Gruppe versteht er hier jeglichen Zusammenschluss von Individuen, von der familiären Primärgruppe bis hin zur Nation, im Idealfall sogar bis zur Weltpopulation. Der bestehende Unterschied ist dabei nicht prinzipiell, sondern lediglich graduell, ist wiederum eine Frage effektiver Organisation, wobei es nicht notwendigerweise der Einvernehmlichkeit bedarf. Vielmehr ist die grundlegende Voraussetzung eine Stabilität und ein Reifegrad in den Mechanismen der Meinungsbildung und des Denkens. Diese sind wesentlich durch die Merkmale der Aufmerksamkeit und des Willens bzw. der Fähigkeit zur Diskussion bestimmt, also durch die Grundbedingungen erfolgreicher Kommunikation. Um zu einer solchen überlegten Meinung gelangen zu können, müssen die involvierten Teilnehmer "search their own minds" (vgl. ebd.: 123), sonst besteht

---

sind dies solche Ansätze, die eine Abwertung der Demokratie auf Grundlage der Massenpsychologie LEBONS vertreten, sowie jene Überlegungen, die TOCQUEVILLES Befürchtung des Verlusts bzw. der Nivellierung von Individualität und Genialität in einer Demokratie teilen. Jedoch gesteht er gerade den Elitentheoretikern zu, wie weiter unten noch gezeigt wird, dass sie zu Recht darauf insistieren, dass die vollständige Übertragung aller Entscheidungsprozeduren auf die Bürger zwangsläufig zu einer Überforderung derselben und in der Folge zu einer Schwächung der Demokratie führt.

die Gefahr, dass das Resultat lediglich eine "popular impression", eine oberflächliche und vergängliche Form öffentlichen Bewusstseins repräsentiert. Entgegen der populären Unterstellung, dass öffentliche Meinung das Produkt einer durchschnittlichen Volksmeinung darstellt, insistiert COOLEY darauf, dass diese vielmehr einen repräsentativen Charakter anzustreben hat, also in ihrer Effektivität über die Eigenschaften des Einzelnen hinauszugehen hat. "But if the life of the group is deliberate and sympathetic, its expression may be morally high, on a level not merely of the average member, but of the most competent, of the best." (ebd.: 124) So erscheint ihm die Delegierung einzelner, spezieller Entscheidungs- und Verantwortungsbereiche des öffentlichen Interesses an geeignete Spezialisten als eine notwendige und wünschenswerte Aufgabe. Diese Entlastung der Öffentlichkeit von speziellen Fragestellungen soll zum einen einer durch die Komplexität gesellschaftlicher Organisation bedingten Überforderung des Einzelnen vorbeugen und andererseits den Weg bereiten für eine Konzentration auf essentielle Fragen des gesellschaftlichen Zusammenlebens. Auf die Frage welche Bereiche dies sind, gibt COOLEY folgende Antwort: "The questions which can profitably be decided by this direct and general jugdment of the public are chiefly those of organic changes or readjustment, such, for instance, as the contemporary question of what part the government is to take in relation to the consolidation of industries." (ebd.: 129)

Diese Gestaltung der öffentlichen Meinung rekurriert immer wieder auf vorhandene Traditionen und Vorstellungen und entwickelt sich von dieser Warte aus organisch weiter. Gefordert ist hierbei ein übergreifendes, quasi interthematisches Denken, wobei die einzelnen Funktionsbereiche gemäß ihren Maßgaben und Möglichkeiten dazu beitragen. Denn so sehr diese auch von Spezialisten geführt werden, so sehr sind sie (und die in ihnen agierenden Personen) als Teile eines organischen Ganzen diesem verbunden und in der Folge auch verpflichtet. Dementsprechend ist die Funktion der *Public Opinion* für das gesellschaftliche Ganze wesentlich die latente Kontrolle und Autorität über die jeweiligen Spezifikationen. Voraussetzung für das korrigierende Einschreiten im Falle einer Fehlentwicklung oder eines Versagens ist das Vorhandensein einer gewissen, wenn auch latenten moralischen Einheit, die – wie weiter oben beschrieben – aus tragfähigen Primärgruppenbeziehungen resultiert.

So sieht er die zu der damaligen Zeit ablaufenden, fehlgeleiteten Entwicklungsprozesse, hier exemplarisch am Beispiel der rapide gewachsenen Städte aufgeführt, als eine Folge der Heterogenität und der fehlenden gemeinsamen Traditionen in eben diesen Gemeinwesen. Jedoch, so glaubt er, sei dies ein vorübergehender Zustand, es bestehe daher Anlass zur Hoffnung: "As soon as the people feel their unity, we may hopefully look for civic virtue and devotion, because these things require a social medium in which to work." (ebd.: 134) Unter Verweis auf Jane ADDAMS' *The Newer Ideals of Peace* sieht er gerade in den multiethnischen Lebensformen der Großstädte eine Basis für neue demokratische Impulse. Durch den Mangel an traditionellen Primärgruppenbeziehungen ist gerade hier Raum und Gelegenheit für eine neue demokratische Kultur (vgl. ebd.: 137).

Inwiefern diese Hoffnung auf lange Sicht betrachtet zu Recht bestand, sei hier dahingestellt, jedoch – und dies scheint für die vorliegende Arbeit zentral – hat COOLEY wesentliche Prinzipien und Mechanismen effektiver demokratischer Organisation beschrieben und analysiert und sie so einer weiteren Gestaltung zugeführt. Sein organischer und ganzheitlicher Standpunkt in der Betrachtung des Verhältnisses von Individuum und Gesellschaft führt ihn zu einer Vorstellung von Demokratie, die, wie bei DEWEY, nicht ausschließlich Regierungsform, sondern primär Lebens- und Sozialform ist. Durch die von ihm gewonnene Erkenntnis der Bedeutung von Primärgruppen, gelangt er bei der Ableitung von sozialpolitisch umsetzbaren Handlungsanweisungen aus seinem theoretischen Konstrukt zu der Sichtweise, dass die Handhabung und Steuerung von Gruppenprozessen ein zentrales Merkmal für die fruchtbare Ausgestaltung der Demokratie darstellt. Die daraus resultierende Wertschätzung von organisierter Gruppenarbeit stellt als solche die erste begründete Forderung dieser Art dar. Interessant ist dabei, dass sein Ansinnen zwar grundsätzlich pädagogischer Art ist, aber der von ihm gewählte Begründungszusammenhang, gemäß seiner eigenen soziologischen Ausrichtung, aufgrund einer sozialstrukturellen Analyse erfolgt. Er ergänzt demgemäß den eher mikrosoziologisch argumentierenden Ansatz DEWEYS um eine breitere Perspektive.

Wurden bislang vornehmlich die grundlegenden Voraussetzungen und Bedingungen einer pragmatistischen Erziehungs- und Sozialtheorie dargelegt und thematisiert, so soll nun in einem weiteren Schritt deren konkrete Ausformung in Bezug auf das *group work* in den Blick genommen werden. Während John DEWEY eindeutig als einer der geistigen Väter des *group work* identifiziert wird (vgl. die Arbeiten von COYLE, TRECKER, u. a.), kam, wie weiter oben schon erwähnt, George Herbert MEAD und Charles Horton COOLEY lediglich eine marginale Rolle zu. Im Falle MEADS ist dies möglicherweise den oben angeführten Gründen zuzuschreiben. Bezogen auf COOLEY ist die Beurteilung des fehlenden

Bezugs anders gelagert: Obwohl er explizit die Wirksamkeit und Bedeutung von angeleiteten Gruppen herausgestellt hat, wird er in der Literatur zum *group work* nur sporadisch erwähnt. Eine plausible Deutung hierfür ist, dass sein Gedankengut wegen der grundlegenden Bedeutung rasch aufgenommen und rezipiert wurde[42], in neuen Interpretationen und Kontexten aufging und aus eben diesen auch seine Wirkung entfaltete. Ein Beispiel hierfür sind die Arbeiten Eduard Christian LINDEMANS, der von den Adepten der Gruppenarbeit auch als deren Philosoph bezeichnet wurde (vgl. TUGGENER 1971: 105; KONOPKA 1958). Insbesondere in LINDEMANS Studie *The Community* (1921) finden sich eindeutige Hinweise auf und Reminiszenzen an den von ihm entwickelten Ansatz.

Aufgrund seiner exponierten Stellung unter den Gruppenarbeitern erscheint es daher sehr wahrscheinlich, dass der Transfer von COOLEYS Gedankengut über LINDEMAN als quasi intermediäre Instanz erfolgt ist. Aus diesem Grund werden im Folgenden kurz die wesentlichen Elemente und Implikationen dieses für die Genese des *group work* relevanten äußeren Bezugsrahmens skizziert.

1.1.4 Eduard C. Lindeman – die demokratische Organisation von Gruppen und Gemeinwesen

Eduard Christian LINDEMAN wurde am 9. Mai 1885 in St. Claire, Michigan als eines von zehn Kindern einer dänischen Immigrantenfamilie aus Schleswig-Holstein geboren.[43] Er starb am 13. April 1953. Sein Vater war nach dem Preußisch-Dänischen Krieg aus der Kriegsgefangenschaft geflüchtet und arbeitete nach seiner Emigration in den Salzminen von St. Claire. LINDEMANS Kindheit und Jugend war von Entbehrungen und Diskriminierung gekennzeichnet. Er selbst charakterisiert diese Zeit rückblickend wie folgt:

"We lived in a neighborhood in which the Scandinavian people were held in low esteem; in fact, we were the lowest group in the community. Of all the immigrant groups, the Germans were the highest and the Scandinavian were the lowest. Thus I was born and brought up and spent my early childhood and youth in an environment in which if there was any segregation and demeaning of person-

---

[42] Wenn auch keine einhellige Meinung über die Beurteilung seiner Arbeiten vorliegt, so weisen die, in SCHUBERTS Analyse der zeitgenössischen Kritiken (248ff., 327ff., 392ff.) angeführten Belege, in ihrer Tendenz auf eine gewisse Popularität von COOLEYS Denken hin.
[43] Sämtliche biographischen Angaben stammen, soweit nicht anders gekennzeichnet, aus der Arbeit KONOPKAS (1958): *Eduard C. Lindeman and Social Work Philosophy*. Minneapolis

ality, they were practiced upon us; if there were any other names for children to be called, they were applied to us." (LINDEMAN, 1945 zit. n. KONOPKA 1958:18)

Die herkunftsbedingte Diskriminierung wirkte sich zugleich auf den sozioökonomischen Status der Familie aus. Hinzu kamen verschiedene Krankheiten und Unfälle, welche die Zusammensetzung der Familie nachhaltig beeinflussten. So starb der Vater, als LINDEMAN neun Jahre alt war, und im darauffolgenden Jahr verstarb auch seine Mutter.

Eduard verblieb in der Obhut und Sorge seiner beiden älteren Schwestern. Unter diesen unvorteilhaften Bedingungen konnte er nur wenige Jahre eine "grammar school" besuchen, und arbeitete im Anschluss daran in den unterschiedlichsten Bereichen: im Schiffsbau, als Landarbeiter und in den Salzminen.

Sein erster Kontakt mit formaler Bildung bzw. Ausbildung kam erst dann zustande, als einer seiner Arbeitgeber ihn auf ein Programm der Michigan State University aufmerksam machte, das Studenten ohne formale Qualifikation die Teilnahme am Studium ermöglichte, sofern diese den Anforderungen gewachsen waren.. Dies kam LINDEMAN gelegen, obwohl Deutsch seine Muttersprache war und er große Schwierigkeiten hatte, die englische Sprache zu erlernen, war er sehr interessiert und engagiert, was das Lesen anging. Nachdem er sich die notwendigen Studiengebühren erspart hatte, begann er 1906 ein Studium an diesem landwirtschaftlichen College, das zudem Kurse in Soziologie, Psychologie und in den Naturwissenschaften anbot.

Bereits während dieses Studiums engagierte er sich vielseitig im Rahmen der gesellschaftlichen Aktivitäten des Colleges. Neben einer Tätigkeit für die Schulzeitung, der Rolle des Teammanagers der Footballmannschaft sowie als Autor und Regisseur eines Theaterstücks fungierte er vor allem als Präsident des lokalen YMCA. Geprägt durch seine vorherige Tätigkeit als Arbeiter, formulierte er dort bereits zu jener Zeit verschiedene Ideen zur Demokratie und dem Leben in der Demokratie: so propagierte er zum Beispiel die Forderung nach politischer Meinungsbildung und aktiver Teilhabe sowohl der Studenten als auch der Gesamtbevölkerung.

Während seiner Zeit an der Michigan State University lernte er seine spätere Frau Hazel kennen, die er 1912, ein Jahr nach der mit Auszeichnung erfolgten Beendigung des Studiums, heiratete.

Im Anschluss an sein Studium trat LINDEMAN, der sich bereits im Rahmen seiner Ausbildung für das Michigan Cooperative Movement zu interessieren begann, im Oktober 1911 eine Stelle als geschäftsführender Herausgeber des *Gleaner*[44] an.

Die journalistische Tätigkeit füllte LINDEMAN jedoch nicht aus, vielmehr wollte er zusätzlich praktisch tätig sein: Er übte daher in den folgenden Jahren verschiedene sozialarbeiterische Tätigkeiten und Funktionen in der Jugendarbeit (*Boys and Girls Clubs*) sowie der organisierten Freizeitarbeit aus (bei der *American Recreation Association* und während des ersten Weltkriegs beim *War Camp Community Service*).

1918 nahm LINDEMAN eine Stelle als Dozent am YMCA College in Chicago an. Laut KONOPKA (1958: 27) erschreckte ihn der Konservatismus der Einrichtung jedoch so, dass er nur knapp ein Jahr später kündigte und ein Angebot des *North Carolina College for Women*, Greensboro, North Carolina annahm und dort Direktor der Abteilung für Soziologie wurde. Jedoch hatte LINDEMAN während seiner kurzen Zeit in Chicago Jane ADDAMS und das Hull-House kennen gelernt und dort an einer Kurzzeitfortbildung für Sozialarbeiter teilgenommen.

Die Zeit in Greensboro war ebenso geprägt durch die Umstände eines ländlichen Konservatismus, die zu einer Kampagne gegen LINDEMAN und letztlich zu dessen Rückzug führte. Auf dem Höhepunkt der Anfeindungen zog es LINDEMAN in sein Heimatland Dänemark, wo er sich, abseits der Querelen um seine Person, mit dem dortigen System der Erwachsenenbildung und Genossenschaften beschäftigte. Im April 1920 trat er auch erstmalig im Feld des *social work* in Erscheinung. Auf der *National Conference of Social Work* referierte er zum Thema *Organization and Technique for Rural Recreation*. Bereits dort legte er die Grundlagen seiner Überlegungen zur Gemeinwesenorganisation dar, er forderte, soziologische und psychologische Standpunkte einzubinden und anstelle der Methode des trial-and-error zukünftig wissenschaftliche Fakten stärker zu berücksichtigen. Hieran schließt auch seine Studie über *Communities* an (siehe weiter unten), die 1921 veröffentlicht wurde.

Als die Situation in Greensboro unerträglich wurde, zog LINDEMAN sich zurück und widmete sich in den folgenden Jahren privat finanzierten Forschungen und veröffentlichte seine Ergebnisse als freier Mitarbeiter. Durch die Vermittlung

---

[44] Der *Gleaner* war eine von Grant SLOCUM gegründete Zeitung, deren Anliegen es war, die Lebens- und Arbeitsbedingungen insbesondere der Kleinbauern zu verbessern und genossenschaftliche Organisationsformen zu fördern. Die Grundüberzeugungen waren dabei christliche und demokratische Prinzipien. In den bei KONOPKA zitierten Fragmenten von LINDEMANS Artikeln (1958: 24ff.) sind dessen spätere Interessen und Überzeugungen: der Schutz der biologischen Grundlagen des Lebens, Vermeidung von und Schutz vor Abhängigkeit, die Forcierung des Kooperationsprinzips und das Beharren auf gesellschaftlicher Partizipation in öffentlichen Angelegenheiten und sowie schließlich sein Interesse an der Erwachsenenbildung.

von Mary Parker FOLLETT (siehe folgendes Kapitel) kam er in Kontakt zu den Herausgebern des *New Republic* sowie des *Inquiry* (u. a. John DEWEY).[45] Auf Betreiben von Walter PETTIT, einem Mitglied des Lehrkörpers, wurde LINDEMAN 1924 von Porter LEE, dem Leiter der *New York School of Social Work* an der Columbia University, eine Dozentenstelle angeboten. Dort wirkte LINDEMAN bis zu seiner Emeritierung als Hochschullehrer und Sozialarbeiter. Der Grund für seine Berufung ist, laut KONOPKA, hauptsächlich in seinen Vorstellungen und Ideen zur Gemeinwesenorganisation zu sehen. Den Schwerpunkt seiner Lehrtätigkeit legte LINDEMAN, der das *social work* als Teil der Sozialwissenschaft betrachtete, auf die Beziehung zwischen Philosophie und Technik (1958: 43).

Hinzu kam ein vielfältiges Engagement in verschiedenen sozialen Einrichtungen und Erziehungsorganisationen (vgl. Who was Who in America, Vol. 3: 520, zit. in www-distance.syr.edu/eclvita.html). Neben seinen Arbeiten über "Communities" (*The Community*, 1921) und zur Sozialforschung (*Social Discovery*, 1924), die besonders im Bereich der Gruppenarbeit Bedeutung erlangten, waren es vor allem seine Arbeiten zur Erwachsenenbildung (z. B. *The Meaning of Adult Education*, 1926), die verbreitet Beachtung fanden. In der Vielfältigkeit des Schaffens ist bereits angedeutet, dass die Nutzbarmachung von Gruppenprozessen ursprünglich kein speziell auf die Sozialarbeit bezogener Ansatz war.

In der Studie *The Community – An Introduction to the Study of Community Leadership and Organization* (1921) beschäftigt sich LINDEMAN mit kleinen, lokalen Gemeinschaften, den "Communities"[46]. "I have looked upon the community as the unit of social organization in which lies the greatest element of hope for permanent progress" (ebd.: viii).
Er befasst sich zunächst mit der sozialen Natur des Menschen (ebd.: 1ff.), die aufgrund der Tatsache, dass Menschen auf Kooperation mit ihren Mitmenschen angewiesen sind, grundlegend für jegliche soziale Organisation ist. Die soziale Kooperation führt zwangsläufig zur Etablierung bestimmter Einheiten, in denen die Menschen nach bestimmten Regeln und Bräuchen leben. Diese Einheiten

---

[45] Zur Bedeutung dieser Kontakte siehe KONOPKA 1958: 32-35; zu LINDEMANS eigener Einschätzung: *The Place of Philosophy in the Curriculum of the New York School of Social Work: Past, Present and Future Considerations* (1950; zit. n. KONOPKA 1958: 39f.).
[46] Die Übersetzung des Begriffs mit dem deutschen Wort "Gemeinschaft" ist wenig präzise, genauer erscheint der Begriff "Gemeinwesen", jedoch erfasst auch dieser die Bedeutung nicht vollständig. Die folgenden Ausführungen dienen daher u.a. der Präzisierung des Gegenstandes.

unterscheiden sich je nach Anzahl der Mitglieder und dem Grad ihrer gegenseitigen Abhängigkeit: angefangen bei der Familie als Keimzelle, über die Nachbarschaft, zur "Community", dem lokalen, politischen Gemeinwesen, schließlich
einmündend in die Nation oder den Staat. Gerahmt wird dieses Ganze von der
Zugehörigkeit zur Welt als dem Zusammenhang, indem sich das Individuum mit
allen Mitmenschen verbunden wird (vgl. ebd.: 8). Familie und Nachbarschaft
sind dabei Primärgruppen[47], im Normalfall gekennzeichnet durch Stabilität und
intime, soziale Einheit. Die anderen, sekundären Formen von Gemeinschaften
ergeben sich aus den beiden erstgenannten. Während die Primärgruppen auch
als "component groups" bezeichnet werden, sind die Sekundärgruppen so genannte "constituent groups" (ebd.: 17). Um nun dem Fortschritt der Gemeinschaft dienlich zu sein, muss der zwangsläufig institutionelle Charakter dieser
Gruppen, notwendigerweise inklusiv sein.

LINDEMAN liefert im Folgenden eine weitere Differenzierung der Primärgruppen. Neben Familie und Nachbarschaft, nennt er die Spielgruppe, die Schulklasse, die Kirchengemeinde, die Arbeitsgruppe sowie Wohltätigkeitseinrichtungen.
Ähnlich wie die Familie bilden diese so genannte "Vital-Interest-Groups" (ebd.:
26). Diese Art der Gruppen ist im Weiteren von zentraler Bedeutung, da sich
Individuen dort gemäß ihrer Interessen motiviert einbringen und ihre Umwelt
mitgestalten können. So machen genau diese Gruppen den Charakter der *Community* aus. Sie
repräsentieren die Vielzahl von Meinungen und Interessen der Gesamtheit der
Mitglieder und tragen damit zur demokratischen Entwicklung bei.

Wie sich das Leben in einer *Community* gestaltet, ist wesentlich dadurch bestimmt, welche Art von ökonomischer Organisation dort vorherrscht (vgl. ebd.:
40). Auch LINDEMAN ist also der Ansicht, dass die ökonomischen Verhältnisse
und Zustände ganz entscheidend die Art des Zusammenlebens mitbestimmen. Er
identifiziert für die jeweilige spezielle Form eigene spezifische Merkmale, die
das Leben beeinflussen (vgl. ebd.: 41 ff.).

Ausgehend von dieser bis dahin äußerlichen Beschreibung der Gemeinwesen
wendet er sich im Anschluss der inneren und inhaltlichen Bedingungen des
Community Movement zu. Analog zu John DEWEY sieht auch LINDEMAN in der
demokratischen Organisation der Gemeinwesen die wirkungsvollste und effek-
tivste Kraft, um die eigenen Belange in Eigenverantwortung zu vertreten. "It is a
reaction against centralized control. In its organized form it is a demonstration

---

[47] LINDEMAN greift hier das im vorherigen Kapitel beschriebene Konzept Charles Horton
COOLEYS auf.

of Democracy in action." Weiter heißt es, dass die demokratische Organisation "cannot be adequately interpreted without a consideration of the theory of Democracy" (ebd.: 58).

Da auf die Entwicklung und Rolle der Demokratie bereits zuvor hinreichend eingegangen wurde, soll hier nur das zentrale Problem der Demokratie näher betrachtet werden.

Während DEWEY in seinen Ausführungen von einer quasi idealtypischen Betrachtungsweise ausgeht, formuliert LINDEMAN die entscheidende Schwierigkeit der Realisierung von Demokratie in der Frage nach der Autorität. Außer Frage steht, dass eine Form der Autorität vorhanden sein muss, um die Funktionsfähigkeit des Gemeinwesens zu sichern; jedoch bleibt die Verortung derselben eine Sache der Anschauung. Seiner Meinung nach ist demokratische Organisation nur dann möglich, wenn die Autorität in kleinen, überschaubaren Zusammenhängen angesiedelt ist (vgl. ebd.: 58ff.).

Im Anschluss an eine historische Betrachtung der Entwicklung des demokratischen Gedankens nennt er diejenigen Bewegungen, die dem Gedanken des *Community Movement* folgen (vgl. ebd.: 65 ff.). Es geht dabei um Organisationen, die verstärkt im kommunalen Bereich auf autonome Entscheidungsstrukturen bauen; er nennt u.a. landwirtschaftliche Genossenschaften, Bestrebungen zur lokalen Steuerautonomie, Konsumentengemeinschaften und schließlich die Settlement-Bewegung (vgl. 1.2). Diese Strukturen verbindet, dass sie Versuche der Ablösung von externen, sprich staatlichen Kontrollmechanismen darstellen und selbstgesteuerte interne Kontrolle praktizieren. Auffällig ist die eindeutige christlich-religiöse Prägung seiner Demokratievorstellung (vgl. ebd.: 74), die ihm im Vergleich zu DEWEY, der Demokratie als einzige normative Leitlinie ansetzt, einen breiteren normativen Begründungsrahmen zur Verfügung stellt.

Die *Community*-Bewegung hilft bei der Bereitstellung der Mittel und Wege, den in einem Gemeinwesen bestehenden menschlichen Bedürfnissen zu begegnen und diese zu befriedigen (vgl. ebd.: 77). Solche Bedürfnisse sind physischer, materieller, sozialer, intellektueller, ästhetischer oder ethischer Art. Um nun dem Anspruch seiner Arbeit gerecht zu werden, betrachtet LINDEMAN diese Bedürfnisse unter dem Gesichtspunkt der zu ihrer Befriedigung geschaffenen Institutionen. Die Klassifizierung, der er sich bedient, reicht von wirtschaftlichen über öffentliche und politische Einrichtungen bis zu freiwilligen, gemeinnützigen Verbänden (vgl. ebd.: 82 ff.). Für die hier vorliegende Arbeit sind die *Charity Organizations* als Träger der sozialen Arbeit von besonderer Bedeutung.

Er beschreibt diese – besonders bezüglich der Vielfalt ihrer Tätigkeitsbereiche – in einer für die Zeit erstaunlich umfassenden Weise (vgl. ebd.: 91). Diese Beschreibung weist bereits wiederum auf die Vielfältigkeit der Einsatzgebiete der Gruppenarbeit hin.

Ein letzter hier hervorzuhebender Punkt ist die Bedeutung, die LINDEMAN der Führung und, damit zusammenhängend, dem Führer von Gruppen beimisst (vgl. ebd.: 125; 191-196). Nach einer Klassifikation der verschiedenen Typen und der Herausstellung ihrer spezifischen Merkmale ist es vor allem die Feststellung, dass die Führer von Gruppen aufgrund einer positiven Lebensauffassung verpflichtet sind, die in Gruppen ablaufenden Vorgänge und Prozesse zu verstehen und einzuordnen. Nur so ist es möglich, diese zu deuten, Veränderungen herbeizuführen und der Gruppe eine Orientierung für die Zukunft zu geben.

Wie weiter unten noch gezeigt wird, ist es eben diese Ausrichtung, die zentral für die Verwirklichung der Gruppenarbeit wird.

In seinem Werk *Social Discovery: An Approach to the Study of Function Groups* (1924) thematisiert LINDEMAN einige zentrale Aspekte des Gruppenverhaltens.

Er beschreibt das Verhältnis von Individuum und Gruppe folgendermaßen: "The individual and the group are both realities. The individual may be viewed as an integration of functioning organs, and the group merely an integration of functions." (LINDEMAN 1924: 137) Daraus resultiert, dass die Gruppe kein organisches Gebilde, sondern lediglich "series of relations, the results of specific responses to specific situations" (ebd.: 137) sein kann. Gruppen sind daher als ständig in Veränderung begriffene Gebilde zu sehen, die auf Beziehungen zwischen ihren Mitgliedern basieren. Sie stellen somit die Repräsentation der verschiedenen, gemeinsam geteilten Interessen ihrer Mitglieder dar.

Das Verhalten einer Gruppe in diesem Sinn ist als Reiz-Reaktions-Beziehung zu sehen. "The behavior of groups is a complex of responses to stimuli originating within and without the groups. Every individual who is a member of a group may be the source of stimuli which cause responses of the group which in turn modify the total behavior of the group." (ebd.: 177)[48]

---

[48] Diese Feststellung ist grundlegend für seine im Anschluss entwickelte Vorstellung von der teilnehmenden Beobachtung (Participant Observation) als Methode zum Erkennen sozialer Prozesse. Diese wurde unter anderem von den Chicago-Soziologen unter Robert E. PARK aufgenommen und praktiziert. Des weiteren fand und findet diese Methode ihre Anwendung in der Gruppenarbeit. Der Gruppenarbeiter erkennt als quasi teilnehmender Beobachter die in

Diese Auffassung ist als Grundvoraussetzung für die Einsicht in Entwicklungs- und Steuerungsprozesse von Gruppen zu betrachten und somit maßgeblich für die Entwicklung der Gruppenarbeit.

Diese Arbeiten, die vor oder zu Beginn seiner Laufbahn an der New York School of Social Work veröffentlicht wurden, zeigen sehr deutlich das Interesse LINDEMANS: er versucht organisatorische und planerische Prozesse in Bezug auf das Gemeinwesen zu beschreiben und analytisch nutzbar zu machen.

Als sich in den 30er-Jahren die Methode des *group work* zu entwickeln beginnt, begleitet LINDEMAN diesen Vorgang unterstützend und interessiert.[49] Wie weiter unten noch gezeigt wird, stammten maßgebliche Impulse dazu aus der organisierten Freizeitarbeit (*recreation work*). Obschon er selbst in diesem Feld tätig gewesen war, sah er die Bedeutung der Methode nicht ausschließlich auf diesen wenn auch zentralen Arbeitsbereich bezogen. Vielmehr erkannte er den Zusammenhang mit den weiteren, zuvor beschriebenen Prozessen und die Bedeutung für die demokratische Ausgestaltung derselben, was ihn zu folgender Bewertung der neuen Methode veranlasste:

"A group is a specific form of human interrelation, namely a collection of individuals who are experimenting for the purpose of determining whether their needs are more likely to be satisfied by means of collaboration than through individual effort. I cannot see why, then, groups and group experiences do not stand at the center of social works concern."(LINDEMAN: *Group Work and Education for Democracy*, Proceedings of the National Conference of Social Work, 1939: 344; zit. nach KONOPKA 1958: 129)

An anderer Stelle wird LINDEMAN noch deutlicher: "Group Work is a mental hygiene experience – a venture in sanity. Small groups, conscious discipline in human relations, nuclear democracy, leadership laboratory (not mass movement)."[50]

Die Realisierung eines solchen Projekts und dies stellt KONOPKA in ihrer Arbeit zu LINDEMAN zurecht heraus (1958: 30), war seiner Ansicht nach jedoch eindeu-

---

der Gruppe ablaufenden Prozesse, fasst und analysiert sie in seinen Berichten und zieht daraus Schlüsse für das weitere Vorgehen.

[49] Ab 1943 bietet LINDEMAN, dessen Veranstaltungen zuvor eher dem Bereich der philosophischen Grundlagen des Social Work zugeordnet waren, einen Kurs zu den Prinzipien der Sozialplanung (social planning), der Gemeinwesenorganisation (community organization) und der Gruppenarbeit (group work) an (vgl. dazu KONOPKA 1958: 66f.).

[50] Aus: Notebook (October 1951 – March 1953), zit. nach KONOPKA 1958: 129.

tig rückgebunden an eine entsprechende philosophische Grundhaltung: Nur unter Bezug auf eine grundlegende Philosophie – nämlich die demokratische – können die Potentiale der Organisation von und in Gruppen entsprechend zur Geltung kommen.

In einem Artikel, den er 1939 für die Zeitschrift *Group Work* (später *The Group*) verfasste, versucht LINDEMAN daher den Begriff der Demokratie inhaltlich zu füllen. Demokratie ist für ihn kein zwangsläufiges bzw. zwangsläufig erfolgreiches Kulturmuster. Vielmehr ist Demokratie "simply a program for meeting human needs, and like every other program it consists of two parts, namely goals and methods. Also, like every other program it must be tested by its concrete consequences and not by emotional or mystical devotions." (1955: 14) Demokratie besitzt keinen A-priori-Wert, sie muss vielmehr täglich neu praktiziert und erfahren werden; sie benötigt – menschlichen Interessen und Bedürfnissen gegenläufig – zunehmende Beteiligung und Partizipation. In gewisser Weise hat die Demokratie wie alle anderen Lebensentwürfe auch einen idealen Charakter, jedoch – und das unterscheidet sie von einer tatsächlich idealistischen Konzeption – repräsentiert sie "a conscious striving toward a ideal accompanied by an awareness that the ideal will never be completely realized" (ebd.: 15). Im Folgenden entwirft LINDEMAN Kriterien, die seiner Ansicht nach, zentral für die Überprüfung des demokratischen Charakters einer Gesellschaft sind (1955:16ff.):

Grundlage jedweder demokratischer Kultur ist eine ökonomische Basis, die einen zunehmenden Lebensstandard der Menschen ermöglicht und zugleich versucht, einen zunehmend höheren Grad an Verteilungsgerechtigkeit herzustellen.

Während nichtdemokratische Gesellschaften ihre Kraft aus der Einheit beziehen, die durch Uniformität und Bevormundung entsteht, liegt die strukturelle Stärke der Demokratie im dynamischen Gleichgewicht, das sich aus den ständigen und unendlichen Möglichkeiten des Konflikts ergibt.

Dieser ist jedoch nicht notwendigerweise kreativ, ermöglicht aber in Situationen die Wandel erforderlich machen, eine schnellere und angemessenere Reaktion. Die Produktion von Differenz ist insofern von Vorteil, als sie permanent den Status quo herausfordert und so Entwicklung forciert.

Der Erhalt der menschlichen Würde muss jederzeit und von jedem Telnehmer als möglich erachtet werden. Realisiert sieht LINDEMAN dies vor allem, wenn "we achieve personal dignity through affectionate relations with others, through socially-useful labor, through earned leisure which allows play to become, not an escape from, but a complement for work, and through that variety of humor which denotes absence of fea, a reasoned perspective" (ebd.: 19f.). Endgültige Werturteile müssen in einer demokratischen Gesellschaft immer im Zusammenhang mit den Menschen stehen, d. h. "nothing can be done for the people except what the people do for themselves" (ebd.:20). Dies bedingt, dass die Mittel der Kommunikation und Forschung nicht auf eine bestimmte Gruppe beschränkt sein dürfen, sondern frei verfügbar sind.

Es gibt keine allgemein gültigen Kriterien für Werturteile, vielmehr muss angenommen werden, dass die Totalität der Erfahrung komplett von Werten durchdrungen ist, wobei diese in einer ständigen Wechselbeziehung stehen.

Ausgehend von einem Bedarf an notwendiger Spezialisierung und Expertentum muss Verhalten in einer demokratischen Kultur am Respekt für den Laien gemessen werden.

Erziehung als zentrale Funktion und Mittel der Realisierung einer demokratischen Gesellschaft darf nicht indoktrinierend, im Sinne einer Bekehrung konzipiert sein, sondern muss "enable the learner to expand the range of his individual capacities and his social relationships. Education is the natural ally of freedom." (ebd.: 23)

Diese Voraussetzungen sieht LINDEMAN angesichts der weltpolitischen Lage vor Beginn des Zweiten Weltkriegs nicht als notwendig gegeben an und betont daher nachdrücklich, das die Wurzeln der Demokratie nicht in Konzepten und Theorien zu finden sind, sondern vielmehr im alltäglichen Gebrauch, in der konkreten Verwirklichung des Prinzips beheimatet sind (ebd.: 23f.).[51] An anderer Stelle bemerkt er dazu: "Democracy may be defended on battlefields but it can become a way of life worth defending only through intelligent practice." (LINDEMAN 1951:154)

---

[51] Einen umfassenderen Versuch, die Frage nach den Werten in einer demokratischen Gesellschaft zu beantworten, unternimmt LINDEMAN in seinem letzten Buch *The Democratic Way of Life* (1951; gemeinsam mit T.V. SMITH). Während SMITH im ersten Teil der Arbeit die allgemeinen Konzepte der Freiheit, Gleichheit und Brüderlichkeit auf einer theoretischen Ebene diskutiert, versucht LINDEMAN Angebote (*propositions*) zu machen, wie diese in konkretes Handeln umzusetzen sind, da Ideale zum Nachweis ihres Gehaltes "empirical counterparts" (1951: 111) benötigen. Ausgehend von SMITHS Feststellung, dass dem Ideal der Gleichheit die größte Bedeutung zukommt (vgl. ebd 7), da diese das Prinzip sozialer Gerechtigkeit determiniert, stellt LINDEMAN folgende Vorschläge auf: (1)Through diversity to unity, (2) Ideals can never be more than partially realized, (3)The means must be consonant with the ends, (4) Conference is a democratic art, (5) Democracy implies institutional correlation, (7) Democracy is a conscious motive in education.

Die Bedeutung LINDEMANS und seines Werks für die Gruppenarbeit ist nun dahin gehend zu bewerten, dass er sowohl gruppeninterne Vorgänge thematisiert und beleuchtet als auch strukturelle Voraussetzungen für die Gruppenbildung in den Blick nimmt. Er erkennt die intermediäre Funktion von Gruppen für den gesellschaftlichen Zusammenhang und bereitet damit der Entwicklung der Methode des *group work* den Weg. Zusätzlich liefert er mit der Darstellung der Verknüpfung von demokratischer Philosophie und konkreter Technik oder Realisierung, einen Bezugsrahmen für die Ausgestaltung und Handhabung der Methode. Analog zu John DEWEY erscheint auch bei LINDEMAN die Erziehung als zentraler Bestandteil und zentrales Kriterium in der Realisierung einer demokratischen Gesellschaft.

1.2   Die Settlement-Bewegung

Die zuvor dargelegten philosophischen Grundlagen bilden zweifelsohne das theoretische Fundament der Gruppenarbeit, jedoch stellen sie nicht den Beginn der Arbeit mit Gruppen dar. Dieser lag bereits einige Jahrzehnte zurück und vollzog sich im Rahmen der Settlement-Bewegung. Neben der so genannten "Charity Organisation Society" (COS) (vgl. z. B. WENDT 1995: 134-149), der freien organisierten Fürsorgearbeit, stellten die Settlements die zweite Wurzel der organisierten Sozialarbeit im englischsprachigen Raum dar (vgl.: TUGGENER 1971: 51). Diese praktischen Manifestationen sozialarbeiterischen Handelns, geleitet vom Glauben an soziale Reformen und die sozialisierende und bildende Kraft kleiner Gruppen, entstanden zuerst in England und wurden von dort in die USA getragen. Sie wurden bedeutsam für die Entwicklung von DEWEYS und MEADS Gedankengut, genauso wie für die Entwicklung der professionellen Gruppenarbeit.

Die Entwicklung der Settlements stand in direktem Zusammenhang mit den gravierenden wirtschaftlichen und sozialen Problemen der Zeit und der Unfähigkeit der traditionellen Methoden der Armenfürsorge, diesen zu begegnen.

MÜLLER (1988: 26) thematisiert die Schwierigkeiten bei der Übersetzung des Begriffes "to settle". Obwohl es im Deutschen keine exakte Entsprechung dafür gibt, wird der Begriff mit "sich niederlassen, Wohnung nehmen" übersetzt. Damit ist schon die entscheidende Feststellung getroffen. Die im Settlement engagierten Menschen leben *und* arbeiten in sozialen Brennpunkten, sie werden zu einem Teil der Nachbarschaft. PICHT beschreibt dies folgendermaßen: "Ein Settlement ist eine Niederlassung Gebildeter in einer armen Nachbarschaft, die den

doppelten Zweck verfolgen, die dortigen Lebensverhältnisse aus eigener Anschauung kennen zu lernen und zu helfen, wo Hilfe not tut." (1913: 1) Das besondere dabei ist, dass das Settlement im Gegensatz zu anderen sozialen Organisationen jener Zeit "einen beseelten Organismus darstellt, wie er sich nur aus
einer Lebensgemeinschaft und nie aus einer Organisation entwickeln kann"
(ebd.: 77).

Alice SALOMON beschreibt die Einrichtungen wie folgt:

"Settlements nennt man Niederlassungen in den Proletar
vierteln der engli-
schen und amerikanischen Großstädte, die ihren Bewohnern Gelegenheit geben,
die Lebensverhältnisse der besitzlosen Klassen kennenzulernen, um auf Grund
dieser Kenntnisse wirksam an der Überbrückung sozialer Klassengegensätze, an
der Beseitigung sozialer Missstände arbeiten zu können. Die Settlements sind
also sowohl Heimstätte der sozialen Arbeiter als auch Mittelpunkt für soziale
Fürsorge." (1932: 138)

Es sind also die persönlichen Beziehungen, die soziale Arbeit ermöglichen sollen. Diese sind jedoch symmetrischer Art, d. h., anstatt direkte soziale Kontrolle
auszuüben, wird auf das Prinzip der Kooperation gebaut. Die Arbeit im Settlement ist ausgerichtet am Begriff der Unterstützung, und zwar im Sinne einer
gemeinwesenorientierten Hilfe, die durch Vermittlung soziokultureller Kompetenz zu einer verbesserten Lebensführung beitragen soll (vgl. WENDT 1995:
154).
Entsprechend erkannte SCHREIBER bereits 1904, dass der größte Wert der Settlements in der "gegenseitigen, sozialen Erziehung verschiedener Klassen" (15)
liegt.
LINDEMAN charakterisiert die Settlement-Bewegung als ein auf die jeweilige
Nachbarschaft bezogenes Projekt:

"Its objective is to furnish a common meeting place for the more or less homo-
geneous residents of a district or neighborhood in the city. At this center are
provided the facilities for expression in the form of recreation, dramatics, and
discussions. Educational advantages, such as are not usually found at public
schools, are here provided for the educationally disadvantaged."[52] (1921: 68)

---

[52] Der Begriff "residents" bezieht sich hier auf alle Bewohner eines Viertels und meint nicht
nur die ebenfalls so bezeichneten Settlement-Mitarbeiter.

Er beschreibt hier sehr präzise die wesentlichen Aufgaben und Leistungen der Settlements, ihre Angebote im Kultur-, Freizeit- und Bildungsbereich, jedoch konzentriert er sich im Verlauf seiner Beschreibung zu sehr auf die nichtpolitischen Aspekte des Gemeinwesens, die durch das Settlement gestärkt werden. Dies erscheint jedoch verständlich, wenn man bedenkt, dass die Blütezeit und damit die Zeit der großen sozialreformerischen Diskussionen in den Settlements bereits vergangen war, als er diese Äußerungen tätigte.

Anzumerken ist noch die Funktion der Settlements als Kommunikationszentren für sozial engagierte Kräfte. Sie sind vergleichbar mit einem Schmelztiegel für sozialreformerische Ideen und Vorstellungen.[53] Die Zusammenarbeit von Settlern und Sozialforschern führte zu Synergieeffekten bei der Bearbeitung sozialer Problemlagen. Durch die Kopplung von Theorie und Praxis gelang es, Probleme adäquat zu beschreiben und gleichzeitig ihre Lösung zu forcieren.

Ausgehend von dieser allgemeinen Beschreibung, werden zum besseren Verständnis im Anschluss die beiden wohl bekanntesten Einrichtungen der Settlement-Bewegung vorgestellt: die Toynbee Hall in London (1.2.1) und das Hull-House in Chicago (1.2.2). Die erste ist die älteste, die zweite die wohl bekannteste Einrichtung ihrer Art.

1.2.1 Toynbee Hall – akademische Reaktion auf die soziale Frage

Die folgenden Ausführungen über das erste englische Settlement beschreiben, ausgehend von einer Situationsdarstellung jener Zeit, die Grundzüge der Entstehung, die damit verbundenen Personen, sowie die wesentlichen Aufgaben und Tätigkeitsbereiche.[54] Besondere Beachtung wird dabei jenen vielfältigen Aktivitäten beigemessen, die sich der Arbeit mit Gruppen widmen.

Obgleich England als das Ursprungsland staatlicher Armenpflege angesehen wird, waren die sozialen Probleme gegen Ende des 19. Jahrhunderts gewaltig. Vor allem in den durch die Industrialisierung exponentiell wachsenden Groß-

---

[53] Ein Beispiel hierfür ist u. a. der Kontakt John DEWEYS und George Herbert MEADS mit dem Hull-House in Chicago. Beide hielten dort Vorträge und engagierten sich in verschiedenen Gremien (vgl. ADDAMS 1913: 285).

[54] Für eine umfassende und detaillierte Darstellung der Geschichte der Toynbee Hall sei hier auf die Studie von Werner PICHT *Toynbeee Hall und die englische Settlement-Bewegung* (1913) sowie die Arbeit von Asa BRIGGS und Anne MACARTNEY *Toynbee Hall, the first hundred years* (1984) verwiesen. Einen frühen Beitrag aus der Perspektive einer Frauenrechtlerin liefert die Flugschrift Adele SCHREIBERS: *Settlements. Ein Weg zum sozialen Verständnis* (1904).

städten herrschten Zustände, bei denen nicht einmal das bloße Überleben der Menschen gesichert war. BRIGGS/ MACARTNEY stellen dazu fest: "Between 1871 and 1901 the population of Greater London was growing faster than that of any provincial conurbation and faster by far than that of the national population as a whole" und kommen dann zu dem Schluss: "It was not so much the growth in London's numbers that stood out, as the migration, internal and external, that made the growth possible, the increased social segregation that went with growth." (1984: 16) Die Versuche, diesen Zuständen von staatlicher oder kirchlicher Seite zu begegnen erschöpften sich in einem System der restriktiven, obrigkeitsstaatlichen Verteilung von Almosen. Dieses System des *friendly visiting* der oben erwähnten COS setzte auf die soziale Kontrolle durch die persönliche Beziehung zwischen Hilfeempfänger und Fürsorger. Die so gewährten Hilfen materieller Art waren an strenge Bedingungen und Forderungen gebunden; Not wurde dadurch nur unzureichend gelindert, vielmehr wurden die bestehenden Verhältnisse fortgeschrieben (vgl. MÜLLER 1988: 30-37; WENDT 1995: 134-149).

Gleichzeitig gab es an den englischen Universitäten eine Bewegung sozialreformerischer, idealistischer Kräfte, die, inspiriert durch die Beschreibungen und Analysen zur sozialen Lage im Land, eine Abkehr von den gängigen Vorstellungen zur Bearbeitung der Armut forderten. Nach TUGGENER waren es insbesondere die sozialidealistischen Vorstellungen von CARLYLE und RUSKIN, die in der Mitte des viktorianischen Zeitalters eine Neubewertung und Neuausrichtung des Verhältnisses zwischen Arm und Reich einforderten und damit Entwicklungen in bestimmten akademischen Kreisen vorantrieben (vgl. 53f.).
Diese Veränderungen vollzogen sich an den Universitäten und wurden von den Kirchen getragen. Die Verfechter dieser Entwicklungen strebten ab 1873, ausgehend von den Bildungsinstitutionen Oxford und Cambridge aus "die Vermittlung von 'höherer' Bildung und Kultur an breite Schichten der Bevölkerung [...] als organisierendes Moment der Lebensführung [...] für eine umfassende Lebensführung" (WENDT 1995: 153) an. Einer dieser Aktivisten war Arnold TOYNBEE (1852-1883), der sich, geprägt durch seinen Lehrer Thomas Hill GREEN, als Redner auf Arbeiterversammlungen hervortat und seine Kommilitonen motivierte, aktiv gegen die Not vorzugehen. Seine Streifzüge durch die Londoner Slums, die ihm das Leben der Arbeiter in eigener Anschauung näher bringen sollten, führten ihn häufig nach Whitechapel, einem Elendsviertel im

Osten Londons[55], wo er in regen Austausch mit dem dortigen Gemeindepfarrer Samuel BARNETT und seiner Frau Henrietta trat. BARNETT, selbst Oxford Absolvent und Anhänger RUSKINS, war nicht nur ein Kritiker der bisherigen Armenhilfe, sondern auch ein sozial engagierter, mit einem bemerkenswerten Organisationstalent ausgestatteter Mann. Seine Frau war zuvor als *friendly visitor* im COS engagiert und kannte daher die Vor- und Nachteile dieser Arbeitsweise. BARNETT (1844-1913), war vom Engagement TOYNBEES und seiner Freunde sehr angetan und regte demzufolge an, wie MÜLLER es nennt, eine "Außenstelle der Universität in einem Londoner Slum" (1993: 21) einzurichten. So kam es, dass 18884 nach einem Vortrag BARNETTS mit dem Titel *Settlements of University Men in Great Towns*, die erste derartige Einrichtung in seinem Gemeindehaus in Whitechapel zustande kam. Sie wurde Toynbee Hall genannt – zu Ehren des im Jahr zuvor verstorbenen Mitstreiters und Initiators (vgl. dazu PICHT 1913: 11-27; MÜLLER 1988: 21-29).

WENDT nennt die Gründung des ersten Settlements, als "in vieler Hinsicht das Gegenstück zur organisierten Einzelfallhilfe in der sozialen Arbeit" (1995: 153). Ausgehend von dieser Aussage sollen im Folgenden die Besonderheiten der Arbeit der Toynbee Hall herausgestellt werden. BARNETT und TOYNBEE hatten vieles gemeinsam: "They both wanted social harmony, not social conflict and they both believed that progress depended not on force but on education." (BRIGGS/MACARTNEY 1984: 8) BRIGGS/MACARTNEY zitieren im Anschluss Henrietta BARNETT: "The social problem is at root an educational problem [...] without more knowledge, power might be a useless weapon and money only a means of degradation." (H. BARNETT zit. n. ebd.: 8)

Damit ist der wesentliche Ansatzpunkt der Arbeit in der Toynbee Hall bereits umrissen: Vermittlung von und Begeisterung für Bildung als Antrieb für die Umgestaltung des sozialen Miteinanders. Die Hilfebedürftigen sollten lernen, ihr Leben selbst in die Hand zu nehmen und die zum Überleben notwendigen Kräfte und Mittel selbst zu erwerben. Materielle Hilfen waren nur Mittel zum Zweck, sie sollten existenzielle Gefahren vermeiden, um davon ausgehend die Entwicklung eigener Kräfte zu unterstützen. Standish MEACHAM beschreibt die dahinter stehende Haltung wie folgt: "Community, authority, and hierarchy: a reforming spirit based on that quintessentially Victorian trinity became the hallmark of the ethos espoused by the men of Toynbee Hall." (1987: 3)

---

[55] Die menschenunwürdigen Verhältnisse in Whitechapel wurden mehrfach literarisch beschrieben. Charles DICKENS' *Oliver Twist* (1837-39) landet in den Fängen einer Räuberbande, die ihr Quartier in diesem Viertel bezogen hat, und Oscar WILDE lässt seinen Protagonisten in *The Picture of Dorian Gray* (1891) zu ausufernden Ausflügen nach Whitechapel aufbrechen.

Träger dieser Unternehmung war die Settlement-Gesellschaft, genannt "The University Settlements in East London". Geleitet wurde sie von einem *head* bzw. *warden*. Das Haus selbst bot einer bestimmten Anzahl Bewohnern, so genannten *residents* Platz zum Leben und Arbeiten (Anzahl 1913: 22). Diese rekrutierten sich vornehmlich aus engagierten Studenten, die für eine begrenzte Zeit Wohnung nahmen (vgl. PICHT 1913: 27ff.). Die interne Organisation des Settlements war getragen vom "ideal of participatory citizenship" (BRIGGS/ MACARTNEY 1984: 34). Sämtliche anstehenden Entscheidungen, wie z.B. die Aufnahme in die Gesellschaft oder die das Leben im Haus betreffenden Vorgänge, wurden durch Abstimmung in den dafür vorgesehenen Gremien getroffen.

Folgt man der Arbeit PICHTS, so ergibt sich ein Bild von unsystematischen, aber vielfältigen Tätigkeiten, die das Haus beleben. "Sein einziges Programm ist Programmlosigkeit" (ebd.: 29). Berücksichtigt man die weiteren Ausführungen PICHTS sowie die gemeinwesenorientierte Arbeitsweise des Settlements, so erscheint diese Feststellung übertrieben.

In der Zusammenstellung der Aktivitäten der Toynbee Hall[56] unterscheidet PICHT die Bereiche der Volksbildung, der Erziehung, der Unterhaltung und sonstiger Tätigkeitszweige. Während der erste Bereich den klassischen Bildungsbereich, den der Literatur, Kunst und Wissenschaft, abdeckt und mittels zahlreicher Vereinigungen organisiert wird, umfasst der zweite Komplex die Freizeitgestaltung von Jung und Alt. Dabei werden Spielgruppen für Kinder, Konzerte und gesellige Zusammenkünfte zur Stärkung des nachbarschaftlichen Zusammenhalts angeboten. Der dritte Bereich umfasst schließlich alle sonstigen Aktivitäten und Einrichtungen, wie beispielsweise die Rechtsberatung, Bibliotheken und weitere gemeinnützige Organisationen (vgl. ebd.: 30f.).

Dieser kurze Überblick über die Angebote des Settlements beschreibt bereits präzise, was C. W. MÜLLER als methodischen Dreischritt von "Geselligkeit – Bildung – Freizeit" (1988: 49) bezeichnet. Die Wertschätzung zahlreicher Bildungsangebote, z. B. in Form von Abendunterricht sowohl für Frauen als auch für Männer, war von Anfang an integraler Bestandteil der Arbeit. Maßgeblich für die Gestaltung des Angebots waren nicht didaktische Überlegungen, sondern die Interessen der Teilnehmer (vgl. MÜLLER 1988: 42). Allerdings wurden die Bildungsangebote zu Beginn des 20. Jahrhunderts drastisch zurückgefahren, da sich die Einsicht entwickelte, dass solcherlei Angebote eher von kommunalen

---

[56] PICHT bezieht sich auf das Programm von 1903, da seines Erachtens nach in diesem Jahr der Höhepunkt der Aktivitäten erreicht war (vgl. 1913: 30)

bzw. staatlichen Organisationen durchgeführt werden sollten (vgl. PICHT 1913: 39). Hinzu kamen vielfältige Angebote aus dem Bereich dem Kunstbereich: Theateraufführungen, Kunstausstellungen u. ä. (vgl. ebd.: 47-54).

Einen sehr hohen Stellenwert in der Arbeit im Settlement nahm die der englischen Tradition der Clubs folgende Arbeit mit kleinen Gruppen unterschiedlicher Prägung ein. Einübung von Gruppenverhalten und Aushalten von Gruppensituationen waren dabei die zentralen Fähigkeiten, die trainiert werden mussten, um auch das kooperative Zusammenleben in der Nachbarschaft zu ermöglichen. Folgt man dabei der Schlussfolgerung WENDTS, so war es diese Tätigkeit, die, wenn auch noch ohne methodisches Bewusstsein, quasi intuitiv eine erste Form sozialer Gruppenarbeit darstellte (vgl. ebd.: 155).

Ursprünglich dafür vorgesehen, Kinder und Jugendliche von der Straße zu holen und ihnen in geschützten Räumen die Möglichkeit zu Spiel und Unterhaltung zu geben, entwickelten sich die Clubs und mit ihnen die Methoden ihrer Leitung zu einem wichtigen erzieherischen Faktor in der Settlement-Arbeit. Besonders die Rolle der Clubleiter, die den Kindern in persönlicher Freundschaft verbunden waren, ist dabei nicht zu unterschätzen. Der direkte persönliche Einfluss mittels Gespräch und Begleitung hatte enorme Auswirkungen auf das Verhalten der Kinder. Die Clubs umfassten das ganze Alltagsleben der Mitglieder, ausgenommen die familiären Beziehungen, die unter allen Umständen gefördert werden sollten (vgl. PICHT 1913: 54-60).

Dies ergibt ein für jene Zeit bereits erstaunlich scharfes Bild von den Möglichkeiten der Arbeit mit Gruppen; wesentliche Grundsätze, die später von den Gruppenarbeitern explizit formuliert wurden, sind hier schon implizit angelegt. Anzufangen wo die Gruppe steht, ihr persönlich verbunden zu sein und sie bzw. das einzelne Mitglied in der Gesamtheit ihrer/ seiner Lebensbezüge wahrzunehmen, sind wesentliche Grundzüge der Gruppenarbeit, die hier quasi aus der Not geboren, der Arbeitsweise geschuldet, verwirklicht sind.

Die Bewertung der "sozialen Unternehmung" namens Toynbee Hall umfasst neben der positiven Kennzeichnung der organisierten Gemeinschaft mit gleichen Zielen auch Elemente negativer Art. So gab es bereits in der konkreten Situation der Arbeit in der Nachbarschaft durchaus ambivalente Aspekte der Wahrnehmung der Settler und ihres Wirkens. Vielfach waren die Reaktionen auf Angebote des Settlements widersprüchlich oder sogar ablehnend (vgl. PICHT 1913: 115). Erfolgreicher waren die Settlement-Aktivisten, allen voran die BARNETTS bei der Beeinflussung ihrer eigenen sozialen Schicht. Die hier geweckte Sensibilität für soziale Ungerechtigkeiten ist positiv zu bewerten. Natürlich gab es Kritik, vor allem vonseiten der Kirchen, die ihre eigenen Ansprüche und Werte bedroht sahen. Eindeutig ausgewiesen als Sozialreformer, konnten die BARNETTS zwar im Kleinen wirken und gestalten, die Kraft die ökonomischen Ursachen der Armut zu beseitigen hatten sie jedoch verständlicherweise nicht (vgl. MÜLLER 1988: 50f.). Festzuhalten ist des Weiteren, dass die Blütezeit der Toynbee Hall eindeutig mit dem Namen BARNETT assoziiert wird, d. h. nach dem Tod der Gründer verlor der Gedanke der Nachbarschaftsidee an Intensität. Bestehen blieben lediglich die Organisation, die sich zunehmend auf politische Einflussnahme verlagerte, sowie die durch das Interesse der Beteiligten getragenen Einrichtungen und Aktivitäten.

PICHT geht in seiner kritischen Analyse noch weiter: er honoriert zwar die unbestreitbaren Erfolge in der Tätigkeit, kommt aber zu dem Schluss, dass die Settler es nicht verstanden haben, "Nachbarn ihrer Nachbarn zu werden" (PICHT 1913: 79). Er kritisiert weiterhin die organisatorische Verfestigung, die die Toynbee Hall zu einem politischen Settlement machte und dabei die Fragen, die den einzelnen Menschen betreffen, in den Hintergrund treten ließ (vgl. ebd.: 80).

Die Toynbee Hall, und das bleibt abschließend festzuhalten, war ein Ansatz, reformerische Kräfte mit den Objekten der Reform in Kontakt zu bringen und im Laufe dieses Vorgangs diese zu gleichberechtigten Subjekten zu machen. Toynbee Hall war ein erster intuitiver Versuch, die Kräfte eines Gemeinwesens für gesellschaftliche Entwicklung nutzbar zu machen und ist daher als wegweisend zu bezeichnen. Trotz aller vorhandenen Mängel stellt dieses erste Settlement, dem viele folgen sollten (vgl. dazu PICHT 1913: 83ff.) die praxiserprobte Grundlage für zahlreiche Entwicklungen der Sozialarbeit dar.

1.2.2 Jane Addams und das Hull-House in Chicago

Nachdem im vorangegangenen Kapitel der Schwerpunkt der Betrachtung auf der organisatorischen und exekutiven Ebene der Bekämpfung von Armut lag, wird im Folgenden vor allem die zentrale Figur des Settlements, die Gründerin der Einrichtung und spätere Friedensnobelpreisträgerin (1931) Jane ADDAMS, in den Blick genommen. Anhand ihrer Biographie und politischen Manifestationen

sollen die Besonderheiten und Aufgaben der Tätigkeit im bekanntesten amerikanischen Settlement[57] näher beleuchtet werden.

Jane ADDAMS wurde 1860 als Tochter eines wohlhabenden, sozial verantwortlichen und politisch aktiven Mühlenbesitzers in Illinois geboren. Durch den frühen Tod der Mutter wurde der von ihr hochverehrte Vater zur zentralen Identifi-
kationsfigur, die sie sich zum Vorbild für ihr zukünftiges Leben nahm. Körper-
lich durch eine Wirbelsäulenerkrankung eingeschränkt, entdeckte die junge Jane
ADDAMS bereits früh ihr Interesse an Büchern und leitete dadurch bereits in jungen Jahren die Ausbildung gewisser Ideale ein (vgl. ADDAMS 1913: 1-15). Alice
SALOMON, ihr gleichsam deutsches Pendant, charakterisierte sie im Geleitwort
zur deutschen Übersetzung ihres Werks *Twenty Years at Hull-House*, als eine
Persönlichkeit, "die überpersönliche Ziele als Aufgabe und Inhalt des Lebens
erkannt hat, die den Gedanken der sozialen Verpflichtung wie ein Glaubensbekenntnis hoch und heilig hält" (1913: 3).

An anderer Stelle schreibt SALOMON: "Jane Addams verkörpert die soziale Gesinnung, die keine Grenzen kennt, weil sie aus reiner Menschlichkeit
hervorwächst, die 'einer unbestochenen, von Vorurteilen freien Liebe' nachei-
fert." (1932: 146)

Bis es jedoch zu einer solchen Feststellung kommen konnte, sollten noch einige
Entwicklungen stattfinden.

Nach ihrer Ausbildung am Frauen-College von Rockford, Illinois, unternahm
Jane ADDAMS mehrere Europareisen. Frei von materiellen Sorgen, standen diese
unter dem Gesichtspunkt der Suche nach einem Lebenssinn, einer sozialen Identität. Durch die finanzielle Absicherung seitens ihres Vaters war dies das entscheidende Kriterium ihrer Berufswahl. Ihre zweite Reise nach Europa führte sie
1888 unter anderem nach London, wo sie für einige Zeit in der Toynbee Hall
lebte und die Arbeit dort kennen lernte. Aus dieser Zeit resultiert auch die lebenslange Freundschaft und Verbundenheit ADDAMS' mit den BARNETTS. Sensi-
bilisiert für soziale Fragestellungen und versehen mit dem Wunsch etwas Ähnliches in ihrer Heimat zu etablieren, kehrte sie in die Vereinigten Staaten zurück.
Anne FIROR SCOTT stellt dazu fest: "The ideas of Canon Barnett, [...] were influ-

---

[57] Hier ist anzumerken, dass es sich beim Hull-House zwar um die bekannteste, jedoch nicht
die erste Einrichtung seiner Art handelt. Diese wurde 1886 von Stanton COIT in New York
als Neighborhood guild gegründet und später in University Settlement umbenannt. Auch COIT
hatte die Toynbee Hall aus eigener Anschauung kennen gelernt und versucht, seine in England gemachten Erfahrungen nach Amerika zu transportieren (vgl. WENDT 1995: 156; MÜL-
LER 1988: 73).

ential, but from the beginning it was clear that the basis of this enterprise would be Jane Addams' own convictions." (1967: xxiii)

Sie ging nach Chicago, wo sie 1889, nach langer Suche, gemeinsam mit ihrer Freundin Ellen STARR das Hull-House anmieten konnte. Das Hull-House war ein ehemals von Industriellen bewohntes Haus, das nun inmitten eines sozialen Brennpunkts lag, der ein für die Zeit exemplarisches Bild der Stadt darstellte.

Adele SCHREIBER hält hierzu 1904 fest: "Die Arbeit in Hullhouse ist in manchen Punkten noch bei weitem schwieriger als die der englischen Settlements. Bietet schon Londons Osten, zufolge der starken Einwanderung, ein seltsames Gemisch von Nationalitäten und Typen, so trifft dies noch mehr zu auf Chicago, New York, Boston usw.. Im Bezirk von Hullhouse allein findet sich eine Bewohnerschaft, die 16 verschiedenen Nationen angehört." (1904: 12)

Die aus der Tatsache der Immigration entstehenden Probleme, wie mangelnde Integration und kulturelle Verständigungsschwierigkeiten, ergaben im Verbund mit den gesellschaftlichen Problemen jener Zeit, beispielsweise Arbeitslosigkeit und fehlende soziale Absicherung, ein hochexplosives Gemisch von Problemlagen, dem nur schwer zu begegnen war. Dem gegenüber standen keine organisierten Versuche, diesen Schwierigkeiten zu begegnen (vgl. MÜLLER 1988: 63 ff.). Als Grund warum sie gerade den Distrikt um Hull-House für ihre Arbeit ausgewählt hat, gibt ADDAMS an:

"This site for a Settlement was selected in the first instance because of its diversity and the variety of activity for which it presented an opportunity. It has been the aim of the residents to respond to all sides of the neighborhood life: not to the poor people alone, nor to the well-to-do, nor to the young in contradistinction to the old, but to the neighborhood as a whole, 'men, women, and children taken in families as the Lord mixes them'." (2002/1893: 32)

So stießen die beiden Aktivistinnen mit ihrer Einrichtung eines Nachbarschaftsheims bei den gebildeten Schichten auf zumeist wohlwollendes Interesse und entsprechende Unterstützung. Orientiert am englischen Vorbild, organisierten sie ihre Einrichtung als ein *social settlement*[58], ein Nachbarschaftsheim der "Offenen Tür". Ihre Arbeit zielte primär auf die Unterstützung der Erwachsenen[59],

---

[58] C.W. MÜLLER verweist in diesem Zusammenhang auf die unterschiedliche Bedeutung des Wortes "social" bzw. "sozial". Diese unterschiedliche Bedeutung trägt seines Erachtens dazu bei, dass bei der Übernahme solcher Formen sozialer Arbeit, unterschiedliche Herangehensweisen und Bedeutungen unterstellt wurden (vgl. 1993: 73).

[59] In diesem Zusammenhang ist auch die Einrichtung von Kindergruppen zu sehen, die anfangs und in erster Linie der Entlastung der Frauen dienen sollte.

die Anregung der Selbsthilfekräfte des Einzelnen und der anschließenden Revitalisierung der nachbarschaftlichen Beziehungen. Eigenes Engagement, und darauf aufbauend die Teilhabe am Gemeinwesen stellten die konkreten Zielsetzungen der Arbeit dar.

ADDAMS selbst beschreibt dies in Bezug auf die außerordentlich wichtig genommenen gesellschaftlichen Aktivitäten des Hauses wie folgt: "Die gesamte Organisation des geselligen Lebens im Hull-Haus ist wohl von unseren Hausgenossen und Hausfreunden geordnet und in die Wege geleitet worden, aber die Anregung dazu und das lebhafte Verlangen danach sind von den Klubmitgliedern selbst ausgegangen." (1913: 243)

Flankiert wurden diese direkten Maßnahmen durch umfangreiche kulturelle Aktivitäten, die unter dem Gesichtspunkt der Verbreitung von Bildung als Allgemeingut standen. Im Gegensatz zur Toynbee Hall wurde das Hull-House von keiner Universität direkt unterstützt, vielmehr waren es persönliche Beziehungen sowie der Ruf als "sozial-politisches Experimentierfeld" (MÜLLER 1988: 78), die zum Engagement sozialreformerischer Kräfte führten. Gerade hier ist nun auch die besondere Begabung und das spezielle Interesse von Jane ADDAMS zu sehen. Bei aller Wertschätzung der konkreten Hilfeleistung und der Erkenntnis, dass genau diese die Einsicht in spezifische Problemlagen fördert, galt ihr Interesse immer der politischen Aktivität. Die Arbeit am Menschen kann nur mit einer grundsätzlichen Veränderung von dessen Lebensverhältnissen einhergehen. Um diese zu verändern ist eine mächtige Organisation erforderlich: der Staat. Anne FIROR SCOTT stellt dazu in der Rückschau der Verhältnisse im Hull-House, treffend fest: "Only the state had the power and scope to be effective. It was natural that the residents of Hull-House should go into politics." (1967: xxxix)

Die Hinwendung zum politischen Engagement, bedingt durch das Erleben der unmenschlichen Zustände, hatte eine besondere Form der Radikalisierung der Bewegung zur Folge – eine Radikalisierung, die nicht durch eine politische Doktrin verursacht wurde, sondern durch die Erfahrung des Elends der Massen geleitet wurde. Ein nicht konfessionell gebundenes, religiöses Gefühl der Nächstenliebe war dabei die treibende Kraft ihres Engagements.

Nachdem Jane ADDAMS gegen Ende des Jahrhunderts erkannt hatte, dass sich die politischen Verhältnisse in ihrem direkten Lebensumfeld aufgrund einer alles beherrschenden Korruption (vgl. dazu exemplarisch: ADDAMS 1967: Kapitel VII) nicht verändern ließen, widmete sie sich fortan vermehrt Reformen auf nationaler Ebene, sowie der lokalen Schulpolitik. Besonders ihr Einsatz für die

Regulierung der Kinderarbeit ließ sie in kurzer Zeit enorme Bekanntheit erlangen (vgl. ebd.: xl-xli). Der Attraktivität des Hull-House tat dies jedoch keinen Abbruch, im Gegenteil: Es entwickelte eine geradezu magnetische Anziehungskraft, gerade auch für ausländische Besucher.

Aus dieser Zeit stammt auch ADDAMS' Werk *Democracy and Social Ethics* (1902), in dem sie die Grundlinien ihrer Gedanken darlegt und die Basis für ihr weiteres Wirken schafft. Ausgehend von der Annahme der Interdependenz aller Individuen, die sich nur in einem angemessenen sozialen Rahmen wirkungsvoll entfalten kann, beschäftigt sie sich mit der Frage, wie eine soziale Ethik zu entwickeln sei. Die Vorstellung des angemessenen Rahmens enthält explizite Vorstellungen zur Demokratie und zur Verwirklichung derselben. Ihre lebenslange Begeisterung für Tolstoi (vgl. dazu ADDAMS 1913: 179-189) ließ sie die Realisierung einer solchen Ethik nur in der persönlichen Einbindung in die zu entwickelnden Verhältnisse sehen. Ihre Philosophie baute demgemäß auf die eigene Erfahrung und Anschauung und war, wie Anne FIROR SCOTT feststellt, durch einige Schlüsselelemente gekennzeichnet: "Darwinism, 'experience', pragmatism, and personal value" (1967: xlv). Bereits an diesen grundlegenden Einflüssen zeigt sich die Kohärenz mit dem Werk John DEWEYS.

Erziehung wird in *Democracy and Social Ethics* in ihrer gesamtgesellschaftlichen Bedeutung und Funktion behandelt. Gemäß ihren politischen Interessen kritisiert ADDAMS die Rolle und Funktion der Schule. Am Beispiel der aktuellen und zukünftigen Bedürfnisse von Immigrantenkindern schildert sie die Unfähigkeit der Schule, auf eine zukünftige Tätigkeit als Arbeiter vorzubereiten. Durch diese verfehlte Strategie wird verhindert, dass die Kinder sich in der ihnen zur Verfügung stehenden Umwelt orientieren und entwickeln können. "The schools do so little really to interest the child in the life of production, or to excite his ambition in the line of industrial occupation, that the ideal of life, almost from the beginning, becomes not an absorbing interest in one's work and a consciousness of its value and social relation [...]" (ADDAMS 1967: 193).

Da Erziehung und Entwicklung für sie lebenslange Vorgänge sind, ist es von Bedeutung, Kinder und Arbeiter vom Wert ihrer zukünftigen und aktuellen Tätigkeit zu überzeugen, ihnen die Möglichkeit zu geben, ihren Arbeitsbereich zu durchschauen und so eine fortschreitende demokratische Entwicklung zu gewährleisten.

Erziehung wird hier im Kontext der Schule gesehen, Schulerziehung soll Arbeitserziehung sein, die zugleich den Ansprüchen des demokratischen Zusammenlebens gerecht wird.

Diese Art der Erziehung in der Schule bedarf jedoch der Unterstützung durch eine Erziehung, die außerhalb des reglementierten Kontextes der Schule angesiedelt ist.

Hier greift nun die Erziehung im Settlement. Dort werden gemäß den Interessen der zu Erziehenden, seien es Kinder oder Erwachsene, Angebote gemacht, die der Vielfalt der menschlichen Kultur und ihrer Möglichkeiten entsprechen. Erziehungsarbeit im Settlement soll ein Ideal fördern, das seiner exponiert demokratischen Position entspricht. ADDAMS beschreibt dies in ihren Memoiren wie folgt: "Wir empfinden es als unsere Pflicht, eine Kultur zu fördern, die ihren Träger nicht in eine bestimmte Klasse bannt, sondern ihn vielmehr zu allen Arten von Menschen in Beziehung bringt, die er verstehen kann, weil er gelernt hat, sich den historischen Hintergrund, der ihrem gegenwärtigen Leben fehlt, selbst zu ergänzen" (1913: 285). Die Einsicht in historisch gewachsene Strukturen soll die Menschen also befähigen, in vielfältigen, wechselseitigen Austausch miteinander zu treten. Dabei ist es vor allem die Möglichkeit zur Verwertung und Anwendung des Wissens, die die Qualität der Arbeit ausmacht. Ausgangspunkt soll die Hilfestellung bei konkreten Problemen sein (vgl. ebd.: 286). Zudem gilt es, Motivationen unabhängig von ihrer Entstehung ernst zu nehmen, da nicht abzusehen ist, was sich aus ihnen entwickeln kann (vgl. ebd.: 289). Neben dem Unterricht legt ADDAMS besonderen Wert auf Sport und Spiel, da dort grundlegende Fähigkeiten wie Selbstbeherrschung und Charakterfestigkeit vermittelt werden (vgl. ebd.: 290).

Die Erziehungsarbeit soll in ihrer umfassenden und vielseitigen Ausrichtung möglichst viele Bedürfnisse der zu Erziehenden abdecken. Dies erfordert eine besondere Sensibilität in der Feststellung der jeweiligen Bedürfnisse, gerade dann, wenn kulturelle Unterschiede zwischen den Akteuren bestehen. Die Forderung ADDAMS' und die dafür erforderlichen Mittel lassen sich treffend unter dem heute noch aktuellen Stichwort "Interkulturelle Kompetenz" subsumieren (vgl. ebd.: 290f.).

Bezüglich der Arbeit der Erzieher plädiert sie für eine möglichst langfristige, kontinuierliche Tätigkeit, die einen vertrauensvollen Umgang gewährleistet und so die Voraussetzungen für gleichberechtigte Partizipation schafft (vgl. ebd.: 295)

Die Erfahrungen aus der Settlement-Arbeit bringen sie zu dem Schluss, dass es dabei um die Schaffung optimaler Erziehungs- und Entwicklungsbedingungen im Dienste der Demokratie geht, die, und hier folgt wieder eine eindeutig politische Forderung, nur erreicht werden können, wenn *alle* vorhandenen Kräfte dabei mitwirken (vgl. ebd.: 296f.).

Zusammenfassend ist die Bedeutung Jane ADDAMS' und des Hull-House darin zu sehen, dass durch die Fortschrittsorientierung und die Betrachtung des Lebens als soziales Ganzes, eine neue Perspektive auf das Zusammenleben eröffnet wurde. Die Vorstellung der COS, Armut und Not könnten nur durch Disziplinierung überwunden werden, wurde revidiert. Anstelle der Individualorientierung baute man auf die Entwicklungspotentiale der Gemeinschaft. Durch die Weckung vorhandener Kräfte sollte Hilfe als Hilfe zur Selbsthilfe fassbar gemacht werden und die bis dahin einseitige, asymmetrische Hilfsbeziehung ersetzt werden.

WENDT beschreibt dies folgendermaßen: "Die organisierte Wohltätigkeit bestand auf individueller Zucht und Besserung [...], während die Settler den sanften Weg der Osmose mit Bildung und gemeinsamen Unternehmungen beschritten." (1995: 159)

Die Förderung des demokratischen Ideals und die Erkenntnis, dass dieses nur durch allseitige Teilhabe am Leben realisiert werden kann, trug wesentlich dazu bei, die Rolle der Erziehung neu zu gewichten und dementsprechend umzugestalten.

Die daraus resultierenden Erziehungsvorstellungen nahmen die Gedanken DEWEYS in gewisser Weise vorweg und hatten, besonders aufgrund der Orientierung an der kleinen Gruppe, maßgeblichen Einfluss auf die Entwicklung des *group work*.

1.3 Die Geschichte des Group Work

"Gruppenarbeit ist nicht so plötzlich aufgetaucht wie Athene aus dem Haupte des Zeus entsprang. Sie wurde nicht entdeckt wie eine neue Droge, deren Erscheinen man – jedenfalls nach dem Tag ihrer Publikation – datieren kann. Sie kann nicht einmal auf eine bestimmte Person zurückgeführt werden [...]" (KONOPKA 2000: 22).

Diese Aussage Gisela KONOPKAS, obwohl in ihrem Kern zutreffend, relativiert sich bezüglich ihrer Gültigkeit insofern, als sie die Bedeutung einzelner Personen für die Entwicklung der Gruppenarbeit zu gering einschätzt. Sie hat zwar Recht, wenn sie die Gruppenarbeit als Bewegung nicht an einer einzelnen Person, z. B. einem Sprecher oder Erfinder festmacht, irrt jedoch dann, wenn sie damit die formulierten Ideen eines Autors als nicht maßgeblich für die weitere Entwicklung darstellt. Wie zuvor am Beispiel Jane ADDAMS' aufgezeigt, haben solche Pioniere wesentliche Entwicklungsschritte ermöglicht und begleitet. Die Orientierung der Settlementarbeit an Gruppenbezügen war, wenn auch noch unsystematisch, so doch von wegweisender Bedeutung.

Einen weiteren Schritt in Richtung einer systematischen Nutzung des Gruppenprozesses stellt sicherlich Mary Parker FOLLETTS (1868-1934) Werk, *The New State. Group Organization – The Solution of Popular Government* (1918) dar: Sie entwirft darin ein demokratietheoretisches Modell des Gruppenprozesses, das als Grundlage demokratischer Gesellschaftsentwicklung fungiert. FOLLETT war nach ihrem Studium am Radcliffe College für Frauen in Harvard (1892-1898) mehrere Jahre (1900-1908) als Sozialarbeiterin im Bostoner Stadtteil Roxbury tätig. Diese Tätigkeit im Rahmen der Club- und Freizeitarbeit in einem sozialen Brennpunkt kennzeichnet MATTSON in einem Vorwort zur 1998er Ausgabe von *The New State* wie folgt: "Follett was merely indoctrinating working-class youth young men into middle-class values, thus creating a safety value for the conflicts inherent in industrial capitalism." (1998: xxxvi)

Während diese Arbeit vornehmlich durch Aufgaben einer externen sozialen Kontrolle bestimmt war, entschied sich FOLLETT im Anschluss für Aktivitäten, deren Ausgestaltung demokratischeren Charakter hatte. Sie begann in Rochester, New York ein sogenanntes *social center*[60] aufzubauen.

Hieraus bezog sie ihre Ideen und Überzeugungen hinsichtlich demokratischer Gesellschaftsorganisation.

The New State ist schließlich das Resultat ihrer praktischen Arbeit und ihrer theoretischen Überzeugungen.[61]

Der systematische Ausgangspunkt ihrer Überlegungen ist die individualistische Konzeption des Menschen im 19. Jahrhundert. Ihrer Überzeugung nach sind sowohl das Individuum, als auch dessen Entsprechung im sozialen Geist reale Entitäten. Sie geht mit William JAMES davon aus, dass es eine individualistische Fiktion sei, menschliche Individuen als separate Einheiten wahrzunehmen. Vielmehr ist das Individuum "the unification of a multiplied variety of reactions.

---

[60] Bezüglich der Aktivitäten dieser Einrichtungen bemerkt MATTSON: "Opened up in public schools after hours, the social centers became places for citizens to gather and discuss local and national political issues."(1998: xxxvii)

[61] Obwohl sie weitgehend auf Literaturverweise verzichtet, lässt sich aus ihren Hinweisen auf die Erkenntnisse der *New Psychology* deutlich erkennen, dass ihre Überlegungen am Pragmatismus orientiert sind.

But the individual does not react to society. The interplay constitutes both society on the one hand and individuality on the other: individuality and society are evolving together from this consonant and complex action and reaction." (FOLLETT 1998: 61) Daraus schließt sie, dass die Gruppe und das Individuum zum gleichen Zeitpunkt entstehen und somit die wahre Identität des Menschen die ist, die er durch seine Zugehörigkeit zu einer Gruppe erhält. Daher können die dem Menschen zustehenden Rechte nur diejenigen sein, die er durch seine Gruppenzugehörigkeit erlangt (vgl. ebd.: 137). Individualität definiert sich nach FOLLETT daher wie folgt: "'finding my place in the whole': 'my place' gives you the individual, 'the whole' gives you society, but by connecting them, by saying,'my place in the whole', we get a fruitful synthesis." (ebd.:65) Gesellschaft ist für sie also nicht der Zusammenschluss verschiedener abgeschlossener Einheiten, sondern ein Komplex von sich durchdringenden Energien, ein "psychic process"[62] (ebd.: 75). Diesen will sie jedoch – und hier erinnert sie stark an DEWEY – nicht als eine Form des Kollektivismus verstanden wissen, sondern vielmehr als einen neuen Individualismus, dessen Ziel es sein kann, eine neue Art des Kollektivismus zu entwickeln, eines Kollektivismus, der auf einer "method of a real coöperation" (ebd.: 73) beruht.

Zentrales Charakteristikum in der Realisierung eines solchen Unterfangens ist für sie der Gruppenprozess und das Studium der ihm zugrunde liegenden psychologischen Komponenten. Sie begründet dies damit, "that no one can give us democracy, we must learn democracy" (ebd.: 22). Unter einer Gruppe versteht sie dabei: "men associating under the law of interpenetration as opposed to the law of the crowd – suggestion and imitation" (ebd.: 23).

Wesentlicher Bestandteil der Umsetzung des Gruppenprozesses ist die Entstehung und Handhabung einer gemeinsamen Idee ("collective idea"). Treffen verschiedene Menschen mit unterschiedlichen Vorstellungen aufeinander und bringen diese zueinander in Bezug, um eine gemeinsame Lösung zu finden, so ist dies im Rahmen einer demokratischen Auseinandersetzung weder durch Kampf, noch durch Kompromiss gekennzeichnet, vielmehr ist es eine Vermischung der einzelnen Ideen, deren Resultat als Integration der verschiedenen Beiträge anzusehen ist. In diesem Prozess, zu dem jeder das beiträgt, was er zu leisten im

---

[62] Aus der vorhergehenden Sichtweise einer abgetrennten Wahrnehmung von Individuen resultiert auch die Merkwürdigkeit der egoistischen Handlungsweise der so genannten "Do-Gooders". Der dabei vorgeschobene Altruismus wird in ihrer Sichtweise obsolet und kann durch eine verstehende Perspektive ersetzt werden. Voraussetzung dafür ist jedoch, dass man es unterlässt, mit Individuen im Sinne der hergebrachten Tradition dieses Begriffes zu arbeiten ("[...] never to work with individuals as individuals" ebd.: 79).

Stande ist, geht es um die Vereinheitlichung von Gegensätzen ("unifying of opposites") (vgl. ebd.: 24ff.) Der Gruppenprozess und das ihm nachfolgende kollektive Denken sind nach FOLLETT ein "acting and reacting, a single and identical process which brings out difference and integrates them into a unity. The complex reciprocal action, the intricate interweavings of the members of the group, is the social process. [...] The essence of society is difference, related difference." (ebd.: 33)

Die Betonung der Differenz als wesentliches Merkmal der demokratischen Entwicklung bedeutet, dass es gilt, diese anzunehmen und kreativ zu gestalten. FOLLETT erteilt damit Vorstellungen einer Absorption oder Assimilation von Bedürfnissen und Interessen eine klare Absage. Gesellschaftlicher Fortschritt, so die These, ist nicht bedingt durch "the similarity which we find, but upon the similarity which we achieve" (ebd.: 36).

Die im Gruppenprozess entwickelte gemeinsame Idee manifestiert sich im gemeinsamen Willen, der sich wiederum im konkreten Handeln beweist. So entsteht Gesellschaft als eine dynamische prozessuale Einheit, deren demokratischer Charakter daran sichtbar wird, dass sie nicht als Ziel, sondern als ewig andauernder, sich je neu konstituierender Prozess verstanden wird: "*We progress, not from one institution to another, but from a lesser to a greater will to will.*" (ebd.: 99; Herv. i. O.)[63]

Diese Handhabung des demokratischen Prozesses sieht sie durch die Konstitution der amerikanischen Demokratie verhindert.

Die Ebene der konkreten Umsetzung ihres Modells verortet FOLLETT daher im Bereich der lokalen Nachbarschaften: "it means that the organization of men in small local groups must be the next form which democracy takes. Here the need

---

[63] Unter dem Titel *The Group Principle at Work* (105-121) beschreibt FOLLETT die gesellschaftlichen Bereiche, die durch die von ihr vorgeschlagene Sichtweise besonders beeinflusst werden: Neben der Erziehung sind es insbesondere die Beurteilung der Immigration, der Zusammenhang von Kapital und Arbeit, die Ausgestaltung der industriellen Demokratie, die Stadtplanung sowie das Jugendstrafrecht. Hier erwähnt sie auch erste Versuche einer sozialen Gruppenarbeit mit Strafgefangenen in Sing Sing (vgl. ebd.: 108f.). Die von ihr dargestellten Aufgaben und Veränderungen berühren damit eben jene Bereiche, die von DEWEY, MEAD und ADDAMS als relevant erachtet wurden. FOLLETT zufolge lassen sich diese Veränderungen nur angemessen bewältigen, wenn der individualistische und partikularistische Charakter des Rechts zugunsten einer dynamischen, am je konkreten Gemeinschaftsleben orientierten Sichtweise aufgegeben wird: "Law should not be a 'body' of knowledge; it should be revitalized anew at every moment. [...] A living law we demand to-day (sic) – this is always the law of the given condition, never a 'rule'"(ebd.: 132f.)

of every man and woman can appear and mingle with the needs and wills of all to produce an all-will." (ebd.:142)[64]

Ausgangspunkt ist hierbei eine Analyse des demokratischen Systems in den Vereinigten Staaten. Die Betonung und Wertschätzung individueller Rechte führte zu einer ihrer Meinung nach individualistischen Konzeption der Demokratie, deren Manifestation im System des "majority rule" und des Parteiensystems ihren falschen Ausdruck fand. Vielmehr gilt: "Representation is not the main fact of political life; the main concern of politics is *modes of association*. (ebd.: 147; Herv. i. O.) Die technische Umsetzung einer solchen direkten Form der Demokratie, so FOLLETT, lässt sich jedoch nur durch die Methode der Gruppenorganisation wirkungsvoll gestalten (vgl. ebd.: 155). "Direct government can be beneficial to American politics only if accompanied by the organization of voters in nonpartisan groups for the production of common ideas and a collective purpose." (ebd.: 178)

Hier sind es nun die Nachbarschaften, deren lokale Verbundenheit ein solches organisatorisches Unternehmen ermöglichen: Durch die Vertrautheit der Bewohner ist es möglich, wirkliches Verstehen in einem regelmäßigen und konstanten Austauschverhältnis zu erzeugen. Das dort erzeugte "friendly feeling" (ebd.: 192) ermöglicht es effektive Beziehungskonstellationen zu erhalten, die ein reichhaltigeres und sinnvolleres Zusammenleben gewährleisten. Dabei gilt, dass "Neighborhood organization gives us the best opportunity we have yet discovered of finding the unity underneath all our differences, the real bond between them – of living the consciously creative life. [...] The neighborhood organization movement is not waiting for ideal institutions, or perfect man, but is finding whatever creative forces are within a community and taking these and building the future with them." (ebd.: 201f.)[65]

Die Nachbarschaften dienen als Laboratorien des Erlernens demokratischer Handlungs- und Verhaltensweisen, indem auf einer lokalen, an den konkreten Bedürfnissen und Interessen ansetzenden Ebene die genuinen Techniken der

---

[64] Hier sind es sicherlich ihre eigenen beruflichen Erfahrungen in den *social centers* die ihre Entscheidung beeinflusst haben. Zudem nimmt sie in gewisser Weise die in DEWEYS *The Public and its Problems* (1927) vorgeschlagene Rückkehr zu den kleinen, lokalen Gemeinschaften vorweg und präzisiert zugleich die Unschärfe und Plakativität des deweyschen Vorschlags.

[65] Ein Problem, das FOLLETT hier wenig überzeugend erklärt, ist die Schwierigkeit der Erzeugung von Konstanz in der Population der Nachbarschaften. Die Fluktuation und Mobilität insbesondere in problematischen Bezirken berücksichtigt sie nur unzureichend (vgl. dazu auch MATTSON 1998: lv f.).

Demokratie im Rahmen von Gruppenbildungsprozessen aktiv erlernt und kreativ gestaltet werden. Auf dieser Grundlage erscheint es nach FOLLETT möglich, den demokratischen Prozess in der Folge sukzessive auszudehnen und als Basis für eine tatsächlich föderalistische Organisation des Staates zu betrachten. Aufgrund dieser Konzeption erscheint auch hier das Konzept der Erziehung als zentraler Kernbereich der Realisierung einer demokratischen Gesellschaft: "Education therefore is not chiefly to teach children a mass of things which have been true up to the present moment; [...] but above and beyond everything, to create life for themselves. Hence education should be largely the training in making choices." (ebd.: 54) Zu verwirklichen ist dies jedoch nicht im Rahmen von Seminaren und Kursen über Regierungsaufgaben oder Staatsbürgerkunde: "It is to be acquired only through those modes of living and acting which shall teach us how to grow the social consciousness" (ebd.: 363) Der Gruppenprozess muss in der Praxis erlernt werden und seine Effektivität daran messen lassen, inwiefern er dazu beiträgt, die Kooperation mit anderen zu fördern. Dabei gilt es zu beachten, dass Erziehung für und in einer Demokratie sich nicht ausschließlich auf Kinder und Jugendliche beziehen darf, sondern unterschiedslos alle Bürger permanent daran teilhaben müssen. Neben den Schulen sind dies, so FOLLETT, die "Community Centers" die als "true university of true democracy" (ebd.: 373) ihren Beitrag zur Demokratisierung der Gesellschaft leisten.

Die letztgenannten Aussagen verdeutlichen nochmals die Nähe der follettschen Ideen zu den erziehungsphilosophischen Überlegungen John DEWEYS. Demokratie wird dabei als ein Lern- und Erfahrungsprozess in einem durchweg pädagogischen Sinn verstanden. Ebenso erscheint FOLLETTS Idee der kreativen Gestaltung des Gruppenprozesses analog zu George Herbert MEADS Theorie der sozialen Identitätsbildung: Nicht die Imitation eines vorgegebenen Musters, sondern die eigentätige und selbständige, sprich kreative Auseinadersetzung mit sozialen Gegebenheiten wird zum zentralen Merkmal sozialen Handelns. Neben diesen theoretischen und konzeptuellen Übereinstimmungen kommt im Falle Eduard C. LINDEMANS (vgl. Kapitel 1.1.4) eine mitunter sehr persönliche Verbindungen hinzu: Laut KONOPKA (vgl. 1958: 30) pflegte FOLLETT mit ihm einen intensiven Kontakt und Austausch, insbesondere hinsichtlich der Themen Freizeitarbeit und staatsbürgerliche Erziehung.

Wurden bisher die theoretischen Grundlagen und Voraussetzungen für die Entwicklung einer Methode der Gruppenarbeit sowie die ersten, freilich noch unsystematischen Gehversuche mit dieser Arbeitsform dargestellt, so wird nun das Augenmerk auf die konkrete institutionelle Entwicklung des amerikanischen *group work* gerichtet.

Ausgehend von den Anfängen institutionell organisierter, außerschulischer Erziehungsarbeit soll dabei die Entwicklungslinie nachgezeichnet werden, in deren Folge die Gruppenarbeit zu einem Teil der amerikanischen Sozialarbeit wurde. Ergebnis dieser Entwicklung ist schließlich die Veröffentlichung gruppenarbeitsspezifischer Fachliteratur, die am Ende dieses Kapitels zum Gegenstand der Betrachtung wird.

Verständlicherweise gilt auch hier, dass die Entwicklung nicht in aller Vollständigkeit nachvollzogen werden kann, sondern mittels einiger wegweisender Texte und Begebenheiten in ihren wesentlichen Entwicklungsschritten und Merkmalen veranschaulicht wird.

Vorweg ist noch auf die Feststellung Heinrich TUGGENERS zu verweisen, der die Entwicklung des *group work*, analog zur Entwicklung des *casework*, als eine Entwicklung vom Besonderen zum Allgemeinen sieht (vgl. 1971: 59). Der Gründung von spezialisierten, fachlichen Berufsorganisationen folgten erst später nationale Entsprechungen. Resultat dieser neuen Orientierung war eine andauernde Neubestimmung des Stellenwerts und der Ausrichtung dieser Organisationen.

1.3.1 Institutionalisierung

Nachdem oben bereits darauf hingewiesen wurde, dass die Entwicklung des "group work" nicht an einer bestimmten Person festgemacht werden kann, lässt sich der Anfangspunkt einer eigenständigen Entwicklung bestenfalls durch das Auftreten einer organisierten Form der Ausbildung bestimmen. Dieser liegt im Jahre 1923, als die Western Reserve University in Cleveland, Ohio, erstmals einen Lehrgang in Gruppenarbeit (*Group Service Work*) anbot. Die Vermittlung von Methodenkenntnissen wurde dort durch ein Gruppenpraktikum ergänzt. Nahezu zeitgleich wurde unter der Leitung von Neva BOYD an der Chicago School of Civics and Philanthropy ein Kursprogramm für Mitarbeiter in Freizeiteinrichtungen etabliert (vgl. KAISER 1955/1953: 356).

Nach den bereits unter der Leitung von Jane ADDAMS erfolgten unsystematischen Versuchen der Gruppenarbeit (vgl. 1.2.2) und der theoretischen Untermauerung derselben durch John DEWEY, Eduard C. LINDEMAN und Mary Parker

FOLLETT (vgl. 1.1.1, 1.1.4 und 1.3), waren es insbesondere die Nachwirkungen der Geschehnisse des Ersten Weltkriegs, die ein solches Angebot forderten und ermöglichten. Die Wellen antidemokratischer Orientierungen forderten die vom Ideal der Demokratie überzeugten Kräfte heraus und führten quasi zwangsläufig zu einer Reaktion auf die bestehenden Verhältnisse (vgl. WENDT 1995: 254; kritisch dazu: MATTSON 1998 lvif.).

Obwohl die formale Institutionalisierung der Gruppenarbeit einen ersten Schritt hinsichtlich der Ausbildung qualifizierten Personals beschrieb, war der Umstand, dass sich die Ausbildung nicht auf einen konkreten Korpus an theoretischen Formulierungen und begriffliche Präzisierungen des Gegenstandsbereichs beziehen konnte, als ein gravierender Mangel anzusehen.

Einen ersten Versuch, dieses Missverhältnis zu beseitigen, stellt die Dissertation Grace Longwell COYLES (1892-1962)[66] aus dem Jahr 1930 dar.[67] In *Social Process in Organized Groups* versucht sie grundlegende Denk- und Analysekategorien für den Gruppenprozess zu entwickeln und diese im Rahmen einer terminologischen Klärung nutzbar zu machen. Robert MAC IVER, Betreuer und Herausgeber der Arbeit, ordnet ihre Thematik in die Tradition Charles Horton COOLEYS (vgl. Kapitel 1.1.3) ein und stellt in der Einleitung fest:

"Miss Coyle brings both experience and acute reflection to her task. She carries this difficult exploration further than it had advanced before. Particularly she throws new light on the conditions of group morale and on the signficant role of ritual and symbol in modern societies." (1930: viii)

COYLE selbst beschreibt die ihrem Vorhaben zugrundeliegende Problematik im Vorwort wie folgt:

"One of the most serious difficulties arises from the lack of a terminology which is suited to the handling of the material. The endeavor to explain the group relation in terms of mechanical, biological or psychological categories such as equi-

---

[66] Eine Kurzbiographie findet sich unter: www.infed.org/thinkers/coyle.htm; 05.01.2005
[67] Die ausführliche Würdigung dieses Werks im Rahmen dieser Arbeit bezieht ihre Rechtfertigung aus der exponierten Stellung und der Bedeutung COYLES für das *social group work*. Obgleich *Social Process* der soziologisch-politologischen Grundlagenforschung zuzuordnen ist, lassen sich gerade COYLES ihre theoretischen Wurzeln und in der Konsequenz auch Hinweise auf ihre spätere Orientierung identifizieren. Siehe dazu weiter unten (1.3.3) die Ausführungen zur Entstehung von Fachliteratur

librium organism, group mind or personality is dstined to create confusion. [...]
It is evident that the facts of participation and communication which character-
ize those interactions we call social, form as unique a distinction from the biological or psychological as that which separates the organic from the inorganic.
However much society is composed of individuals, the social is itself not the
psychological. It is a relation between psychological entities [...]." (COYLE
1930: x)

Ausgangspunkt ihrer Analyse ist die Lokalisierung organisierter Gruppen in ihrem sozialen Zusammenhang. Verschiedenste komplexe Formen der Assoziation
bestehen im amerikanischen Gemeinwesen und bilden dort unterschiedlich
stabile Beziehungsmuster aus. Diese ermöglichen es dem Einzelnen, sich selbst
mit überpersönlichen Zielen zu identifizieren und so zum Gelingen einer demokratischen Gesellschaft beizutragen (vgl. ebd.: 3ff.). Im Zuge gesellschaftlicher
Modernisierung und Entwicklung hat sich die Verortung dieser Gruppenzusam-
menhänge verändert. Waren sie früher an einen konkreten, überschaubaren Ort
und stabile Bedingungen gebunden, organisieren sich Gruppen nun entlang einem ideellen Ort, der durch gemeinsame Interessen gekennzeichnet ist. So kritisiert COYLE die Versuche der Settlements und der Community Centers als insofern nicht überzeugend, als diese durch ihre Bezugnahme auf die örtlich lokali-
sierbare Nachbarschaft einen längst vergangenen Zustand wiederherzustellen
versuchen (vgl. ebd.: 9ff.). "To attempt to create or stimulate them [neighbor-
hoods; S.G.] is only to give artificial respiration to a dying form of social organization." (ebd.: 11)[68] Der Niedergang der Nachbarschaften als grundlegende politische Einheit wurde durch Organisationen kompensiert, die als "psychological
neighborhoods of a specialized sort" (ebd.: 11) fungieren. Durch diese Spezialisierung auf verschiedene Interessen sind neuartige Organisationszusammenhän-
ge entstanden, deren Rekrutierungsmuster entlang sozialer Generalisierungen
verlaufen (vgl. ebd.: 17ff.). Hier gilt: "Wherever a common trait exists, there
exists also the possibility of a social generalization and its consequent deduc-
tions." (ebd.: 18) Die hierdurch erzeugte Homogenität bzw. Heterogenität funk-
tioniert als ein erstes Zuschreibungskriterium. Dieses wird ergänzt durch eine
ständige soziale Evaluation, eine andauernde Bewertung der erzeugten Generalisierungen. Zentraler Bestandteil und dominanter Faktor der Gruppenbeziehungen ist – und hier folgt COYLE der Auffassung DEWEYS – die Kommunikation

---

[68] Diese Problematik greift sie in einem Vortrag von 1946 erneut auf (siehe dazu COYLE
1947: 110f.).

als Grundlage jeglichen menschlichen Austauschs. Ihre herausragende Bedeutung erhält die Kommunikation dadurch, dass jede wechselseitige Aktion von "individuals, groups, and the total milieu, creates each organization and determines its functions and processes" (ebd.: 27).

Darauf aufbauend beschreibt und analysiert COYLE den Prozess der Gruppenbildung, die ihm zugrundeliegenden Voraussetzungen, sowie die daraus entstehenden Prozesse. Der Schwerpunkt ihrer Analyse liegt dabei auf den Bereichen der Führung ("leadership") und Beteiligung, der Kommunikation, des Gruppengeistes ("Esprit de Corps"), sowie dem Prozess des kollektiven Denkens ("collective thinking"). Wie weiter unten noch gezeigt wird, sind es eben diese Themenfelder, die sich im Rahmen der Methodenentwicklung als zentrale Kristallisationspunkte für das Gelingen eines demokratischen Gruppenprozesses erwiesen haben.

Betrachtet man die ihrer Argumentation zugrunde liegenden theoretischen Konzepte, so erweisen sich insbesondere bezüglich der Bereiche Kommunikation (vgl. ebd.: 127-136) und kollektives Denken (vgl. ebd.: 173-216) die Überlegungen DEWEYS als zentrale Referenzpunkte.

Daher erscheint es nur konsequent, wenn COYLE im abschließenden Kapitel der Arbeit die zunehmende Bedeutung organisierter Gruppen für die Gesellschaft in ihrer Beziehung zum "fact of social interdependence" (ebd.: 221) identifiziert. Gruppen tragen als intermediäre Organisationen dazu bei, dass Gesellschaft trotz der Mannigfaltigkeit der sozialen Interaktion steuerbar bleibt und zugleich jeder Einzelne in Anerkennung der gegenseitigen Abhängigkeit seinen Teil in das soziale Ganze einbringen kann. Gleichzeitig besitzen sie die Fähigkeit "to produce the fermentation and the dynamic necessary for social change." (ebd.: 225)

Zentral ist dabei, und hier gleicht COYLES Ansatz denen von FOLLETT und LINDEMAN, die Frage nach den Werten in einer pluralistischen Gesellschaft. Sie geht davon aus, dass in einer komplexer werdenden Gesellschaft auch die Anzahl der in ihr aufzufindenden organisatorischen Zusammenschlüsse zunimmt. Damit steigt auch die Anzahl divergierender Wertvorstellungen, die mitunter konträre Ausrichtungen annehmen können. "The essentially pluralistic character of society requires freedom of growth for many diverse values and their exponents without centralization or unification." (ebd.: 227)

Einigkeit ist hierbei nur insoweit erforderlich, als diese Werte im Interesse gesellschaftlicher Stabilität und Ordnung kontrollierbar sein müssen, und einer gemeinsamen Systematik zu entsprechen haben. Die Generierung eines solchen

Gerüsts an gesellschaftlich relevanten und akzeptierten Werten muss, so COYLE, den pragmatischen Test hinsichtlich ihrer Praktikabilität bestehen (vgl. ebd.: 228). Ergänzt werden muss diese Überprüfung durch außerhalb der eigenen Referenzgruppe gelegene Kriterien, die sicherstellen, dass die Gesamtheit der Gesellschaft nicht unter den Interessen einer spezifischen Gruppe zu leiden hat. Um den sozialen Frieden in einer pluralistischen Gesellschaft dauerhaft gewährleisten zu können, ist es jedoch notwendig, ausgehend von den bestehenden multiplen Wertskalen, weitere grundlegende Kriterien und Maßstäbe zur Bewertung relevanter allgemeingesellschaftlicher Güter und Interessen zu entwickeln. COYLE argumentiert dabei wie folgt:

"The functioning of such universal values is a much more intricate process than that of the imposition of authority by the State. Since evaluation is essentially subjective, it is not possible to impose ideas of the good by the same methods that are effective in controlling objective acts. *It is only by education, especially the education of the young, that values are acquired.* The necessities of a coherent and integrated social life require that these universal values which express the good of the social whole, should be integrated in the consciousness of its members with the values imposed by lesser groups within. This rests on the attainment of a 'hierarchy of the group sentiments' in which humanity assumes first place. The content of those universal goods will vary from place to place and from time to time. Much of the process by which these criteria are reached is non-intellectual. It goes on in the semi-consicous groupings of desire which are common to us all. [...] The hope of a coherent and rich social life wrought out of the complexity of our highly organized communities rests on the sucess with which we evolve correctly the content of these goods and on the supremacy which they can gain in the consciousness of us all, as individual bearers of society." (ebd.: 230f.; Herv. S.G.)

Obwohl die Studie COYLES nicht explizit als Beitrag zur Entwicklung des *group work* zu verstehen ist, liefert sie doch, zumindest implizit, eine starke Begründung und Rechtfertigung für eine erzieherisch-methodische Arbeit mit Gruppen.[69] Ihre Betonung der Funktion der Erziehung deutet bereits, wie weiter unten gezeigt wird, den späteren Fokus ihres Verständnisses von Gruppenarbeit an.

---

[69] KAISER (1955 /1953: 354) weist darauf hin, dass der Begriff der Gruppenarbeit/ des *group work* erst gegen Ende der Zwanziger-Jahre Verwendung fand.

Berücksichtigt man dazu die enge Verbindung mit dem Gedankengut John DEWEYS, sowie die Unterstützung des Anliegens durch Reformpädagogen wie William Heard KILPATRICK[70] so zeigt sich, dass sich die Gruppenarbeit eher unter dem Paradigma der Erziehung als unter dem der Sozialarbeit verstand. NEWSTETTER[71]U. A. beschreiben Gruppenarbeit demzufolge 1935 als einen Erziehungsprozess, der, auf freiwilliger Teilnahme basierend, die soziale Entwicklungs- und Anpassungsfähigkeit des Einzelnen betont und damit zugleich gesellschaftliche Ziele fördert (vgl. 1970: 86).

Die bewussten Anstrengungen des Gruppenarbeiters sind in diesem "Prozess wechselseitiger Beeinflussung" (ebd.: 87) als situationsabhängige Techniken zu verstehen, die ihrerseits den Vorgang wiederum verändern und im Verbund mit den Zielen des Gruppenarbeiters, seinen Beobachtungen und der von ihm gesteuerten Programmauswahl den Charakter der Gruppenarbeit ausmachen.

MÜLLER sieht darin das Modell eines Regelkreises, "in dem sich *alle* am Prozeß beteiligten Einzelelemente durch ihre Aktionen und durch die Rückmeldung (feedback) wechselseitig beeinflussen" (1970: 240; Herv. S.G.). Dies hat zur Folge, dass die dominierende Rolle des Erziehers dahin gehend gebrochen wird, dass er selbst als Teil des Ganzen einer Beeinflussung und in der Konsequenz einer Veränderung bzw. Anpassung unterworfen ist.

Als wesentliche Kennzeichen der Gruppenarbeit nennen NEWSTETTER U. A. Individualisierung in der Gruppensituation, indirekte Intervention (also die Beeinflussung von physischer und sozialer Umgebung anstelle von Autorität), Integration und Akzeptanz der unterschiedlichen Mitglieder, Wiederholung sowie die Verschmelzung individueller und gesellschaftlicher Ziele (vgl. 1970: 88f.).

---

[70] In seinem 1940 unter der Herausgeberschaft der AASGW (siehe dazu weiter unten) erschienenen *Group Education for a Democracy* schreibt er: "The author takes here for stating his personal opinion, assisted at points by publications of the Association, that group work is a highly worthy new interest, whether this go on in school classes or in recreation and other informal education. This group work is, however, not to be thought of as a separate field of work, but rather as a method to be used in all kinds of educational effort. 'Group work' in this sense is just now more or less of a movement, and as such deserves support and success. But its success will be achieved when, and to the degree that, effective working in groups has established itself as a part of any adequate education of youth, however and wherever conducted." (zit.n. William SCHWARTZ 1959: 121; vgl. z. B. auch KONOPKA 2000: 30)

[71] Wilibert I. NEWSTETTER war als Professor an der Western Reserve University mitverantwortlich für die dort seit 1923 angebotenen Lehrgänge in Gruppenarbeit. Sein Engagement galt des Weiteren insbesondere der Grundlagenforschung über Gruppenprozesse, deren Beobachtung und Evaluation. Besonders hervorzuheben sind seine so genannten Sommerlagerexperimente. Während dabei anfangs eine therapeutische Veränderung im Mittelpunkt stand, wurde der Fokus später auf die Dynamik des Gruppenlebens und die Interaktion im selben verlagert (vgl. MÜLLER 1970: 239f.).

Die Vermeidung von Manipulation und die Wertschätzung von Spontaneität und Selbsterziehung sollen die Gruppenmitgliedschaft zu einer Möglichkeit werden lassen, "wünschenswerte und nicht wünschenswerte kulturelle Verhaltensmuster zu kommunizieren und neue kulturelle Verhaltensweisen zu entwickeln" (ebd.: 89).

Die mangelnde Vorstellung davon, was Gruppenarbeit wirklich ist, ist für NEWSTETTER U. A. der Grund für bis zu diesem Zeitpunkt geringe Verbreitung und Anerkennung (vgl. ebd.: 90f.). Die Unschärfe der Abgrenzung zu anderen, weniger bewusst geleiteten Gruppenaktivitäten und die fehlende Einsicht in Gruppenprozesse führen in Verbindung mit einem Mangel an Literatur und empirischen Untersuchungen zu einer Situation, in der die Gruppenarbeit eine randständige Rolle im Erziehungs- und Sozialwesen einnimmt. Gleichzeitig konstatieren sie, dass das Feld der Gruppenarbeit bis dahin alle Freizeitverbände einschließt, für die der Gruppenarbeitsprozess eine zentrale Bedeutung besitzt.[72] Entscheidend bei diesen Äußerungen ist die Sichtweise der Gruppenarbeit als ein Feld der Berufstätigkeit, als Prozess, oder als Sammlung von Techniken die zu dessen Gestaltung notwendig sind. Die Ausdifferenzierung dieser drei Bereiche kann als erster Schritt hin zu einem professionellen, methodischen Verständnis der Arbeit gewertet werden. Folgt man WENDT, so sind diese Äußerungen als Versuch zu werten, eine theoretische und praktische Zuordnung der Gruppenarbeit zu ermöglichen (vgl. 1995: 256).

Eine Antwort auf die mangelnde Anerkennung und eine Reaktion auf das inzwischen erwachte Selbstverständnis als Gruppenarbeiter stellt die 1936 konstituierte National Association for the Study of Group Work (später: American Association for the Study of Group Work) dar. Ziel dieser Vereinigung war, "die Theorie und die Praxis der Gruppenarbeit zu klären und zu verbessern" (TRECKER, zit. n. KONOPKA 2000: 27). Weiterhin relevant war "the defining and furthering of programs preparing persons for professional services in this ever-expanding field" (KAISER 1955/1953: 353).

Die Gründung dieser ersten Berufsorganisation führte vorerst zu einer Festschreibung der Trennung zwischen Gruppenarbeit und Sozialarbeit.

Ebenfalls aus dem Jahr 1936 ist die Erklärung von Gertrude WILSON, Grace L. COYLE und W.I. NEWSTETTER datiert, die in Vorbereitung eines Kongresses der

---

[72] Hier sei noch auf eine dritte Wurzel der Gruppenarbeit verwiesen, nämlich all jene Organisationen, die sich mit der Freizeitgestaltung junger Menschen befassten: z. B. Pfadfinderorganisationen (Scouts, seit 1910) oder der YMCA (Young Men' s Christian Association, seit 1851).

National Conference of Social Work, die Ziele der Gruppenarbeit definierten. Diese vom so genannten "Cleveland-Komitée" (MÜLLER 1970: 241) ausgearbeitete Definition entspricht im Wesentlichen der ein Jahr zuvor von NEWSTETTER formulierten Definition und wird im Hinblick auf die Ziele spezifiziert. So werden drei unterschiedliche Zielkategorien vorgegeben. Diese wären:

1. "Ziele, die auf die Entwicklung und Anpassung des einzelnen durch freiwillige Gruppenmitgliedschaft und Gruppenaktivität bezogen sind" (WILSON U. A. 1970: 94). Dabei wird Bezug genommen auf die Erziehung und Entwicklung des Einzelnen, auf korrektive Aspekte sowie auf die Sozialisationsrelevanz für den Einzelnen. Entsprechend den Äußerungen NEWSTETTERS sind es auch hier die Interessen und Fähigkeiten des Einzelnen, die Anknüpfungs- und Kristallisationspunkt der Arbeit sein sollen.

2. "Ziele, die auf die Entwicklung von Gruppenintegration und Gruppenleistung bezogen sind" (ebd.: 96), und zwar bezogen auf die unmittelbaren, gemeinsamen Ziele der Mitglieder und auf wirksame Zusammenarbeit und gemeinsames Handeln. Die Förderung des Gruppenbewusstseins und das Erkennen der diesem innewohnenden Kraft sind hierbei intendiert.

3. "Ziele, die sich auf die Entwicklung sozialen Verhaltens und sozialen Handelns beziehen" (ebd.: 96). Dies wird bezogen auf die konfliktgeladenen klassenspezifischen Interessen sowie auf gesamtgesellschaftlich relevante Werte.

Diese Aufstellung kennzeichnet Gruppenarbeit als Erziehungsprozess, "in dem direkte Lernprozesse und soziale Lernprozesse eine Rolle spielen, wobei die sozialen Lernprozesse betont werden sollen" (ebd.: 97).

Um den Prozess der Gruppenarbeit angemessen gestalten zu können, ist es notwendig, auf fixierte Normen zu verzichten und stattdessen den jeweiligen Umständen Rechnung tragende Normsetzungen zu verwenden. Die daraus resultierende Flexibilität ist notwendig, um zum einen die Anpassung an sich ständig wandelnde Verhältnisse zu ermöglichen und zum anderen der Vielzahl der Einsatzmöglichkeiten der Gruppenarbeit gerecht werden zu können (vgl. ebd.: 97f.).

Die im Folgenden umrissenen Probleme im Feld der Gruppenarbeit beinhalten zunächst ein Problem der Begriffsdefinition. Um das *group work* in der soeben dargelegten Form vom weiten Feld der Arbeit mit Gruppen abgrenzen zu können, wird hier eine veränderte Bezeichnung des Gegenstands vorgeschlagen. Einmal wird die Bezeichnung von "Gruppenarbeit als Prozess" im Gegensatz zur "Gruppenarbeit als Feld im Rahmen der Sozialarbeit" verstanden. Der Alternativvorschlag hierzu wäre eine Umbenennung der Gruppenarbeit in "Gruppenpädagogik" (ebd.: 98).[73] Ähnliche Bestrebungen gab es auch in der deutschen Gruppenarbeit, wobei im Gegensatz zu den Vereinigten Staaten ein Zweig der Gruppenarbeit, nämlich das "Haus Schwalbach", den Begriff der Gruppenpädagogik einführte und verbreitete (vgl. dazu 3.3.2).

Die Vorstellungen des "Cleveland-Komitée" waren Ausgangspunkt für die professionellen Bestrebungen der Gruppenarbeiter und zugleich Hinweis auf das zunehmende Selbstbewusstsein einer zwischen Sozialarbeit und Erziehung angesiedelten, eigenständigen Berufsform.

1.3.2 Group Work wird zu einem Teil der Sozialarbeit

Nach einer zehnjährigen Konsolidierungs- und Entwicklungsphase beschritt Grace L. COYLE, die an der Western Reserve University lehrte, 1946 auf dem Kongress der National Conference of Social Work in Buffalo den Weg zu einer Integration der Gruppenarbeit ins Feld der Sozialarbeit. Unter dem Eindruck der Geschehnisse des Zweiten Weltkriegs, die zu der Erkenntnis beitrugen, dass nichtdemokratische autoritäre Lebensverhältnisse zwangsläufig zu einem Niedergang der Menschlichkeit führen, geriet die Bedeutung des qualifizierten Gruppenlebens und die Möglichkeiten zu dessen Realisierung in den Fokus des allgemeinen Interesses.[74]

Ihr Vortrag über den Prozess der Professionalisierung (*On Becoming Professional*) behandelte laut KONOPKA "nicht die Privilegien oder den Status eines Berufs, vielmehr betraf er die Verantwortlichkeit und Voraussetzungen beruflichen Bemühens" (2000: 31).

"Innerhalb der zehn Jahre, seitdem die American Association for the Study of Group Work (AASGW) existiert, sind zunehmend Beweise dafür geliefert worden, daß sich die Gruppenarbeiter mehr und mehr als professionell betrachtet haben und daß andere gesellschaftliche Gruppierungen von uns die Übernahme der damit verbundenen Verantwortlichkeiten erwarten. Dies war, und darin wer-

---

[73] Für die hier vorliegende Arbeit stand ausschließlich die deutsche Übersetzung C. W. MÜLLERS zur Verfügung. Daher bleibt offen, ob es sich um den exakt übersetzten Wortlaut oder eine durch die deutsche Rezeptionsgeschichte beeinflusste Übersetzung handelt.

[74] Vor allem die Kleingruppenforschung Kurt LEWINS, sowie dessen Untersuchungen zu Autorität und Führungsstilen, beeinflussten die Gesellschaft und in der Folge auch die Gruppenarbeit jener Zeit (vgl. dazu TUGGENER 1971: 88, sowie Abschnitt 1.3.4. dieser Arbeit).

den mir die Gründer der AASGW sicherlich zustimmen, nicht unsere ursprüngliche Absicht [...]" (COYLE 1970a: 100).

Während sie die Kriterien der Professionalisierung kritisch auf die Gruppenarbeit anwendet, gelangt sie zum zentralen Problem in der Bildung des Berufsbewusstseins: "Es wird gewöhnlich als Problem der Zugehörigkeit (*alignment*) bezeichnet und markiert ein bestimmtes Dilemma. Wir müssen, so scheint es, entweder Erzieher oder Sozialarbeiter sein." (ebd.: 108)
Aufgrund der Tatsache, dass viele Einrichtungen, die Gruppenarbeit anbieten, eine mehr oder weniger enge Verbindung mit dem Bereich der Gesundheits- und Wohlfahrtspflege haben und somit dem Feld der Sozialarbeit zugeordnet werden, entstehen besondere Schwierigkeiten in der Orientierung. Die negative Konnotation der Arbeitsbereiche der Sozialarbeit, z. B. durch deren Orientierung am Begriff der Hilfe, sieht sie als Diskreditierung der eigenen Arbeit für den Fall, dass diese mit Sozialarbeit in der bisherigen Definitionsform assoziiert wird. Ihre Hoffnung besteht darin, "daß eine neue Definition der Sozialarbeit festlegen wird, daß dieser Bereich den bewußten Gebrauch zwischenmenschlicher Beziehungen bei der Durchführung bestimmter Gemeinde-Aufgaben wie Kinderfürsorge, Familienfürsorge und Gesundheitsfürsorge, Freizeiterziehung und außerschulische Bildung einschließt. Einzelfallhilfe, Gruppenarbeit und Gemeinwesenarbeit haben alle gemeinsam, daß sie auf dem Verständnis zwischenmenschlicher Beziehungen fußen. Sind auch die speziellen Beziehungen, die im Rahmen der je einzelnen Methode benutzt werden, verschieden, so ist die zugrundeliegende Philosophie und der allgemeine Ansatz der gleiche: Respekt vor der menschlichen Person und Glaube an die politische Demokratie. [...] Und deshalb glaube ich, daß die Gruppenarbeit als Methode ein Teil des weiten Gebiets der Sozialarbeit als Methode in dem oben definierten Sinn ist." (ebd.: 109)
Die Verbindung zum Feld der Erziehung sieht COYLE in den Ansätzen DEWEYS und KILPATRICKS, die maßgeblich zur Entwicklung der Gruppenarbeit beigetragen haben, gegeben. Ebenso wie die aus den gleichen Ursprüngen resultierende Reformpädagogik hat auch die Gruppenarbeit als Methode[75] die Aufgabe, zur Verwirklichung pädagogischer Funktionen beizutragen (vgl. ebd.: 109).
Durch die Anerkennung des Kongresses war damit die Eingliederung der Gruppenarbeit in den Bereich der Sozialarbeit angestoßen und wurde in der Folgezeit

---

[75] C. W. MÜLLER verweist in diesem Zusammenhang auf das breitere Verständnis des Begriffs der Methode in den USA. Im Gegensatz zum Deutschen umfasst eine Methode dort auch anthropologische und philosophische Konzepte, die der Methode im engeren Sinn ihren Stellenwert verleihen (vgl. 1970: 243; oder TUGGENER 1971: 99ff.).

auch formal vollzogen. Abgeschlossen wurde dieser Vorgang endgültig durch den Beitritt der AASWG zur neu gegründeten National Association of Social Workers im Jahre 1955 (vgl. KONOPKA 2000: 32).

1.3.3 Social Group Work

Durch das Konzept, Gruppenarbeit als eine Methode der Sozialarbeit zu betrachten, wurde ein Integrationsprozess in Gang gesetzt, der sowohl eine Entwicklung der Methode in praktischer Hinsicht, als auch die theoretische Reflexion und Rahmung derselben bedingte.

Teil dieses Prozesses war die Entstehung einschlägiger Fachliteratur. So entstanden nahezu zeitgleich Harleigh B. TRECKERS *Social Group Work* (1949), Grace COYLES *Group Work with American Youth* (1948), Gisela KONOPKAS *Therapeutic Group Work with Children* (1949)[76] und die Arbeit von Gertrude WILSON und Gladys RYLAND *Social Group Work Practice* (1949). KONOPKA beschreibt diese Arbeiten als "den Versuch, den methodischen Prozeß der sozialen Gruppenarbeit als Teil der helfenden Funktion der Sozialarbeit in der weiten Skala von der gesunden bis zur kranken Einzelperson und Gruppe zu klären" (2000: 33).

Wie aus dem letzten Teil des Zitats deutlich wird, behandeln diese Arbeiten das breite Spektrum des Feldes der Gruppenarbeit in seinen je verschiedenen Ausprägungen. Daher wird im Folgenden anhand der Arbeiten von COYLE, TRECKER und WILSON/RYLAND die je spezifische Ausrichtung der jeweiligen Ansätze aufgezeigt.

Anhand der letztgenannten Arbeit, die als umfassendster Versuch der Darstellung zu betrachten ist, wird dabei auch exemplarisch das methodische Vorgehen und die daraus resultierenden Erfordernisse veranschaulicht werden.[77]

---

[76] Diese Arbeit wird der Vollständigkeit wegen genannt, gehört aber zu einer Sonderform der Sozialen Gruppenarbeit. Sie wird daher weiter unten im Zusammenhang mit der therapeutischen Gruppenarbeit in Deutschland gewürdigt. Meines Erachtens ist die Zuordnung dieser Arbeit in den Kreis der methodischen Fachliteratur auch als fragwürdig anzusehen, da es sich bei dem schmalen Band eher um eine konkrete Situationsanalyse anhand von Gruppenberichten handelt. Die Möglichkeit der Ableitung allgemeiner methodischer Hinweise erscheint eher zweifelhaft.

[77] Neben dem umfassenden Charakter dieser Untersuchung begründet sich die Auswahl der Arbeit auch damit, dass sich die deutsche Rezeption explizit auf dieses Werk bezieht (z.B. LATTKE 1962).

Vorweg ist auf die 1949 von Grace COYLE verfasste Definition der Funktionen des Gruppenpädagogen einzugehen (*Definition of the Function of the Group Worker*). Diese jahrelang als offizielle Definition der Gruppenarbeit gehandelten Äußerungen zeigen laut KONOPKA "die gegenseitige Bezogenheit von Ziel, Funktion und Methode des zugrundeliegenden Wissens" (2000: 33). Zudem verweisen sie in ihrem Inhalt explizit auf die in Kapitel 1.1ff. dargelegten philosophischen Wurzeln der Gruppenarbeit.

"Der Gruppenpädagoge befähigt verschiedene Gruppentypen, so zu funktionieren, daß sowohl die zwischenmenschlichen Beziehungen der Gruppenmitglieder als auch das Gruppenprogramm einen Beitrag zur Reifung des einzelnen und zum Erreichen gesellschaftlich wünschenswerter Ziele leisten Der Gruppenpädagoge arbeitet unter anderem auf folgende Ziele hin: auf die individuelle Reifung gemäß den Möglichkeiten und Bedürfnissen des einzelnen; auf die Anpassung des einzelnen an andere Personen, an Gruppen und an die Gesellschaft und darauf, den einzelnen zu motivieren, die Gesellschaft zu verbessern; auf die Befähigung des einzelnen, seine eigenen Rechte, Grenzen und Fähigkeiten ebenso zu erkennen wie die Rechte, Fähigkeiten und Unterschiede anderer Menschen zu akzeptieren." (COYLE 1970b: 110)

Basis für diese Aktivität, die integrativ und entscheidungsfördernd wirken soll, ist die demokratisch verfasste Gemeinschaft, die es dem Einzelnen erlaubt, "seine Möglichkeiten in Freiheit zu realisieren" (ebd.: 109). Grundlegend für die Durchführung ist die Kenntnis "des individuellen und des Gruppenverhaltens" sowie der "gesellschaftlichen Bedingungen und gemeindlichen Beziehungen" (ebd.: 110).

Der Gruppenpädagoge versetzt die Gruppenmitglieder also durch fachkundige Führung in die Lage, "ihre eigenen Möglichkeiten voll auszuschöpfen und gesellschaftlich konstruktive Gruppenaktivitäten zu entfalten" (ebd.: 110).

Analog dazu ist COYLES *Group Work with American Youth* (1948) ein Versuch diese Annahmen mit Leben zu erfüllen. Zielgruppe ihrer Arbeit sind die hauptamtlichen Gruppenarbeiter in Freizeiteinrichtungen[78], wobei sie selbst bestätigt, dass dieser Bereich zwar von enormer Bedeutung für die Gruppenarbeit ist, sie aber nicht erschöpfend repräsentiert. Sinn und Aufgabe dieser organisierten Freizeitarbeit bewertet sie wie folgt:

---

[78] Vgl. dazu auch den Aufsatz von 1946 *Group Work as a Method in Recreation* in COYLE (1947: 69-80).

"Democracy is not a form of government alone. It is also a habit of response to others, an ability to accommodate pressures, a respect for the uniqueness of each. These are social skills which are learned only through social experience. The small size and intimate character of many of these groups make them particularly useful for such experience." (ebd.: 253)

Der Ausgangspunkt ihrer Darstellung ist die Analyse von Geschichte und Funktion der Nutzung von Freizeit in den Vereinigten Staaten. Mit der fortschreitenden gesellschaftlichen Entwicklung gab es zunehmend Bedarf und Interesse, die freie Zeit der Menschen angemessen zu nutzen. COYLE identifiziert dabei drei unterschiedliche Motive (vgl. COYLE 1948: 2ff.): einmal die Suche nach Vergnügen bzw. Freude, dann den Wunsch zu lernen, sowohl bei Kindern und Jugendlichen als auch bei Erwachsenen, und drittens, die amerikanische Gewohnheit "of organizing voluntary associations for all kinds of civic and social purposes" (ebd.: 3).

Diese Gründe, selten in Reinform ausschlaggebend, vermischen sich zu einer Motivationslage die je unterschiedliche Bedürfnisse zu befriedigen hilft. Die Entwicklung von Freizeiteinrichtungen unter freier und öffentlicher Trägerschaft wurde dadurch gefördert, dass erkannt wurde, dass die konstruktive Nutzung der freien Zeit positive Effekte sowohl auf die Gesundheit der Individuen als auch auf die gesellschaftliche Zufriedenheit im Allgemeinen hat. Sie erläutert im Folgenden die Entwicklung der unterschiedlichen Einrichtungen hinsichtlich der Kriterien Trägerschaft, Zweck und ideologische Prägung (vgl. ebd.: 4-18). Ausgehend von der gemeinsamen Grundlage der Angebote im Bereich der Settlement-Arbeit sieht COYLE einen generellen Trend zur Ausweitung der Angebote, deren gemeinsames Charakteristikum sie in der "concentration on the constructive activities for youth and their provision of a program combining recreation with some set of social values" (ebd.: 10) sieht. Den Ausbau solcher Angebote sieht sie nicht ausschließlich auf die Vereinigten Staaten beschränkt, sondern identifiziert ihn auch in Europa und Teilen des Orients. Sie bescheinigt den Angeboten enorme erzieherische Potentiale, die sie in der pervertierten Übernahme durch Faschisten und Nazis bestätigt sieht. Daher gilt für sie: "It seems apparent that we have in our hands a new and significant social institution now rooted in the conditions of Western culture and developed to meet certain needs of an industrialized urban society." (ebd: 11)

Die Differenzierung hinsichtlich der Aufgaben von Freizeiteinrichtungen lässt sie den Bereich der therapeutischen Aktivitäten ausklammern, da diese zu speziell und die Grenzen zwischen Erziehung und Therapie insofern fließend seien, dass erzieherische Angebote durchaus auch therapeutische Effekte zeitigen können, ohne eine spezifisch therapeutische Absicht zu verfolgen (vgl. ebd.: 17f.). Um den Anforderungen einer demokratischen Arbeit in solchen Einrichtungen gerecht werden zu können benennt COYLE die grundlegenden Voraussetzungen des *group work* (vgl. ebd.: 22-34).

Der Gruppenarbeiter in Freizeiteinrichtungen muss vom Wert der dort angebotenen Aktivitäten sowohl im Bereich der Bildung als auch in dem der Freizeitgestaltung überzeugt sein und diesen in Bezug auf die individuelle und die gesellschaftliche Bedeutung einzuschätzen wissen. Er betreibt dabei weder Propaganda noch Manipulation, vielmehr stellt er die Ressourcen der Einrichtung zur Verfügung und interpretiert diese im Hinblick auf die zugrunde liegende Konzeption.

Der Gruppenarbeiter muss sowohl die Programmaktivitäten als auch die sozialen Beziehungen in ihrer Ausgestaltung überblicken und seine Eingebundenheit in diese Prozesse erkennen.

Das Programm der Gruppe muss in seinem Effekt auf die Teilnehmer gesehen werden. Erfolg manifestiert sich dabei nicht in Begriffen wie Gewinn oder Produktivität, sondern in Bezug auf die Bedeutung der dabei gemachten Erfahrung.

Die Teilnehmer müssen als ganzheitliche Personen betrachtet werden. Nicht der Aspekt der Teilnahme ist entscheidend, vielmehr müssen das soziale, familiäre und gesellschaftliche Umfeld und die Effekte darauf mitberücksichtigt werden.

Unterstützung und Hilfe bei der Suche nach Bildung und Erholung hängen vom Verständnis des Verhaltens der Teilnehmer ab. Daher sind Kenntnisse der relevanten Sozialwissenschaften unabdingbar, um individuelle und soziale Entwicklung zu verstehen.

Der Gruppenarbeiter muss lernen, professionell zu handeln, d. h., er muss sich selbst kontrollieren und seine Fähigkeiten zum Wohle derer, mit denen er arbeitet, einsetzen. Im bewussten Gebrauch seiner Beziehung zum Teilnehmer und zur Gruppe manifestiert sich ein Element, das jeglicher Sozialarbeit zugrunde liegt.

Die allgemeinen Ziele, die damit verfolgt werden und zu denen der Gruppenarbeiter beiträgt sind die des Genusses ("enjoyment") und des Wachstums ("growth"). Unabdingbare Voraussetzung dafür ist der bewusste Gebrauch des

Gruppenprozesses. "Because of his essentially social nature his fullest growth comes only as he uses his expanding powers in conjunction with and for the benefit of others. For his own deepest growth he must become socialized." (ebd.: 32)

Wie und unter welchen Bedingungen ein solches Vorhaben umgesetzt werden kann, erklärt COYLE am Beispiel verschiedener Gruppen.[79] Sie unterscheidet dabei nach dem jeweiligen Entstehungshintergrund bzw. Zweck nach Freundschafts-, Neigungs-, "National Agency"- und Verwaltungsgruppen. Um die ablaufenden Prozesse fassen zu können, verwendet sie weitgehend das in ihrer Dissertation entwickelte Instrumentarium (siehe weiter oben). Zentrale Themenbereiche sind dabei, entsprechend der oben genannten Voraussetzungen und Prämissen, die Beziehungen des Gruppenarbeiters in und mit der Gruppe und den Teilnehmern sowie die Kunst der Programmgestaltung. Besondere Beachtung schenkt COYLE dabei dem Prozess der Erreichung demokratischer Kontrolle. Mittels eines Stufenmodells beschreibt sie dabei die verschiedenen Etappen auf dem Weg hin zu selbstgesteuertem und selbstverwaltetem Handeln.

Die Zielvorgabe seitens der Einrichtungen ist also die Vorbereitung auf ein demokratisches Erwachsenenleben: "Above all, they are learning to work together, to develop loyalty to a group, and to subordinate individual needs and drives in order to obtain the benefits of group activity." (ebd.: 48) Die Bedeutung des Gruppenarbeiters sieht sie entsprechend dieser Ausrichtung: "Since it is essential for training in a democracy that citizens be alive to public issues and that they learn to think for themselves, the leader must accept the responsibility for helping youth to deal effectively with the problems that confront them." (ebd.: 214).

Obwohl ihr Ansatz darauf ausgerichtet ist, den Gruppenteilnehmern möglichst große Autonomie und Selbstständigkeit zuzugestehen, akzentuiert COYLE die Bedeutung der demokratischen Führung ("leadership") durch den Gruppenarbeiter: Das Verständnis von Gruppenbeziehungen lässt sich vielfach nutzen; angesichts der Instrumentalisierung von Gruppen durch die Nationalsozialisten ist die demokratische Ausübung der Autorität des Leiters unabdingbar. Hieran anschließend hebt sie den Umstand hervor, dass das *group work* nicht als ein Gerüst an technischem Wissen über Gruppenbeziehungen zu betrachten ist, sondern wie andere Methoden auch "must include both technical knowledge and the aims for which such knowledge will be used." (ebd.: 252). Nur wenn die Verbindung von technischem Wissen und demokratischer Philosophie gegeben ist,

---

[79] Die gleiche Vorgehensweise hat COYLE bereits in ihrer Arbeit *Studies in Group Behavior* (1937) gewählt.

können geführte Gruppen in Freizeiteinrichtungen zu einer Bereicherung des Lebens der Teilnehmer werden und deren persönliches Wachstum befördern.

Im Gegensatz zum Ansatz COYLES, der mit der Schwerpunktsetzung auf die organisierte Freizeitarbeit an eine konkrete institutionelle Ebene gekoppelt war, versucht Harleigh B. TRECKER in seiner Arbeit *Social Group Work. Principles and Practices* (1948) eine systematische Darstellung des Gegenstandsbereichs, wobei er den Schwerpunkt seiner Überlegungen auf die Breite des Gruppenprozesses setzt. Neben dem Beziehungsgeflecht der Individuen in der Gruppe bezieht er daher vor allem den weiteren Zusammenhang der Wechselwirkung von Einrichtung und Gemeinwesen mit ein. Hinzu kommt eine Beurteilung der Grenzen und Möglichkeiten des *social group work*.[80] Diese Darstellung wird durch die Aufzeichnungen von Gruppenberichten untermalt.

Der von ihm eingenommene Standpunkt ist der, eines in der Tradition des *social work* stehenden Ansatzes der Gruppenarbeit. Jedoch, und dies unterscheidet seine Arbeit vom weiter unten behandelten Ansatz WILSON/RYLANDS, rekurriert er trotz seiner Verbundenheit zum *social work* nicht auf die dort weit verbreiteten psychoanalytischen Grundlagen.[81] Vielmehr charakterisiert er die Beziehung zwischen *social group work* und *social work* entlang ihrer gemeinsamen Wurzeln im demokratischen Ideal und der zugrunde liegenden philosophischen Überzeugung (vgl. TRECKER 1948: 12f.). Er stellt weiterhin fest, dass von einer Methode des *social group work* nur die Rede sein kann, wenn man einen äußeren Standpunkt einnimmt, d. h. aus der Binnenperspektive der Teilnehmer stellt die Gruppenarbeit vielmehr ein Element der Erfahrung dar.

Social group work, so TRECKER, wird vornehmlich in Freizeiteinrichtungen, in Einrichtungen der Jugendhilfe sowie in solchen der informellen Erziehung und Bildung praktiziert und verfolgt dabei als erstes allgemeines Ziel: die Förderung von Partizipationsmöglichkeiten und Chancen, um eine aktive Teilnahme am demokratischen Leben zu gewährleisten. Der Gedanke, ein Team zu sein und

---

[80] Der Blick auf die zukünftige Entwicklung der Methode ist ein besonderes Anliegen TRECKERS gewesen. Als Präsident der AASGW initiierte er eine Zukunftswerkstatt zu den Chancen und Aufgaben des SGW (vgl. dazu TRECKER 1955).

[81] Obwohl einem sozialarbeiterischen Verständnis des *social group work* verpflichtet, war TRECKERS Interesse breiter gestreut. In einer gemeinsam mit seiner Frau Audrey veröffentlichten Arbeit aus dem Jahr 1952 behandelt er die Möglichkeiten zur Nutzung des Gruppenprozesses in den unterschiedlichstn Zusammenschlüssen aus. Die Arbeit in Komitees, Clubs, Politischen Vereinigungen u. a. sieht er darin als ein wirkungsvolles Instrument der Persönlichkeitsentwicklung an. Neben der Fähigkeit, Probleme effektiv zu lösen, d. h. Lernfortschritte zu machen, bieten Gruppen Hilfe und Unterstützung insbesondere in kritischen Lebenslagen (vgl. TRECKER, A./TRECKER H.: *How to work with Groups* [1952]).

entsprechend zu handeln ist hierfür grundlegend. Zweitens verfolgt die Gruppenarbeit Zielsetzungen die von den umgebenden Gemeinwesen gewünscht sind. Hier sind es zum einen die vorstehenden Fähigkeiten, die im Sinne einer positiven Auffassung der Arbeit gewünscht werden, und zum anderen die im Sinne einer negativen Definition geforderte Vermeidung delinquenten Verhaltens.[82] Diese quasi therapeutische Auffassung kritisiert TRECKER: Wie Grace COYLE gesteht er der Gruppenarbeit die Möglichkeit zur Erzeugung therapeutischer Effekte zu, doch sieht er generell die Konzeption der Gruppenarbeit als nicht dafür geeignet an (vgl. ebd.: 16ff.).

TRECKER benennt folgende Prinzipien, die er als "guiding assertions or statements which have come from experience of research" (ebd.: 162) verstanden wissen will, als zentrale Vorrausetzungen des *social group work* (vgl. ebd.: 163-173):

1. das Prinzip der geplanten Gruppenzusammenstellung,
2. das Prinzip der spezifischen Zielsetzung,
3. das Prinzip einer zweckgerichteten Beziehung zwischen Leiter und Gruppe,
4. das Prinzip der fortschreitenden Individualisierung,
5. das Prinzip der gesteuerten Interaktion in der Gruppe,
6. das Prinzip der demokratischen Selbstbestimmung in der Gruppe,
7. das Prinzip der flexiblen und funktionellen Organisation,
8. das Prinzip der fortschreitenden Programmerfahrung,
9. das Prinzip der Ressourcenmobilisierung und -nutzung,
10. das Prinzip der Evaluation der Arbeit.

Die Beschaffenheit dieser aus vorgängiger Erfahrung abgeleiteten Handlungsprinzipien, sieht TRECKER gekennzeichnet durch einen dynamischen, d. h. mitunter vorübergehenden Charakter. Fortschreitende Erfahrung und Forschung im Gegenstandsbereich sowie sich verändernde Umgebungen werden die vorge-

---

[82] Diese Auffassung, die weiter unten im Zusammenhang mit der Entwicklung und Wiederentdeckung der Sozialen Gruppenarbeit noch besondere Bedeutung erlangen wird wurde bereits 1948 von Sallie E. BRIGHT kritisch bewertet. In ihrem Aufsatz *Letting the Public in on Group Work* warnt sie nachdrücklich vor der Gefahr einer nachhaltigen Betonung dieses Aspektes. In wirtschaftlich schweren Zeiten läuft die Gruppenarbeit Gefahr ausschließlich unter diesem Gesichtspunkt wahrgenommen und gefördert zu werden (1955: 38). Zudem weist BRIGHT darauf hin, dass trotz der hier von TRECKER behaupteten Ähnlichkeit der unterschiedlichen Methoden des *social work* ein grundsätzlicher Unterschied zur Gruppenarbeit besteht: "When the individual achieves social adjustment through group association, he has *fun* doing it (ebd.: 45; Herv. i. O.) In Bezug auf die weitere Entwicklung mahnt sie dementsprechend an: "Like a certain brand of cigarettes, let's keep it a treat, not a treatment." (ebd.: 45)

nannten Prinzipien modifizieren und zu ihrer Weiterentwicklung beitragen (vgl. ebd.: 173).

TRECKER vermutet hinter diesen handlungsleitenden Prinzipien übrigens eine größere als die bis zu diesem Zeitpunkt festgestellte Ähnlichkeit zu den Voraussetzungen der anderen Methoden der Sozialarbeit. Er begründet dies mit den unterschiedlichen Entwicklungsstadien von Einzelfallhilfe, Gemeinwesenorganisation und Gruppenarbeit (vgl. dazu Anmerkung 23).

Aus dieser Feststellung der Grundlagen leitet sich TRECKERS Forderung nach einer Intensivierung von "Study, Experimentation and Research" ab. In der Forschungstätigkeit sieht er die Hauptaufgabe für die zukünftige Entwicklung der Methode gegeben. Konkret schlägt er, ausgehend von der Überzeugung eines grundlegenden Wissensdefizits in den angegebenen Kernbereichen, die aus den oben genannten Prinzipien hervorgehenden Bereiche als mögliche Forschungsfelder vor.

Die Arbeit von WILSON/RYLAND behandelt, ausgehend von der oben gegebenen Definition, das Wissen und die Fähigkeiten, die ein Gruppenarbeiter besitzen sollte. Es ist als Lehrbuch für in der Gruppenarbeit tätige Studenten und Lehrpersonen geschrieben und gliedert sich in vier Teile: *The Social Group Work Method* (3-196); *Analysis of the Program Media* (197-346); *Records of the Social Group Work Practice* (347-532) und *Supervisory and Administrative Process* (533-622). Relevant für die hier vorliegende Arbeit ist insbesondere der erste Teil, der sich, ausgehend von Betrachtungen zur professionellen Führung in der Sozialarbeit und dem Verständnis der Dynamik des Gruppenlebens, mit den methodischen Implikationen der Gruppenarbeit befasst.

Der zweite Teil analysiert die unterschiedlichen Medien der Programmgestaltung und deren Bedeutung für den Gruppenprozess, während im dritten Teil, zum besseren Verständnis des Vorangegangenen, exemplarische Darstellungen unterschiedlicher Gruppen und der in ihnen ablaufenden Prozesse thematisiert werden. Der abschließende vierte Teil befasst sich mit den für die Gruppenarbeit relevanten administrativen Aspekten, die zum Gelingen der Gruppenarbeit beitragen und zumeist notwendigerweise im Rahmen von Institutionen durchgeführt werden. Zudem wird der Bereich der Praxisberatung, also der Supervision thematisiert.[83]

---

[83] Die lange Tradition dieser Form der Qualitätssicherung in der Sozialarbeit wird ursprünglich dem Bereich der Einzelfallhilfe zugeschrieben, wurde jedoch auch schon von den BARNETTS in der Toynbee Hall praktiziert (Vier-Augen-Gespräche; vgl. MÜLLER 1988: 44).

Nach einem Überblick über die Rolle der Führung in und von Gruppen geben WILSON/RYLAND einen Abriss der Entwicklung der Sozialarbeit von ihren freiwilligen, altruistischen Wurzeln bis zur Ausgestaltung einer professionellen Arbeitsform (vgl. 1949: 3-16). Sozialarbeit als professionelle Form organisierter Wohlfahrtsarbeit agiert zwischen den beiden Polen individueller Hilfe und Gemeinwesenentwicklung und ist in Abgrenzung zu anderen dienenden Professionen durch das Element des helfenden Prozesses gekennzeichnet.

Dieser ist durch Annahmen und Prinzipien charakterisiert, die es dem Sozialarbeiter ermöglichen, Menschen mit verschiedenen Interessen und Bedürfnissen in verschiedenen Settings zu helfen (vgl. ebd.: 22). Die Auflistung aller dieser Grundvoraussetzungen würde hier zu weit führen, jedoch sollen einige zentrale Prinzipien und Annahmen benannt werden.

Als grundlegende Maxime des Sozialarbeiters kann somit "his respect for human beings and their social organizations and his belief in their right to manage their own lives" (ebd.: 22) konstatiert werden.

Weitere zentrale Anforderungen bestehen zunächst in der Anerkennung der Einzigartigkeit von Individuen und Gruppen, und der daraus resultierenden Rechte. Es ist erforderlich, Mitgefühl zu haben, ohne eine Kongruenz der Gefühle herzustellen. Der Gruppenarbeiter sollte in der Lage sein, starke Emotionen wie Zuneigung, Liebe, Feindseligkeit und Aggression auszuhalten und einen gesunden Umgang damit aufweisen. Auch muss er Positionen und Verhaltensweisen akzeptieren und tolerieren können, die von seinen persönlichen Ansichten und Überzeugungen abweichen. Weitere grundlegende Eigenschaften bestehen in der Fähigkeit, in jenen Situationen als Autorität aufzutreten, in denen dies im Rahmen von sinnvoller und notwendiger Grenzziehung geboten ist. Hierbei soll Autorität zum Einsatz gebracht werden, ohne dabei Urteile zu fällen. Der Gruppenleiter sollte in der Lage sein, die Gruppe so zu führen und zu leiten, dass diese lernt, Probleme zu erkennen, zu formulieren und mittels eigener Entscheidungen zielgerichtet zu lösen. Es wird vorausgesetzt, dass er die Gruppe in ihrer jeweiligen Funktionsweise und ihren Grenzen versteht, den institutionellen Zusammenhang zwischen Gruppe und Wohlfahrtsverband erkennt und zu deuten versteht und schließlich in der Folge die Einrichtung angemessen im Gemeinwesen repräsentiert (vgl. ebd.: 22f.).

Die Übernahme dieser Arbeitsform durch die Gruppenarbeit erscheint daher nur als logische Konsequenz.

Diese hier nur skizzierten Vorstellungen bilden ein umfassendes Bild einer an-
spruchsvollen Tätigkeit, die wesentlich durch fünf Begriffe zu charakterisieren
ist: Akzeptanz, Verständnis, Reflexion, Wissen und Haltung, die schließlich in
Hilfe münden. Fähigkeiten werden gebraucht, um Wirkungen zu erzielen und
Entwicklungen zu fördern. Eingebettet ist dieser Prozess in das interdependente
Verhältnis von Individuum – Gruppe – Gemeinwesen.

Aus dem Verständnis der jeweiligen Dynamik des individuellen und des Gruppenlebens geht die besondere Bedeutung der Gruppe hervor. WILSON/ RYLAND
konstatieren daher: "Group interaction is the social force through which individual growth and development take place. It is also the means through which so-
cietal growth and change are accomplished." (ebd.: 60) Abhängig ist dies jedoch
von der Beschaffenheit der Gruppe. Nicht jeder Zusammenschluss von Individuen erfüllt den Anspruch individuellen und gemeinschaftlichen Fortschritts und
vermag zugleich Entwicklung zu gewährleisten. "Achievement of these ends
depends upon the set of values which are the dominant ideals of the members
and of the society of which they are a part." (ebd.: 60) Der soziale Zweck, den
der Initiator der Gruppe verfolgt, ist entscheidend für die Ausgestaltung und
Wirkung der Gruppe.
Unabhängig vom sozialen Zweck der Gruppe ist ein Merkmal in jedem Fall vorhanden: die Teilnahme des Gruppenarbeiters am Interaktionsprozess. Verbunden
mit der Teilnahme ist ein jeweiliger Führungsstil, der den entsprechenden Gruppenprozess spezifisch ausgestaltet (vgl. ebd.: 60f.). In der dem demokratischen
Prinzip verpflichteten Sozialen Gruppenarbeit, die hier als "enabling method"
(ebd.: 61) bezeichnet wird, ist der Gruppenleiter also in der Rolle des
"Befähigers" zu sehen, der den Mitgliedern hilft, "to learn new ideas, develop
new skills, change attitudes and deepen their personalities through participation
in a social process wherein they make decisions and take the social action
necessary to accomplish the purposes of the group" (ebd.: 61).
Die Qualität der gemachten Erfahrung besteht also darin, dass sie die Möglichkeit zur Unterscheidung zwischen den einzelnen Methoden, ausgehend von der
Art der Beziehung zwischen Gruppenleiter und Mitgliedern, gewährt. Diese Beziehung steht wiederum in enger Verbindung zur Weltanschauung ("philosophy") des Leiters und der tragenden Einrichtung.
Soziale Gruppenarbeit wird demgemäß gesehen "as a process and a method
through which group life is affected by a worker who consciously directs the

interacting process toward the accomplishment of goals which in our country are conceived in a democratic frame of reference" (ebd.:61). Diese Definition wird in der Folge spezifiziert. Unter "The 'What' of Social Group Work" (ebd.: 65ff.) werden die unterschiedlichen Gruppensituationen, d. h. die Motivationen, Anlässe für Gruppenarbeit behandelt. Das Spektrum reicht dabei von der auf Mitgliederinitiative zurückzuführenden freizeitorientierten Arbeit bis zur insitutionell iniitierten, durch Druck von außen zustande gekommene Gruppen. Unabhängig vom Zustandekommen bleibt die Zielsetzung des Gruppenarbeiters immer gleich: "to help the members of groups to develop the capacity to carry on their own group life; make their plans and decisions and carry them out" (ebd.: 67). Dabei gilt es jedoch immer, die unterschiedlichen Entwicklungsstadien und die damit verbundenen Fähigkeiten in ihrer Gesamtheit wahrzunehmen und zu berücksichtigen. Anzufangen, wo die Gruppe steht, und im jeweiligen Zusammenhang zu individualisieren, sind die daraus resultierenden Forderungen.

Mit der Gruppensituation sind einige spezielle Funktionen des Gruppenleiters verbunden. Neben dem "Meeting with Groups" (ebd.: 69ff.), das mit der Herstellung eines vertrauensvollen Kontakts beginnt und die Teilnahme am Gruppengeschehen nach sich zieht, sind das Schreiben von Gruppen- und Einzelberichten ("Writing Reports and Records"; ebd.: 76ff.) sowie die Vertretung der anstellenden Einrichtung im Gemeinwesen ("Representing the Agency in Community Work"; ebd.: 80ff.) als weitere spezielle Funktionen des Leiters zu nennen.

"The 'Who' of Social Group Work" (ebd.: 83f.) bezeichnet den für die Soziale Gruppenarbeit relevanten Personenkreis. "People of all ethnic, occupational, religious, economic and social class groupings, in sickness and in health" (ebd.: 83) sind als Teilnehmer vorgesehen. Zu berücksichtigen ist dabei, dass die Prinzipien der Sozialen Gruppenarbeit bei allen genannten Zusammensetzungen Gültigkeit haben, ihre Anwendung aber auf den je spezifischen Fall hin flexibel gehandhabt werden muss. Für den Gruppenarbeiter ist es entscheidend, sich mit der Geschichte, dem Hintergrund des Einzelnen vertraut zu machen, um so das Handeln und Verhalten in der Gruppe besser zu verstehen. Gleichzeitig ist es aber notwendig, die Gruppe als ein Ganzes mit einer spezifischen Geschichte und Entwicklung im Auge zu behalten, damit aus der Synthese von Individual- und Gruppenverhalten ein möglichst vollständiges Bild des Entwicklungszusammenhangs von Gruppe *und* Individuum entsteht (vgl. ebd.: 84).

Die letzte Kategorie, "The 'How' of Social Group Work" (ebd.: 84ff.) beschreibt die Vorgehensweise bei der Realisierung der Arbeit in und mit der Gruppe. Da

Soziale Gruppenarbeit ein Prozess ist, der auf der Beziehung zwischen Gruppenarbeiter und Mitgliedern beruht, hängt der Erfolg im Wesentlichen ab von
der Umsicht und Klugheit ("wisdom and discretion") des Gruppenleiters und
seiner Fähigkeit, die Beziehungen innerhalb der Gruppe und zu anderen Gruppen zu entwickeln (vgl. ebd.: 85).

WILSON/RYLAND benennen die dazu notwendigen Haltungen in Anlehnung an
ein von Studenten der Gruppenarbeit verfasstes Lied: "'Loving' the members"
(ebd.: 85ff.). Sie fordern also die voraussetzungslose Annahme der Gruppenmitglieder in Form von professioneller Nächstenliebe. Diese darf nicht an bestimmte Erwartungen gebunden sein und muss allen Mitgliedern in gleicher Form zu-
teil werden. Gerechtigkeit und Aufmerksamkeit, Toleranz, Wertschätzung und
Anerkennung sind dabei die handlungsleitenden Prinzipien.

"'Limiting' the members" (ebd.: 91ff.), das sinnvolle, nachvollziehbare Setzen
von Grenzen, ist eng mit der ersten Haltung verknüpft. "The worker who loves
is able to limit without being judgmental or punishing." (ebd.: 91) Grenzziehung
muss unabhängig von persönlichen Gefühlen gegenüber der einzuschränkenden
Person erfolgen. Das Prüfen der Motivation, die dem Verhalten zugrunde liegt,
ist dabei unerlässlich. Die Grenzziehung muss immer hinsichtlich der weiteren
Entwicklung erfolgen. Aktuelle und zukünftige Bedürfnisse müssen in die Entscheidung einfließen.

Die letzte Haltung "Helping Individuals and Groups to Achieve" (ebd.: 97ff.)
basiert auf der Einsicht, dass der Sinn von Leistung nicht einfach im Handeln
liegt, sondern vielmehr in der Zielstrebigkeit zu suchen ist. Die Leistung des
Einzelnen bekommt ihren Wert und ihre Bedeutung durch die Leistungen der
Gruppe, wobei diese wiederum von den Einzelleistungen abhängig sind. Es gilt,
dieses interdependente Geflecht zu durchschauen und entsprechend zu beeinflussen.

"The social group worker is concerned with the quality and meaning of the *ends*
(achievements) as well as with the means through which the ends are achieved.
The ends or achievements of a group in which the means have been determined
by the use of the social group work method are different from the *end in view*. It
is in this difference between the ostensible objective (the end in view) and the
accomplished result (the achievement) that most of the value of the group experience lies; there is also of course the value inherent in satisfaction with the end
itself. End and means are interdependent; the end will have little significance if
the means have failed to engage the interest and satisfy the needs of each mem-

ber, and the means will have little sustained value if the end is disappointing."
(ebd.: 97)

Es ist der Prozess des Leistens, der Anstrengung auf ein Ziel hin, der Veränderungen bewirkt. Neue Einflüsse und Ideen erscheinen, alte Einstellungen und Meinungen werden ersetzt. Die Leistung wird als Zweck und Wert an sich und nicht in einer Zweck-Mittel-Relation gesehen. Individuelle Leistung ist also eng mit der Leistung der Gruppe verbunden, während diese wiederum in enger Verbindung zum Status der Gruppe im Gemeinwesen steht.
Eine eindrucksvolle Zusammenfassung dieses Ansatzes geben WILSON/RYLAND selbst:

"Each member brings to a group his own religious, national, racial and social –
class identifications. The membership of a group may represent a great variety
of traditions and customs, or it may be very homogenous [...] As we indicated
earlier, the worker has a right to believe that his way of 'thinking' or 'doing' is
right for him, but he does not have a right to think that his way is the way for all
other people. His religious beliefs are his own and he is not asked to change
them in order to work with people of other beliefs. He is however, asked to respect beliefs which are different from his and to encourage and help others to
make the religious factor in their lives more meaningful. The same attitude is
required of the worker toward the differing customs of various national, racial,
and social groupings. This attitude transcends tolerance, it is a positive accep-
tance of the values of difference among human beings, of their right to be different one from another. Perhaps some day the peoples of the world will recognize
One God and ways of worshiping him which are not antagonistic to each other.
We might even look forward to the day of One World and world citizenship
shared equally by all. If these are goals to be achieved, they will be accomplished only by social processes in which each group representing different beliefs, traditions, and customs has equal opportunity for unhampered intergroup
relationships. It is our belief, that we are in the early stages of such a process,
and that the groups which social group workers serve are vital units in a movement towards a world at peace based on the brotherhood of man in the kingdom
of God." (1949: 88f.)

Auffallend bei dieser Darstellung ist die eindeutig religiöse Motivation der Gruppenarbeit. TUGGENER beschreibt sie als "Glaubensbekenntnis des säkularisierten ökumenischen Demokratismus"(1971: 108).[84]

Stellt man die drei soeben vorgestellten Ansätze nebeneinander, so ergibt sich ein Kontinuum der in den späten 40er-Jahren repräsentativen Ansätze des *social group work* [85]: angefangen bei Grace COYLE, die dezidiert die erzieherische Potenz und Relevanz der Methode herausstellt, über TRECKER, der den Versuch unternimmt, basierend auf dem demokratischen Kern von Gruppenarbeit und *social work* eine methodische Integration zu beiderseitigem Nutzen zu produzieren, bis hin zu dem in seiner Begründung eindeutig den Überzeugungen der Sozialarbeit verpflichteten Interpretationsversuch von WILSON/RYLAND. Während COYLE dem Gedanken der demokratischen orientierten Verwirklichung von Interessen im Bereich der Jugend- und informellen Bildungsarbeit besondere Bedeutung beimisst, fassen WILSON/RYLAND die methodische Ausrichtung dahin gehend anders, dass sie den Bereich der Hilfe, des Befähigens als zentral markieren und so eine breitere Ausgangsbasis zu schaffen versuchen. Letztgenannter Ansatz verdeutlicht somit nochmals den Integrationsprozess des *group work* in das *social work*.

COYLE, in der Tradition DEWEYS stehend, begreift Gruppenarbeit als einen beständigen Kommunikationsprozess, der, den Regeln der experimentellen Methode folgend, eine stetige Neuanpassung der Interessen und Bedürfnisse verlangt. Sie weist deutlich darauf hin, dass der Entwicklungsstand der Wissenschaft es bis dato nicht erlaubt, eindeutige Aussagen hinsichtlich der psychosoziologischen Bedingungen der Entstehung von Gruppen zu treffen. Hier unterscheidet sich ihr Ansatz wesentlich von dem Ansatz bei WILSONS /RYLAND.

Während TRECKER versucht, die Integration des *group work* in das Feld der Sozialarbeit ausschließlich entlang der gemeinsamen Verpflichtung gegenüber dem demokratischen Ideal zu begreifen, gehen WILSON/RYLAND einen partiell anderen Weg. Sie arbeiten unter Bezug auf COOLEY (vgl. 1949: 8f.) zwar die besondere Bedeutung von Gruppen für die Genese des Selbst heraus und markieren auch den Zusammenhang mit der demokratischen Gesellschaftsorganisation, jedoch, und dies unterscheidet die Ansätze fundamental, begründen sie die Not-

---

[84] Diese Aussage TUGGENERS verdeutlicht sich an der Tatsache, dass die Arbeit WILSON/RYLANDS aufgrund der Farbe des Originaleinbandes auch als "grüne Bibel" (green Bible) bezeichnet wurde (vgl. REID 1981:60)

[85] Die dezidiert therapeutisch orientierte Gruppenarbeit bleibt hier bewusst außen vor. Die Begründung für dieses Vorgehen findet sich im folgenden Kapitel.

wendigkeit von Gruppenarbeit radikal anders. Ihr Ausgangspunkt liegt in der Beschreibung der menschlichen Persönlichkeitsstruktur. Hier folgen sie der im *social work* verbreiteten psychoanalytischen Auffassung (vgl. dazu TUGGENER 1971) im Anschluss an Anna FREUD (WILSON/RYLAND 1949: 42ff.). Die hieraus erzeugte theoretische Basis akzentuiert die Sichtweise des Gruppenprozesses verschieden. Die Annahme verschiedener menschlicher Triebe, wie Selbsterhaltung, Arterhaltung und Teilnahme am Gemeinschaftsleben (ebd.: 42), führt dazu, dass einerseits, die Organisation in Gruppen als positiv und notwendig erachtet wird; andererseits öffnet diese Position, für den Fall einer abweichenden Entwicklung, jedoch ein Einfallstor für verordnete Hilfestellung. Die bislang ausschließlich positive und an Bedürfnissen und Fähigkeiten orientierte Sichtweise der Gruppenarbeit erscheint hier also erstmals auch unter dem Aspekt einer Orientierung an möglicherweise defizitären Entwicklungen. Hinzu kommt, dass durch die psychoanalytische Ausrichtung die Fundamentalbedeutung des Sozialen, zugunsten einer nicht überzeugend zu begründenden individualistischen Konzeption des Selbst aufgeweicht wird (vgl. Kapitel 1.1.2). Berücksichtigt man die persönliche und berufliche Entwicklung insbesondere Gertrude WILSONS (hierzu: http://www.infed.org/thinkers/wilson.htm) erscheint die Orientierung am psychoanalytischen Gedankengut als logische Konsequenz ihrer Karriere.

Sicherlich war der Ansatz WILSON/RYLANDS durch die damalige Prominenz und Verbreitung der Psychoanalyse im *social work* geprägt. Unabhängig von diesem Sachverhalt erscheint eine solche Ausrichtung jedoch nicht zwingend erforderlich, wie sich am Beispiel der Arbeit TRECKERS zeigen lässt (siehe oben). Die Berufung auf die gemeinsamen Wurzeln im demokratischen Ideal und der immer fortdauernde Versuch, sich diesem anzunähern, es lernend mit Leben zu erfüllen, erscheint als hinreichender Begründungszusammenhang für sozialarbeiterisches Handeln im Allgemeinen und für Gruppenarbeit im Besonderen.

Trotz der gezeigten Unterschiede in der Begründung der Ansätze orientiert sich Soziale Gruppenarbeit wie sie eben präsentiert wurde, an einem Modell der *social action*. Dabei stehen laut KRAPOHL "insbesondere soziale Projekte, Aktionen oder Aufgaben im Vordergrund; allerdings nicht um ihrer selbst willen. Die Gruppenteilnehmer sollen zu sozialem Bewußtsein und zur Übernahme sozialer Verantwortung befähigt werden. Leitbild ist der mündige Bürger in einem

demokratischen Staat, und Gruppe ist das Mittel, um dieses Ziel zu erreichen."
(1997: 36)

Die Befähigung des Einzelnen in und mit der Gruppe angemessen zu handeln
und dabei gleichzeitig seine eigenen Bedürfnisse gewürdigt zu wissen, ist das
Anliegen und die Aufgabe dieser Form der Gruppenarbeit. Der Druck der Grup-
penkonstellation bewirkt eine zweiseitige Anpassung die, gesteuert durch den
Gruppenarbeiter, sowohl die Gruppe als auch das Individuum verändert.

1.3.4 Bilanzierung und zukünftige Aufgabenstellung aus der Binnen-perspektive des Social Group Work

Bevor der Blick nun auf die Einführung und Entwicklung der Sozialen Gruppenarbeit in Deutschland gerichtet wird, werden im folgenden Abschnitt, gleichsam als Ausblick und Bilanz, die bis hierher beschiebenen Entwicklungen festgehalten. Ein solches Vorgehen bietet sich insbesondere deshalb an, weil solche
Versuche auch von Seiten der Profession der Gruppenarbeiter vorgenommen
wurden und in veröffentlichter Form vorliegen. 1948 erschien die von Charles
E. HENDRY herausgegebene Aufsatzsammlung *A Decade of Group Work* (New
York). Die anlässlich des zehnjährigen Jubiläums der American Association for
the Study of Group Work präsentierten Artikel umfassen ein breites Themen-
spektrum: Neben der Darstellung der zentralen Strömungen und Trends sind
insbesondere die philosophischen und wissenschaftlichen Grenzen und Entwicklungstendenzen von Interesse. Hinzu kommt der Versuch einer Formulierung
von Prioritäten und Richtungen der zukünftigen Entwicklung. Angesichts der
Differenzen bezüglich der konkreten Arbeitsweisen und der zugrunde liegenden
Definition ist das verbindende Element darin zu identifizieren, dass die Autoren
die Überzeugung teilen, dass die Gruppenarbeit ein wirksames Instrument zur
Verbesserung gesellschaftlicher Zusammenhänge darstellt.

Interessant ist dabei, wie REID im Anschluss an WILSON feststellt, dass nur vier
von fünfundzwanzig Autoren aus dem Feld des *social work* stammen und stattdessen eine vielfältige Zusammensetzung aus den unterschiedlichsten Bereichen
der Sozialen Dienste und Wohlfahrtsorganisationen dominiert (vgl. 1981: 162).
Aus dem Jahr 1955 datiert die kommentierte Zusammenstellung maßgeblicher
Artikel aus der Zeitschrift der AASGW *The Group*, die von Harleigh B. TRE-
CKER herausgegeben wurde. Neben vielfältigen Artikeln aus den unterschiedlichen Arbeitsbereichen und –feldern enthält *Group Work. Foundations und
Frontiers* (New York) eine von TRECKER initiierte und ausgewertete Studie zu

den zukünftig als zentral erachteten Aufgaben und Problembereichen der Methode (TRECKER 1955: 373-418).

Vorweg fällt bei beiden Arbeiten, wie im Übrigen auch bei den oben vorgestellten Lehrwerken, die besondere Beachtung, Sensibilität und Aufmerksamkeit gegenüber den faschistischen, nationalsozialistischen und auch kommunistischen Gesellschaftsversuchen auf. Die Autoren entdecken darin eine eindeutig zu identifizierende Gegenkonstellation, an der es sich abzuarbeiten lohnt. Die dezidiert demokratische Position des *group work* wirkt dabei quasi als Gegenentwurf zu den totalitären Bestrebungen in Deutschland. Dessen Verwirklichung, so der Tenor, bleibt jedoch von der wachsamen und bewussten Handhabung und Steuerung demokratischer Prozesse abhängig (siehe 1.3.3).

So äußert sich ein Teilnehmer der oben genannten Studie wie folgt zu den Gefahren totalitärer Weltanschauungen: "Today we must deepen our understanding and working knowledge about the democratic process. We have, too long now, mouthed words about this process. The trends in the world about us toward totalitarianism are real dangers. Democratic concepts need to be taught from the cradle to the grave everywhere and to all people." (TRECKER 1955: 401f.)

Die Geschehnisse des Zweiten Weltkriegs haben insgesamt eine zentrale Bedeutung für die Entwicklung des *group work*. Neben der allgemeinen Verdeutlichung der Bedeutung einer demokratischen Lebensweise sorgten die konkreten Auswirkungen des Krieges auch für direkte Veränderungen. Ray JOHNS beschreibt die hauptsächlichen Veränderungen in seinem Artikel *Practices and Applications during Wartime* (1948: 115-123) wie folgt: "(1) the re-emphasis on the importance of group relationships; (2) the broadening of constituencies; (3) the influence of group practices; (4) the greater fusions of individual services and large scale activity in group work: (5) the importance of social settings; (6) the lessened emphasis on current issues in program content; and (7) adapations in leadershhip practices." (ebd.: 116, vgl. dazu auch David DANZIG: *Short-Contact Group Work Service* [1948: 105-114])

Während die Einrichtungen vor dem Krieg gewohnt waren, mit dauerhaften und stabilen Gruppen zu arbeiten, mussten sie jetzt, den Verhältnissen Rechnung tragend, ihre Arbeitsweise umstellen und sich mit flüchtigen und vorübergehenden Zusammenhängen arrangieren:

"Soldiers and sailors who joined a dramatic or music group might after a few rehearsals, be transferred to another camp, or shipped overseas. Replacements

ofttimes replaced replacements. The proportion of club groups declined sharply. Short time special interest groups and individual activities which could be completed in a brief time or finished elsewhere, predominated in many programs."
(JOHNS 1948: 119)

Die natürliche, auf einem gemeinsamen Hintergrund und gemeinsamen Interessen beruhende Gruppenbildung wurde zunehmend durch eine geplante und vielfältige Art der Zusammenstellung ersetzt. Ebenso wurden die bis dahin üblichen Kleingruppenaktivitäten zunehmend durch Aktivitäten im Rahmen von größeren Zusammenhängen ersetzt. In Verbindung mit der Kurzzeitteilnahme und der Fluktuation der Teilnehmer entstanden somit neue Formen der Arbeit, die in der Vorkriegszeit noch unbekannt waren. Hinzu kam, dass aufgrund der Ausweitung der Angebote vermehrt ehrenamtliche Helfer ausgebildet werden mussten. Dies hatte die Entwicklung neuer Ausbildungs- und Trainingsmaßnahmen zur Folge

Neben den durch die äußeren Umstände des Krieges bedingten Veränderungen und Entwicklungstendenzen kamen solche hinzu, die aus der Ausweitung sozialpsychologischer Forschung resultierten. Roland LIPPITT fasst die Ergebnisse der Forschungstätigkeit in seinem Artikel *Socio-Psychological Research and Group Work* (1948: 166-177) zusammen. Zentrale Forschungsbereiche, so LIPPITT, seien die Prozesse des "primary group life" (ebd.: 166) sowie die mit der Leitung von Gruppen zusammenhängenden Faktoren. Besondere Bedeutung misst LIPPITT dabei den Werken Kurt LEWINS[86] bei, insbesondere dessen Arbeiten zu unterschiedlichen Führungsstilen. Hier besteht ein eindeutiger Zusammenhang mit den Umerziehungsbestrebungen in Deutschland. Bezüglich des Einflusses LEWINS auf die Gruppenarbeit bemerkt HARTFORD (1971:14f.), dass dessen gestaltpsychologischer Ansatz angesichts der Dominanz psychoanalytischen Gedankenguts im *social work* dort nur begrenzt seine Wirkung entfalten konnte. Hinzu kamen, so HARTFORD weiter, ethische Bedenken bezüglich der experimentellen Bearbeitung menschlicher Beziehungen. In diesem Zusammenhang verweist HARTFORD auch auf eine unveröffentlichte Arbeit COYLES, in der diese die Übertragbarkeit von experimentellen Ergebnissen auf reale Konstellationen in Frage stellt.

---

[86] Der Zusammenhang von LEWINS Arbeit und dem *group work* wird näher bei REID (1981: 152f) thematisiert. Eine kurze Darstellung zu LEWIN und seiner Feldtheorie findet sich in SCHÜTZ (1989: 61-74).

Insgesamt beziehen sich LIPPITTS Darstellungen auf das gesamte Feld der Gruppendynamik, das in jenen Jahren zunehmend an Bedeutung und Kontur gewann (vgl. dazu auch den Artikel von CARTWRIGHT/ZANDER: *Looking Toward the Next Ten Years in Group Work* 1948: 178-182).

Als weiteren, mithin zentralen Forschungsbereich markiert LIPPITT das bereits weiter oben angeführte Verhältnis zwischen *group work* und Therapie (ebd.:170ff.). Während des Krieges wurden unter der Ägide des Militärs positive Erfahrungen im Bereich der Gruppenpsychotherapie gesammelt. Hinzu kommt der Umstand, dass wie oben dargestellt, die psychoanalytische Sichtweise von Individual- und Gruppenprozessen deutliche Anknüpfungspunkte für therapeutisches Handeln bot.

Das ambivalente Verhältnis thematisiert Gisela KONOPKA in einem Papier mit dem Titel *Group Work and Therapy* (1948: 39-44). Im Anschluss an Fritz REDL definiert sie therapeutische Behandlung als einen "repair job" und einen "helping process in regard to some kind of illness" (ebd.: 41). Den therapeutischen Effekt des *group work* sieht sie darin gegeben, dass die Dynamik des Gruppenlebens einen heilenden Einfluss auf die Teilnehmer ausübt. Durch das sorgfältige Studium der Grundlagen dieser Dynamik soll es, so KONOPKA, möglich werden, dieses in objektiver Form als therapeutisches Instrument nutzbar zu machen (vgl. dazu auch II/4).

Gesetzt bleibt dabei jedoch die grundlegende Bedeutung und Beachtung des demokratischen Prozesses. SLAVSON einer der Protagonisten der therapeutischen Gruppenarbeit äußert sich beispielsweise in einem frühen Artikel zur Vereinbarkeit von Führung ("leadership") und Demokratie (vgl. SLAVSON 1955/1941: 25-34). Er arbeitet dabei die Notwendigkeiten und Möglichkeiten der Realisierung demokratischer Führung heraus und gelangt, analog zu anderen Autoren wie COYLE und TRECKER, zu der Einschätzung: "Group Work is education *for* democracy *through* democracy in slow and gradual stages." (ebd.: 33; Herv. i. O.)

Der Einfluss therapeutischer Orientierungen und Arbeitsweisen auf die Entwicklung des *social group work* wurde ambivalent bewertet. In der von TRECKER durchgeführten Studie (1955: 397-400) äußern sich die Teilnehmer durchaus kritisch: Neben einer generellen Infragestellung der Zugehörigkeit des therapeutischen Wirkens zum Bereich der Gruppenarbeit (s. o. den Artikel von KONOPKA), werden die Möglichkeiten therapeutischer Gruppenarbeit mitunter auch als Bereicherung des Spektrums betrachtet, die im Rahmen einer Integration ins *social work* durchaus von Nutzen sein könnte. Gleichzeitig wird jedoch davor gewarnt, die Konzentration auf therapeutische Gruppenarbeit könne zu einer Vernachlässigung der traditionellen Arbeitsfelder in der demokratischen Erziehungsarbeit führen. Ebenso wird auf die Gefahr aufmerksam gemacht, dass die Integration therapeutischer Elemente unter der Prämisse eines Statusgewinns im psychiatrischen Feld erfolgen könnte, was letztlich für die Entwicklung der Gruppenarbeit als Ganzes kontraproduktiv wäre.[87]

Nicht zuletzt und mithin zentral wird auf die Gefahr hingewiesen, dass eine therapeutische Wendung der Gruppenarbeit zu einem Aufbrechen der konstitutionellen Identität von Zweck und Mittel in der Arbeit führen könnte, was einen Verlust des Sozialen zur Folge hätte.

Die Bestimmung des Verhältnisses von Gruppenarbeit und Therapie war ein wesentlicher und – wie im weiteren Verlauf der Arbeit noch gezeigt wird – zentraler Punkt der Bestandsaufnahme und Perspektivenentwicklung des *social group work*.

Neben dieser sehr konkreten Fragestellung gab es jedoch weitere, global bedeutsamere Themen und Aufgaben, die in einem allgemeinen Zusammenhang mit der gesamtgesellschaftlichen Entwicklung standen. Die Gefahr des faschistischen Totalitarismus war in den fünfziger Jahren gebannt, die sich nun abzeichnende Entwicklung in Richtung des "Kalten Krieges", die Frontstellung gegenüber den kommunistischen Systemen in Osteuropa, bestimmte zunehmend den gesellschaftlichen Diskurs. Hinzu kamen innergesellschaftliche, amerikanische Problemlagen hinsichtlich Zusammensetzung, Wachstum und Mobilität der Bevölkerung und nicht zuletzt die ungeklärte Rassenfrage. Diese gesellschaftlich zentralen Themen identifiziert TRECKER (1955: 377-383) als Rahmen der zukünftigen Entwicklung der Methode und zugleich als Anknüpfungspunkt und Aufgabenstellung, der sich das *social group work* zu stellen hat. Die Überzeugung dabei war, dass die demokratische Grundhaltung im *social group work* wesentlich für die positive Bearbeitung eben jener Problemlagen ist. Jedoch und hier findet sich der Abschluss dieser Darstellung, muss gewährleistet sein, dass

---

[87] Bezüglich der Thematik einer Ausweitung therapeutischen Handelns in der Gruppenarbeit nennt REID (1981: 159f.) die Ergebnisse mehrerer Studien zur Berufssituation von Gruppenarbeitern. So waren zu Beginn der Fümfzigerjahre zwischen 15 Prozent und einem Viertel der Absolventen in einem nichttraditionellen, spezialisierten und therapeutisch orientierten Arbeitsbereich beschäftigt. Bezüglich der Zahl von 25 Prozent lässt sich jedoch einschränkend festhalten, dass davon lediglich zwei Drittel der Befragten im Bereich des *social group work* arbeiteten, während der Rest andere Aufgaben übernommen hatte.

die gesamte Arbeit vom demokratischen Ideal durchdrungen wird. Eine separate und von der philosophisch-ethischen Grundhaltung abgetrennte Entwicklung des technischen Instrumentariums erschien angesichts der anstehenden Aufgaben als nicht praktikabel. Vielmehr ging es darum, das Soziale als Aufgabe und Zielsetzung zu berücksichtigen und entsprechend zur Geltung zu bringen.

2 Historische Anschlussmöglichkeiten und ihre Defizite in Deutschland

Ausgehend von der Darstellung und Analyse der Wurzeln der Gruppenarbeit in den Vereinigten Staaten wird der Blick nun auf die Rezeption dieser Ansätze in Deutschland gerichtet.

Zuvor sollen jedoch Ansätze sozialer Erziehungs- und Jugendarbeit in Deutschland dargestellt und hinsichtlich vorhandener Kontinuitäten, Entsprechungen und Abweichungen untersucht werden. Während die deutsche Rezeption (vgl. dazu insbesondere SCHILLER 1963: 39-50) eine Vielzahl entsprechender Ansätze in Deutschland sieht[88], sollen hier nur diejenigen Bewegungen herangezogen werden, deren Analogien zur Gruppenarbeit offensichtlich sind.[89] Dies geschieht nicht als Versuch der Erzeugung historischer Kontinuitäten, sondern mit der Absicht, Entsprechungen in der Entwicklung aufzuzeigen, Entsprechungen, die teils aufgrund länderübergreifender Entwicklungen und teils aufgrund landesspezifischer Traditionen entstanden sind. Neben den Übereinstimmungen sollen jedoch auch die Differenzen zwischen den jeweiligen Ansätzen berücksichtigt werden.

2.1 Jugendbewegung

Die Bedeutung der deutschen Jugendbewegung für die Entwicklung der Gruppenarbeit liegt in ihrer katalysierenden Wirkung bezüglich des Fokussierens von Jugend als einer eigenständigen Lebensphase, die einer eigentätigen Verwirklichung des Erziehungsgedankens huldigt. C. W. MÜLLER konstatiert dazu:

---

[88] Zur Kritik an dieser Auffassung siehe Kapitel 3.3.3.
[89] Die Darstellung erfolgt hier entlang der von C. W. Müller (1970) vorgenommenen Auswahl der Ansätze.

"Das Auftauchen von Gruppen im Zusammenhang mit Erziehung hängt eng mit dem Auftauchen von 'Jugend' als einer selbständigen, d. h. mit besonderen Rollen und Funktionen ausgestatteten sozialen Gruppe innerhalb unserer Industriegesellschaft zusammen. Dort, wo Teile dieser 'Jugend' zum ersten Male auf Emanzipation von Elternhaus und Schule sinnen, freiwillig mit ihresgleichen in Verbindung traten, um *Fremderziehung* durch *Selbsterziehung* zu ergänzen, wurde die Aufgabe der altershomogenen Jugendgruppe als *Lebens- und Erziehungsgemeinschaft* formuliert." (1970: 9f.; Herv. i. O.)

Diese Feststellung, so treffend sie auch sein mag, bedarf näherer Erläuterung: Die bürgerliche Jugendbewegung, ein Resultat des Aufbegehrens von Schülern gegen die überkommenen Vorstellungen ihrer Eltern, fand ihren Ausgangspunkt in den Wanderaktivitäten Berliner Gymnasiasten, die in ihrem Tun – auf der Flucht vor den Zwängen des Stadtlebens – nach einem ursprünglichen, echten Leben suchten. Das Ausmaß und die Verbreitung dieser Bewegung beschreiben HERING/MÜNCHMEIER wie folgt: "Die Jugendbewegung war ihrer Größe nach keine Bewegung *der* Jugend der damaligen Zeit, sondern stand im schroffen Kontrast zur Durchschnittsjugend der Gesellschaft des Kaiserreichs." (2000: 61, Herv. i. O.)
Die Wandertätigkeit, 1896 begonnen, stellte im Vergleich zu späteren Zeiten, in denen sie zu einer gewöhnlichen Form der Freizeitgestaltung geworden war, eine soziale Innovation dar. Die Erschließung persönlicher Freiräume, jenseits von Zivilisation und materiellen Errungenschaften der Welt der Eltern, führte im Jahr 1901 zur Gründung des "Wandervogels – Ausschuss für Schülerfahrten". Abgehoben und zugleich doch eingebettet in den bürgerlichen Rahmen der Zeit wurde eine Reform des sozialen Lebens eingefordert, wohlgemerkt, des sozialen Lebens der beteiligten Jugendlichen (vgl. WENDT 1995: 226f.).
Anlässlich der Vorbereitung des ersten deutschen Jugendtages auf dem Hohen Meißner wurden diese Bedürfnisse im Jahr 1913 folgendermaßen artikuliert:

"Die Jugend, bisher aus dem öffentlichen Leben der Nation ausgeschaltet und angewiesen auf eine passive Rolle des Lernens, auf eine spielerisch-nichtige Geselligkeit und nur ein Anhängsel der älteren Generation, beginnt sich auf sich selbst zu besinnen. Sie versucht, unabhängig von den trägen Gewohnheiten der Alten und von den Geboten einer häßlichen Konvention sich selbst ihr Leben zu gestalten. Sie strebt nach einer Lebensführung, die jugendlichem Wesen entspricht, die es ihr aber zugleich auch ermöglicht, sich selbst und ihr Tun ernst zu nehmen und sich als einen besonderen Faktor in die allgemeine Kulturarbeit einzugliedern. [...] Sie wendet sich aber von jenem billigen Patriotismus ab, der sich die Heldentaten der Väter in großen Worten aneignet, ohne sich zu eigenen Taten verpflichtet zu fühlen [...] (*Der zweite Aufruf zum Ersten Freideutschen Jugendtag* 1970/1913: 28).

Die Abgrenzung zu den Idealen der Eltern, der Bezug auf die eigene Kraft, vereint mit dem Wunsch, sich selbst im Rahmen eines natürlichen Lebens selbst zu verwirklichen und zu erziehen, ohne dabei jedoch die Grundfesten der Nation in Frage zu stellen, ist die Absicht hinter diesen Äußerungen. Bezüglich der Selbsterziehung in der jugendlichen Erziehungsgemeinschaft äußert Bruno LEMKE folgende Worte: "Tun wir selbst unsere Schuldigkeit an uns, indem wir selbst unsere Erziehung in die Hand nehmen. Nicht um die Erziehung, die uns andere Institutionen angedeihen lassen, *zu ersetzen*, sondern um sie *zu ergänzen*." (1970/1913: 33; Herv. i. O.) Es geht also nicht um eine Abschaffung institutioneller Erziehung, sondern darum, die Bedürfnisse der Jugend zu ergänzen. Von Bedeutung ist in diesem Zusammenhang der äußere Rahmen, in dem diese Entwicklung vonstatten ging. Deutschland war am Vorabend des Ersten Weltkriegs eine konstitutionelle Monarchie, die Regierung vom Wohlwollen des Kaisers abhängig, ein demokratisches Bewusstsein war in der Bevölkerung nicht vorhanden.

So erscheint die gemeinschaftliche, emanzipatorische Orientierung zwar fortschrittlich, wird jedoch keineswegs vom demokratischen Gedanken getragen. Sie stellt die autoritäre Gesellschaftsordnung nicht in Frage, sondern fordert einen partiellen Freiraum für die privilegierte, bürgerliche Schicht.

Eine Errungenschaft, die der Jugendbewegung zu verdanken ist, ist sicherlich die Entdeckung der "Gruppe als Produzent eines Gemeinschaftserlebnisses" (MÜLLER 1970: 16), das abseits des gymnasialen Schulwesens gedeihen konnte. Innerhalb der Gruppe wurden, wenn auch anfänglich nicht mit bewusster pädagogischer Absicht, die sozialisierenden Kräfte wechselseitiger Erziehung genutzt.

Durch die Geschehnisse des Ersten Weltkriegs wurden diese Errungenschaften zunichte gemacht. Verbunden mit dem Mangel an demokratischem Bewusstsein ist es daher nachvollziehbar, dass jene Bewegung trotz ihrer augenscheinlich fortschrittlichen Gruppenorientierung keinen Wandel in den deutschen Erziehungskonzeptionen bewirken konnte. Für die Gruppenpädagogik war die Jugendbewegung insoweit wegweisend, als sie wesentliche Voraussetzungen und Bedingungen des Gruppenlebens in gewisser Weise intuitiv erschlossen hat. Jedoch lässt sich aufgrund der fehlenden demokratischen Orientierung und des exklusiven Charakters, keine Kontinuität zwischen beiden Bewegungen feststellen. Hinzu kommt, dass – und hier nehme ich Teile der weiter unten abzuhandelnden Bestrebungen zur Demokratisierung in Deutschland nach dem Zweiten Weltkrieg vorweg – die amerikanische Militärregierung bei der Neugestaltung des Erziehungswesens eher eine Konzeption der Jugendpflege favorisierte, als auf vertraute Traditionen der Jugendbewegung zu setzen (vgl. KELLERMANN 1946: 14).

2.2 Reformpädagogik

Die Reformpädagogik als zweite historische Anschlussmöglichkeit ist eine internationale Entwicklung, die ihre landesspezifischen Ausprägungen erhalten hat. Je nach Standpunkt kann die Bewegung in Deutschland zeitlich zwischen dem Ende des 19. Jahrhunderts und der Phase der ersten formaldemokratischen Republik auf deutschem Boden, also den Zwanzigerjahren des 20. Jahrhunderts, verortet werden (vgl. MÜLLER 1970: 43).

Die zweite Phase, geprägt durch zahlreiche Schulversuche, war gekennzeichnet durch den Versuch, Schule neu zu denken. Orientiert an der Entwicklung der Kinder sollte sich Erziehung als selbsttätiger Vorgang in Lebensgemeinschaften vollziehen. Lehrer sollten die Gemeinschaft nur indirekt beeinflussen.

Die Entwicklung in Deutschland lag zeitlich hinter den Reformbestrebungen in den Vereinigten Staaten, wo insbesondere die Vorstellungen John DEWEYS Beachtung fanden. Die *progressive education* jener Zeit war gekennzeichnet durch ihre Orientierung am Kind und dessen Bedürfnissen. Während DEWEY, im Kern seines Anliegens missverstanden, in der Folge von diesen Vorstellungen abrückte und seiner Arbeit einen anderen Schwerpunkt gab, wurden in Deutschland aufgrund der speziellen politischen Situation einige Errungenschaften der Reformorientierung in besonderer Weise ausgestaltet.

Exemplarisch soll hierzu auf Arbeiten Georg KERSCHENSTEINERS, Edmund NEUENDORFFS und Peter PETERSENS eingegangen werden.

KERSCHENSTEINER, einer der ersten Protagonisten der Reformpädagogik, äußerte bereits zu Beginn des 20. Jahrhunderts Vorstellungen zur staatsbürgerlichen Erziehung der deutschen Jugend. Unter Berücksichtigung der politischen Verhältnisse jener Zeit erscheint die Feststellung MÜLLERS zutreffend, es handle sich dabei um eine "Reform schulischer Unterrichtsmethoden zum Erzielen alter Unterrichtsziele" (1970: 44). Obwohl die Gedankengänge KERSCHENSTEINERS durchaus sinnvolle Ansätze repräsentieren, erscheinen seine Forderungen auch unter veränderten politischen Bedingungen noch unter dem antidemokratischen Credo der Jahrhundertwende. Er hat zweifelsohne erkannt, dass eine rein geistige Vermittlung des Staatsgedankens nicht ausreicht, um das Fundament für eine solide Gemeinschaft zu bilden. "Wir alle wissen: die bloße Belehrung hat noch niemanden zum Staatsbürger gemacht. Alles Wissen ist nur ein Werkzeug des Handelns. Auf das Handeln aber kommt es an, ob wir gute Staatsbürger sind oder nicht." (KERSCHENSTEINER 1920:112) Staatsbürgerliche Erziehung, so seine Forderung, ist in Form von "*Arbeitsgemeinschaften zu organisieren*" (ebd.; Herv. i. O.). Die Schule als Träger dieser Art von Erziehung muss in diesem Sinne umgestaltet werden. Grundsatz ist dabei: "*die Umwandlung dieser Schule aus einer Stätte individuellen Ehrgeizes in eine Stätte sozialer Hingabe, aus einer Stätte theoretischer, intellektueller Einseitigkeit in eine Stätte praktisch-humaner Vielseitigkeit, aus einer Stätte des rechten Erwerbs von Kenntnissen in eine Stätte, die auch sofort zum rechten Gebrauch dieser Kenntnisse anleitet*" (ebd.: 113; Herv. i. O.). Wenn auch in seiner Idee der Arbeitsschule das Gedankengut DEWEYS repräsentiert ist, so gilt dies nicht im Geringsten für seine politische Orientierung. Der Briefwechsel zwischen KERSCHENSTEINER und Eduard SPRANGER aus dem Jahre 1915 zeigt dies in besonderer Weise: "Daß mich Dewey in seinen Pragmatismus einfangen könnte, brauchen Sie nicht zu fürchten. Ich habe ja schon gesagt: wir verstehen vom Anderen nur soviel, als er die Sprache unserer eigenen Seele spricht." (KERSCHENSTEINER/SPRANGER 1966/1915: 34) Diese Äußerung, obwohl sicherlich beeinflusst durch die weltpolitische Situation, zeigt die grundsätzliche Unvereinbarkeit der beiden Weltsichten, die auch später erhalten blieb (vgl. auch TRÖHLER 2003b, TRÖHLER 2005).

Edmund NEUENDORFF, ein ehemaliger Aktivist der Jugendbewegung, fordert die Umwandlung der Unterrichtsanstalt Schule in eine Schulgemeinde, die auf Basis von Arbeits- und Lebensgemeinschaften organisiert ist (vgl. 1921). Diese Wandlung beinhaltet neben einer grundsätzlichen Veränderung des asymmetrischen Lehrer-Schüler-Verhältnisses (vgl. ebd.: 5) vor allem den Verzicht auf das traditionelle Instrumentarium schulischer Vorgehensweisen. "Durch dieses ständige gemeinsame Arbeiten aller für alle, das durchaus im Mittelpunkt der Schulgemeinde stehen muß und neben dem das Abfragen und Prüfen im Bewußtsein des Schülers nur eine untergeordnete Rolle spielen dürfen, wird eine ganz neue geistige Atmosphäre geschaffen, die einen wahren Idealismus vorbereitet." (NEU-ENDORFF 1921: 6)

Die Veränderung des Lehrer-Schüler-Verhältnisses nimmt zum Teil bereits die Forderungen der Kleingruppenforschung vorweg, die bei der Untersuchung von Führungsstilen den demokratischen, gleichberechtigten Stil als den angemessensten beurteilt hat. Trotz dieser fortschrittlichen Orientierung lassen NEUENDORFFS Gedanken zum Ideal der Volksgemeinschaft, als Identifikationsziel des Einzelnen (vgl. ebd.: 10), sein auf den ersten Blick reformatorisches Projekt unter einem anderen, rückwärtsgewandten Licht erscheinen.

Die schulreformerischen Pläne Peter PETERSENS, die unter dem Begriff "Jena-Plan" bekannt sind, erkennen die Bedeutung der Gruppe als organisatorisches Mittel des Schulalltags. In dem Aufsatz *Das Gemeinschaftsleben der Gruppe* (1952/1927) entwickelt er das Bild einer auf Gruppenbasis organisierten Schulklasse. Er erkennt die der Gruppe innewohnende Dynamik als ein zentrales Konstitutionsmerkmal der Gruppenbildung. Die Kinder "arbeiten frei, selbsttätig und weitgehend selbstständig vom ersten Schultage an [...]. Dabei bilden sich alsbald frei zusammentretende Untergruppen auf Grund von Freundschaften, persönlicher Zuneigung, aber ebenso oft auf Grund gemeinsamen Interesses oder auch weil sie vom Gruppenführer zusammengeführt sind [...]. Zwangsweises Gruppieren wäre wertlos: nur wo die innere Zustimmung gewonnen wird, hat solche Beihilfe Wert." (ebd.: 27f.) Der Lehrer hat seiner Ansicht nach die Funktion des Gesprächsleiters, der seine Fragen in die Gedankengänge der Kinder einzuordnen versucht, ihre Fragen und Einwände im Hinblick auf die von ihm antizipierte Lösung verwertet. Dabei geht er jedoch immer "*den Weg*, den die *Kinder* gewählt haben" (ebd.: 36, Herv. i. O.) Die Zusammenarbeit in der von ihm gedachten Gruppe basiert darauf, dass die "[...] *Offenheit aller Verhältnisse* gewährleistet ist, [denn] so dient alles, was der Eingewöhnung in die besonderen schulischen Aufgaben gilt, zugleich immer auch der Gemeinschaftsbildung [...]" (ebd.: 36; Herv. i. O.).

Auf den ersten Blick erscheint dieses Konzept progressiv und gelungen, fokussiert man jedoch das der Gruppe als zentraler Einheit des Gemeinschaftslebens zugrunde liegende Verständnis, so relativiert sich doch das Verdienst PETERSENS. Wie MÜLLER feststellt, ist "sein Verständnis für die 'Gruppe' auf die überholte Dichotomie von 'Gemeinschaft versus Gesellschaft' (Ferdinand TÖNNIES) [ge]gründet" (1970: 46) (vgl. dazu auch OELKERS 1996: 241ff.). Dies wird bereits in den ersten Zeilen der Arbeit deutlich: "Die Unterschiede zwischen Klasse und Gruppe liegen ebendort, wo die zwischen Gesellschaft und Gemeinschaft liegen, also in der auf den Sinn bezogenen Struktur." (PETERSEN 1952: 26) OELKERS (1996: 243ff.) weist zudem nach, dass PETERSENS Theorie der Gemeinschaft sich gegenüber den jeweiligen politischen Systemen neutral verhält und die pädagogische Situation, von der PETERSEN ausgeht, in jedem gesellschaftlichen Zusammenhang besteht, eine dezidiert demokratische Position weder vorausgesetzt noch erwünscht und auch nicht notwendig erscheint.

Das Verdienst der deutschen Reformpädagogik liegt sicherlich darin, dass das auf den Fundamenten der Jugendbewegung fußende Verständnis von Gruppen als wertvolle Lern- und Lebenseinheiten erkannt und weiter gehend nutzbar gemacht zu haben. Die Orientierung am Kind und seinen Bedürfnissen war ein sicherlich notwendiger, wenn auch übertrieben ausgestalteter Schritt, dessen Realisierbarkeit zwangsläufig an Grenzen stoßen musste. Durch die prinzipielle Unvereinbarkeit prägender, geistig-philosophischer Traditionen, hier vor allem repräsentiert durch die dualistische Trennung zwischen Gemeinschaft und Gesellschaft, lässt sich keine direkte Verbindung zu den gruppenpädagogischen Ansätzen der Zeit etablieren. Punktuelle Übereinstimmungen ergeben noch kein stimmiges Bild einer gruppenpädagogisch gestalteten Reformpädagogik. Mangelndes Verständnis des demokratischen Gedankens sowie das Versäumnis, die gewünschten Gemeinschaftserlebnisse auch kritisch zu reflektieren, lassen die Reformpädagogik als positive Absichtserklärung erscheinen, zu deren Realisierung schließlich die entsprechenden Mittel und Voraussetzungen fehlten. In Bezug auf KERSCHENSTEINER bemerkt WILHELM bereits 1954: "Kerschensteiners Staatsbild vermag unseren politischen Erfahrungen heute so wenig mehr gerecht zu werden wie seine handwerkliche Tugendlehre den Gegebenheiten unserer industriellen Welt." (1954: 229) Hinzu kommt, dass mit der Machtübernahme der Nationalsozialisten im Jahre 1933 sämtliche Bestrebungen dieser Art zunichte gemacht wurden. Unter Berücksichtigung der obigen Ausführungen verwundert es wenig, dass eine frühe, aus Deutschland stammende Darstellung der Sozialen Gruppenarbeit sehr spezifisch geprägt ist:

"Die Eigenart der amerikanischen Fürsorgepraxis zeigt sich aber nicht nur im 'case work', das die Entwicklung des Individuums zum Ziel hat, sondern auch an der Arbeit mit ganzen Gruppen, die organisiert und entwickelt werden, sehr deutlich. Dieser Teil der Praxis wird als 'group work' nach Queen unterschieden vom 'case work', der Arbeit am Individuum. Die Unterscheidung erscheint willkürlich; denn auch in der amerikanischen Gruppenfürsorge beschäftigt sich der Fürsorger am Ende mit den Einzelnen, die die Gruppe bilden. In der Organisation einer Gruppe selbst wird nichts anderes erblickt, als die Bewirkung der Anpassung ihrer Glieder an eine gesellschaftliche Struktur." (GALSTER o.J./1942: 60)

Auffällig ist, dass die Darstellung der Sozialen Gruppenarbeit hier eindeutig unter dem Aspekt fürsorgerischer Praxis erscheint, ein Umstand, der der spezifisch deutschen Wahrnehmung und Ausgestaltung der Sozialen Arbeit geschuldet ist und der die fundamentalen Unterschiede zwischen deutscher Sozialarbeit und amerikanischem *social work* schlicht negiert.

GALSTER erkennt im Fortgang ihrer Beschreibung, dass die amerikanische Fürsorgepraxis weitgehend von den Schwierigkeiten, die mit Immigration einhergehen, geprägt und bestimmt wird, was für sie zur Folge hat, dass für die Sozialarbeit die Aufgabe besteht, "den Einzelnen an die neue soziale Situation [anzupassen]. Ihr entsteht die Aufgabe der 'americanization', letztlich die Anpassung an neue kulturelle Werte, nämlich der des Amerikanertums, der nach Meinung der Amerikaner überlegenen Werte der Demokratie." (ebd.: 61) Obgleich die Autorin im Laufe ihrer Darstellung die gegenseitige Bedingtheit menschlicher Beziehungen hervorhebt, so erscheint ihre Sichtweise doch unter einer zutiefst antidemokratischen Haltung, die das besondere, da im Sinne intelligenter Anpassung gedachte Verständnis von *adjustment* verkennt.

Dass es sich dabei nicht unbedingt und ausschließlich um eine den politischen Verhältnissen der Zeit geschuldete Denkfigur, sondern ein durchaus in der bundesrepublikanischen Pädagogik virulentes Muster handelt, zeigt OELKERS (2004: 1f.) am Beispiel eines Vortrags von Wilhelm FLITNER. Dieser behauptet noch 1956, dass Freiheit im pragmatistischen Verständnis zu nichts weiter als der sozialen Anpassung diene und führe, ja dass Freiheit in der Erziehung Konformismus fördere. Auch hier erscheint ein mangelndes Verständnis des Zusammenhangs von demokratischer Erziehung und intelligenter Anpassung.

3 Die Entwicklung in Deutschland nach 1945

Gegenstand dieses Kapitels ist die Einführung der Sozialen Gruppenarbeit, respektive der Gruppenpädagogik in Deutschland sowie, daraus folgend der Verlauf ihrer Entwicklung.[90]
Ausgangspunkt ist die Zeit unmittelbar nach dem Zweiten Weltkrieg, als vor allem die amerikanische Besatzungsmacht ihre Bestrebungen zur Demokratisierung Westdeutschlands durchführte. Trotz der relativ geringen Größe der Zone, lediglich 16,5 der 63 Millionen Deutschen lebten im amerikanischen Einflussbereich, kommt eben diesem zentrale Bedeutung zu, da die amerikanische Militärverwaltung die umfassendsten Demokratisierungsbestrebungen umzusetzen versuchte und in diesem Zusammenhang Methoden der demokratischen Erziehung implementierte. In diesem Rahmen ist auch die Einführung und Propagierung des *social group work* zu verorten. Die Vorgänge in den anderen Besatzungszonen werden hierbei nur insofern thematisiert, als sie von entscheidendem Einfluss für die später einsetzende Methodenrezeption waren. Der Phase der Re-education/Re-orientation (3.1 bis 3.1.5) folgte die Etablierung unterschiedlicher Einrichtungen und damit verbunden auch unterschiedlicher Konzepte zur Ausgestaltung der Arbeit (3.2). Im Anschluss an diese Konstitutionsphase wird unter 3.3 die Entwicklung der Sozialen Gruppenarbeit zu einer anerkannten Methode der deutschen Sozialarbeit in den Blick genommen. Abschnitt 3.4 beleuchtet schließlich die Wandlung bzw. den Niedergang dieser Methode im Rahmen gesamtgesellschaftlicher Veränderungen.

3.1   Re-education und Umerziehung

Nach der bedingungslosen Kapitulation der deutschen Wehrmacht am 8. Mai 1945 und dem damit erfolgten Zusammenbruch des nationalsozialistischen Regimes wurde Deutschland von den alliierten Streitkräften militärisch besetzt und in vier Besatzungszonen aufgeteilt. Die ehemalige Reichshauptstadt Berlin wur-

---

[90] Auf die exakte Datierung einzelner Entwicklungsphasen wird hier – obwohl annähernd chronologisch verlaufen – bewusst verzichtet, da einige Abschnitte zeitlich überschneidende oder parallel verlaufende Entwicklungen nachzeichnen. So überschneiden sich vor allem die Kapitel 3.1 und 3.2, sowie die Kapitel 3.3. und 3.4 in ihrer zeitlichen Verortung. Jedoch und dies rechtfertigt das gewählte Vorgehen, sind die jeweils dargestellten Schwerpunkte und Themen so verschieden und zugleich bedeutsam, dass eine getrennte Bearbeitung der Analyse zuträglich erscheint. Eine rein chronologische Bearbeitung würde zentrale Entwicklungsaspekte und Themen verdecken. Aus demselben Grund ist die in Kapitel 4 bearbeitete Thematik von den vorhergehenden Abschnitten geschieden.

de in vier Sektoren aufgeteilt, die jeweils einer der vier Siegermächte zugeordnet waren. Der Untergang des politischen Regimes zog zwangsläufig auch einen Zusammenbruch des Verwaltungsapparats nach sich. Dessen Funktionen wurden kompensatorisch durch die jeweiligen alliierten Stadtkommandanten übernommen. Diese versuchten, unter Rückgriff auf die wenigen noch vorhandenen, ideologisch unbelasteten Fachleute, das kommunale Leben in provisorischer Form wieder in Gang zu bringen. Dazu gehörten Aufräumarbeiten, die notdürftige Wiederherstellung der Infrastruktur, die Beschaffung von Wohnraum sowie die Verteilung von Lebensmitteln. Angesichts der allgemeinen ökonomischen Not stellte diese Verteilung das zentrale und dringendste Problem dar (vgl. MÜLLER 1992: 13-17).

WINKLER charakterisiert die Situation wie folgt: "Eine 'Stunde Null' hat es nach dem Untergang des 'Dritten Reiches' nicht gegeben, und doch trifft dieser Begriff das Empfinden der Zeitgenossen auf das genaueste. Nie war das Chaos so allgegenwärtig wie im Frühjahr 1945." (2000: 121) Die "Zusammenbruchsgesellschaft" (ebd.) war durch die verschiedenen Besatzungszonen hindurch hochmobil: Heimatvertriebene aus den ehemaligen Ostgebieten, Opfer des Bombenkrieges waren auf der Suche nach Unterkünften, die Bewohner der Städte versuchten, in ländlichen Gebieten Lebensmittel zu organisieren. Zugleich weist WINKLER darauf hin, dass diese Veränderungen einen stärkeren Wandel in der deutschen Gesellschaft bedingt haben, als die ersten zehn Jahre des "Dritten Reiches" dies vermocht haben.

Für den Bereich der Sozialen Arbeit galt, dass Strukturen dort am schnellsten entstanden, wo auf im Nationalsozialismus bewahrte Traditionen zurückgegriffen werden konnte. Dort, wo Antifaschisten zur Verfügung standen, die den totalitären Wirren der Zeit getrotzt hatten und sich nun für den sofortigen Wiederaufbau engagierten, war es möglich, binnen kurzer Zeit sozialarbeiterische und sozialpädagogische Aktivitäten anlaufen zu lassen.
"Es gab in der Tat Frauen und Männer der ersten Stunde, die sich durch ihre Erfahrungen in Arbeiterbewegung, Frauenbewegung, Bekennender Kirche und ihren Familien humanistische Grundpositionen erworben und erarbeitet hatten, die das Dritte Reich überdauerten. Und es gab Versuche der Militärverwaltungen der vier Alliierten, ihre Erfahrungen und Kenntnisse in der Sozialen Arbeit auf die Situation im besetzten Reich zu übertragen." (MÜLLER 1992: 18)

Dieser erste Schritt in Richtung einer veränderten Bearbeitungs- und Sichtweise der sozialen Zusammenhänge ging einher mit einer Veränderung im Bewusstsein und der Wahrnehmung der Bevölkerung. Die alliierten Streitkräfte, insbesondere die amerikanischen Soldaten, trugen durch ihr Auftreten und ihre Umgangsformen dazu bei, die demokratische Lebensweise in den Köpfen der Deutschen präsent zu machen, noch bevor es zu systematischen Versuchen der Umerziehung kam. MÜLLER zieht daraus folgenden Schluss: "Die Umerziehung setzte sehr früh und eigentlich ungeplant ein. Die Methoden demokratischer Erziehung kamen viel später." (1992: 20)

Diese Aussage MÜLLERS mag zwar insofern zutreffend sein, als bereits die physische Präsenz, das Auftreten und Engagement (vgl. dazu 3.1.2) der amerikanischen Soldaten einen verändernden Einfluss hatten, sie verkennt jedoch insbesondere hinsichtlich der Unterstellung dies habe ungeplant stattgefunden, den Umstand, dass bereits vor Kriegsende Überlegungen hinsichtlich der demokratischen Umerziehung des deutschen Volkes sowie der Gestaltung der Nachkriegsordnung angestellt wurden. Auch wenn diese erst mit Verzögerung umgesetzt wurden, so erscheint es doch wenig angemessen in diesem Zusammenhang von einem ungeplanten Vorgehen zu reden. Dies gilt insbesondere auch, wenn man bedenkt, dass bereits vor Kriegsende in amerikanischen Kriegsgefangenenlagern Versuche der Umerziehung von Insassen praktiziert wurden (vgl. WEGNER/FÜSSL 1997: 157-182).

Bereits 1943 wurden erste, wenn auch noch vage und bloß grundsätzliche Überlegungen zur Gestaltung der Gesellschaft im damals noch zu besiegenden Deutschland angestellt (vgl. TENT 1982: 17ff.). Die aus diesen Überlegungen resultierenden Militärhandbücher waren in ihrer Intention eher punitiv orientiert, sahen es als vorrangig an, nach dem Sieg, die Aufrechterhaltung von Ruhe und Ordnung zu garantieren sowie die nationalsozialistische Ideologie zu zerstören und die Gesellschaft zu entmilitarisieren, um zukünftige Aggressionen zu vermeiden. Diese Ziele wurden auch anlässlich der Potsdamer Konferenz im Juli und August 1945 durch die vier Alliierten bestätigt: Vorrangig von Interesse waren die vier Ds, Denazifizierung, Demilitarisierung, Dekartellisierung und schließlich Demokratisierung. Diese im Armeebefehl JCS 1067 niedergelegten Prinzipien beinhalteten neben den eher negativ auszulegenden und dem Besatzungscharakter Rechnung tragenden Anforderungen auch bereits positiv zu wertende Ansatzpunkte, wie z.B. die Wiedereröffnung der Schulen.[91] Die grundlegende Bedeutung des Erziehungs- und Bildungswesen für eine demokratische

---

[91] Zur Bedeutung des JCS (Joint Chief of Staff) 1067: siehe FÜSSL (1997: 4f.)

Umerziehung war schon früh bekannt, jedoch wurde das zuständige Planungs-team als nachgeordnete Dienststelle von der amerikanischen Militärregierung übernommen. Harold ZINK, Politikprofessor und offizieller Historiker der Mi-litärregierung bewertet dies im Nachhinein wie folgt: "As one reviews the work of the small band of hard-working underranked education officials during this early period, it is difficult to refrain from admiration and high praise." (1957: 199)

Dieser Umstand resultierte sicherlich aus dem Charakter des "Unternehmens Umerziehung", das in Art und Umfang keinem historischen Vorbild folgen konnte. Der Begriff der Umerziehung – Re-education – stammt ursprünglich aus dem Feld der Psychiatrie (TENT 1982:1) und meint die demokratische Neu-gestaltung der gesellschaftlichen Grundlagen und Institutionen.[92]

Dabei galt: "Als Demokraten waren sich die amerikanischen Experten einer 'Umerziehung zur Demokratie' darüber völlig im klaren, daß von außen diktierte Reformmaßnahmen letzten Endes die reaktionären Kräfte innerhalb der deut-schen Kulturverwaltung stabilisieren mussten." (FRAENKEL 1970: 11)

Die Aussage Ernst FRAENKELS verdeutlicht bereits, dass es sich bei der Re-education Kampagne nicht um ein einheitliches, geschlossenes Gebilde handelt. Vielmehr waren die Bestrebungen dadurch gekennzeichnet, dass es anfänglich zwei, auf den ersten Blick konträre Positionen gab. Zum einen handeltete es sich um das den in JCS 1067 niedergelegten Vorstellungen zugrunde liegende Kon-zept des amerikanischen Finanzministers Hans MORGENTHAU JR (vgl. dazu MERRITT 1995: 55ff.). Dessen Plan sah die Zerschlagung Deutschlands und sei-ne anschließende Neuerschaffung als Agrarstaat vor. Diesem Plan, dessen Um-setzung gemeinhin als eng verknüpft mit dem sozialpsychologischen Ansatz Kurt LEWINS, insbesondere mit dessen Untersuchungen zu Autorität und Füh-rungsstilen gesehen wurde, war die philosophisch-pädagogische Position John DEWEYS entgegengestellt, die dezidiert eine demokratische Umgestaltung des Erziehungswesens forderte (vgl. SCHLANDER 1981: 40ff.). FÜSSL bemerkt zu dieser in der Forschung lange Zeit aufrechterhaltenen Dichotomie, dass der Ein-fluss MORGENTHAUS bis zu dessen Entlassung im Sommer 1945 nahezu gegen Null gesunken war und sich dieser, trotz seiner umfassenden Konzeption einer deutschen Nachkriegsordnung niemals zu Fragen der Erziehung oder Umerzie-hung geäußert habe (vgl. 1995: 77f.).

---

[92] Zum Begriff der Re-education und dem Zusammenhang seiner Anwendung auf Deutsch-land vgl. GERHARDT (1997: 135-157), FÜSSL (2004: 122ff.).

Ebenso verweist TENT in seiner Studie *Mission on the Rhine* (1982) auf die eminente Bedeutung und den enormen Einfluss von DEWEYS Erziehungsphilosophie in den Vereinigten Staaten (vgl.: 5f.), deren Intentionen er im Falle Deutschlands durch den Pädagogikprofessor und intimen Kenner des deutschen Schul- und Bildungswesens Richard Thomas ALEXANDER vertreten sah. ALEXANDER wurde 1945 Mitglied der Militärregierung, zuständig für das Erziehungswesen. Er wurde 1947 Leiter der Abteilung für Erziehungsfragen, deren Bedeutung im darauffolgenden Jahr durch die Aufwertung zur Hauptabteilung bestätigt wurde. DEWEY selbst äußerte sich zur Situation in Deutschland in einer auf Vorlesungen beruhenden Schrift über *German Philosophy and Politics* (dt.: Deutsche Philosophie und Deutsche Politik [2000b]). In dieser bereits während des Ersten Weltkriegs (1915) entstandenen Arbeit, die er 1942 um ein Kapitel über Hitler und den Nationalsozialismus ergänzte, setzt sich DEWEY mit den philosophischen Grundlegungen der deutschen Gesellschaft sowie den daraus folgenden gesellschaftlichen Konsequenzen auseinander. Auf die Schwierigkeiten und Implikationen, die diese Konstruktion bedingt und erzeugt soll hier nicht näher eingegangen werden (für eine kritische Einschätzung der Arbeit: vgl. HONNETH 2000: 7-35). Zentral ist dabei der Gedanke, dass sich die deutsche Aggressionspolitik auf eine Grundlage in der Philosophie KANTS zurückführen lässt, die entlang dem Idealismus von FICHTE und HEGEL transportiert und transformiert wurde und in der deutschen Mentalität ihren Niederschlag gefunden hatte und somit strukturell verankert worden war. Die auf einer apriorischen Vernunft beruhende Verbindung von je beliebig zu füllender, formalistisch gedachter Pflicht und totalem Gehorsam gegenüber staatlicher Einflussnahme, gepaart mit einem Gefühl der inneren Gewissheit der Überlegenheit der eigenen nationalen Gemeinschaft, führen zu einer Gemengelage, die gezwungenermaßen und konsequenterweise eine nach außen gerichtete, aggressive und expansive Politik zur Folge hat, eine Politik die den Krieg als legitimes Mittel zur Erreichung der eigenen absoluten Bestimmung hochschätzt. Diese Einschätzung, zu Beginn des Ersten Weltkriegs getroffen, erweitert DEWEY hinsichtlich der nationalsozialistischen Perversion des deutschen Denkens. HITLERS Botschaften konnten, so DEWEY nur bei den Deutschen verfangen, weil "eine Art präexistenter Übereinstimmung zwischen den Glaubenshaltungen" (2000b: 44) bestanden habe.

Von Interesse für den hier behandelten Gegenstand ist vor allem die Konsequenz, die DEWEY aus seinen Überlegungen zieht: Anstelle einer apriorischen Vernunft empfiehlt er einen gemäßigten Rationalismus, der sich auf das "Verfahren freier und offener Kommunikation" (ebd.: 73) gründen muss, um eine demokratische Organisation der Gemeinschaft zu ermöglichen. Nur durch das Praktizieren von Demokratie in allen Lebensbereichen erscheint es ihm möglich, solch aggressives Verhalten zukünftig zu vermeiden. Er sieht dabei die Verpflichtung, "Wissen, Technik und jede Form menschlicher Gemeinschaft zu nutzen, um auf dem Wege freien gesellschaftlichen Verkehrs und durch freie Kommunikationen die soziale Einheit zu fördern" (ebd.: 75). Durchsetzen konnte sich letztlich, wenn auch durch strukturelle Hindernisse auch mit Abstrichen versehen, die Konzeption DEWEYS. MÜLLER schreibt dazu:

"[...] Mehrheiten orientierten sich an der pragmatischen These, daß Menschen das Produkt ihrer Umwelt seine, daß sie diese Umwelt aufgrund von Erziehungseinflüssen interpretierten und daß deshalb eine Umerziehung erfolgreich sein könnte, wenn sie langfristig mit gesellschaftlichen Strukturveränderungen im Erziehungswesen und individuellen Belohnungen verbunden würde" (1992: 37).

Eine Bestätigung für diese Aussage MÜLLERS, sowie eine eindeutige Bekräftigung des Anliegens DEWEYS findet sich im Bericht der amerikanischen Erziehungskommission. Der Bericht *Der gegenwärtige Stand der Erziehung in Deutschland* (1946), der nach dem Leiter der Kommission[93], dem Historiker George F. ZOOK, auch "Zook-Report" genannt wurde bietet neben einer Bestandsaufnahme der Einrichtungen und einer Einschätzung der Situation des Erziehungswesens in Deutschland auch klare Richtlinien und Botschaften für die Ausgestaltung der Umerziehung und die demokratischen Gesellschaftsentwicklung. Die im Sommer 1946 im Rahmen eines Besuchs der amerikanischen Besatzungszone gewonnenen Erkenntnisse, lagen bereits im September des gleichen Jahres in schriftlicher Form vor und wurden alsbald zum Zwecke der Information in Deutsche übersetzt. In der Einführung zur deutschen Übersetzung des Berichts wird als "Grundforderung die Wiederherstellung der wirtschaftlichen und politischen Gesundung Deutschlands" (1946: 7; vgl. dazu auch 1946: 10ff.) hervorgehoben. Nur wenn grundlegende Lebensbedürfnisse befriedigt sind, kann sich Demokratie entwickeln. Von dieser zentralen Forderung, die in der Folge handlungsleitend für die Besatzungspolitik wurde, werden Einzelfragen nach der Organisation und Wiederherstellung der einzelnen Bereiche des Erziehungswesens gestellt. Der eigentlichen Kernaufgabe der Kommission vo-

---

[93] Mitglied der Kommission war auch T. V. SMITH, Professor an der Universität von Chicago. Zu SMITH vgl. das Kapitel über Eduard C. LINDEMAN.

rangestellt sind jedoch Ausführungen grundsätzlicher Art hinsichtlich der Bedeutung der Durchführung einer allgemeinen Entnazifizierung sowie bezüglich der Entwicklung der Demokratie. Es wird davon ausgegangen, dass die militärische Besetzung Deutschlands im Widerspruch zur Aufgabe der Demokratisierung des Landes steht, und die positive Aufgabe der Neuorientierung[94] daher zu einem Dilemma führt: Einerseits soll die Selbstregierung und Selbstbestimmung vorangetrieben werden, andererseits aber sind endgültige Entscheidungen den Besatzungsmächten vorbehalten (vgl. ebd.: 10f.).[95]

Demokratie, so die Kommission, werde in Deutschland nur als Regierungsform betrachtet, was sie zum Teil auch sei, vielmehr jedoch sei sie eine Lebensform (vgl. dazu auch KELLERMANN: *The Present Status of German Youth* [1946]: 6). Ohne diese Erkenntnis seien jegliche Bemühungen bereits von Anfang an zum Scheitern verurteilt (vgl. ebd.: 20). Ganz im Sinne DEWEYS wird erklärt, dass sämtliche Lebensbereiche demokratisch geprägt und durchdrungen werden müssen, angefangen bei der Familie, deren "preußischen" Charakter die Autoren für gefährlich halten, über die Schule bis hin zur Kirche.[96] Hinsichtlich der Demokratisierung des Schul- und Bildungswesens ergeht die Forderung nach einer im Sinne einer Gesamtschule einheitlichen, chancengleichen und kostenlosen Bildungsmöglichkeit für alle Kinder. Bezüglich der praktischen Ausgestaltung der Bildungseinrichtungen gilt: "Das Schulleben muß jedoch in allen seinen Phasen so aufgebaut werden, daß es Erfahrungen mit einer demokratischen Lebensgestaltung vermittelt. Gemeinschaftsaufgaben, Klassenausschüsse, Diskussionsgruppen, Schulbeiräte, Schülervereinigungen, Vorhaben im Dienst der Gemeinschaft – alle Formen demokratischen Lebens, die die schulische Gemeinschaft zuläßt, sollten entwickelt werden." (ebd.: 30)

Dies gilt für die Schule als Grundpfeiler demokratischer Gesellschaftsorganisation, jedoch ebenso für die Bereiche der Erwachsenenbildung, der Hochschulen,

---

[94] Der Begriff der Neuorientierung verweist bereits auf den weiter unten im Zusammenhang mit den Austauschprogrammen thematisierten Politikwechsel weg von einer Umerziehungspolitik, hin zu einem offeneren Konzept der Re-orientation.

[95] Das hier beschriebene Paradoxon zeigt sich in abgewandelter Form auch in jüngster Vergangenheit am Beispiel der Besetzung und Demokratisierung des Iraks durch die Vereinigten Staaten. Zu berücksichtigen sind dabei jedoch die unterschiedlichen Ausgangsbedingungen: Das Ausmaß und die Dimensionen des Naziterrors lassen sich nur unangemessen in Bezug setzen zu den Auswirkungen des irakischen Regimes.

[96] Selbst neuere Arbeiten die den "Zook-Report" erwähnen (BRAUN 2004, ROSENZWEIG 1998) bewerten die Forderung nach Demokratisierung sämtlicher Lebensbereiche, wenn überhaupt, nur nachrangig. Gleiches gilt für MÜLLER (1992), der in seiner Methodengeschichte die Arbeit der Kommission ins Jahr 1947 verlegt (S. 37) und dabei nur die Forderung nach einer einheitlichen Gesamtschule benennt.

der Lehrerbildung und der Jugendarbeit. Bezüglich der Letztgenannten ist die Kommission der Meinung, dass ihr große Bedeutung zukommt, da "die Haltung und die Anschauungen junger Menschen leichter im Sinne einer demokratischen Lebensweise geändert werden können als die ihrer Eltern." (ebd.: 42) Die Jugendarbeit bzw. die Arbeit mit Jugendgruppen, so die Kommission, besitzt einen zweifachen Wert: einmal die Versorgung mit Ressourcen zu einer sinnvollen Freizeitgestaltung und zum Zweiten die Unterweisung in demokratischer Organisation und Lebensführung (vgl. ebd.: 43). Hier erlaubt sich die Kommission auch eine leichte Kritik an den Besatzungsrichtlinien, die eine politische Erziehung generell verboten. Gefordert wird eine "unparteiische und realistische politische Erziehung" (ebd.).

Neben der letztlich gescheiterten Reform des Schulwesens (vgl. dazu TENT 1982) und der teils in Ansätzen steckengebliebenen, teils revidierten und abgemilderten Entnazifizierungskampagne (vgl. dazu Richard MERRITT 1995: 179-207) setzten die Amerikaner also besonders auf den Bereich der Jugendarbeit, als einen auf die Zukunft gerichteten, zentralen Bereich für die Schaffung einer stabilen demokratischen Gesellschaft. Während die Schulreform wesentlich am deutschen Widerstand gegen die Einführung einer Einheitsschule und an der Frage nach dem Status und dem Einfluss der Religionsgemeinschaften im Schulunterricht gescheitert war, wurde die Entnazifizierung zuerst begrüßt und unterstützt (vgl. Anna MERRITT 1970, Richard MERRITT 1995), später jedoch ablehnender gewertet. Hinzu kamen strukturelle Faktoren und Hindernisse, die bezogen auf den Mangel an Funktions- und Leistungsträgern für den Wiederaufbau dazu führten, dass die ursprünglich strikten Regeln für die Entfernung von nationalsozialistischen Funktionären und Parteimitgliedern immer weiter aufgeweicht wurden.

Diese Umstände begünstigten und verstärkten die Identifizierung des Feldes der Jugendarbeit als eines weiteren Kernbereichs zur Forcierung der Umsetzung eines demokratischen Gesellschaftskonzepts. BUNGENSTAB bemerkt dazu, dass die Umgestaltung des Bildungs- und Erziehungswesens dem Ersatz von Eliten dienen sollte. Unter Bezug auf Lewins Untersuchungen zu Autorität und Führungsstilen, sollten die nationalsozialistisch-autokratischen durch demokratische Eliten ersetzt werden (vgl. 1970: 21ff.). Diese Äußerung beschreibt die Vorgänge der Neugestaltung als oktroyierte, zwanghafte Maßnahmen. Sie verschleiert den Umstand und positiven Aspekt der Notwendigkeit der Ausbildung demokratischer Strukturen (vgl. auch Bericht der Erziehungskommission 1946), ohne die demokratische Gesellschaftsentwicklung nicht stattfinden kann.

3.1.1 Strukturelle Konzeption der Jugendarbeit

Bereits im Oktober 1945 erließ die amerikanische Besatzungsmacht eine erste Jugenddirektive. Diese sah vor, in den Stadt- und Landkreisen Jugendausschüsse einzurichten, die die verschiedenen Interessengruppen widerspiegeln und im Anschluss an demokratische Wahlen etabliert werden sollten. Obwohl die Direktive zeitlich sehr eng mit der Etablierung der Militärregierung OMGUS (Office of Military Government of United States in Germany) verknüpft war und grundsätzliche Intentionen des Jugendprogramms benannte, blieb sie aufgrund sicherheitspolitischer Bedenken vorerst wirkungslos (vgl. FÜSSL 1995: 230). Obwohl die Probleme der Jugend offensichtlich und eindeutig waren und eine allgemeine Notlage und Orientierungslosigkeit vorherrschte (vgl. KELLERMANN 1946, FÜSSL 1994: 104f.), wurden die Schwierigkeiten der Umsetzung nur schrittweise und sukzessive abgemildert. Dieses Umsetzungsdefizit war, so FÜSSL (1994: 106) auch dadurch bedingt, dass infolge der Entnazifizierungskampagne oft nur Männer hohen Alters als Ansprechpartner für die Reorganisation der Jugendarbeit übrig blieben. Obgleich diese noch auf Erfahrungen aus der Weimarer Republik zurückgreifen konnten, führte der hohe Altersunterschied zwischen Jugend und Funktionsträgern zu einem intergenerationellen Spannungs-Spannungsverhältnis.

Im Dezember 1945 bereiste der Chicagoer Bischof Bernhard J. SHEIL im Auftrag von Präsident TRUMAN die amerikanische Besatzungszone, um sich einen Eindruck von der Situation und den Problemen der deutschen Jugend zu bilden. Die optimistische Einschätzung SHEILS, dass die deutsche Jugend insgesamt gesund sei und nur ein unwesentlicher Teil der NS-Ideologie verfallen sei, sie jedoch enorm unter den materiellen Folgen des Krieges leide, wirkte sich dahin gehend positiv aus, dass von da an vermehrt und konsequenter die Anliegen der Jugend Berücksichtigung fanden. Weiteren Anteil an der veränderten Betrachtungsweise hatte auch der Bericht der Erziehungskommission (s. o.). Positiv zu bewerten ist sicherlich auch die Umsetzung der Erkenntnis, dass sich der Anstrengungen im Bereich der Jugendarbeit nicht nur auf den anfänglich eng begrenzten Bereich der 10 bis 18-Jährigen beschränken sollte. Wesentlichen Anteil an der Ausweitung der Zielgruppe bis zum Alter von 25 Jahren hatte hierbei Eugene N. ANDERSON, der im Außenministerium für die Erziehungspolitik in den besetzten überseeischen Gebieten zuständig war.

Nachdem im März 1946 die Kompetenzverteilung zwischen Kriegs- und Außenministerium endgültig geklärt wurde, ersteres war für die Umsetzung der Politikrichtlinien zuständig, während letzteres für die Formulierung der Erziehungspolitik verantwortlich zeichnete, gewann die Umsetzung des Jugendprogramms zunehmend an Fahrt.

Bis zum 1. August 1946 waren in der US-Zone annähernd 200 Jugendausschüsse etabliert, die jedoch nur knapp ein Viertel der zwei Millionen Jugendlichen in Bayern, Württemberg-Baden und Hessen repräsentierten. Dies lässt sich nach FÜSSL auf den oben erwähnten Umstand zurückführen, dass sich die "Gerontokraten" in den Ausschüssen eher auf die Vertretung der eigenen politischen Interessen, denn auf die Vertretung der Jugendlichen verstanden (vgl. 1995: 232). Zu berücksichtigen ist dabei die Tatsache, dass den von der Militärverwaltung zugelassenen Jugendgruppen jede offensive politische Betätigung untersagt war.

Im Jahr 1946 wurde zunehmend versucht, die Arbeit der Jugendausschüsse organisatorisch zu vernetzen und zu festigen, wobei es von deutscher Seite vermehrt zu Versuchen kam, die Arbeit im Sinne eines Anknüpfens an die Traditionen der Jugendbewegung entsprechend zu formen. Hinzu kam das Fehlen einer Tradition der öffentlichen Jugendarbeit; in der Weimarer Republik war die Jugendarbeit nach dem Reichsjugendwohlfahrtsgesetz (RJWG) lediglich eine Kann-Bestimmung, die jedoch aufgrund finanzieller und politischer Schwierigkeiten so nie praktiziert wurde (vgl. FÜSSL 1994: 135). Da das Jugendamt als die gesetzliche Vorgaben umsetzende Institution weder personell und fachlich noch organisatorisch auf die Durchführung von Jugendarbeit eingerichtet war, sondern sich dem Fürsorgeprinzip verpflichtet sah, waren die Militärbehörden gezwungen, neue Wege zu beschreiten. So verwundert es nicht, wenn KELLERMANN (1946), als Vertreter der Militärregierung feststellt, dass die Jugendarbeit auf dem Prinzip der Jugendpflege zu begründen sei, einem Ansatz, der auf keinen Vorläufer in der deutschen Geschichte zurückgreifen konnte und sich auf das Engagement von konfessionellen und freien Trägern der Jugendverbandsarbeit beziehen sollte. "Das amerikanische Modell konnte in die deutsche Tradition nicht eingepaßt werden, weil es der Jugend jene Eigenverantwortung übertrug, die sie in der Geschichte nie erlangt hatte." (FÜSSL 1995: 236) Der Versuch, ein übergreifendes und überparteiliches System der Jugendarbeit zu schaffen, das der Kontrolle der öffentlichen Hand, genauer gesagt der des Jugendamts, entzogen war, war von geradezu revolutionärer Neuheit und in dieser Weise auch heftiger Kritik von deutscher Seite ausgesetzt. Obwohl die Ausweitung der Jugendarbeit in den Jahren 1947 und 1948 weiter forciert wurde und immer mehr Jugendliche erreicht wurden, sorgten Transferprobleme für weitere Schwierigkeiten in der Praxis. So versorgte die deutsche Seite gemäß ihrer tradierten Sichtweise organisierte Jugendgruppen bevorzugt mit Leistungen der Jugendhilfe. Von Seiten der Verbände, insbesondere jenen, die auf eine Geschichte jenseits der NS-Zeit zurückblicken konnten, wurden schon bald erste Versuche offenbar, einseitig Vorteile aus den neuen Möglichkeiten zu ziehen oder alte Rivalitäten neu auszufechten.

Die Amerikaner versuchten, die Expertise des Soziologen DEMARCHE (vgl. FÜSSL 1994: 134), der die Ausweitung der öffentlichen Erziehung auch auf die nichtorganisierten Jugendlichen empfohlen hatte, zu beherzigen und die Jugendarbeit und Jugendhilfe auf organisatorischer Ebene den Kultusministerien zuzuordnen. Demgegenüber beabsichtigte die deutsche Seite, ganz im Sinne der Tradition des RJWG, das Jugendamt als zentrales Organ der Jugendhilfe den Innenministerien zuzuschlagen. Letztlich wurde die Jugendarbeit den klassischen Aufgaben des Jugendamtes zugeordnet und in der RJWG Novelle von 1953 mit einem verbindlicheren als dem bisherigen Status versehen. Dies änderte jedoch nichts an dem Umstand, dass die Jugendförderung nach wie vor eher als Fremdkörper im fürsorgerisch geprägten Selbstverständnis des Jugendamtes fortbestand. Jugendarbeit, verstanden als gelebte Partizipation, konnte sich im bürokratisch geprägten Setting der Jugendwohlfahrt nicht entscheidend durchsetzen, zumal der Bereich der Ausbildung für das Feld der Jugendarbeit erst rudimentär ausgeprägt war.[97] Die von den Amerikanern favorisierte und durchgesetzte Einführung von hauptamtlich tätigen Kreisjugendpflegern war schon aus diesem Grund eine heikle Aufgabe, deren Verwirklichung zudem gewachsenen Traditionen der ehrenamtlichen Tätigkeit entgegenstand. FÜSSL (1994: 140) zitiert diesbezüglich eine Äußerung von Vertretern der katholischen Jugend von 1948: "Ein 'akademisches Jungmanagertum' wollte man nicht haben."

Einen weiteren, strategisch zu wertenden Aspekt der Jugendprogramme fügt Harold ZINK an: Er sieht die amerikanischen Anstrengungen für die westdeutsche Jugend von 1945 bis 1955 (dem Ende der Hohen Kommission [HICOG]) geprägt von der Spaltung Deutschlands und dem ausufernden Engagement der Sowjetunion in ihrer Besatzungszone (SBZ). Obwohl sich die amerikanischen

---

[97] Die Thematik der Professionalisierung der Ausbildung für Jugendarbeit wird unter 3.1.3 behandelt.

Demokratievorstellungen, so ZINK, nicht in Einklang mit einer einheitlichen, monolithischen Jugendorganisation bringen ließen, war das Engagement doch dadurch geprägt, ein Gegengewicht zur Freien Deutschen Jugend in der SBZ zu schaffen (vgl. 1957: 314f.). Die Annäherung an und anfängliche Kooperation mit nationalistischen, strikt antikommunistischen Jugendorganisationen wie dem Bund Deutscher Jugend (BDJ) (vgl. FÜSSL 1994: 145ff.), (s. auch Abschnitt 3.1.4) ist hierfür beispielhaft. Die Aktivitäten des BDJ zeigen auch inwiefern sich demokratische Vorstellungen und Praktiken in der Nachkriegszeit durchsetzen konnten. Obwohl ein Einzelfall, so zeigen sich doch hier sehr anschaulich die restaurativen Tendenzen in der deutschen Gesellschaft. FÜSSL bewertet die Entwicklung der Jugend wie folgt:

"Obwohl das amerikanische Bemühen um ein konstruktives Erziehungsprogramm nicht zu übersehen war, ordnete sich die deutsche Jugend den autoritären Strukturen in allen gesellschaftlichen Bereichen unter. [...] Darüber hinaus trugen die Nachkriegsbedingungen zwar nachhaltig zu Desillusionierungen über den Nationalsozialismus bei, brachten aber keinen Enthusiasmus für das westliche Demokratieverständnis auf den Weg. *Demokratie wurde weiterhin als statisches Konzept begriffen und die aktive Partizipation als Faktor eines dynamischen Demokratiekonzepts wurde nicht verstanden.*" (1994: 143f., Herv. S.G.)

Neben dem strukturellen Programm der Militärregierung war es vor allem das German-Youth-Activities-Programm (GYA) der amerikanischen Armee, das durch direkte, bedürfnisorientierte Maßnahmen die Förderung und Entwicklung der Jugend betrieb.

Die Soziologin Uta GERHARDT sieht die Jugendförderung der amerikanischen Armee als Beispiel für die praktische Umsetzung des demokratischen Prinzips der Verantwortung des Bürgers in Staat und Gesellschaft. "Freiheit und Gleichheit der Person bedeuteten, daß die Individuen freiwillig ihre Interessen erkannten und verwirklichten, zum Gelingen der Gemeinschaft durch informierte Teilnahme am Geschehen in Gruppen, Parteien, Verbänden und Ämtern beitrugen und durch Zusammenarbeit mit anderen an der Erreichung gemeinsamer Ziele beitrugen." (GERHARDT 1992: 29f.)

3.1.2 German Youth Activities

Bereits kurz nach Kriegsende, im Oktober 1945, startete die amerikanische Armee, unabhängig von der Militärverwaltung, ihr Hilfsprogramm für deutsche Jugendliche (vgl. dazu ausführlich FÜSSL 1994: 148-167, sowie RUPIEPER 1993: 156ff.).

Soldatische Mitarbeiter organisierten in eigens dafür geschaffenen Freizeitheimen gesellige, kulturelle und sportliche Veranstaltungen für die deutschen Jugendlichen. Durch den unmittelbaren Kontakt mit amerikanischen Soldaten und deren Lebensweise erlangte das GYA-Programm seine "Bedeutung als ein unmittelbar wahrzunehmender und individuell erfahrbarer amerikanischer Erziehungsbeitrag" (FÜSSL 1994: 148).

Während anfänglich zusätzlich zur Freizeitgestaltung vor allem die Befriedigung existenzieller Bedürfnisse der Jugendlichen angestrebt wurde, gestaltete sich das weitere Wirken ambivalent. Die Ergebnisse von Meinungsumfragen im Frühjahr 1947 (vgl. MERRITT /MERRITT 1970) zeigten, dass knapp die Hälfte der Jugendlichen von diesem Programm gehört hatte, jedoch nur etwa ein Zehntel daran teilgenommen hatte. Die Gründe für die Teilnahme lagen jedoch vornehmlich im materiellen Bereich, während der Anspruch der politischen Bildung eher nachrangig bewertet wurde (vgl. FÜSSL 1994: 155f.). Die Befragungen von Eltern aus dem Jahr 1946 lieferten jedoch andere Ergebnisse. "Als Gründe, warum das Programm wertvoll war, nannten 70 % der erwachsenen Bevölkerung gegenseitige Verständigung, Vertrauensbildung, und demokratische Erziehung als Gegenkraft gegen Nazigeist" (GERHARDT 1992: 32). Studien vom Dezember 1947 unterstrichen dann, so GERHARDT weiter, "die Entwicklung demokratischer Mentalität bei vielen Jugendlichen. Beispielsweise waren Jugendliche, die selbst an einer Gruppe mit einem freigewählten Vorsitzenden teilgenommen hatten, stärker bereit, demokratische Gruppenprozesse zu bejahen als Jugendliche aus Gruppen, deren Leiter ernannt war, oder die keine eigene Erfahrung mit Gruppen hatten" (1992: 32).

In diesem Zusammenhang ist auch die Bedeutung des GYA zu sehen: Jugendliche mit demokratischen Prinzipien und Spielregeln vertraut zu machen und ihnen ein neues Verständnis von Gruppen- und Gemeinschaftsprozessen zu geben. Trotz der begrenzten Reichweite der Maßnahmen kommt dem Programm insofern besondere Bedeutung zu, als es, obwohl es in seiner grundsätzlichen Intention nicht explizit auf Umerziehung angelegt war, im Vergleich zu anderen Be-

strebungen, wie der Entnazifizierung oder der Überwindung des Ethnozentris-
mus, größere Erfolge zeitigte (vgl. GERHARDT 1992: 36).

3.1.3 Jugendhöfe und Jugendleiterschulen – Aspekte einer professionellen Ausbildung

Einen anderen Ansatz verfolgten die britischen Besatzungsbehörden.[98] Ihr Interesse galt der Etablierung neuer organisatorischer und institutioneller Strukturen
in der Jugendarbeit, da sie davon ausgingen, "daß eine von Okkupationstruppen
oktroyierte Umerziehungspolitik langfristig keine Lebenschancen hätte, wenn
sie nicht von starken Interessengruppen der einheimischen Bevölkerung gewollt
und getragen würde" (BERENSON, zit. n. MÜLLER 1992: 28). Zu diesem Zweck
richteten sie so genannte Jugendhöfe und Jugendleiterschulen ein, die später
auch von den Amerikanern übernommen wurden.

Im Februar 1946 lud der britische Jugendoffizier Vertreter unterschiedlicher
Weltanschauungen nach Hannover, um dort Perspektiven einer neuen demokratischen Jugendarbeit zu entwickeln. Während einige Vertreter der Jugendverbände versuchten, mit ihrer Arbeit unmittelbar an die Situation vor 1933 anzu-
knüpfen und die Jugendarbeit in ideologisch und religiös homogenen Jugend-
gemeinschaften wiederaufzunehmen, vertrat der Kreisjugendpfleger von Her-
ford, Klaus VON BISMARCK[99], den Plan "einer offenen, pluralistischen Begeg-
nungs- und Gesprächspädagogik" (MÜLLER 1992: 25). BISMARCKS Interesse und
Intention lag dabei insbesondere auf den nicht in Vereinigungen organisierten
Jugendlichen: "in Anbetracht der klaren Erkenntnis, dass ein grosser [sic] Teil
noch nicht bereit ist, innerlich mit dem H.J.-Erlebnis zu brechen, wenn ihnen
nicht etwas besseres geboten wird, muss sich der Amtsjugendausschuss vor allen Dingen bemühen, in irgendeiner Form (Schule, Volkshochschule, Heimat-

---

[98] Einer der pädagogischen Berater der britischen Besatzungsbehörden war Eduard C.
LINDEMAN. Dieser reiste auf Einladung der britischen Behörden nach Deutschland, um dort
an der Umerziehungskampagne der Briten mitzuwirken. Nachdem ihm die Behörden jedoch
das Arbeiten unter ziviler Kontrolle nicht ermöglichen wollten und stattdessen auf dem Primat
der militärischen Überwachung bestanden, zog er sich resigniert zurück (vgl. KONOPKA 1958:
68). Interessant erscheint seine Sichtweise hinsichtlich der Perspektiven demokratischer Umgestaltung der deutschen Gesellschaft: LINDEMAN, so KONOPKA, betrachtete die Arbeit mit
erwachsenen Deutschen als vergeblich, da diese zu sehr vom nationalsozialistischen Gedankengut durchdrungen seien. Einzig die Arbeit mit der nachfolgenden Generation, den Jugendlichen biete in Bezug auf die Demokratisierung Erfolg versprechende Aussichten.
[99] Zur Biographie VON BISMARCKS: siehe LORENZ 1987: 61ff.

verein, kulturelle Veranstaltungen, Sportvereinigungen usw.) Einfluss [...] zu gewinnen und [...] positiv etwas zu bieten." (BISMARCK 1946, zit. n. LORENZ 1987: 13f.) BISMARCK, ein ehemaliger Wehrmachtsoffizier mit pädagogischem Interesse, stieß mit seinem Vorhaben bei den britischen Behörden auf offene Ohren, sodass diese ihm die ehemalige Bannführerschule der Hitlerjugend in Vlotho als Bildungseinrichtung zur Verfügung stellten. Dort wurde im Mai 1946 mit dem Jugendhof Vlotho die erste überregionale Jugendgruppenleiterschule der britischen Zone eröffnet. In Vlotho, später als "Mekka der deutschen Jugendarbeit" (FALTERMAIER 1959, zit. n. MÜLLER 1992: 28) bekannt, wurden sowohl die Nachwuchsgruppenleiter der Jugendverbände als auch interessierte Einzelpersonen geschult. Hinzu kamen an Jugendarbeit interessierte ehemalige Wehrmachtsangehörige. Unter Leitung eines achtköpfigen Teams wurden die Teilnehmer in zweiwöchigen Lehrgängen im Rahmen von Kleingruppen- und Plenumarbeit in die Kunst des demokratischen Austauschs eingeführt (vgl. MÜLLER 1992: 26f.). Diese Einschätzung teilt auch LORENZ (1987), der in seiner Analyse der Tätigkeit des Jugendhofs Vlotho zumindest für die Anfangszeit eine analoge Aufgabenstellung sieht. Er verweist jedoch in der Nachbetrachtung (231ff.) darauf, dass mit der Hinwendung der öffentlichen Jugendpflege zu den rekonstituierten Jugendverbänden, die im britischen Einflussbereich ebenso wie in der US-Zone stattgefunden hat, eine Akzentverschiebung in der Arbeit eintrat. Diese tendierte zu einer starken Betonung des musischen Bereichs, wobei das durchführende Personal sich vorwiegend aus Ehemaligen der bürgerlichen Jugendbewegung, sowie aus HJ-erfahrenen Fachleuten zusammengesetzt hat. Die Funktion einer "neutralen" politischen Jugendbildung wurde zunehmend vom Zweck der Dienstleistung für die engagierten Verbände verdrängt. Auch hier zeigt sich analog zur Entwicklung des amerikanischen Jugendprogramms wieder die Dauerhaftigkeit und Widerstandsfähigkeit historisch gewachsener Orientierungen und Traditionen.

Dem Jugendhof Vlotho folgten ähnliche Einrichtungen, beispielsweise in Berlin, wo im Frühjahr 1948, ebenfalls unter britischer Regie das Haus am Rupenhorn eröffnet wurde. Zuvor hatten bereits die Amerikaner die Jugendleiterschule Camp am Wannsee (später Wannseeheim für Jugendarbeit e. V.) eingerichtet. Die britische Einrichtung mit ihrer auf strukturelle und autonome Entwicklung bedachten Konzeption ergänzte dabei die Ansätze der Amerikaner, deren Interesse mehr in kommunaler Jugendpflege und der Vermittlung professioneller Methoden lag. Neben dem Wannseeheim schufen die Amerikaner ähnliche Einrichtungen in Ruit bei Stuttgart, in Niederpöcking bei München, im hessischen Oberreifenberg sowie ebenfalls im hessischen gelegen, "Haus Schwalbach" (vgl. dazu Kapitel 3.2.1). In diesen Jugendleiterschulen sollte das entsprechende Personal für die Durchführung einer professionellen Jugendarbeit angemessen ausgebildet werden. Die Realisierung dieses Vorhabens begann im Jahr 1949. Im Vordergrund stand dabei die Überlegung, dass professionell geschulte Jugendleiter die Möglichkeit boten, "öffentliche Erziehung auch der nichtorganisierten Jugend zukommen zu lassen" (FÜSSL 1994: 139). Im Juli 1949 präzisierte die amerikanische Jugendabteilung ihre Vorstellungen für den Aufbau und die Ausgestaltung professioneller Ausbildungsgänge für die Jugendpflege: Sozialwissenschaftliche Inhalte, insbesondere Methodik und Prinzipien der Gruppenarbeit, sollten dabei gelehrt und gelernt, sowie in korrespondierenden Praktika eingeübt werden. Für die Qualität der Lerninhalte sollten ausländische Experten und deren aktueller Kenntnisstand garantieren, während das Lehrpersonal aufgrund sorgfältiger Auswahl ausgesucht werden sollte. Flankierende verwaltungsorganisatorische Maßnahmen sollten die Ausbildungsgänge stabilisieren. Das Konzept der Jugendabteilung wurde im April vonseiten der deutschen Ministerialverwaltung akzeptiert und seine Umsetzung durch eine Kooperation mit dem sozialpädagogischen Seminar der Universität Frankfurt fachlich untermauert. Für den November 1949 wurde die Etablierung eines ersten einjährigen Ausbildungskurses in Ruit beschlossen. Dieser unter der Leitung von Professor SEIDELMANN stehende Kurs sowie weitere Lehrgangsangebote, an denen 1949 bereits 1300 Jugendpfleger teilnehmen konnten wurden von amerikanischer Seite finanziell in einem Rahmen von 50000 DM unterstützt (vgl. ebd.).

Neben der Vermittlung spezifischer, professioneller Kenntnisse lässt sich ein weiteres Charakteristikum dieser Einrichtungen sicherlich darin identifizieren, dass sie es den Teilnehmern durch die Vielfalt und Organisation ihrer Aktivitäten ermöglichten, erstmals die Enge der nationalsozialistischen Weltanschauung und Erziehung zu überwinden. In dieser quasi katalysierenden Wirkung lag m. E. der weiter gehende Effekt jener Einrichtungen.

3.1.4 Austauschprogramme und ein Perspektivenwechsel in der Politik

Im Gegensatz zur Militärverwaltung OMGUS, die dem Kriegsministerium unterstand und die Umerziehung vornehmlich durch Entnazifizierung und Strukturreformen im Schulwesen realisieren wollte, hatte die dem Außenministerium unterstehende Area Division for Occupied Areas (AOD) bereits im Frühjahr

1946 Pläne für ein Kontakt- und Besuchsprogramm für Meinungsführer und Professionelle des deutschen Erziehungssystems entwickelt. Zur Zielgruppe gehörten: "leaders in informational and related fields of activity; such as press, radio, and films; leaders in civic and welfare organizations, youth and other social organizations, leaders in art, letters, music, and the stage, students from recognized education institutions, and trainees; and persons of outstanding promise who were about to enter upon or who where in the early years of their active careers in the above fields" (KELLERMANN 1978: 27). Neben dem auf Gegenseitigkeit angelegten dreimonatigen Besuchsprogramm sollten zusätzlich Einjahres – Stipendien für Studenten angeboten werden. Während die deutschen Erzieher das demokratische Bildungssystem der USA in eigener Anschauung erfahren sollten, waren die amerikanischen Experten dafür vorgesehen, Fortbildungsveranstaltungen für deutsche Kollegen durchzuführen. Hinter diesem Konzept stand wiederum die Vorstellung John DEWEYS, dass Demokratie nur durch gemeinsames demokratisches Agieren gelernt und verwirklicht werden konnte (vgl. MÜLLER 1992: 38).

Das Programm war bereits 1947 angelaufen; zur vollen Entfaltung kam es jedoch erst infolge des vom US-Kongress verabschiedeten Smith-Mund-Act im Januar 1948. Damit wurde zugleich die Grundlage für eine Transformation der Re-education-Politik in eine Politik der Neuorientierung (Re-orientation) geschaffen (vgl. TENT 1982: 254ff.). Dieses neue Programm war von amerikanischer Seite als eine auf Wechselseitigkeit beruhende Anstrengung konzipiert, wobei die Amerikaner die Ressourcen zur Verfügung stellten, Beratung und Information anboten, während die deutsche Seite Gelegenheit hatte, Institutionen und Methoden kennen zu lernen, auszuwählen und gegebenenfalls in die demokratische Rekonstruktion des Landes einzubringen (vgl. KELLERMANN in Sozialmagazin Juni 85: 34).

Der Terminus Neuorientierung verweist dabei, so FÜSSL, auf "die indirekten Methoden erzieherischer Einflußnahme, die zu erwerbenden Fähigkeiten der Partizipation, Übernahme von Verantwortung und Erziehung zu Toleranz sowie auf die persönlichkeitsfördernden Intentionen" (1994: 171).

Diese grundsätzlich veränderte Sichtweise ist zum einen, so TENT (vgl. 1982: 318), der Tatsache geschuldet, dass die Vorstellung einer demokratischen Umerziehung eines Volkes durch ein anderes eine gewisse Naivität beinhaltet. Andererseits lässt sie sich aber auch durch realen politische Entwicklungen erklären. Die Entwicklung in den unterschiedlichen Besatzungszonen folgte zu jener Zeit bereits den Kriterien einer fortlaufenden Zuspitzung der Gegensätze zwischen freiheitlich-demokratischer und sozialistischer Gesellschaftsentwicklung (vgl. dazu beispielsweise die Kontroverse um die Einrichtung der Freien Universität Berlin, ebd.: 295ff.). Der sich abzeichnende Kalte Krieg veranlasste die Vereinigten Staaten – auch im Sinne der Wahrung eigener Interessen – dazu, Westdeutschland stärker an die westliche Welt zu binden. Dazu bediente man sich zweierlei Strategien: Erstens setzte man auf antikommunistische Ressentiments (s. 3.1.1) und zweitens nutzte man die Entwicklungsspielräume und - potentiale der Deutschen, ohne jedoch, bei der ausschlaggebenden und essentiellen wirtschaftlichen Rekonstruktion die kulturellen Faktoren außer Acht zu lassen. Alonzo G. GRACE, seit 1948 Leiter der Abteilung für Erziehung und kulturelle Beziehungen hält diesbezüglich fest:

"The more rapid the material reconstruction and economic recovery, the more difficult becomes the problem of intellectual, moral, and spiritual redemption. The United States will have failed in Germany if materialism is allowed to supersede moral values. A concurrent program of educational and cultural reconstruction on a long-term basis is required." (1948, zit. n. TENT 1982: 307)

Nachdem mit der Gründung der Bundesrepublik die Militärverwaltung durch die Institution eines Hochkommissars für Deutschland (HICOG) ersetzt wurde, die dem Außenministerium zugeordnet war, konnte das Austauschprogramm entsprechend weiter ausgebaut werden. Der Austausch mit der Bundesrepublik war dabei eingebettet in den Rahmen eines internationalen Kulturaustauschprogramms. Über ein Drittel der dafür vorgesehenen Mittel kamen der Bundesrepublik zugute (vgl. KELLERMANN 1978: 96)
Eine entscheidende Rolle spielte der bereits mehrfach zitierte Henry J. KELLERMANN. KELLERMANN, promovierter Jurist und Sozialarbeiter, wurde nach Kriegsende Mitarbeiter im Außenministerium und war dort zuständig für die Organisation des Kulturaustausches. Um einen erneuten Abfall Deutschlands vom demokratischen Prinzip zu verhindern, wollte er unbelastete und informelle deutsche Erzieher in Vorbereitung einer späteren eigenverantwortlichen Tätigkeit mit der Alltagsrealität in demokratischen Ländern, insbesondere den USA, vertraut machen. Angestrebte Zielgruppe waren dabei vor allem Multiplikatoren, die ihre Erfahrungen einer breiteren Öffentlichkeit zugänglich machen konnten. Ziel war es, "to stimulate and facilitate direct contact between civic and professional groups abroad, notably in the United States" (Bureau of Educational and Cultural Affairs, zit. n. KELLERMANN 1978: 96).

Die Bedeutung des Programms schätzt KELLERMANN selbst wie folgt ein:

"Der besondere Wert des Austauschprogramms erwies sich aber in seinem Beitrag zur Einführung beständiger Reformen. Es schuf zunächst die psychologischen Vorbedingungen zur Normalisierung und später zu einer positiven Gestaltung der deutsch-amerikanischen Beziehungen. [...] Weiterhin erweckte das Studium amerikanischer Einrichtungen, Praktiken und Lebensweise in vielen Besuchern das Interesse, ihre Beobachtungen und Erfahrungen aus den Staaten in den deutschen Bedürfnissen gemäße Neuerungen umzusetzen." (KELLERMANN 1981: 100)

Hinsichtlich der Einschätzung des Programms durch die deutsche Bevölkerung lässt sich mit Richard MERRITT Folgendes festhalten: Die Mehrheit der Deutschen sah laut Meinungsumfragen die positive Absicht hinter der Etablierung des Programms, sie erklärten, dass die Teilnehmer und möglicherweise auch das Land davon profitieren würden. Nur sehr wenige sahen die Gefahr eines um sich greifenden Amerikanismus in Folge der Reisen in die Vereinigten Staaten (vgl. 1995:284).[100]

Die Bedeutung des Austauschprogramms für die spätere Entwicklung der deutschen Gruppenpädagogik lag in dem von KELLERMANN abgesteckten Rahmen. Hinzu kommt, ebenfalls ermöglicht durch den Kulturaustausch, der Aufenthalt Gisela KONOPKAS (siehe dazu 3.3) als sogenannte *visiting expert*. Neben anderen deutschstämmigen Emigranten[101], kehrte KONOPKA in den 50er Jahren als Professorin für Gruppenpädagogik mehrmals in ihre Heimat zurück, um dort Fortbildungsveranstaltungen über Gruppenpädagogik und Kinderpsychiatrie abzuhalten (vgl. MÜLLER 1992: 48f.).

Aus den Reihen der späteren deutschen Gruppenpädagogen, die sich ihr theoretisches Wissen und erste praktische Erfahrungen in den Vereinigten Staaten holten, wäre vor allem Heinrich SCHILLER zu nennen (siehe dazu 3.3).

---

[100] Richard MERRITT (1995: 284f.) behandelt im Zusammenhang mit dem Austauschprogramm auch die Einrichtung von Informationszentren, 'Amerika Häuser' genannt. Zweiundzwanzig dieser Einrichtungen wurden bis 1955 in Westdeutschland und Westberlin geschaffen und häufig frequentiert. Ein zentraler Bereich dieser Häuser waren die Bibliotheken, die den deutschen Besuchern die Möglichkeit boten sich mit den verschiedenen Bereichen der amerikanischen Kultur und Wissenschaft vertraut zu machen. Die für die hier vorliegende Arbeit herangezogenen Bestände zum Group Work aus deutschen Bibliotheken enthielten zumeist frühere Besitznachweise der U.S. Information Centers.

[101] Eine knappe Zusammenstellung der für den Bereich der Sozialen Arbeit relevanten Emigranten bietet FEIDEL-MERTZ (1986: 34-38).

3.1.5 Reaktionen der Erziehungswissenschaft

Obwohl die Soziale Gruppenarbeit als Ansatz aus der Praxis nicht den gängigen Ansprüchen der Erziehungswissenschaft zu genügen schien, gab es doch einige wenige Fachwissenschaftler, die sich mit ihrer Rezeption in Deutschland beschäftigten: so zum Beispiel Herbert LATTKE, dessen Werk *Sozialpädagogische Gruppenarbeit* (1962) im Zusammenhang mit der endgültigen Etablierung der Sozialen Gruppenarbeit noch thematisiert werden soll, oder der Kieler Erziehungswissenschaftler Theodor WILHELM der 1951 unter dem Pseudonym Friedrich OETINGER[102] versuchte, "Lehren aus der Geschichte zu ziehen und Ziele und Wege einer allgemeinen Erziehung in der nachfaschistischen Ära für sich selbst neu zu denken und neu zu formulieren" (MÜLLER 1970: 117).

In seinem Buch *Wendepunkt der politischen Erziehung: Partnerschaft als pädagogische Aufgabe* (1951) greift OETINGER/WILHELM die Frage auf, was Erziehung zu einer Verhinderung erneuter totalitärer Entwicklungen beitragen kann. Er geht davon aus, dass das bis zu diesem Zeitpunkt in der deutschen politischen Pädagogik verbreitete Menschenbild, ausschließlich vonseiten des Staates beleuchtet wurde, d. h. seinen Orientierungs- und Fixpunkt in einem umfassenden und allmächtigen Staatswesen fand. (vgl. 1951: 91). Er kritisiert die verschiedenen bis dahin praktizierten Möglichkeiten der politischen Bildung. Deren offensichtliches Versagen veranlasst ihn zur Feststellung, dass ein radikales Umdenken, ein kompletter Neubeginn vonnöten sei. Zentral ist für ihn dabei die Feststellung, dass die bisherigen Versuche der staatsbürgerlichen Erziehung daran krankten, dass sie den Dualismus von Mitteln und Zwecken als konstitutiv annahmen. Unter Bezugnahme auf die pragmatische Methode im Allgemeinen (121ff.) und DEWEYS Konzept der Identität von Zielen und Mitteln (vgl. ebd.: 134ff.) im Besonderen entwickelt er den Entwurf einer auf dem Prinzip der Partnerschaft beruhenden Erziehung.

Politische Erziehung ist für ihn Erziehung zur Kooperation – zu einer Kooperation, die nicht auf das Erreichen letzter Dinge und Ziele ausgerichtet ist, sondern vielmehr eine *Haltung,* einen allgemeinen Bereitschaftszustand impliziert (vgl. OETINGER 1951: 164). Als zentrale Charakteristika einer solcherart gestalteten Kooperation definiert OETINGER folgende "Spielregeln": Kompromiss, Toleranz, Fairplay, Vernunft des Mehrheitsprinzips, Kooperation als öffentliche Gemeinschaft sowie das Prinzip der Übersehbarkeit politischer Gemeinschaften (vgl.

---

[102] Den Hintergrund dieser anonymisierten Veröffentlichung erläutert der Autor in WILHELM 1982: 326ff.

ebd.: 144-159). Hier zeigen sich erneut weitreichende Analogien zu den unter 1.1ff. dargelegten Grundlagen des Pragmatismus. Gleiches gilt für die fundamentale Betonung des Prinzips der freien Kommunikation (ebd.: 126ff.) sowie der Wertschätzung des Spiels als "Übungsgelände" (171f.) zur Gestaltung von befriedigenden Kooperationsmustern.

Die von den Nationalsozialisten in Beschlag genommenen und pervertierten Ideen der Reformpädagogik bieten seiner Ansicht nach keinen Ansatzpunkt für eine derart gestaltete Erziehung.

"Es genügt also nicht, daß aus der Gemeinschaft, sofern sie kooperativ erziehen soll, alles Vorgesetztenhafte verschwindet und durch ein echtes Meister-Schüler-Verhältnis ersetzt wird, sondern es muß hinzukommen, daß die *Erhaltung der Gemeinschaft Selbstzweck* ist. Ziel der Dienstgemeinschaft ist der Gehorsam, Ziel der Arbeitsgemeinschaft die Leistung, das Ziel der kooperativen Gemeinschaft ist die Selbsterneuerung der Gemeinschaft durch ihre eigenen Konflikte hindurch. Selbstverständlich fördert auch die Kooperation ein Ergebnis zutage; aber für die Erziehung zur kooperativen Haltung ist nicht dieses Ergebnis das Wichtige, sondern die Art und Weise, wie es erreicht wird, der Prozeß seiner Ermittlung" (OETINGER 1951: 168; Herv. i. O.).

OETINGERS/WILHELMS Anliegen ist die Überwindung einer auf absoluten Werten beruhenden Erziehung. "Es erfordert kein besonderes 'Weltbild', wenn man die Kooperation zur leitenden Idee der politischen Erziehung macht; es genügt, daß man anerkennt, daß es unmöglich ist, Soziales und Menschliches zu spalten." (ebd.: 258)

Dass eine solche Sichtweise enorme Widerstände in den Reihen der arrivierten deutschen Pädagogen hervorrufen würde, war WILHELM bereits 1951 bewusst. Insbesondere seine Nähe zu den aus den Vereinigten Staaten stammenden Ideen des Pragmatismus bargen ein Kritikpotential, das OETINGER/WILHELM vorsorglich zu entschärfen versuchte (vgl. ebd.: 111, Anmerkung 1).

Die Kritik an der Position OETINGERS/WILHELMS, hauptsächlich betrieben von Erich WENIGER (1894-1961) und Theodor LITT (1880-1962), richtete sich demgemäß gegen die "Vermischung von 'Sozialem' und 'Politischem' und gegen die vereinfachende Konzeption, man könne durch kooperative Methoden in Nachbarschaft und Gruppen allein schon eine demokratische Haltung und Gesinnung gewinnen" (SCHILLER 1963: 60).

WENIGER, Professor an der Universität Göttingen, stellt in einer Erwiderung der Thesen OETINGERS fest: "Wie politische Erziehung ohne mitbürgerliche Komponente zur Überschätzung des Staates und seiner zentralen Funktionen geführt hat, so würde mitbürgerliche Erziehung ohne gesamtpolitischen Aspekt zur partikularen und separaten, zur nachbarschaftlichen Enge und Kleinlichkeit führen." (1952: 312) Er geht dabei davon aus, "daß eine echte politische Erziehung ohne unmittelbaren Bezug zum staatlichen Leben ins Leere greift" (ebd.: 307). Ein latenter Antiamerikanismus und die Herabwürdigung amerikanischer Ideen sind dabei zentrales Charakteristikum seiner Ausführungen.

Dieser Umstand wird noch deutlicher, wenn man die Arbeit WENIGERS über *Politische Bildung und staatsbürgerliche Erziehung* aus dem Jahr 1954 heranzieht. Bereits einleitend charakterisiert er die deutsche Nachkriegsgesellschaft als eine "Demokratie auf Befehl" (WENIGER 1954: 9), die die Deutschen dazu verleitet, unter "amerikanischem Einfluß [...] in einen falschen Gegensatz von Wort und Tat [zu] drängen, der in der berechtigten Abneigung gegen allen bloßen Verbalismus, alles tatenlose Gerede zu einer Überschätzung der *activities*, des bloßen Tuns führt, die allzu leicht in eine bloße Betriebsamkeit um jeden Preis führt" (ebd.: 25). Obgleich er in der partnerschaftlichen Erziehung und der Gruppenpädagogik, die er damit eng verbunden sieht, gute Ansätze für die praktische Erziehungsarbeit, vor allem im Bereich der Jugendarbeit, erblickt, ist er der Überzeugung, dass diese Ansätze der eigentlichen Verantwortung, der Auseinandersetzung mit dem Politischen, aus dem Weg gehen (vgl. ebd.: 23f.).

Kennzeichen der politischen Auseinandersetzung ist, so WENIGER und LITT, der Kampf um Macht. Der Vorwurf gegenüber OETINGERS Arbeit von 1951 war unter anderem, dass er eine harmonistische Ordnung menschlicher Gesellung präsentierte. In der zweiten, weitgehend veränderten Auflage des Buches *Partnerschaft. Die Aufgabe der politischen Erziehung* (1953) versucht WILHELM nun unter seinem richtigen Namen, diesen Vorwurf zu entkräften: "Wer sich von der Idee der Partnerschaft leiten läßt, bleibt vor der Illusion bewahrt, es sei Aufgabe der politischen Erziehung, den Kampf überhaupt abzuschaffen. *Ihr Ziel ist nicht die Abschaffung des Kampfes, sondern die Änderung des Kampfstils.*" (WILHELM 1953: 269; Herv. i. O.)

Trotz dieser Zugeständnisse an die vorherrschende Meinung blieb die Anschlussfähigkeit von WILHELMS Ansatz begrenzt.

Theodor LITT, der bereits in der Weimarer Zeit einen konservativen "Vernunftrepublikanismus" (KLAFKI 1982) vertrat und weniger den üblichen nationalistischen Positionen der geisteswissenschaftlichen Pädagogik zugetan war, stellt

WILHELMS Ansatz in eine Reihe mit Georg KERSCHENSTEINER (siehe dazu 2.2), Friedrich Wilhelm FOERSTER und Carl SCHMITT. Diese repräsentieren für ihn gemeinsam mit WILHELM das Kontinuum auf dem sich die Möglichkeiten der politischen Erziehung in Deutschland abbilden (vgl. 1958/1954: 60ff.) Er sieht Wilhelm als den Antipoden von SCHMITTS Freund-Feind Konstellation, die in ihrem Kern der staatsbürgerlichen Pädagogik KERSCHENSTEINERS und FOERSTERS entspräche. Mit WILHELMS Lehre von der Partnerschaft, so LITT, widerfährt "dem politischen Kampf um die Macht" eine "Entschärfung", in der man nur "den jüngsten Beleg für jene Unsicherheit unseres Staatsbewusstseins erblicken" kann, für die "die ganze Geschichte der Staatspädagogik in allem Wechsel der Auffassungen Zeugnis abzulegen scheint" (ebd.: 69).

LITT gesteht der Macht absoluten Vorrang in der Gestaltung menschlichen Zusammenlebens zu. Sie liegt für ihn quasi als gegebene Instanz außerhalb jeglicher menschlicher Beeinflussung.

WILHELM (1954) erwidert darauf:

"Die Frage für die Zukunft der Demokratie ist nicht, ob wir Macht für böse oder gut halten, sondern ob wir mit der Erfahrung unserer Generation ernst machen, daß die Macht eine Schöpfung der Menschen ist. Weil sie eine Schöpfung der Menschen ist, kann und muß sie unter Kontrolle gehalten werden. Genau darum geht es bei der These der Partnerschaft." (ebd.: 227)

An gleicher Stelle thematisiert WILHELM einen weiteren, in der Auseinandersetzung zwischen deutscher Pädagogik und Partnerschaftserziehung konstitutiven Punkt: Dem Vorwurf, ihn treibe eine illusionäre Friedenssehnsucht in eine harmonistische Betrachtung menschlichen Zusammenlebens, entgegnet er, dass eine solcherart gelagerte Sichtweise sich zwangsläufig dem Prinzip der Gemeinschaft verschreiben müsste, das in einiger Nähe zum Nationalsozialismus stehe. "Statt dessen bleibt die Idee der Partnerschaft nüchtern im Bereich der *Gesellschaft*, der massenhaften Welt, wo nicht Freundschaft herrscht, sondern wo sich die Menschen zu 'genossenschaftlichem' Verhalten zusammenfinden." (ebd.: 230f.; Herv. i. O.) Er nutzt hier klug und in umdeutender Weise die in der deutschen Pädagogik gängige Dichotomisierung von Gemeinschaft und Gesellschaft (siehe dazu auch 2.2).

Das Prinzip der Partnerschaft dient so jenseits einer utopischen Vision als Mittler zwischen zuvor als unvereinbar erachteten Gegensätzen.

Wie auch SCHILLER feststellt (vgl. 1963: 59), war WILHELMS Ansatz eindeutig vom Pragmatismus geprägt. Im geisteswissenschaftlichen Klima der deutschen Pädagogik konnte er jedoch nicht bestehen, da es einen geradezu heroischen Verzicht auf überlieferte Positionen des deutschen Idealismus bedeutet hätte, sich auf diese philosophische Denkweise einzulassen. Es zeigt sich wie wenig sich an den Grundüberzeugungen der Hauptvertreter der deutschen Pädagogik und Philosophie seit dem Philosophischen Weltkongress, der 1908 in Heidelberg stattgefunden hat (vgl. dazu JOAS 1999b: 117ff.) verändert hat und wie gering die Bereitschaft war, sich auf alternative Denkmuster einzulassen.

WILHELM selbst gibt 1982 zu bedenken, dass die Würdigung seiner Arbeiten aus den 50er- Jahren unter der schwachen Konjunktur des Pragmatismus zu leiden hatten und seine in den siebziger Jahren veröffentlichten Arbeiten davon profitierten, dass in dieser Zeit bereits eine PEIRCE- und MEAD- Renaissance stattgefunden hatte (vgl. 1982: 342f.).

Sein Verdienst liegt sicherlich darin, unabhängig von der praxisorientierten, gruppenpädagogischen Diskussion, eine eigenständige theoretische Sichtweise der demokratischen Bedeutung von Gruppen entwickelt zu haben.

Sein Ansatz und die Kritik daran belegen eindrucksvoll die Schwierigkeiten der Umerziehungs- bzw. Neuorientierungspolitik. Waren bereits die von außen oktroyierten Maßnahmen dem Widerstand der Deutschen ausgesetzt und teilweise an ihm gescheitert, zeigte sich hier, wie schwer geistige Orientierungen und Haltungen aufzulösen und zu bearbeiten waren. Hier zeigt sich auch anschaulich, wie restaurative Tendenzen durch die Vermittlung exponierter und arrivierter Fachvertreter ermöglicht und unterstützt wurden.

3.2 Gruppenpädagogik und Soziale Gruppenarbeit

Die bislang geschilderten Maßnahmen und Aktivitäten hatten neben dem Aufbrechen nationalsozialistischer Orientierungen die Absicht, Interesse an der Demokratie und deren Verwirklichung zu wecken. Sie sollten quasi den Weg bereiten für eine demokratische Gesinnung jenseits der bisherigen Erfahrungen. Die konkrete Umsetzung der Gruppenpädagogik erfolgte in einem weiteren Schritt. Dieser verlief – im Angesicht demokratischer Orientierung geradezu eine Pflicht – auf zwei Schienen und lässt sich wesentlich anhand zweier Einrichtungen nachvollziehen.

In der Tradition der Jugendhöfe und Jugendleiterschulen stand das "Haus Schwalbach", das sich dem gruppenpädagogischen Credo verschrieben hatte (3.2.1; vgl. dazu auch Kapitel 3.1.3). Der "Hansische Jugendbund Hamburg" hingegen verfolgte ein anderes, weitaus stärker und deutlicher den Prinzipien des *social group work* verpflichtetes Konzept (3.2.2). Die folgenden Ausführungen sollen daher auch zur Klärung einer möglichen Differenz zwischen diesen beiden Erscheinungsformen der Gruppenarbeit beitragen.

3.2.1 Gruppenpädagogik – Haus Schwalbach

Es mag merkwürdig erscheinen, wenn die Darstellung der Arbeit einer pädagogischen Einrichtung mit der Schilderung des Lebenswegs einer einzelnen Person beginnt, noch dazu, wenn diese nicht ausschlaggebend für die Gründung der Einrichtung war. Jedoch erscheint es im Fall des "Haus Schwalbach" angebracht, einige Worte der Person zu widmen, deren Arbeit und Einsatz zentral und stilbildend für die gesamte Organisation wurden (vgl. dazu auch FREY 2003: 31)

Magda KELBER[103] wurde am 7. Juni 1908 in Aufsess in Bayern geboren und starb am 7. August 1987 in Wiesbaden. Aufgewachsen in Nürnberg, begann sie nach dem Abitur ein Studium der Volkswirtschaftslehre und der Politikwissenschaft in Erlangen, das sie 1933 mit einer Dissertation über *Die abgeleiteten Einkommen* in München abschloss. Mit dem akademischen Grad eines Dr. rer. pol., geht sie im gleichen Jahr nach England. Ausgestattet mit einem Quäker-Stipendium arbeitet sie in verschiedenen Bildungseinrichtungen und Settlement-Häusern. Es gelingt ihr, ihre Aufenthaltserlaubnis mehrfach zu verlängern, sodass sie die Zeit des Nationalsozialismus in England überstehen kann. Sie selbst bezeichnet sich in der Rückschau nur zögerlich als Emigrantin, da sie zum Lernen nach England ging und durch die äußeren Umstände gezwungen wurde, sich dort längerfristig aufzuhalten (vgl. Interview Magda KELBER mit Alfred KNIERIM vom 17. März 1977, nachgewiesen in FREY 2003). Nach Kriegsbeginn wird sie gemeinsam mit anderen Deutschen interniert und organisiert im Lager Bildungsveranstaltungen für Erwachsene. Im Jahr 1941 wird sie aus der Haft entlassen und geht nach London, wo sie bis zum Kriegsende in der zentralen Weiterbildungseinrichtung der Quäker arbeitet. Dort unterrichtet sie u. a. Ehren-

---

[103] Sämtliche Angaben zur Biographie KELBERS stammen aus: FREY 2003: 27ff.

amtliche, die auf einen Einsatz im Hilfsdienst für die europäischen Länder vorbereitet werden. Sie selbst lehnt zu diesem Zeitpunkt einen eigenen Einsatz in Deutschland ab und ist der Auffassung, dass dies auch für die anderen deutschstämmigen Emigranten gelten sollte.

Im Winter 1945 erhält die Religionsgemeinschaft der Quäker die Erlaubnis der britischen Militärregierung, ihre Hilfsdienste und ihre Unterstützung auch in Deutschland durchzuführen. Im Rahmen dieses Projektes reist KELBER im Mai 1946 als Leiterin einer kleinen Gruppe von Helfern nach Solingen. Später koordiniert sie von Vlotho aus die gesamten Aktivitäten des Quäkerhilfswerks. Sie selbst äußert sich dazu wie folgt:

"Während die anderen sich bemühten das leere Haus einzurichten, und von der Armee Geschirr, Möbel, Betten, Lebensmittelrationen, einen Kochherd, Personal, eine Garage, einen Lagerraum und vieles andere mehr zugewiesen zu bekommen, machte ich mich auf den Weg zu den englischen und deutschen Behörden: Kreis Group Commander, Kreis Resident Officer, Oberstadtdirektor, Wohlfahrtsdezernent, Amtsarzt, Schuldezernent, Jugendpfleger. Die wenigsten dieser Beamten wussten, wer wir waren und was wir vorhatten." (KELBER 1949 zit. n. FREY 2003: 30)

Der Schwerpunkt ihrer Arbeit lag dort in der Unterstützung der örtlichen Fürsorgerinnen, wobei die Intention der Organisation oft von KELBER erklärt werden musste. Die Quäker wollten weder Wohlfahrtspflege betreiben noch als missionarische Sekte auftreten, vielmehr war es die Tätigkeit einer christlichen Gemeinschaft, deren Arbeit am ehesten "mit dem Gleichnis des barmherzigen Samariters umschrieben werden" (KELBER 1949, zit. n. FREY 2003: 30) könnte.

Im Winter 1948 lernt sie auf einer Tagung in Fredeburg im Sauerland, den Leiter der amerikanischen Abteilung Community Education[104], Dr. Howard OXLEY kennen. Dieser lädt sie im August 1949 ein, die Arbeit des zwei Monate zuvor gegründeten "Haus Schwalbach" kennen zu lernen und ein Gutachten über die Möglichkeiten und Chancen einer solchen Einrichtung zu erstellen.

"Haus Schwalbach" ist zu diesem Zeitpunkt führungslos, da die ursprünglichen Leiter, Hildegard REXROTH-KERN und Heinrich BRAUN, nach Konflikten mit dem Kuratorium und den amerikanischen Beratern gekündigt hatten. Da sich kurzfristig kein Ersatz findet, nimmt KELBER das Angebot an, die vakante Posi-

---

[104] Magda KELBER (1950: 4) spricht von der Abteilung Community Education. An anderer Stelle (1964: 895) spricht sie jedoch von der Abteilung Community Activities.

tion für eine Übergangszeit auszufüllen. Sie hat damals noch die feste Absicht, ihre Arbeit für das Quäkerhilfswerk danach wieder aufzunehmen. Die Übergangszeit dauert schließlich bis 1963 an.

Ende 1948 beabsichtigte die amerikanische Militärregierung, neben ähnlichen Einrichtungen in Bayern und Berlin auch in Hessen ein *leadership training center* einzurichten. Finanziert werden sollte diese Fortbildungseinrichtung für formelle und informelle Multiplikatoren von der Militärregierung, wobei den deutschen Nutzern Mitspracherechte eingeräumt werden sollten. Die Wahl fiel auf zwei Häuser in der Nähe von Bad Schwalbach, genauer in Lindschied im Taunus, die ursprünglich der Sommersitz der deutsch-amerikanischen Bierbrauerdynastie Busch waren. Das amerikanische Militär requirierte das während der NS-Zeit als Notunterkunft für ausgebombte Familien genutzte Anwesen 1945 und richtete dort einen Club für Marineangehörige ein (vgl. KELBER 1978: 10) Magda KELBER (1950: 4) zufolge stammte die Idee zur Gründung von einer Einzelperson: dem bereits erwähnten Howard OXLEY, "der ein Bedürfnis erkannt hatte und mit anderen gemeinsam Wege fand, ihm zu begegnen." Es gelingt OXLEY, die eigene Behörde im Landeshaus Wiesbaden von der Notwendigkeit eines solchen Unternehmens zu überzeugen, und in der Folge schaffte er es, deutsche Persönlichkeiten aus Jugendarbeit, Erwachsenenbildung und Frauenarbeit für die Mitarbeit zu gewinnen. Das im Anschluss gebildete Kuratorium, das sich in Form eines eingetragenen Vereins konstituierte, entwickelte unter maßgeblichem Einfluss der amerikanischen Experten erste Vorstellungen der Arbeit. Am 26. Juni 1949 nimmt das "Haus Schwalbach" in der sogenannten "Villa Lilly" seine Arbeit als *Heim für Volksbildung und Jugendpflege*[105] auf. Die Arbeits- und Aufgabengebiete der Einrichtung entwickeln sich dabei analog der Struktur der amerikanischen Abteilung: Der Bereich "Youth Activities" wendet sich an Jugendgruppenleiter und Jugendpfleger, "Adult Education" bietet Kurse für Dozenten und Leiter in der Erwachsenenbildung an, "Women's Affairs" unterstützt Frauenorganisationen, "Home Economics" bietet Förderung

---

[105] Laut FREY (vgl. 2003: 34f.) knüpft dieser von deutscher Seite gewählte Begriff bewusst an die Tradition der deutschen Erwachsenenbildung und Jugendarbeit aus der Zeitvor 1933 an. Die amerikanische Intention eines *leadership training centers* erscheint dabei nur nachrangig von Bedeutung. FREY identifiziert darin die Wurzel des Grundkonflikts um "Haus Schwalbach", der in der Folgezeit zu massiven finanziellen Schwierigkeiten führte. Magda KELBER ist sich der Differenz der Begrifflichkeiten bereits sehr früh bewusst und forciert in Abstimmung mit dem Kuratorium bereits in den ersten Jahren eine Namensänderung, die dem eigentlichen Anliegen der Arbeit besser gerecht wird. Im August 1953 gibt sie bekannt, dass sich die Einrichtung in *Arbeitsstätte für Gruppenpädagogik* umbenennt (vgl. KELBER 1953b: 2).

und Beratung von Hausfrauen und das Sachgebiet "Education" will Kurse für Lehrkräfte anbieten. (vgl. KELBER 1964: 895).

Zielgruppe des "Haus Schwalbach" waren demgemäß alle Personen, die mit Menschen in Gruppenzusammenhängen zu tun hatten. Der Kreis der Klientel umfasste sowohl Mitarbeiter des Sozial- und Gesundheitswesens als auch der Jugendarbeit und sogar Angehörige der Bundeswehr. Jedoch war es, wie oben bereits erwähnt, vor allem die Arbeit mit Multiplikatoren, die, einmal "infiziert" mit dem gruppenpädagogischen Geist, diesen in ihren jeweiligen Zusammenhängen verbreiten sollten:

"In unserer Arbeit lassen wir uns leiten von dem Gedanken, den Einzelnen zur verantwortlichen Mitarbeit in der Gruppe, Nachbarschaft, Gemeinde, in Kreis, Volk, Staat und Menschheit zu bringen. [...] Dies geschieht hauptsächlich in Arbeitsgemeinschaften, Aussprachen und praktischen Übungen, seltener in Vorträgen und Referaten, und wo immer möglich unter Verwendung von Anschauungsmitteln (Film, Epidiaskop, Radio, Schallplatte usw.). Auch die Gastlehrer sollen so untheoretisch und unakademisch wie möglich sprechen. Es kommt viel mehr darauf an, für Zuhörerfragen offen zu sein, um ein menschlich verbindendes und helfendes Gespräch zu führen [...]" (Anlage zum Protokoll der 4. Arbeitsbesprechung von Haus Schwalbach vom 17.10.1949 zit. n. MÜLLER 1992: 54).

Diese Absichtserklärung aus dem Jahr 1949 lässt sich in ihrem Anspruch der Allgemeingültigkeit und Verständlichkeit gruppenpädagogischer Prinzipien bis auf die Wurzeln der Gruppenarbeit im Hull-House zurückführen. Die hier dargelegten Orientierungen zeigen, sicherlich beeinflusst durch die amerikanischen Berater, eine direkte Linie von der Settlement-Arbeit über das *social group work* hin zur Gruppenpädagogik deutscher Provenienz. Eine solche Ausrichtung erscheint umso konsequenter, als die Mitarbeiter der Einrichtung im Juni 1951 im Berliner Wannseeheim im Rahmen einer Fortbildung eine Einführung in die Grundlagen des amerikanischen *(social) group work* erhalten haben (vgl. KAHLE 1951: 6; KELBER 1978: 14). Hier gilt also MÜLLERS Darstellung, der unter Berufung auf ein Gespräch mit KELBER und Christa von SCHENK feststellt (vgl. 1992: 53), dass KELBER zu Beginn ihrer Tätigkeit keine ausgewiesene Expertin für Gruppenpädagogik oder *social group work* war. Vielmehr war sie, sowohl während ihres Exils als auch nach ihrer Rückkehr in der Erwachsenenbildung tätig. Zwar praktizierte sie auch dort Gruppenarbeit, den Unterschied zur amerikanischen Tradition erkannte sie aber erst, als sie mit den Standardlehrbüchern von COYLE und WILSON/RYLAND vertraut gemacht wurde. Entsprechend der amerikanischen Auffassung des *group work* sieht KELBER das Wirken von "Haus Schwalbach" als "Arbeit für die innere Demokratisierung unserer Gesellschaft und unseres Staates" (1959: 341). Ein langjähriger Mitarbeiter der Einrichtung[106] drückt die mitunter sehr persönlichen Auswirkungen solcherart gestalteter Arbeit wie folgt aus:

"Und hier erlebte ich zum erstenmal Demokratie als Wirklichkeit, nämlich als Geisteshaltung und nicht nur als Parteimechanismus. Seitdem – und nicht früher – weiß ich, daß Demokratie möglich ist, einfach, weil ich sie zum erstenmal in Haus Schwalbach als Wirklichkeit erlebt habe." (WALZ 1951: 8).

Jedoch war die Arbeit ständig bedroht durch finanzielle Unsicherheiten. Die ab 1951 nur noch zeitlich befristet, für jeweils ein Jahr gewährten Zuschüsse verhinderten eine stetige Planung und dauerhafte Ausrichtung.[107] Die Ursache für diese nur vage Sicherheit liegt sicherlich auch in der Kooperation mit den amerikanischen Behörden und Beratern. "Haus Schwalbach" stand mitunter im Verdacht amerikanische Interessen und Anliegen zu propagieren.

Walter KARBE, der damalige Vorsitzender des Kuratoriums von "Haus Schwalbach", beklagt in einem Artikel von 1952 die mangelnde Bereitschaft der deutschen Verwaltungsbehörden, die Arbeit der Einrichtung auf eine solide finanzielle Grundlage zu stellen. Zugleich begrüßt er die zu diesem Zeitpunkt nach wie vor gewährte amerikanische Unterstützung. Er sieht die mangelnde Unterstützung von deutscher Seite dadurch bedingt, dass es vielfältige Missverständnisse und Bedenken gibt: "Haus Schwalbach" sei eine Einrichtung, die "'von oben' unorganisch" (KARBE 1952: 4) in das deutsche Bildungswesen eingeführt worden sei und der aufgrund der amerikanischen Unterstützung der Ruch des Amerikanismus anhafte. Er versucht diese Vorurteile zu widerlegen, indem er die Gruppenpädagogik in ihrer amerikanischen Herkunft als eine fortschrittliche Entwicklung darstellt. Die Gruppenpädagogik ermöglicht es, so KARBE, Inhalte nicht vom Standpunkt der ideologischen Überzeugung anzugehen, sondern diese aus den konkreten Anforderungen des jeweiligen Gruppenzu-

---

[106] Eine Auflistung der hauptamtlichen Mitarbeiter von "Haus Schwalbach", z. T. mit biographischen Angaben findet sich bei FREY (2003: 45-53).

[107] Belege hierfür finden sich in regelmäßigen Abständen in den *Schwalbacher Blättern*. Insbesondere in den einleitenden Worten Magda KELBERS erscheinen die Klagen und Hilferufe in zunehmender Intensität (vgl. u. a. KELBER 1953a; 1954a/b; 1956; 1963a)

sammenhangs zu bearbeiten. Den Vorwurf, dass "Haus Schwalbach" daher nur Methode ohne Substanz sei, entkräftet er mit der Feststellung, dass es "eine Methode ohne Substanz nicht gibt" (ebd.: 5).[108] Das Problem liegt nach KARBE vielmehr in der mangelnden Übung demokratischer Verhaltensweisen. Um hier Abhilfe zu schaffen, sollte man sich durchaus auf ausländische Erkenntnisse stützen. Nicht der Sachverhalt, dass es amerikanische Entwicklungen sind[109], sei dabei entscheidend, sondern vielmehr die Resultate, die die bisherige Arbeit von "Haus Schwalbach" gezeitigt hat.

Magda KELBER stellt Jahre später fest, dass die Ausgangslage insofern zusätzlich erschwert war, dass sich die Arbeit der Einrichtung von ihrer inneren Struktur her betrachtet nicht in den vorhandenen deutschen Behördenapparat eingliedern ließ (vgl. KELBER 1978:13). Die Aufgabe "Hilfen für demokratisch bewußte Führungskräfte *aller* Lebensbereiche" (ebd.: 14; Herv. i. O.) anzubieten, wurde kaum verstanden und infolgedessen wenig geschätzt.

Der Akzent der Arbeit verschob sich daher in der Folge immer mehr: Die Vermittlung allgemeiner Grundlagen und Prinzipien, trat immer mehr in den Hintergrund, während die Einwerbung neuer Lehrgänge und Kurse zunehmend an Gewicht gewann. Die Arbeit wurde in gewisser Weise abhängig von Trends und dem Wohlwollen potentieller Finanziers, die kurzfristig verwertbare Resultate einforderten. Die anfänglich im Rahmen der gruppenpädagogischen Arbeit integrierten methodischen Hilfen wie z. B. die Methode 66 oder das Flanelltuch (vgl. dazu BAUER 1953: 11ff.; 1955: 9) wurden zunehmend als plakative, leicht nachzuahmende Handlungsanleitungen gewünscht.

Die Lehrgangsteilnehmer sollten innerhalb kürzester Zeit, in der Regel einer Woche, ihre kommunikative Kompetenz erhöhen oder handlungsrelevante Kooperationsstrategien erlernen. Unter diesen Bedingungen fehlte verständlicher-

---

[108] Hier zeigt sich, wie sehr die Kritik an der Einrichtung auf wenige Grundfragen beschränkt bleibt. Der Vorwurf "Haus Schwalbach", biete lediglich eine Methode, der es jedoch an der Substanz fehle, erscheint auch wieder in einer maßgeblichen Kritik an der Einrichtung aus dem Jahr 1959: vgl. dazu Kapitel 3.4.
Eine grundsätzliche Einschätzung zum Verhältnis von Stoff und Methode in der Erziehung lieferte Erich HYLLA, der auch die erste Übersetzung von DEWEYS *Democracy and Education* besorgt hat. HYLLA stellt heraus, dass "*Stoff* und *Methode* nur in Extremfällen säuberlich getrennt werden können, daß die Auswahl der geeigneten Bildungsstoffe und ihre Beherrschung durch den Bildner zwar gewiß wichtig sind, daß aber bei Vernachlässigung der Methode der Erfolg jeder Bemühung des Bildners beschränkt bleibt, fraglich wird, ja einen durchaus unerwünschten Charakter annehmen kann" (HYLLA 1959: 327; Hervor. i. O.).
[109] KARBE nennt den Pragmatismus und hier explizit die Arbeiten DEWEYS zentrale Einflussgrößen. Zugleich weist er darauf hin, dass selbst einflussreiche deutsche Pädagogen wie KERSCHENSTEINER bereits Anleihen bei DEWEY gemacht hätten (vgl. 1952: 5f.). Zum problematischen Charakter dieser Aussage: vgl. Kapitel 2.2.

weise die Zeit, den Anspruch der Vermittlung relevanter sozialwissenschaftlicher Kenntnisse zu realisieren.

Die finanziellen Schwierigkeiten und Unsicherheiten führten letztlich dazu, dass nach verschiedenen Umzügen der Einrichtung (1957 ins Kyffhäuserheim nach Rolandseck, 1958 in Büroräume nach Wiesbaden-Biebrich), die eigentliche Lehrgangstätigkeit im Jahr 1964 eingestellt wurde (vgl. KELBER 1964; 1978). Die verbliebenen Mitarbeiter führten die Lehrgänge zum Teil auf freiberuflicher Basis weiter und koordinierten ihre Tätigkeiten über ein, zugleich als Geschäftsstelle des Verlages "Haus Schwalbach" fungierendes Büro in Wiesbaden-Dotzheim.

Die bis dahin geleistete Arbeit lässt sich wie folgt in Zahlen ausdrücken: Von 1949 bis 1964 führte die Einrichtung insgesamt ca. 3100 Veranstaltungen durch. Zwei Drittel davon (2302) wurden als so genannte Außenarbeit, in fremden Einrichtungen durchgeführt. Die durchschnittliche Dauer einer Veranstaltung lag bei 3,6 ("Haus Schwalbach") und 2,77 Tagen (Außenlehrgänge). Insgesamt erreichte man damit 116918 Teilnehmer. Auffallend ist, dass bei der thematischen Verteilung der Kurse (ausschließlich Angaben für das Jahr 1964 sind hier überliefert) unterschiedliche Tendenzen auszumachen sind: Für den Bereich der in der Einrichtung durchgeführten Lehrgänge gilt, dass ca. 95 % das Feld der Jugendarbeit abdecken, während 5 % in den Bereich der Erwachsenenbildung fallen. Für die Außenarbeit gilt, dass nahezu eine Drittelung zwischen den ursprünglichen Arbeitsgebieten Erwachsenenbildung, Frauenarbeit und Jugendarbeit bestand, wobei die Jugendarbeit auch hier ein, wenn auch vergleichsweise leichtes Übergewicht hat (vgl. dazu KELBER 1965a: 923).

Diese letzte Feststellung bestätigt die Tendenz der zunehmenden Bedeutung des Feldes der Sozialpädagogik/Sozialarbeit hinsichtlich der Anwendung der Gruppenpädagogik.[110] "Haus Schwalbach" hatte den Bedarf in diesem Bereich bereits 1957 erkannt und mit der Einführung des Zweijahreskurses für Gruppenpädagogik im Jahr darauf versucht, eine berufsbegleitende Weiterbildung und Zusatzqualifikation von Fachkräften zu organisieren (siehe dazu Kapitel 3.3)

---

[110] Das Ausmaß dieses Prozesses wird deutlich, wenn man den Auswahlband Nr. 4/2 von 1978 heranzieht: Dieser behandelt die verschiedenen gruppenpädagogischen Arbeitsfelder. Dort werden – gemäß der amerikanischen Tradition – sämtliche Altersgruppen von Kindergartenkindern bis hin zu älteren Menschen als Zielgruppe benannt. Der jeweilige Kontext in dem die Arbeit situiert ist, ist jedoch eindeutig sozialpädagogischer Art (vgl. HAUS SCHWALBACH 1978b).

Mit den seit 1950 herausgegebenen *Schwalbacher Blättern* hatte "Haus Schwalbach" eine über die Existenz der eigentlichen Einrichtung hinausreichende "Institution" geschaffen. Die ursprünglich als Mitteilungsblatt für ehemalige Teilnehmer und Freunde der Einrichtung gedachte Schrift entwickelte sich ab Mitte der 50er-Jahre zum Zentralorgan der Gruppenpädagogik. Parallel dazu wurde ein Verlag gegründet, der gruppenpädagogisch relevante Literatur veröffentlichte und zugleich auch die Finanzierung auf eine breitere Grundlage stellen sollte. Waren die ersten Hefte (bis einschließlich Nr. 15) kostenlos erhältlich, erfuhr das Blatt ab Heft 16 eine optische und inhaltliche Umgestaltung. Unter der Schriftleiterin Ursula WALZ war man bestrebt, neben dem ursprünglichen Anliegen der Information über die Aktivitäten des Hauses vermehrt inhaltliche Aspekte gruppenpädagogischer Arbeit zu berücksichtigen. Dies beinhaltete auch die Präsentation neuer sozialwissenschaftlicher Erkenntnisse aus dem Bereich der amerikanischen Kleingruppenforschung. Vor allem Magda KELBER zeichnete dafür verantwortlich, die Resultate wissenschaftlicher Forschung einem breiten Publikum[111] in deutscher Sprache verfügbar zu machen (vgl. dazu auch WALZ 1974: 81-84). Dieses besondere Anliegen KELBERS wird deutlich, wenn man die von "Haus Schwalbach" herausgegebenen Auswahl- und Sammelbände heranzieht (vgl. HAUS SCHWALBACH 1959, 1965, 1971, 1978a, 1978b). Diese Arbeiten bestehen in wesentlichen Teilen in der z. T. überarbeiteten Darstellung von früheren Veröffentlichungen aus den *Schwalbacher Blättern*. Neben der Präsentation der Bandbreite des Arbeitsfeldes und der inhaltlichen Schwerpunkte der gruppenpädagogischen Arbeit nehmen die dort referierten Forschungsberichte breiten Raum ein.

Die Aktivitäten der Zeitschrift beschränkten sich jedoch nicht nur auf die Publikation relevanter Texte, vielmehr wurden im Rahmen der Verfügbarmachung geeigneter Arbeitshilfen eine Rubrik in der Zeitschrift begründet, die einen nachhaltigen Erfolg und Einfluss entwickelte. Ausgehend von der unregelmäßigen Veröffentlichung von Vorschlägen und Materialien zur Gestaltung von Spielen entwickelte sich ab 1956 das Vorhaben, eine systematische Sammlung von gruppenpädagogisch relevanten Spielen anzulegen: die "Schwalbacher Spielkartei".

Die Schwalbacher erkannten dabei – und hier folgen sie den Erkenntnissen MEADS (vgl. dazu Kapitel 1.1.2) – die fundamentale Relevanz und enorme praktische Bedeutung des Spiels als Mittel in der Gruppenarbeit.

---

[111] MÜLLER (1992: 64) nennt in diesem Zusammenhang eine Zahl von 2000 bis 5000 Abonnenten der Zeitschrift.

Noch bevor sich der Verein "Haus Schwalbach" mit Beschluss der Mitglieder-
versammlung vom 18.10.1985 schließlich zum Jahreswechsel 1985/86 selbst
auflöste, gingen die Zeitschrift und der Verlag wegen andauernder finanzieller
Schwierigkeiten im April 1984 an den Matthias-Grünwald-Verlag in Mainz
über. Dieser führte die Zeitschrift bis 1987 unter dem gleichen Titel fort und
entwickelte daraus das Nachfolgeorgan *Praxis Spiel und Gruppe*.

Wie aus den bisherigen Ausführungen hervorgeht, sind die Prinzipien der Arbeit
von "Haus Schwalbach" eng verbunden mit dem Wirken und geprägt von den
Überzeugungen Magda KELBERS.

In dem Artikel *Was verstehen wir unter Gruppenpädagogik* (1965b) sieht sie
die Aufgabe von "Haus Schwalbach" rückblickend darin, "diejenigen, die in
verantwortlicher Arbeit mit Gruppen standen, mit der Methode der Gruppenpädagogik bekannt zu machen und sie, soweit das in relativ kurzen Kursen möglich ist, dazu zu befähigen, sie anzuwenden" (KELBER 1965b: 2). Die Verwendung des Begriffs "Methode" erfolgt dabei analog zu dem im *social group work*
(siehe 1.3.3).

Im Gegensatz zu anderen Arten der Arbeit in und mit Gruppen ist die Gruppenpädagogik für sie dadurch gekennzeichnet, dass die Verfolgung des spezifischen
Ziels zwangsläufig mit der erzieherischen Verantwortung kombiniert wird (vgl.
ebd.: 3).

Weiterhin ist die Abgrenzung zur Gruppentherapie evident, zwar "wird von guter gruppenpädagogischer Arbeit auch heilende Wirkung ausgehen [...]. Dennoch ist es unzweckmäßig, die Begriffe zu verwischen und von Therapie da zu
sprechen, wo es in erster Linie um pädagogische Hilfe geht" (ebd.: 2f.). Von *sozialer Gruppenarbeit* spricht sie dann, wenn eindeutige Schwierigkeiten körper-
licher, seelischer oder sozialer Art zu bearbeiten sind (vgl. ebd.:3). Die hier an-
gezeigte Differenz zum *social group work* ist der unterschiedlichen Bedeutung
des Wortes *sozial* bzw. *social* geschuldet.[112]

---

[112] In einem Artikel von 1966 arbeitet sie die Unterschiede zwischen den einzelnen gruppenpädagogischen Ausformungen noch deutlicher heraus (vgl. KELBER 1966). Sie entwickelt
dabei ein Kontinuum mit den Orientierungspunkten "Gruppenpflege", "Gruppenpädagogik"
und "Gruppentherapie" (vgl. ebd.: 1099) (vgl. dazu auch die unterschiedlichen Ansätze zum
social group work; Kapitel 1.3.3). Zwischen diesen Polen variieren die jeweiligen Schwerpunkte der Arbeit von effizienterer Organisation von Arbeitsprozessen bis hin zu helfendem
Handeln in der Therapie. Soziale Gruppenarbeit nähert sich für sie der therapeutischen Arbeit, ist von dieser jedoch zu unterscheiden, da Letztere spezielle therapeutische Kenntnisse
und eine spezielle Ausbildung erfordert. Analog zur Therapie ist Soziale Gruppenarbeit als
Hilfestellung zu betrachten, eine Hilfestellung die jedoch an pädagogischen Gesichtspunkten

Neben der formalen Bestimmung durch die Orientierung an der kleinen, überschaubaren Gruppe ist die Gruppenpädagogik als Entsprechung des *social group work* vor allem inhaltlich gekennzeichnet:

Dabei handelt es sich, "[...] um die Ablösung einer autoritären durch eine partnerschaftliche Erzieherhaltung; um das Freimachen der Aktivität des einzelnen in einem gemeinsam gestalteten Tun (Programm, activities); um das Ernstnehmen der selbsterzieherischen Tendenz schon in Kindheit und Jugendzeit; um das Raumgeben für ursprüngliche, entwicklungsgemäße Gemeinschafts- und Ausdrucksformen; um ein pflegendes, bildendes oder führendes Arbeiten des Gruppenleiters in einer aktiv an ihrer Entwicklung mitbeteiligten Gruppe" (Erika HOFFMANN, zit. n. KELBER 1955: 2)

Laut KELBER lässt sich der pädagogische Anspruch der Gruppenpädagogik, analog zu den in Amerika entwickelten Vorstellungen, an acht Grundsätzen festmachen. Diese Prinzipien sind: "mit der Stärke arbeiten; anfangen wo die Gruppe steht [...] und sich mit ihr – ihrem Tempo entsprechend – in Bewegung setzen; Raum für Entscheidungen geben [...] und notwendige Grenzen positiv nutzen; Zusammenarbeit mehr pflegen als Einzelwettbewerb; sich überflüssig machen" (vgl. 1965b: 7ff.; zur Kritik an diesen Grundsätzen: siehe 3.4).

Zentral war für KELBER, und dies erkannte sie bereits sehr früh, dass die erfolgreiche Gruppenarbeit nur zum Teil von Kenntnissen und Fähigkeiten abhängt: "Unsere vornehmste Aufgabe ist die Vermittlung einer Haltung, die an Stelle der bewußt oder unbewußt autoritär geleiteten die ko-operative Gruppe anstrebt. [...] Haltungen werden nicht durch Reden vermittelt. [...] Haltungen werden durch Erleben gebildet." (KELBER 1952: 9)[113]

Die Gruppenpädagogik von "Haus Schwalbach" knüpfte also anfänglich nicht an vorhandene deutsche Traditionen an, sondern orientierte sich – im Sinne eines kompletten Neubeginns – an den Entwicklungen der amerikanischen Gruppen-

---

orientiert ist (vgl. ebd.: 1099ff.). Berücksichtigt man eine Äußerung KELBERS aus dem Jahr 1963 so erscheint die Differenz des gruppenpädagogischen Ansatzes von "Haus Schwalbach" zum *social group work* als eine lediglich sprachliche. Den Verzicht auf eine wortgetreue Übersetzung der Begrifflichkeit begründet KELBER im Geleitwort zur ersten Auflage von Heinrich SCHILLERS Dissertation (siehe dazu 3.3) damit, "daß Sozialarbeit und Pädagogik sich auf diesem Gebiet treffen und daß dies in der wörtlichen Übersetzung ('Soziale Gruppenarbeit') nicht deutlich genug zum Ausdruck kommt" (1963b: 5).
[113] Eine ausführliche Rekonstruktion und Analyse des gruppenpädagogischen Modells KELBERS bietet FREY (2003: 103-125).

arbeit. Die Hoffnung der Schwalbacher, durch das Vermitteln *und* Vorleben einer demokratischen Lebensform, eine dauerhafte Demokratisierung aller Lebensbereiche zu erreichen, war, so MÜLLER, nach den Geschehnissen des Zweiten Weltkriegs berechtigt, verlor aber mit dem Verblassen des Nationalsozialismus teilweise ihren Reiz. "Jetzt 'war alles irgendwie demokratisch', die Lebensform wurde zur Methode, sie transportierte Fragloses (oder Unbefragtes) und wirkte banal [...]" (MÜLLER 1992: 62). Diese Einschätzung MÜLLERS, so plausibel sie auf den ersten Blick erscheint, ist allenfalls bei oberflächlicher Betrachtung zutreffend. Der Kern der Problemstellung ist ein anderer: Obwohl die Einrichtung eine Vielzahl von Menschen erreicht hat, konnte die Konzeption, "pädagogische Gruppenarbeit zur Vermittlung von diversen Kulturgütern" (SCHILLER 1997: 292) zu nutzen, aufgrund differenter zugrunde liegender Gesellschaftsbilder ihre Wirkung in Deutschland nicht voll entfalten.

Um die geringe Akzeptanz der Gruppenpädagogik zu erhöhen, wurden schließlich ab Mitte der 50er Jahre doch verschiedene Versuche unternommen, die inhaltliche Ausrichtung mit der deutschen pädagogischen Tradition zu harmonisieren. Magda KELBER, die anfangs bewusst ein Anknüpfen an deutsche Traditionen vermieden hat, schreibt 1957, dass die Wurzeln der Gruppenpädagogik "bis in die klassische Pädagogik Pestalozzis und Fröbels" (1957a: 106) zurückreichen.[114] Erika HOFFMANN sieht in der Gruppenpädagogik gar das Pendant zur Sozialpädagogik, die sie im Anschluss an NOHL als das "pädagogische Gewissen" (1959: 309) begreift. Sie sieht in der Sozialpädagogik die vorgreifenden Theorien deutscher Pädagogen wie COMENIUS, FRÖBEL und PESTALOZZI verwirklicht (vgl. ebd.). Eine ähnliche Ausgangslage identifiziert sie auch für die Gruppenpädagogik. Diese ist für sie "ein neuer Konzentrationspunkt der pädagogischen Energien und wird heute unser pädagogisches Gewissen." (ebd.) Ebenfalls aus dem Jahr 1959 datiert der Artikel *Gruppenpädagogische Ansätze in der neuen Erziehung* von Gerhardt GIESE. Dieser sieht die Gruppenpädagogik in der Tradition der Jugendbewegung und den verschiedenen Ausprägungen der Schulreformbewegung: "Was die Gruppenpädagogik will, entspricht genau dem, was die Pädagogische Bewegung und die gegenwärtige Erziehungswissenschaft auch erstreben und bejahen: Die Erziehung des Menschen zur Menschlichkeit, zur Verantwortung gegenüber dem Du des Nächsten und gegenüber der Gemeinschaft." (GIESE 1959: 310) So zutreffend der letzte Teil von GIESES Aussage für die Gruppenpädagogik sein mag, so wenig vergegenwärtigt er die funda-

---

[114] Hinsichtlich der Vereinnahmung Pestalozzis siehe die entsprechende Analyse in Bezug auf die Arbeit Heinrich SCHILLERS (Kapitel 3.3).

mentalen Unterschiede in der Konzeption und Wahrnehmung einer entsprechenden Gesellschaftsordnung. Die in Kapitel 2 dargelegten deutschen Konzepte einer Arbeit mit Gruppen, auf die sich GIESE hier beruft, mögen zwar auf den ersten Blick Ähnlichkeiten zur Gruppenpädagogik aufweisen, differieren von dieser aber fundamental hinsichtlich der gesellschaftlichen Bedingungen, unter denen sie realisiert werden. Demokratie, als das für die Gruppenpädagogik zentrale Charakteristikum, wird dort nicht thematisiert.

Auch wenn es als Institution gescheitert ist, sollte man den Einfluss von "Haus Schwalbach" nicht unterschätzen. Orientiert an den Vorstellungen amerikanischer Gruppenarbeit, bereitete es den Weg für eine Generation deutscher Gruppenpädagogen, die sich, beeinflusst durch die "Philosophie" der Schwalbacher, auf den Weg machten, dieses Gedankengut in Deutschland zu verbreiten. Dabei gilt es aber Folgendes zu berücksichtigen: Die Einrichtung ermöglichte einer breiten Masse von Menschen, Erfahrungen im Erleben von demokratischen Prozessen zu machen. Zugleich war diese Erfahrung nur von begrenztem Wert, da sie keine Entsprechung in den realen gesellschaftlichen Zusammenhängen erfuhr, was sich letztlich auch in der Auflösung der Einrichtung widerspiegelt. Ohne die Bedeutung der Arbeit am Betrieb einer formalen Einrichtung festmachen zu wollen, zeigt sich in den Vorgängen zur Schließung von "Haus Schwalbach", wie wenig der Wert gruppenpädagogischer Arbeit doch gesamtgesellschaftlich anerkannt war.[115] Das vielversprechend gestartete Projekt scheiterte letztlich an strukturellen, aber eben auch geistig-ideologischen Hindernissen.

3.2.2 Soziale Gruppenarbeit – Hansischer Jugendbund Hamburg

Im Gegensatz zu "Haus Schwalbach" war der 1950 gegründete "Hansische Jugendbund Hamburg" (HJB) eine Einrichtung der sozialarbeiterischen bzw. sozialpädagogischen Praxis. Im Gegensatz zu den Schwalbachern, die eine gruppen-

---

[115] In gewisser Weise zeigt sich dies auch daran, dass die Gruppenpädagogik trotz wiederholter Forderung niemals eine institutionelle Anerkennung und Bedeutungszumessung in Form der Einrichtung eines Hochschullehrstuhls erhalten hat. Die unter 3.1.5 dargelegte Kontroverse um die Partnerschaftliche Erziehung Theodor WILHELMS zeigt sehr deutlich, wie wenig die Hauptvertreter der deutschen Pädagogik gewillt bzw. in der Lage waren, neue Entwicklungen aufzunehmen.

pädagogische Sensibilisierung von Multiplikatoren beabsichtigten, wurde in Hamburg praktische Arbeit im Feld geleistet.

Geleitet von der Absicht, aus den Trümmern des Dritten Reichs eine neue demokratische Gesellschaft zu erschaffen, engagierte sich in den ersten Nachkriegsjahren eine Arbeitsgruppe für den demokratischen und wissenschaftsgeleiteten Neuaufbau der Sozialarbeit. Unter Leitung des Professors für Jugendstrafrecht Horst SIEVERT entwickelte die Gruppe, bestehend aus Sozialfürsorgern und jungen Abiturienten ohne Studienplatz, eine Konzeption Sozialer Gruppenarbeit, die sich eng an den Bedürfnissen der Klientel orientieren sollte. Treibende Kraft war dabei, die ehemals in der Jugendbewegung engagierte Fürsorgerin Elisabeth SÜLAU, die eine Fortbildung in Sozialer Gruppenarbeit[116] erhalten hatte. (vgl. KRÜGER 1995b: 28). SÜLAU (1903-1979) hatte bereits in der Zeit von 1930-1933 mit gefährdeten Mädchen gearbeitet und den so genannten *Eimsbütteler-Mädelbund* geleitet. Diese Vereinigung wurde mit dem Verbot der bündischen Jugend vom 21. Juni 1933 aufgelöst (vgl. dazu LORENZ 1967: 15ff.)

1947 gründete sie im Hamburger Stadtteil St. Georg so genannte Schutzaufsichtsgruppen. "Schutzaufsicht galt als 'mildeste' Maßnahme öffentlicher Erziehung, wurde aber von den Betroffenen und auch von den betreuenden Sozialpädagogen, wegen des Mangels an geeigneter sozialpädagogischer Hilfe, als staatliches Kontrollinstrument erlebt." (KRÜGER 1995a: 14)[117] SÜLAU, die aus ihrer bündischen Zeit noch den Beinamen Ambrosius trug, kritisierte diesen Zustand und setzte auf die Schutzaufsicht in Gruppen. Dort, so SÜLAU, sollte eine "helfende Beziehung zwischen Schützling und Helfer" etabliert werden um die "eigene Verantwortung des Betreuten aufzurufen" (1952: 361).

Aus der in der Folge ausgeweiteten Arbeit mit Gruppen entstand ein "Modell einer 'zentralen Sozialen Gruppenarbeit', die Jugendhilfe als integratives und methodenübergreifendes Konzept zu qualifizieren" suchte (KRÜGER 1995a: 14). Die organisatorische Realisierung dieses Modells erfolgte in Gestalt des 1950

---

[116] Welcher Art diese Fortbildung war und wo sie stattgefunden hat, lässt sich nicht zweifelsfrei feststellen. Jedoch verweist Hildegard FEIDEL-MERTZ darauf, dass es Gisela KONOPKA war, die für den Kontakt mit der Sozialen Gruppenarbeit gesorgt hat (KONOPKA 2000: 274f.). Eine vorsichtige Bestätigung dieser Variante erlaubt auch das Geleitwort zur Studie von GASTERSTAEDT U. A. (1995). Dort spricht KONOPKA von ihren persönlichen Erinnerungen an Elisabeth SÜLAU.

[117] Eine Darstellung der Geschichte der Schutzaufsicht und ihrer Umwandlung zur Erziehungsbeistandschaft bietet Gerd IBEN (1967). 1961 wurde die Schutzaufsicht (§ 56 und § 60 JWG, sowie § 9 JGG) infolge einer Novelle des Jugendwohlfahrtgesetzes (JWG) durch die Erziehungsbeistandschaft abgelöst, die auch heute noch als Hilfe zur Erziehung im Kinder- und Jugendhilfegesetz Bestand hat. IBEN (92ff.) thematisiert explizit die Anwendung der Schutzaufsicht im Rahmen des Hansischen Jugendbundes.

gegründeten HJB, der als Ergänzung oder im schlimmsten Fall Ersatz der elterlichen Erziehung fungieren und jungen Menschen soziale Übungsfelder zur Verfügung stellen sollte. "Sie [junge Menschen, S.G.] müssen Gelegenheit haben, in
einem wohlwollenden, Sicherheit gebenden Klima ihre negativen Erfahrungen
im sozialen Nahraum zu korrigieren, indem sie neue positive Erfahrungen in
einem sozialen Übungsfeld machen, durch die ihre eingefahrenen Verhaltens-
mechanismen abgebaut und flexibler, d. h. angepaßter, werden" (SÜLAU 1965:
158).

Die besondere Stellung und Ausrichtung der Arbeit des Hansischen Jugendbundes repräsentiert ein Stück weit die im Jahr der Gründung erfolgte Anerkennung
als förderungswürdige Jugendgruppe im Hamburger Jugendring. Die damit be-
kundete Zugehörigkeit zum Bereich der Jugendpflege zeigt, dass nicht allein der
füsorgerische Auftrag die Arbeit bestimmte.[118] Die Anerkennung als Einrichtung
der Jugendpflege wurde 1958 zurückgenommen (vgl. LORENZ 1967: 84f.). LO-
RENZ konstatiert zwar, dass die finanzielle Förderung als Fürsorgeeinrichtung
für den Bund besser gewesen sei, der Aspekt der möglichen Bewertung der Arbeit als reine Fürsorge, der Zielsetzung und dem Anspruch der Arbeit jedoch
nicht gerecht werden. Hier zeigt sich deutlich die unter 3.1.1 dargelegte Problematik der Trennung von Jugendpflege und Jugendfürsorge.

Die Entwicklung des Bundes lässt sich nach LORENZ (1967) in vier verschiedene
Entwicklungsphasen einteilen: zuerst ist die Phase eines lokalen und sozialen
Pluralismus (1947-1955) zu nennen, in der es vornehmlich darum ging, die jugendliche Selbstgestaltung im Organisationsgefüge zu festigen. Die formale
Einrichtung eines Vorstandes, dem neben der Einrichtungsleiterin SÜLAU nur
Jugendliche angehörten, und eines Parlaments, in dem die Jugendlichen zwar
unter beratender Anleitung, jedoch weitgehend selbstbestimmt Entscheidungen
treffen konnten, zählen hier zu den zentralen Punkten. Von besonderer Bedeutung ist hier auch das duale System der Gruppenleitung mittels eines gruppenei-
genen gewählten Leiters und eines anleitenden, ausgebildeten bzw. in Ausbildung befindlichen Gruppenberaters[119] (vgl.: SÜLAU 1961: 108f. LORENZ 1967:
118ff.; KALCHER 1975: 217f.).

In der Satzung des Hansischen Jugendbundes zeigt sich deutlich der Wunsch
und der Wille, ein demokratisches Vereinsleben zu schaffen. Folgende Werte

---

[118] Zur Bestimmung des Verhältnisses und der Vereinbarkeit von Jugendpflege und Jugendfürsorge in dieser Zeit: Hans PFAFFENBERGER 1956b: 313-316.
[119] Neben wenigen hauptamtlichen Mitarbeitern bestand das Team des HJB vorwiegend aus
Praktikanten sowie sozial engagierten Studenten (Beispiele für entsprechende Tätigkeit finden
sich bei ANSORGE (1952: 187-189; 1957: 168-170) und SCHUBERT (1956: 403-406).

sind darin fixiert: Säkularisierte Nächstenliebe, Toleranz, Demokratie als politischer Grundwert, Bildung und Geselligkeit (vgl. LORENZ 1967: 40f und im originalen Wortlaut bei GASTERSTAEDT U. A. 1995: 39). Das im HJB wirksame Demokratieverständnis identifiziert Jürgen KALCHER, ein ehemaliger Mitarbeiter der Einrichtung und späterer Professor für Soziale Arbeit, als konträr zu den in Deutschland gängigen Vorstellungen und ordnet es in die Tradition John DEWEYS ein (vgl. 1975: 220f.).

Die zweite Phase identifiziert LORENZ in der Zeit von 1955-1960. Hier waren es insbesondere räumliche Veränderungen und Entwicklungen, die die soziale Integration des Bundes forcierten. Anfangs- und Endpunkt bilden hier die Zusammenfassung der örtlich verteilten Einzelgruppen in einem Jugendheim sowie der Umzug in das Jugendheim Herrenweide im Jahr 1959. Exemplarisch für die Ausrichtung der Arbeit in jener Zeit ist die familiäre Atmosphäre, der Primärgruppencharakter des Bundes:

"Wer den Bund kennt und lange in und mit ihm gelebt hat, der weiß, dass man eine Art Familie ist. [...] Wichtig ist aber, daß für diejenigen, für die der Bund eine Art Familie ist und die diese entsprechende Atmosphäre schätzen, dies auch erhalten bleibt. (Kogge, Logbuch des Bundes, März 1958, zit. n. LORENZ 1967: 89)

Die verbesserte räumliche Situation ermöglichte in dieser Zeit auch den Ausbau der niedrigschwelligen Arbeit. Hatte die soziale Gruppenarbeit qua Definition und Zuweisung über die Schutzaufsicht eher Füsorgecharakter[120], so konnte nun die offene, jugendpflegerische Arbeit ausgebaut werden. Jedoch, und dies ist das besondere der Konzeption, diente die offene Arbeit nicht nur als unverbindlicher und zwangloser Treffpunkt, sondern wurde methodisch genutzt um die Zugangsprozeduren zu den Gruppen zu erleichtern (vgl. LORENZ 1967: 122ff.).

Die dritte Phase (1960-1964), so LORENZ, zeichnete sich durch eine zunehmende lokale Institutionalisierung bei gleichzeitiger sozialer Differenzierung aus (vgl. ebd.: 126ff.). Dem Bund gelang es, sich zunehmend besser materiell und räumlich auszustatten, wobei der Umzug in ein anderes Wohngebiet in der Nähe ei-

---

[120] Zentrales Prinzip der Arbeit war trotz der Zuordnung zur Jugendfürsorge, dass auch Mitglieder ohne Fürsorgebedarf aufgenommen wurden, um die Lernmöglichkeiten der Teilnehmer nicht künstlich zu beschränken. Bei ca. 5000 betreuten Personen lag der Anteil derjenigen, die "eine Akte hatten", bei ca. 60 % (vgl. KALCHER 1975: 213). Hinsichtlich der offenen Arbeit ist zu bemerken, dass diese vor dem Umzug ins Jugendheim teilweise in der Privatwohnung SÜLAUS stattgefunden hat.

nes Vergnügungsviertels zugleich eine Veränderung in der Mitgliederstruktur bedingte. Inhaltlich wandelte sich die Arbeit dahin gehend, dass vermehrt ein politischer Anspruch vertreten wurde. LORENZ erkennt darin den Wandel des Wertgefüges, weg von der familiär geprägten Primärgruppe, hin zu einem sekundärgruppenhaften Wertgefüge. Er führt hierfür Belege aus der Kommunikation und dem Schriftverkehr des Bundes an, in denen vermehrt die Begrifflichkeiten "Bundespolitik", "Mitverantwortung" und "Demokratie" genannt werden. Elisabeth SÜLAU selbst schreibt im Hinblick auf diese Zeit: "Hier wird er [der Jugendliche, S.G.] lernen müssen, den Spannungsbogen zwischen den gegensätzlichen Verhaltenshorizonten in der primärintimen Gemeinschaft der Familie und der familienfremdstrukturierten Umwelt zu überbrücken." (SÜLAU 1961, zit. n. LORENZ 1967: 129) Aus dem gleichen Jahr stammt die an anderer Stelle niedergelegte Aussage SÜLAUS, die die Aufgabe konkreter und deutlicher fasst: "Man wird ihnen [den Jugendlichen, S.G.] einen eigenen Raum geben müssen, in dem sie zusammen mit erwachsenen Partnern ihre Fähigkeit zu mitmenschlicher Gemeinschaft entwickeln, einen klaren eigenen Standpunkt gewinnen und ihre staatsbürgerliche Verantwortung üben können." (1961: 112) Neben der konkreten und alltäglichen Arbeit mit Kindern und Jugendlichen wird hier, quasi als Rahmung dieser Tätigkeit, ein umfassenderer, impliziter Anspruch formuliert und vertreten, der von gesamtgesellschaftlicher Bedeutsamkeit und Relevanz ist.

Die vierte Phase, und hier verlässt LORENZ die historische Analyse, beginnt im Jahr 1964. Mittels teilnehmender Beobachtung versucht er differenziertere Einblicke in das damals aktuelle Geschehen zu erhalten. Aufgrund der im Wandel begriffenen Situation des Bundes (siehe weiter unten) soll dieser Zeitraum hier nur kurz betrachtet werden. Zum Zeitpunkt seiner Forschung (bis Ende 1965) sieht LORENZ eine stabile und kontinuierliche Integration des zuvor Erreichten am Wirken. Der Bund ist für ihn ein Beispiel für eine Tertiärgruppe (nach WURZBACHER), eine Einrichtung, die als Mittler zwischen Person und Gesellschaft fungiert (vgl. LORENZ 1967: 276ff.)

In seiner Rückschau charakterisiert Gerd KRÜGER das pädagogische Profil des HJB anhand mehrerer Maximen: "Erziehung durch Beziehung", "Offener Bereich mit niedrigen Zugangsschwellen", "Aktives Kulturleben im Haus", "Intensive Elternarbeit auch als Elternbildungsarbeit" sowie "Enge Austauschbeziehungen des Jugendbundes mit dem Stadtteil" (vgl. 1995a: 17-24). Ein vertrauensvoller, vorurteilsloser und kooperativer Umgang mit den Jugendlichen sollte es ermöglichen, notwendige Grenzen zu ziehen, während der zwanglose Umgang im offenen Bereich eine erste Kontaktaufnahme erleichterte. Darauf aufbauend wurden im Rahmen des Kulturlebens demokratische Entscheidungsprozesse forciert. Eine eigene Pressearbeit und Prozesse der demokratischen Selbstverwaltung und -bestimmung (vgl. KRÜGER 1995b: 38ff.) rundeten das Bild einer mehrdimensionalen, jugendkulturell-politischen Arbeit ab[121]. Die Außenwirkung des HJB wurde, neben dem intensiven Kontakt mit den Eltern, vor allem durch eine milieuorientierte Arbeit im Stadtteil gefördert. LORENZ schließt daraus:

Die soziale Gruppenarbeit im HJB erscheint "unter dem doppelten Aspekt einer sozialpädagogischen Subkultur und einer Subkultur der Sozialpädagogik. Als Subkultur der Sozialpädagogik hat sich die soziale Gruppenarbeit aus dem Problem des Schlecht-Angepaßt-Seins der Methoden der Sozialarbeit und aus deren unbefriedigenden Wirkungen besonders gegenüber Jugendlichen entwickelt. [...] Als sozialpädagogische Subkultur benutzt die soziale Gruppenarbeit das Bedürfnis – und sie setzt es z. T. erst – der Jugendlichen nach Hilfe bei Anpassungsproblemen." (Lorenz 1967: 286f.).

Nach dem altersbedingten Rückzugs Elisabeth SÜLAUS im Jahr 1965 und dem in der Folge realisierten Verkauf des Bundesheims Herrenweide, verfiel auch die Arbeit im HJB, was schließlich 1967 zu seiner Auflösung führte. Analog zur Entwicklung von "Haus Schwalbach" (3.2.1) scheint also auch hier die Persönlichkeit der Gründerin bzw. Leiterin von ausschlaggebender Bedeutung gewesen zu sein. Die erfolgreiche Institutionalisierung und Durchführung der Arbeit hingen, so scheint es, sehr von der Hartnäckigkeit und Überzeugungskraft der jeweiligen Leiterinnen ab. Mit dem Wegfallen dieses Individualfaktors schwand auch die Integration und Identifikation mit der Arbeit. Die entstandene Situation kommentiert Dieter GOLL wie folgt: "Mit dem Ausscheiden wichtiger Normenstifter und Bezugspersonen war die Organisation spekulativen Wendemanövern einer der aktuellen Interessenlage verpflichteten Jugendadministration anheim gestellt" (1995: 125). Fortan wurde die Soziale Gruppenarbeit in Hamburg ausschließlich dezentral organisiert und als Teil ei-

---

[121] Eine Befragung von ehemaligen Mitgliedern / Besuchern des HJB belegt gerade diesen Aspekt der Arbeit (vgl. dazu KRÜGER 1995c: 60, 62, 64, 80).

nes sozialtherapeutischen Konzepts gefasst. Der zuvor verfolgte Ansatz, Hilfe, Bildung und Freizeitgestaltung, d. h. Jugendpflege und Jugendfürsorge miteinander zu verknüpfen, wurde unter dem Druck veränderter gesellschaftlicher und wissenschaftlicher Präferenzen (vgl. dazu II/4) dahin gehend abgewandelt, "schwierige bzw. verhaltensgestörte Kinder und Jugendliche einer 'ordentlichen', will heißen 'professionellen' [therapeutischen, S.G.] Behandlung anzuführen" (ebd.: 125).

Eine solche Entwicklung deutete sich bereits relativ früh an: Schon als der HJB noch aktiv war, gab es parallel zu dessen Angebot bereits dezentral organisierte Gruppenarbeit in den verschiedenen Stadtbezirken. Die fachliche Leitung dieser Angebote oblag Lisel WERNINGER. Während SÜLAU einen eindeutig pädagogischen Ansatz propagierte und praktizierte, äußert WERNINGER bereits 1961 ihre Sympathie für therapeutische Konzepte im Anschluss an Gisela KONOPKA und Fritz REDL. Sie dokumentiert in einem Artikel die Fortbildungsaktivitäten der Mitarbeiter der Jugendbehörde hinsichtlich Sozialer Gruppenarbeit. Ausgehend von zwei Lehrgängen durch Mitarbeiter von "Haus Schwalbach" und einem Kurs bei Gisela KONOPKA wurde ab 1956 in Verbindung mit dem Referat für Fortbildungsfragen der Jugendbehörde eine Seminarreihe zur therapeutischen Arbeit in und mit Gruppen etabliert. Themen waren hierbei unter anderem: Neurosenlehre, Anamnesenschema und Gruppentherapie (nach Slavson)   (vgl. WERNINGER 1961:104f.).

Die Entscheidung Soziale Gruppenarbeit als therapeutische Arbeit zu fassen, hatte jedoch nicht ausschließlich fachliche Gründe. Weiterhin zu berücksichtigen ist der Umstand, dass das Verhältnis zwischen SÜLAU und der Behörde von Anfang an angespannt war. Ihre Arbeit und ihre Ansichten ließen sich nicht in die üblichen Schemata und Kategorien der Fürsorge einbinden. So bezeichnete SÜLAU das Jugendamt in einem Aufsatz als "Jugendverfolgungsbehörde" (1950: 229), während die kolportierte Aussage eines Mitarbeiters ebenjenes Amtes, dass "[...] die Alte in kein Schema" (zit. n. KALCHER 1975:223) passe, die Gegenseitigkeit der Ablehnung und des Unverständnisses lebhaft veranschaulicht. Zugleich veranschaulicht dies in konkreter Weise den unter 3.1.1 dargelegten Konflikt zwischen Jugendpflege und Jugendfürsorge.

Den allgemein schwierigen Stand SÜLAUS belegen auch ihre verschiedentlich untergenommenen Versuche (vgl. SÜLAU: 1950, 1952), die Legitimation ihrer Arbeit durch das finanzielle Argument der Kostenersparnis durch verhinderte Heimeinweisungen zu erhöhen. Hinzu kommt, nimmt man die Phaseneinteilung LORENZ' und die korrespondierenden Aussagen SÜLAUS als Beurteilungsgrundlage, dass die Ausgestaltung der Arbeit, sowie die damit einhergehenden Forderungen zu Beginn der 60er Jahre (s. o.) der gesellschaftlichen Realität diametral entgegengesetzt waren. Wurde im Zuge der Studentenbewegung die Forderung nach einer Demokratisierung der deutschen Gesellschaft erhoben (siehe dazu Kapitel 3.4), so kann die Arbeit des HJB getrost als diesem Anspruch vorgängig bezeichnet werden.

Der HJB als ein Praxismodell Sozialer Gruppenarbeit ist also in zweifacher Hinsicht interessant. Obwohl nicht explizit dargelegt, orientierte sich die Arbeit, soweit dies aus dem zugänglichen Material ersichtlich ist, an der Konzeption des *social group work*. Das Erlernen und Erfahren demokratischer Prozesse wurde verknüpft mit der Förderung der individuellen Entwicklung. Gleichzeitig wurden im Rahmen der helfenden Beziehung individuelle Hilfestellungen bei konkreten Problemen gegeben.

Der Begriff "sozial" ist hier in einer Weise gefasst, die der Bedeutung des englischen *social* sehr ähnlich ist.[122] Ohne den wissenschaftsgeleiteten Rückgriff auf den Begriff der Pädagogik entstand so ein Verständnis Sozialer Gruppenarbeit, das in weiten Teilen dem amerikanischen Vorbild genügt.

Einzuschränken ist dies jedoch für den Kreis der Adressaten. Nicht für alle Altersgruppen, sondern speziell für Kinder und Jugendliche wurde die Soziale Gruppenarbeit hier angeboten. Diese Ausrichtung an einer besonderen Zielgruppe verweist bereits auf das spätere Auftauchen der Sozialen Gruppenarbeit im Kanon der Jugendhilfe (vgl. III/2.). Die explizite Festlegung auf eine bestimmte, noch dazu mit Mängeln und Problemen belastete Klientel schafft jedoch erstmals die Situation einer spezifisch deutschen Entwicklung, die es im Weiteren zu beachten gilt.

3.3 Die Etablierung Sozialer Gruppenarbeit als Methode der Sozialarbeit

Während die Entwicklung der Sozialen Gruppenarbeit respektive Gruppenpädagogik bis zum Ende der 50er-Jahre auf der Basis kleiner und überschaubarer Einrichtungen vonstatten ging, ist im Folgenden eine umfassendere, nämlich strukturelle Verankerung der Methode zu thematisieren.

---

[122] Exemplarisch hierfür stehen der gemeinwesenorientierte Ansatz der Arbeit sowie die kulturell-geselligen Freizeitveranstaltungen.

Den Ausgangspunkt bildete wiederum eine Initiative des "Haus Schwalbach". Im Jahr 1957 wurden erste Überlegungen bezüglich einer berufsbegleitenden Fortbildung in Gruppenpädagogik angestellt, bei der die Teilnehmer innerhalb eines Zeitraums von zwei Jahren vier bis fünfmal für jeweils eine Woche Veranstaltungen im "Haus Schwalbach" besuchen sollten. "Wir denken dabei vor allem an solche hauptamtliche Fachkräfte verschiedener Organisationen, Verbände, Dienststellen, die auf sozialpädagogischem Gebiet mit Gruppen arbeiten und auch andere in der Gruppenarbeit zu beraten haben. [...] Er [der Kurs, S.G.] soll die soziologischen, psychologischen und pädagogischen Grundlagen deutlich machen auf denen die Methode der Gruppenpädagogik im einzelnen aufbaut." (KELBER 1957b: 145) Die Durchführung des ersten Kurses begann mit 35 Teilnehmern im März 1958 im Kyffhäuserheim in Rolandseck und endete im Mai 1960.[123] Nachdem die erste Veranstaltung positiv aufgenommen worden war und sich die Konzeption entsprechend bewährt hatte, folgte im Jahr 1960/61 eine gleichartige Forstsetzungsveranstaltung.[124] Analog zu den Erfahrungen mit Fortbildungsveranstaltungen für Berliner Sozialarbeiter aus den Jahren 1951 bis 53 sollten hierbei die Methoden der Sozialen Einzelfallhilfe und der Gruppenpädagogik gemeinsam behandelt werden. Der Sinn und die Notwendigkeit einer solchen Vorgehensweise erschließen sich unter Berücksichtigung der unter-

---

[123] Eine ausführliche, ganz den üblichen Gepflogenheiten von "Haus Schwalbach" entsprechende Dokumentation und Analyse des Kurses liefern KAPP/KELBER 1960: 446-468.
Heinrich SCHILLER erwähnt in seinen autobiographischen Erinnerungen zur Geschichte der Sozialen Gruppenarbeit (1997: 301f.) noch weitere Veranstaltungen mit ähnlicher Konzeption, so z. B. die Kurse der Victor-Gollancz Stiftung in den Jahren 1956/57 in Hamburg sowie 1960/61 in Frankfurt-Falkenstein im Taunus. Im Gegensatz zum Zweijahreskurs von "Haus Schwalbach" waren diese jedoch breiter angelegt und beschäftigten sich insgesamt mit dem Bereich Sozialpädagogik/Sozialarbeit.
[124] Diese Veranstaltung ist ausführlich dokumentiert in von CAMMERER/von SCHENCK 1964: 830-856. Der Darstellung angefügt ist eine Evaluation des Kurses seitens der Teilnehmer. Diese weist folgende Besonderheit auf: Die Bewertung der Teilnehmer hinsichtlich der Wichtigkeit der behandelten Themen der Veranstaltung weist eine eindeutige Tendenz zur Wertschätzung der psychodynamischen Grundlagen auf. 15 von 19 Teilnehmern bewerten diese als sehr wichtig. Die Grundlagen der Gruppenpädagogik werden nur von 11 Teilnehmern als sehr wichtig erachtet. Ein Teilnehmer hielt sie sogar für überflüssig (vgl. 1964: 848). Diese Einschätzung erlaubt verschiedene Interpretationen: Bei der Zusammensetzung der Teilnehmer ist ein eindeutiger Schwerpunkt bei beruflichen Aufgaben im Bereich der öffentlichen Fürsorge erkennbar (12 von 19 Teilnehmern). Dementsprechend scheint das Verwertungsinteresse eindeutig dem Bereich der Einzelfallhilfe zugeordnet. Hinzu kommt, dass Dora von CAMMERER, eine der Kursleiterinnen eine ausgewiesene Expertin für Einzelfallhilfe war und vermutlich auch die Inhalte entsprechend gestaltet hat. Andererseits lässt die Einschätzung auch erste vorsichtige Schlüsse hinsichtlich des Stellenwerts gruppenpädagogischer Arbeit, zumindest für den Bereich der Sozialarbeit in Deutschland, zu.

schiedlichen Ursprünge der beiden Methoden nicht auf den ersten Blick. Jedoch stellt PFAFFENBERGER (1956a) diesbezüglich fest:

"Die Ausbildungen in sozialer Gruppenarbeit und in Einzelfallhilfe müssen parallel laufen, aufeinander abgestimmt sein und möglichst in einem Fach und in einer Hand vereint sein. Dies ist aus didaktischen und praktischen Gründen notwendig: weil einmal beide Teilgebiete auf einem gemeinsamen Wesenskern beruhen und sich die gleichen neueren Einsichten der Tiefen-, Entwicklungs- und Sozialpsychologie zunutze machen und weil zum anderen in der Praxis das eine nicht ohne das andere denkbar oder fruchtbar ist [...]" (117).

Diese Einschätzung verbleibt angesichts eines zuvor geäußerten Zusammenhangs der Einordnung der sozialen Gruppenarbeit in den Kontext der Umstrukturierung des Jugendamts (vgl. ebd.) der traditionellen deutschen Sichtweise einer behördlich organisierten Fürsorgepraxis verhaftet (vgl. dazu 3.1.1). OTTO/UTERMANN (1973) verweisen in diesem Zusammenhang auf den Umstand, dass "die Verwaltung – entgegen der ursprünglichen Konzeption der zwanziger Jahre – personell und strukturell eine übergeordnete Funktion behielt." (1973: 8) Die Besonderheit des zweiten Zweijahreskurses von "Haus Schwalbach" war, dass neben dem Kurs für sozialpädagogische Praktiker ein weiterer für Dozenten an Seminaren und Fachschulen angeboten wurde. Man berücksichtigte damit die im Anschluss zu thematisierende Entwicklung hin zu einer Institutionalisierung der Gruppenpädagogik in der Sozialausbildung. Der Kurs sollte dazu beitragen, den Mangel an entsprechend geschultem Lehrpersonal abzumildern.

Die soeben dargelegten Ereignisse weisen in ihrer Tendenz auf eine veränderte Entwicklungsrichtung hinsichtlich der Rezeption und Einordnung der Sozialen Gruppenarbeit/Gruppenpädagogik hin.
Wurde die Soziale Gruppenarbeit in den ersten fünfzehn Jahren nach dem Zweiten Weltkrieg als eine Methode zur Demokratisierung der Gesellschaft angesehen, die zugleich Hilfe bei der Beseitigung sozialer Probleme bot, änderte sich dies zu Beginn der sechziger Jahre.

"Die Jahre 1960/61 brachten eine markante und entscheidende Neuentwicklung für die Soziale Gruppenarbeit, denn sie wurde nun schließlich mit der Sozialen Einzelfallhilfe und der Gemeinwesenarbeit unter dem Begriff "Methoden der Sozialarbeit" subsumiert und so zum wesentlichen Inhalt der Lehrpläne bei der Umgestaltung der Sozialausbildung." (SCHILLER 1997: 302)

Ermöglicht wurde dies durch die Umwandlung der zweijährigen Fachschulaus-
bildung für angehende Sozialarbeiter in dreijährige, fortan an so genannten Höheren Fachschulen durchgeführte Ausbildungen. Im Jahr 1959 wurde nach aus-
giebigen Beratungen und langwierigen Verhandlungen zuerst in und für
Nordrhein-Westfalen eine neue Ausbildungsregelung beschlossen, die in der
Folge mit geringfügigen Änderungen von den anderen Bundesländern übernommen wurde. Neben der Aufwertung der Fachschulen zu Höheren Fachschulen war dieser "Markenstein in der Entwicklung der Ausbildungsstätten"
(KOBLANZ 1961 zit. n. AMTHOR 2003: 495) vor allem dadurch gekennzeichnet,
dass an die Stelle der bis dahin gebräuchlichen Berufsbezeichnung Wohlfahrts-
pfleger die Bezeichnung Sozialarbeiter trat. Neben der dreijährigen schulischen
Ausbildung wurde im Anschluss ein einjähriges Berufspraktikum obligatorisch
(vgl. dazu LATTKE 1962: 351ff.).

Für den Bereich der Sozialpädagogik, also der Ausbildung der Jugendleiterin-
nen, vollzog sich eine ähnliche, wenn auch zeitlich später situierte Entwicklung.
Die Ausbildung sollte für Männer und Frauen gleichermaßen offen sein und
dem angehobenen Niveau der Sozialarbeiterausbildung angeglichen werden
(vgl. PFAFFENBERGER 1996: 36ff., AMTHOR 2003: 491f.) Im Jahr 1966 führte
wiederum zuerst Nordrhein-Westfalen die "Höheren Fachschulen für Sozialpädagogik" ein.

GROHALL bewertet diese Entwicklung wie folgt:

"Das bedeutete für die Ausbildung, die gleichzeitige Vermittlung von pädagogischen und sozialwissenschaftlichen Kenntnissen und praktischen Fähigkeiten,
eine begrenzte Spezialisierung mit deutlich generalistischem Akzent sowie die
Einführung in eine Berufsrolle bei gleichzeitiger Persönlichkeitsförderung"
(1997: 25).

Zentrales Ausbildungsfach wurde die Methodenlehre. Obwohl der ursprüngliche
Runderlass diese nicht vorsah, wurde sie nachträglich und infolge der bis dahin
gemachten Erfahrungen als verbindlicher Bestandteil in den Lehrplan aufgenommen. Ihr wurde der Status eines "Zentralfachs", eines Fachs der "Integration" zuerkannt. "Die Stofforderungen enthalten dann außer den 'Grundlagen' die
wichtigsten Fragen aus den drei Methoden der Einzelfallhilfe, der Gruppen- und
der Gemeinwesenarbeit." (LATTKE 1962: 359; vgl. dazu auch den Abdruck des

Rahmenlehrplans und des Stoffplans für Höhere Fachschulen in Nordrhein-Westfalen: ebd.)[125]

Laut SCHILLER war die letztlich bundesweit durchgeführte Veränderung Ausdruck des gestiegenen Ansehen des Berufs und gleichzeitig ein aufgrund der verbesserten wirtschaftlichen Verhältnisse, möglicher und notwendiger Schritt, den nach wie vor vorhandenen sozialen Problemen zu begegnen[126] (vgl. 1997: 302). Zu einem ähnlichen Schluss kommt PFAFFENBERGER, der folgende Errungenschaften benennt: "Professionalisierung, wissenschaftliche Fundierung, Niveauanhebung, Statusanhebung, Vereinheitlichung (der inneren Zweige und Richtungen sozialer und pädagogischer Berufsbildung und Berufsfelder unter innerer Differenzierung)" (PFAFFENBERGER 1967, zit. n. GROHALL 1997: 25).

Im Zuge dieser Umwandlung wurde auch die für Deutschland charakteristische Trennung zwischen Sozialpädagogik und Sozialarbeit aufs Neue institutionell manifest. Neben den Höheren Fachschulen für Sozialarbeit, wurden auch solche für Sozialpädagogik geschaffen, die – alter Begriff im neuen Gewand – der Ausbildung der Jugendleiter dienen sollten. Die Trennung zwischen Fürsorgetätigkeit und jugendpflegerischer Aktivität wurde damit fortgeschrieben und qua schulischer Institutionalisierung der weiteren Reproduktion anheim gestellt.

Die Ausweitung der Ausbildung führte zu einem erhöhten Bedarf an qualifiziertem Lehrpersonal. Die Qualifikation bestand nicht zwingend aus einem akademischen Studium, was jedoch bezüglich der Grundlagenfächer wie Psychologie, Recht und Soziologie unumgänglich war. Für die Methodenlehre jedoch, dem nun zentralen Bereich der Ausbildung, wurden Sozialpädagogen/Sozialarbeiter mit entsprechender praktischer Erfahrung und Zusatzausbildung eingestellt (vgl. SCHILLER 1997: 303; KRÖGER in FREY 2003: 46f.). Dadurch konnte eine praxisnahe Vermittlung der aus der Praxis entwickelten Methode gewährleistet werden.

Die Aufwertung der Methodenlehre in der Ausbildung bewirkte, so SCHILLER, auch einen Zuwachs der Aktivitäten der verschiedenen Fortbildungseinrichtungen in Jugendarbeit und Erwachsenenbildung:

---

[125] Dieser Schritt stellt die formale Anerkennung der Bedeutung der Methodenlehre dar. Dass diese insbesondere hinsichtlich der Gruppenarbeit bereits früher und intensiv praktiziert wurde, findet sich bei SCHILLER 1954: 8-17.

[126] Interessant anzumerken ist hier, dass gerade Heinrich SCHILLER als Verfasser der ersten Monographie zur Gruppenpädagogik (s. u.), sich als angeblicher Vertreter einer bildungsorientierten Methode im Nachhinein explizit auf die Bearbeitung sozialer Probleme beruft.

"Soweit sie Lehrgänge für Methodenlehre anboten, änderte sich einiges, denn Methodenlehre war plötzlich 'in'. Neben den schon bestehenden Einrichtungen aus der Zeit der reeducation, entstanden neue, insbesondere zentrale Fortbildungsstätten der öffentlichen und privaten Anstellungsträger, die sich in verstärktem Maße der Methodenlehre und damit auch der Gruppenarbeit annahmen."[127](1997: 305)

Neben einer regen Publikationstätigkeit insbesondere in den *Schwalbacher Blättern* und der Zeitschrift *Unsere Jugend*, entstand zu dieser Zeit auch die erste deutschsprachige Fachliteratur.[128]
Neben der Monographie Herbert LATTKES *Sozialpädagogische Gruppenarbeit* (1962), war es vor allem Heinrich SCHILLERS Dissertation *Gruppenpädagogik (Social Group Work) als Methode der Sozialarbeit*, die besondere Verbreitung fand. Im Folgenden sollen daher die Besonderheiten beider Arbeiten herausgestellt werden. Der Fokus liegt dabei, neben der methodischen Ausrichtung, vor allem auf der Rezeption der Wurzeln der Gruppenarbeit und auf der Art der Herleitung und Einordnung der Gruppenarbeit in den deutschen Kontext.

Herbert LATTKE, von 1950 bis 1962 Leiter der (Höheren) Fachschule für Sozialarbeit in Köln, danach Professor an der pädagogischen Hochschule in Bonn, wählte den Begriff der sozialpädagogischen Gruppenarbeit aus der Erkenntnis heraus, dass *sozial* den Sachverhalt, um den es bei der Gruppenarbeit geht, nicht ausreichend beschreibt. Das Wort sozialpädagogisch will er dabei nur adjektivisch verstanden wissen und zwar im Anschluss an FISCHER, der damit all jene Erziehungsfelder kennzeichnet, in den die Gemeinschaft als Erziehungsmittel auftritt und in denen eine "Arbeit mit sozialen Beziehungen und Prozessen in sozialen Gebilden im Interesse der Erziehung stattfindet" (vgl. LATTKE 1962: 46).
Soziale/sozialpädagogische Gruppenarbeit ist für ihn mehr als nur Beziehungspflege, vielmehr beinhaltet sie das pädagogische Moment von Führung und Bildung, das über die reine Pflege hinausgeht (vgl. ebd.: 1962: 13). Er wählt die Begrifflichkeit in Abgrenzung zur Gruppenpädagogik, die seines Erachtens nach

---

[127] Er nennt folgende Einrichtungen: Akademie des Deutschen Vereins für öffentliche und private Fürsorge in Frankfurt, Katholische Akademie für Jugendfragen in Münster, Diakonische Akademie in Stuttgart, Burckhardthaus in Gelnhausen, Musische Bildungsstätte in Remscheid sowie speziell für die Gruppenarbeit Haus Schwalbach, Haus am Rupenhorn und die Victor-Gollancz-Akademie für Jugendhilfe in Frankfurt.
[128] Zur Übersicht der relevanten Arbeiten, siehe SCHILLER 1997: 307.

nur die Erziehungsarbeit meint und daher dem Anspruch einer in der Sozialarbeit verorteten Sozialen Gruppenarbeit nicht gerecht wird (vgl. ebd.: 13f.).
Nach einer Einführung ("Allgemeine Grundlegung", ebd.: 19-63) in den Gegenstandsbereich der Sozialarbeit und einer Bestimmung der dabei zu erfüllenden Aufgaben, die sowohl helfenden, als auch sozialpädagogischen Charakter haben können, wendet er sich den "Sozialwissenschaftlichen Grundlagen der Gruppenarbeit" zu. Bezüglich des Gruppenprozesses (§ 16) und der Gruppenstruktur (§17) beruft er sich vornehmlich auf die Arbeit von WILSON/RYLAND (vgl. ebd.: 76-86).[129] Dies wird in der Folge durch Ausführungen über die "sozialindividualen Grundverhältnisse" (§18; ebd.: 88ff.) ergänzt. Unter Bezug auf Walter BECK (1957) beschreibt er diese als "eine Art von 'seelischen *Dauergeformtheiten*' neben 'Gewohnheiten' und 'Gesinnungen'. [...] Das *'primäre'* *Grundverhältnis* besteht in der *sozial-individualen Polarität*. Sie ist eine Eigentümlichkeit des Aufbaus der menschlichen Seele." (ebd.: 88, Herv. i. O.)
Hat er zuvor versucht, den pragmatistischen Wurzeln der Gruppenarbeit zu folgen, fällt er hier in die deutsche dualistische Tradition des Widerspruchs zwischen Individuum und Gesellschaft zurück.
Einem Exkurs über Funktion und Rolle des Führers, die er mithilfe freudscher Terminologie zu begreifen versucht (§ 20, § 21, ebd.: 100-118), folgt eine skeptische Einschätzung verschiedener Führertypen (§ 22). Entgegen seiner Quelle (Walter D. STONE, 1952) ist es für ihn nicht zwangsläufig der demokratische Führer, der den Bedürfnissen der Gruppe entspricht. "Kein 'Typ' für sich enthält indessen alle pädagogischen Werte in sich" (LATTKE 1962: 118). Trotz der sicherlich richtigen Erkenntnis, dass die Art des Führens "je nach der Lage und der Reife einer Gruppe" (§ 23 ebd.: 118) unterschiedlich ist, und dem Verweis auf den vereinfachenden Charakter von Typisierungen lässt die erste Äußerung Zweifel am korrekten Verständnis der Grundlagen des *social group work* zurück.[130]
LATTKE definiert Gruppenarbeit als Methode der Sozialarbeit wie folgt:

---

[129] Der häufige Bezug auf die Arbeit von WILSON und RYLAND hat in der Folge mehrfach dazu geführt, dass LATTKE als Übersetzer dieses Standardwerks bezeichnet wird (zuletzt FÜSSL 2004: 251)

[130] Interessant anzumerken ist hier, dass die Paragraphen 20-23 speziell für die hier analysierte Arbeit geschrieben wurden. Die Kapitel über die sozialwissenschaftlichen Grundlagen der Gruppe sowie zur sozialpädagogischen Gruppenarbeit waren in der gleichen Form schon in einer Arbeit LATTKES aus dem Jahr 1955 mit dem Titel *Soziale Arbeit und Erziehung* enthalten (vgl. dazu LATTKE 1962: 9).

"Durch sie will ein dafür besonders ausgebildeter Gruppenleiter die Menschen in der Gruppe dazu bereit und fähig werden lassen, als ganze Menschen sich zu entwickeln, zu wachsen und zu reifen. Dabei spielen die *Beziehungen* eine ausschlaggebende Rolle, die die Mitglieder zueinander, zum Leiter und zu anderen Gruppen haben. Von wesentlicher Bedeutung ist jedoch außerdem die Begegnung und Auseinandersetzung mit einem sachlichen *Programm*. Durch seine Arbeit soll der Leiter den *'Gruppenprozeß'*, das Spiel der wechselseitigen Beziehungen innerhalb der Gruppe so beeinflussen, daß die Gruppe *frei und verantwortlich Entscheidungen* über ihr inneres und äußeres Leben zu *treffen* vermag, die das Ergebnis gemeinsamer Überlegungen sind, die zu besserer Einsicht geführt haben." (ebd.: 121, Herv. i. O.)

Hier wird, wie auch im Folgenden, wiederum der Rückgriff auf WILSONS und RYLANDS *Social Group Work Practice* deutlich, der im Hinblick auf das Betätigungsprogramm und die Berichterstattung des Gruppenleiters (III und IV; 148-180) in einer übersetzten Zusammenfassung des amerikanischen Originals mündet.

Hervorzuheben ist die Darstellung der "Anwendungsgebiete in Beispielen" (D; 181-350). Die als Beispiele aus der konkreten Praxis wiedergegebenen Berichte weisen in besonderem Maße auf die Vielfalt der Anwendungsmöglichkeiten Sozialer bzw. sozialpädagogischer Gruppenarbeit hin.

Die Arbeit LATTKES, dies bleibt hier festzuhalten, beginnt mit einem sensiblen und differenzierten Versuch der Einordnung und Kennzeichnung Sozialer Gruppenarbeit. Der Verweis auf die Verknüpfung sozialarbeiterischer und sozialpädagogischer Ansprüche versucht, die spezifischen Umstände deutscher Sozialarbeit zu integrieren, um so der Methode des *social group work* gerecht zu werden. Die eindeutige Orientierung am amerikanischen Vorbild beweist der ständige Bezug auf die entsprechende Literatur.

Von besonderem Interesse ist dabei die Art und Weise, wie er Sozialarbeit und Sozialpädagogik miteinander verbindet:

Der mit dem Terminus sozialpädagogisch verbundene Begriff der Erziehung erweitert dabei das Spektrum des Sozialarbeiters dahin gehend, dass er ihm "Ansatzpunkte für *ein produktives, nicht nur reparierendes Wirken* [...]" (ebd.: 45; Herv. i. O.) bietet.

Mit dieser Feststellung begibt sich LATTKE in einen offensichtlichen Dissens mit der Sichtweise Klaus MOLLENHAUERS, der wenige Jahre zuvor in seiner Dissertation *Die Ursprünge der Sozialpädagogik in der industriellen Gesellschaft* (1959), das Auftauchen der Sozialpädagogik damit begründete, dass die zunehmende Ausweitung und Dominanz der Industrie im 19. Jahrhundert dazu führte, dass traditionelle Erziehungsgemeinschaften brüchig wurden, sich auflösten und somit eine "sozialpädagogische Verlegenheit" (MOLLENHAUER 1959: 15) erzeugten. "Soziale Arbeit ist an die Entstehung der industriellen Gesellschaft gebunden. Mit dieser erst ist ihr Ursprung und ihre Notwendigkeit gegeben." (ebd.: 130) Die damit verbundenen Problemfälle macht MOLLENHAUER zum zentralen Gegenstand sozialpädagogischer Bemühungen. Die Differenz zwischen sozialem Leitbild und sozialer Wirklichkeit führte dazu, dass "'Verwahrlosung' eine pädagogische Kategorie wurde", die "dem Erzieher eine spezifische Aufgabe" (ebd.: 39) stellte. Während MOLLENHAUER also eine eindeutige Orientierung an Problemen expliziert, auf die mit sozialpädagogischem Handeln reagiert wird, betrachtet LATTKE – ganz im Sinne der amerikanischen Tradition des *social work* – sozialpädagogisches Handeln als produktiv und kreativ, als mithin gesellschaftlichen Wandel generierend (vgl. dazu auch TUGGENER 1970: 132ff.).[131] Jedoch, und hier setzt die Kritik an LATTKES Ansatz ein, gelingt es ihm nicht, die grundsätzlichen Traditionen der deutschen Geistesgeschichte und Pädagogik zu überwinden und so den wirklichen Anspruch und Gehalt der Methode zu erkennen. Offen bleibt, ob dies wissentlich geschah oder im Hinblick auf die noch heute vorhandene Situation quasi eine reflexartige Reaktion darstellt.

Heinrich SCHILLER, seit 1961 Rektor der Höheren Fachschule für Sozialarbeit (HFSA) in Nürnberg und später Direktor des Evangelischen Sozialinstituts ebenfalls in Nürnberg, verweist bereits im Vorwort seiner Dissertation *Gruppenpädagogik (Social Group Work) als Methode der Sozialarbeit* auf seine Tätigkeit als Assistent Gisela KONOPKAS an der School of Social Work in Minneapolis und ihren Einfluss auf seine Arbeit (vgl. SCHILLER 1963: 7).

---

[131] TRÖHLER (2002) weist in Bezug auf MOLLENHAUER, dessen Arbeit den Charakter eines Standardwerks annahm und in der Folge stilbildend für die deutsche Sozialpädagogik wurde, nach, dass die Anfangskonstruktion MOLLENHAUERS weder zeitlich noch sachlich zutreffend ist. Den zeitlichen Aspekt belegt TRÖHLER anhand eines Beispiels aus der Schweiz des 16. Jahrhunderts (vgl. 2002: 29f), den sachlichen Aspekt mittels eines Bezugs auf den Pragmatismus und dessen fundamental andere Wahrnehmung des Verhältnisses von Individuum und Gesellschaft (vgl. ebd.: 29). Unter Bezug auf die von TRÖHLER belegten Aspekte scheitert der Ansatz LATTKES, obwohl auf den ersten Blick verschieden von MOLLENHAUERS Perspektive, am sachlichen Gesichtspunkt.

SCHILLER war Teilnehmer des weiter oben dargestellten Austauschprogramms (3.1.3) und lernte in dieser Zeit das *Social Group Work* und insbesondere dessen spezifische Ausprägung im Sinne KONOPKAS kennen.

In der Einleitung seiner Arbeit verweist er auf die Bedeutung der Methoden für die Entwicklung der Sozialarbeit. Für die Gruppenpädagogik erklärt er, dass diese "weder als eine angewandte Wissenschaft noch als eine auf demokratisch-ethischer Grundlage basierende neue normative Pädagogik anzusehen ist, sondern als eine Erziehungslehre, die in einer bestimmten geistesgeschichtlichen, historischen Epoche geschaffen wurde und die für bestimmte, praktisch-pädagogische Aufgaben geltende Regeln und Prinzipien entwickelt hat und noch entwickelt. Diese Erziehungslehre gilt es darzustellen, zu analysieren und in das Gegenstandsgebiet der Erziehungswissenschaft historisch und theoretisch einzuordnen" (SCHILLER 1963: 14)

Ein weiterer Anspruch ist die Klärung der Frage, ob es sich bei der Gruppenpädagogik lediglich um einen neu gewandeten Begriff handelt, der also lediglich die begriffliche Neubestimmung eines längst überlieferten Konzepts darstellt.

Er rekonstruiert die klassischen Methoden amerikanischer Sozialarbeit, während er die methodische Entwicklung der deutschen Sozialarbeit eng verbunden mit Alice SALOMON und der deutschen Frauenbewegung beschreibt. Erst nach dem Zweiten Weltkrieg, so seine sicherlich zutreffende Feststellung, sei es möglich gewesen, in Deutschland auf die amerikanischen Methoden zurückzugreifen. Die Analyse der methodischen Ansätze führt ihn dazu, in den amerikanischen Methoden die "Auswirkungen eines aufklärerischen Rationalismus" (ebd.: 30) zu sehen. Demzufolge sei die durch die *social philosophy* beeinflusste Methode der Gefahr ausgesetzt, zu einer "bloßen Technik der Menschenbehandlung" (ebd.: 31) zu werden. Diese Gefahr besteht allerdings nur dann, wenn, was für Europa nicht zutrifft, eine Verabsolutierung der demokratischen *philosophy* zutrifft. Dies, so SCHILLER weiter, würde jedoch im Gegensatz zum amerikanischen Pragmatismus stehen, der "die demokratischen Spielregeln nur 'instrumental' (Dewey) versteht" (ebd.: 31). Obwohl als Markierung gegen jegliche Totalitätsansprüche gedacht, missversteht SCHILLER hier das normative demokratische Konzept DEWEYS. Dies mag damit zusammenhängen, dass er DEWEY offensichtlich weder im Original noch in der Übersetzung gelesen hat. Obschon er die Bedeutung DEWEYS für die Entwicklung des *social group work* herausstellt (vgl. ebd.: 35f.), bezieht er sich bei der Rekonstruktion der philosophisch-geistesgeschichtlichen Grundlagen ausschließlich auf die Arbeit Eduard BAUMGARTENS (1938). Dieser liefert mit *Der Pragmatismus*, dem zweiten Band seiner

Studie, *Die geistigen Grundlagen des amerikanischen Gemeinwesens* zwar, "eine kenntnisreiche und sensible Interpretation von Deweys Denken – allerdings am Leitfaden einer 'antidemokratischen Heroisierung der amerikanischen Demokratie'" (JOAS 2000: 9).[132]

Vollständige Unkenntnis der Primärliteratur bzw. deren Übersetzung kann jedoch nicht der Grund für diesen Umgang mit DEWEYS Werk sein, da sich SCHILLER an anderer Stelle (1963: 36) explizit auf *Demokratie und Erziehung* bezieht. Auch in der Folge, vor allem im Zusammenhang mit der Partnerschaftserziehung von WILHELM/OETINGER, versucht er die Rolle des Pragmatismus zu relativieren (vgl. SCHILLER: 60) und verweist im Zusammenhang mit der philosophischen Neubesinnung der amerikanischen Sozialarbeit auf die Überwindung der "teilweise einseitigen pragmatischen Grundlagen eines James und Dewey" (ebd.: 61).

Bleibt also die Frage, warum er diese Kritik anbringt. Meines Erachtens versucht SCHILLER, wie weiter unten am Beispiel der deutschen Wurzeln noch gezeigt wird, sein Verständnis von Gruppenpädagogik durch das Aufzeigen einer historischen Kontinuität in der Entwicklung der Methode verstärkt zur Geltung zu bringen. Dabei orientiert er sich an einem der deutschen pädagogischen Tradition verhafteten Bild der Geschichte, die er als eine möglichst lückenlose darstellen will. Es sei dahingestellt, ob er dies nun aus persönlicher Präferenz oder in dem Glauben tut, dadurch der Gruppenpädagogik zu einem besseren Stand in Deutschland zu verhelfen. Letztere Vermutung erscheint angesichts der unter 3.2.1 dargestellten gleichartigen Versuche anderer Autoren als eine durchweg plausible Erklärung.

---

[132] Was darunter zu verstehen ist explizit Peter VOGT (2002: 166-196), auf dessen Recherchen sich JOAS beruft: VOGT geht davon aus, dass BAUMGARTEN, der seine Affinität zum Nationalsozialismus niemals überzeugend widerlegt hat (vgl. VOGT 2002: 190), eine deutliche Ähnlichkeit zwischen der amerikanischen Tradition der Demokratie und dem deutschen Nationalsozialismus erkennt. Die amerikanische Eroberung des Kontinents, die "frontier" wird bei ihm gleichgesetzt mit der "Front", beide "werden als parallele heroische Formen demokratischer Gemeinschaft begriffen" (ebd.:195) Als Motiv hierfür identifiziert VOGT, neben dem unvermeidlichen Einfluss des Zeitgeistes, vor allem ein biographisch bedeutsames Fronterlebnis BAUMGARTENS im ersten Weltkrieg (vgl. ebd.: 195f.). VOGT gelangt daher zu dem Schluss: "Weil Demokratie einer Gemeinschaft von Soldaten gleicht und weil der Pragmatismus dies verstanden hat und in seiner 'Philosophie der Demokratie' artikuliert, erscheint Baumgarten eine antidemokratische Heroisierung der amerikanischen Demokratie nicht als absurdes Gauklerstück, sondern als durchaus verträglich mit einem Denken, welches den Zusammenhang von Selbstverwirklichung, Kreativität, Intelligenz und Demokratie betont. Wie sonst kein zweiter hat Baumgarten seine hermeneutisch höchst sensible und in der ersten Hälfte des 20. Jahrhunderts einzig dastehende Kenntnis des Pragmatismus dem Ideal eines als 'Demokratie' nur deklarierten Heroismus geopfert." (ebd.: 196)

Die Vorgeschichte der Gruppenpädagogik in Deutschland beschreibt SCHILLER indem er sieben unterschiedliche Ansätze vorstellt: die Sozialpädagogik PESTALOZZIS, Arbeitschule, Gruppenunterricht und Gruppenerziehung, Landerziehungsheime, Jugendbewegung, Jugendpflege und sozialpädagogische Bemühungen (vgl. ebd.: 50).

Wie die unter 2.2 untersuchten deutschen Reformpädagogen versucht SCHILLER, auch PESTALOZZI als einen der geistigen Väter der deutschen Gruppenpädagogik zu identifizieren. Er sieht in ihm denjenigen Sozialpädagogen, der die Prinzipien der Gruppenpädagogik als Erster verwirklicht hat (vgl. ebd.: 39f.), wenn er dies auch nicht explizit formuliert.

Der von ihm unterstellte Zusammenhang, der zugleich den Ausgangspunkt seiner Ausführungen bildet, soll, quasi exemplarisch für SCHILLERS Vorgehensweise, auf seine historische Stimmigkeit hin untersucht werden: SCHILLER bezieht sich in seiner Darstellung auf PESTALOZZIS *Briefe an einen Freund über den Aufenthalt in Stans*. In der Kritischen Gesamtausgabe der Werke PESTALOZZIS wird bereits 1932 darauf verwiesen, dass der *Stanser Brief* nicht als Handschrift PESTALOZZIS erhalten ist. Er liegt vielmehr in Form einer von seinem Mitarbeiter Johannes NIEDERER redigierten Fassung aus dem Jahre 1807 vor (vgl. PESTALOZZI 1932: 393). Dieser sieht bei PESTALOZZI die Erfolg versprechende "Verbindung von Politik, Pädagogik und Theologie realisiert" (HORLACHER 1998: 27) und wird im Jahr 1801 dessen Mitarbeiter. Sein Ziel war, so HORLACHER weiter, "die Formulierung einer pestalozzischen Erziehungsphilosophie" (ebd.: 28). Deutlich wird dieses Ziel anhand der ebenfalls 1807 in der *Wochenschrift für Menschenbildung* erschienenen Neufassung der aus dem Jahr 1870 stammenden *Abendstunde eines Einsiedlers* (PESTALOZZI 1927: 265-281). Während PESTALOZZI dort, zwanzig Jahre vor der expliziten Formulierung der *Methode*, eher unsystematisch Gedanken zur Bildung und Erziehung äußert, nennt NIEDERER seine Fassung *Pestalozzi's erste Darstellung des Wesens und Umfangs seiner Methode* (vgl. ebd.: 1927: 285ff.). Wo PESTALOZZI im Vagen verbleibt, äußert NIEDERER bereits konkrete Voraussetzungen und Vorgehensweisen für Erziehung und Bildung. Gleichzeitig fehlt in seiner Darstellung der Hinweis, dass der Text im Zusammenhang mit politischen Schriften gesehen werden sollte (vgl. ebd.: 281). Deutlich wird hierbei der Versuch NIEDERERS, PESTALOZZIS politischen Anspruch zugunsten einer Pädagogisierung seiner Arbeit zurückzudrängen.

Der Versuch SCHILLERS, PESTALOZZI für die Gruppenpädagogik zu reklamieren, muss daher als historisch wenig fundiert und somit misslungen betrachtet werden. Dies kann auch der anschließende Bezug auf Theodor LITT und dessen Verweis auf die politische Dimension von PESTALOZZIS Werk (vgl. SCHILLER 1963: 40) nicht wesentlich ändern. Als Vertreter eines, wenn auch nicht geisteswissenschaftlichen, so doch traditionellen deutschen Pädagogikverständnisses erkennt dieser zwar den politischen Anspruch PESTALOZZIS, allerdings nicht im intendierten republikanischen Sinne.

Den Äußerungen SCHILLERS ist gemeinsam, dass der jeweilige historische Kontext, in dem die Entwicklungen situiert waren, ausgeblendet wird. Deutlich wird dies z.B. an SCHILLERS Aussage: "Aber auch schon Kerschensteiner weiß, daß eine demokratische Erziehung zur Selbstbeteiligung und Mitverwaltung nur da gelingen kann, wo der Geist eines Volkes demokratisch ist" (ebd.: 42). Er verzichtet jedoch darauf zu erwähnen, wie kritisch KERSCHENSTEINER Jahre zuvor die Gedanken DEWEYS beurteilt und nur selektiv wahrgenommen hat. Kritik an den einzelnen Ansätzen wird nur insoweit geübt, wie die Gruppenpädagogik eine Ergänzung und Weiterentwicklung für diese darstellt.

Ebenso ist der Versuch SCHILLERS, eine Analogie zwischen der Kategorie des pädagogischen Bezugs bei Hermann NOHL und dem Begriff des *professional relationship* in der amerikanischen Sozialarbeit herzustellen, kritisch zu betrachten (vgl. ebd.: 63f.).[133] Ungeachtet aller philosophischen und historischen Unterschiede versucht SCHILLER Analogien zu identifizieren und historische Kontinuitäten aufzuzeigen.

---

[133] SCHILLER bleibt in der Folge nicht der einzige Autor der versucht, Kontinuitäten und Analogien zwischen deutschen Traditionen und dem *social work* aufzuzeigen. Gerd IBEN, der 1967 mit der Geschichte der Schutzaufsicht noch eine historisch sensible Darstellung der Wurzeln der Schutzaufsicht und ihrer Gegenstücke im englischsprachigen Raum geliefert hatte, stellt 1969 fest: "Außerdem gingen die Methoden des Social work häufig auf progressive sozialpädagogische Ansätze in Deutschland zurück: Die Einzelfallhilfe auf den individualpädagogischen Ansatz der Reformpädagogik, die Community organization zumindest teilweise auf das Elberfelder System, die Gruppenarbeit auf die Jugendbewegung und die LEWINschen Feldtheorien, die zum Teil in Deutschland konzipiert wurden. So positiv die weitere Entwicklung und die Neuansätze in den USA für den Wiederbeginn unserer Sozialarbeit nach dem 2. Weltkrieg auch waren und noch heute sind, mit ein wenig historischem Spürsinn hätte man aus der eigenen sozialpädagogischen Vergangenheit durchaus einiges aufgreifen können." (IBEN 1969: 393) Im Anschluss weist er in Bezug auf die professionelle Beziehung zwischen Klient und Berater darauf hin, dass Hermann NOHL bereits 1926 eine solche Bezeichnung zur Charakterisierung des pädagogischen Bezugs verwendet habe (vgl. ebd.). Erst TUGGENER (1971: 131ff.) weist nach, dass das *social work* keine Auseinandersetzung mit deutscher Reformpädagogik und Sozialpädagogik erkennen lässt.

Die Praxis der Gruppenpädagogik beschreibt Schiller analog zu den Prinzipien von "Haus Schwalbach", dem er sich eng verbunden sah (vgl. ebd.: 115ff.).

SCHILLERS Arbeit ist dahin gehend zu bewerten, dass er, gefangen in der deutschen Tradition, versucht, das "Unternehmen Gruppenpädagogik" auf eine wissenschaftliche Basis zu stellen. Der historische Ansatz, den er dafür wählt, erscheint nur in seiner Konzeption sinnvoll. Sein mangelndes Verständnis der amerikanischen Wurzeln führt dazu, dass seine Darstellung die erste gravierende Veränderung in der deutschen Rezeption des *social group work* darstellt. Um eine Veränderung handelt es sich insoweit, als versucht wird, eine eigenständige deutsche Tradition zu rechtfertigen, und somit die explizite Bedeutung DEWEYS und damit einhergehend, der demokratischen Philosophie negiert wird.

Einen weiteren Meilenstein der Entwicklung der Fachliteratur stellt Gisela KONOPKAS *Social Group Work: A Helping Process* (1963) dar. Obwohl in englischer Sprache verfasst und in den USA veröffentlicht, wurde dieses Buch aufgrund der exponierten Stellung KONOPKAS in Deutschland viel beachtet. Im Jahre 1968 folgte daher die deutsche Übersetzung durch Käte HART unter dem Titel: *Soziale Gruppenarbeit: Ein helfender Prozess* (1968). Die besondere Bedeutung dieses Buches für die deutsche Gruppenarbeit wird daran deutlich, dass bis 1978 sechs weitere, zum Teil überarbeitete und ergänzte Auflagen erfolgten.[134]

Von Interesse ist hier jedoch weniger das als Lehrbuch für, und Überblick über die Soziale Gruppenarbeit geschriebene Werk, sondern die Person Gisela KONOPKAS (1910-2003), ihr Wirken und ihre eigene spezielle Sichtweise und Interpretation der Gruppenarbeit. Bezüglich *Ein helfender Prozess* sei jedoch zuvor noch angemerkt, dass insbesondere das Kapitel zur *Geschichte der Sozialen Gruppenarbeit* und daran anschließend der Abschnitt über die *Soziale Gruppenarbeit als ein Teil der Sozialarbeit* (KONOPKA 2000: 21-53) eine sehr spezifische Ausprägung erhalten haben. KONOPKA liefert meines Wissens zwar die einzige fundierte geschichtliche Darstellung, die in Deutschland weitere Verbreitung erlangt hat, jedoch unter besonderen Vorzeichen. Sie unterstellt der Entwicklung der Methode eine Zwangsläufigkeit hinsichtlich der Zielrichtung und zwar entlang ihrer eigenen therapeutischen Orientierung. Die Darstellung ist

---

[134] Danach erfolgte bis 2000 keine weitere Auflage. Diese Tatsache korreliert meiner Meinung nach mit dem Bedeutungsverlust der Sozialen Gruppenarbeit. Der Reprint aus dem Jahr 2000 könnte hingegen auf ein erneutes Interesse am Gegenstand hinweisen.

insofern tendenziös, als sie therapeutische Kontexte und Diskurse hervorhebt und andere Einflüsse als möglicherweise bedingend einschätzt, diese jedoch nun, da mit der therapeutischen Orientierung ein Zielpunkt gefunden ist, als nicht weiter relevant erachtet.[135] Ihr Verständnis Sozialer Gruppenarbeit hat somit teleologischen Charakter.

Hildegard FEIDEL-MERTZ bezeichnet die 1910 in Berlin geborene KONOPKA im Nachwort zu ihrer 1996 in Deutschland erschienen Biographie *Mit Mut und Liebe* als die "Mutter der Gruppenpädagogik" (FEIDEL-MERTZ 2000: 281). Als jüdische Emigrantin konnte die ausgebildete Lehrerin in den USA ab 1941 in Pittsburgh *social work* studieren, wobei damit der Teil der Sozialarbeit gemeint war, "der eher unter Sozialpädagogik fällt und mit Erziehungswissenschaft zusammenhängt" (KONOPKA zit. in. ebd.. 281).

"Ich sah die Verbindung zur Erziehungswissenschaft in den Werken von John Dewey und zur Therapie in den Werken und Vorlesungen von Fritz Redl. [...] John Dewey schrieb von einem ausgesprochenen amerikanischen Gesichtspunkt aus, d.h., er stützte sich auf die Erfahrung eines aktivistisch orientierten Landes. Fritz Redl kam aus Österreich und war vorherrschend von Freudschen Theorien beeinflußt, besonders aber von Anna Freud und ihrem Interesse an Kindern." (KONOPKA 1982: 234)

---

[135] "Es gibt noch einige Vertreter der sozialen Gruppenarbeit, die den Begriff 'Gruppenarbeit' gleichbedeutend mit 'Erholung' oder 'freier Erziehungs- und Bildungsarbeit' verwenden. [...] Diese Auffassung von Gruppenarbeit ist aber so gut wie verschwunden. [...] Lassen wir also die überholte Auffassung von Gruppenarbeit und Freizeitgestaltung weg, so erfordert die Unklarheit zwischen den Begriffen 'Gruppenarbeit' und 'Gruppentherapie' eine ernsthafte Betrachtung." (KONOPKA 2000: 46) Sie versucht anschließend unter Verwendung verschiedener Definitionen die Begriffe näher zu bestimmen und ihr Verhältnis zu klären. Ihr Fazit ist folgendes: "Vergleichen wir diese beiden Definitionen mit der für die soziale Gruppenarbeit, so stellen wir fest, daß die Praxis der Gruppenarbeit, die sich mit Gruppen mit emotionalen und geistig-seelischen Problemen befasst unter die gleiche Definition fallen würde." (ebd.: 48) Sie erwähnt im Anschluss zwar den Umstand, dass es auch Gruppenarbeit mit Gesunden gebe, inwiefern sie diese jedoch für bedeutsam und relevant hält, zeigt das obige Zitat. Die Problemzentriertheit des Ansatzes ist hier offensichtlich, was sich auch in der von ihr verwendeten Definition der Sozialen Gruppenarbeit widerspiegelt: "*Soziale Gruppenarbeit ist eine Methode der Sozialarbeit, die den Einzelnen durch sinnvolle Gruppenerlebnisse hilft, ihre soziale Funktionsfähigkeit zu steigern und ihren persönlichen Problemen, ihren Gruppenproblemen oder den Problemen des öffentlichen Lebens besser gewachsen zu sein.*" (ebd.: 39; Herv. i. O.)

Hinsichtlich ihres Verständnisses der Sozialen Gruppenarbeit benennt KONOPKA in erster Linie den Einfluss Grace COYLES sowie den Vertreter der Gruppendynamik Kurt LEWIN. Bezüglich COYLE gibt sie zu bedenken, dass diese mehr durch den Einfluss der Soziologie und der Gewerkschaftsbewegung als durch die Psychologie geprägt war.[136]

Während ihrer mehrfachen Aufenthalte in Deutschland (1950, 1951, 1952, 1965, 1967), nun als Professorin der School of Social Work, Minnesota, versucht sie in direktem Kontakt und Austausch, geprägt durch die Andersartigkeit amerikanischen Denkens und Lebens, die Soziale Gruppenarbeit in ihrer alten Heimat populär zu machen und damit zugleich einen Beitrag zum Aufbau der bundesrepublikanischen Sozialarbeit zu leisten. Die Schilderung der Eindrücke von Teilnehmern zweier Kurse, die KONOPKA im Juni und Juli 1965 leitete, verdeutlichen den Einfluss und Status den sie zu diesem Zeitpunkt in ihrer alten Heimat hatte: "Die Ablösung von Frau Prof. Konopka fällt uns nicht leicht, aber es liegt immer am Gruppenleiter, wir sind eben schwierige Gruppenmitglieder. Wir brauchen doch noch ihre Telefonnummer, ihre Adresse und eigentlich auch ihre Anwesenheit. Wir fühlen uns frustriert, wenn sie uns verläßt, aber das regt uns vielleicht zu größeren Leistungen an, bis sie wiederkommt" (HUTTA 1965: 1028). Während die Autorin ihre Ausführungen mit dem Titel *Tante Gisa aus Amerika* (ebd.:1027) überschrieben hat und somit eine gewisse Vertrautheit suggeriert, erkennt eine andere Teilnehmerin Gisela KONOPKA zuerst nicht: "Als ich Frau Konopka zum erstenmal sah, wußte ich nicht, daß sie es war. [...] Ich dachte: 'das ist mal eine beachtliche Frau. Hoffentlich ist es Frau Konopka. Dieser erste Eindruck blieb und verstärkte sich im Laufe des Lehrganges. Sie hat Gruppenpädagogik nämlich nicht gepredigt, sondern gelebt" BERLÉ 1965: 1029). Obwohl die Autorin in der Folge KONOPKA weder als "Star noch Verkünderin einer alleinseligmachenden Methode" (ebd.) bezeichnen will, zeigen die Äußerungen doch den enormen Eindruck, den KONOPKA hinterlassen hat. Auch wenn das Wort "Heiligenverehrung" etwas zu hoch gegriffen scheint, so zeigt es in plakativer Form den Einfluss und die Wirkung KONOPKAS auf.

Ihre persönliche Sichtweise der Sozialen Gruppenarbeit war gemäß den oben genannten Einflüssen zum einen demokratisch-staatsbürgerlich geprägt und zum anderen – und hier erscheint das Besondere – orientiert an der therapeutischen Hilfestellung. Diese zweite Orientierung erscheint explizit bereits im englischen

---

[136] Eine weitere Einflussgröße waren die Arbeiten Eduard C. LINDEMANS: Vgl. hierzu die Dissertation KONOPKAS aus dem Jahr 1958: *Eduard C. Lindeman and Social Work Philosophy*. Minneapolis

Titel ihres 1949 verfassten Werks *Therapeutic Group Work with Children*[137]. "Therapeutisch" bedeutet dabei, Hilfe und Unterstützung für gestörte, schwierige und straffällige Kindern (vgl. dazu KONOPKA 1964) zu gewähren. Im damaligen Standardwerk der Sozialarbeit, den *Grundbegriffen und Methoden der Sozialarbeit* (1966), herausgegeben von Walter A. FRIEDLÄNDER[138] und Hans PFAFFENBERGER, hat KONOPKA das Kapitel über Soziale Gruppenarbeit verfasst (ebd.: 115-206). Analog zum medizinisch-therapeutischen Vokabular der Einzelfallhilfe kennzeichnet sie hier die Verfahrensweise der Gruppenarbeit als Dreischritt von Diagnose, Behandlungsplan und Behandlung (vgl. ebd.: 139ff.).

Während sie in ihrem Übersichtswerk von 1963 trotz des oben angemerkten Interesses das gesamte Feld der Sozialen Gruppenarbeit abzudecken versucht (vgl. KONOPKA 2000: 22ff.), wird hier ihre ganz spezifische Orientierung sichtbar.[139] Durch ihre enorme persönliche Präsenz in Deutschland, die sich sicherlich auch mit ihrer deutschen Herkunft und dem nach wie vor vorhandenen Interesse an den Vorgängen in ihrer alten Heimat begründen lässt, gelang es KONOPKA, nachhaltigen und wirkungsvollen Einfluss auf die deutsche Sozialarbeit im Allgemeinen und die Gruppenarbeit im Besonderen auszuüben. Zu berücksichtigen gilt dabei Folgendes: Im Gegensatz zum Ansatz von WILSON/RYLAND (vgl. dazu 1.3.3), der die Psychodynamik – ganz in der Tradition des *social work* – lediglich als implizite Grundlage versteht, expliziert KONOPKA den therapeutischen Impetus so, dass sie ihn zur definitiven Handlungsgrundlage der Gruppenarbeit macht. Daher erscheint die Rezeption von KONOPKAS Ansatz, der als maßgeb-

---

[137] Der von Heinrich SCHILLER ins Deutsche übersetzte Band heißt: *Gruppenarbeit in einem Heim* (1964). Passend bescheinigt SCHILLER bereits in seiner Dissertation der Gruppenpädagogik "sozialerzieherische und therapeutische Anliegen" (1963: 88).

[138] FRIEDLÄNDER, selbst deutschstämmig, avancierte im Exil zu einem der maßgeblichen Protagonisten der amerikanischen Sozialarbeit. Er kehrte nach dem Ende des Nationalsozialismus nicht dauerhaft nach Deutschland zurück. Jedoch wurde er, der in der Weimarer Republik bereits eine gewisse Bedeutung in der deutschen Sozialarbeit erlangt hatte, oft um Rat und Unterstützung hinsichtlich des Rekonstitution des Sozialwesens gebeten (vgl. FÜSSL 2004: 254ff. zur Biographie FRIEDLÄNDERS siehe die Fallstudie in FÜSSL 2004: 150-168).

[139] Nach eigenem Bekunden KONOPKAS reicht ihr Interesse an medizinisch-therapeutischem Denken und Handeln bis weit in ihre späte Jugend zurück. So hoffte sie, ausgehend von ihrer Lehrerinnenausbildung, "nach ein paar Jahren zur Universität zurückgehen zu können, um Medizin zu studieren. Ich wollte diese beiden Berufe irgendwie integrieren. Schon zu jener Zeit hatte ich mich mit Karl Wilker und seiner Arbeit mit jugendlichen Straffälligen befaßt, und seine Integrierung von Medizin, Psychiatrie und Pädagogik schien mir ideal." (KONOPKA 1982: 220). Es erscheint als geradezu folgerichtig, dass sie nach ihrer Emigration dieses Bestreben fortgeführt hat und mit dem *social group work* ein Feld gefunden hat, das zu eben jener Zeit offen für die Entwicklung neuer Ansätze war (vgl. dazu Kapitel 1.3.4).

lich für das damalige *social group work* erachtet wurde, als ein entscheidender Schritt, weg von einer demokratisch-staatsbürgerlich orientierten Sichtweise, hin zu einer funktional-therapeutischen Orientierung.[140]

Aus dem Jahr 1967 stammt die bereits unter 3.2.2 erwähnte Dissertation von Paul LORENZ: *Soziale Gruppenarbeit als Eingliederungshilfe für gefährdete Jugendliche. Analyse eines sozialpädagogischen Modells.* Die an der Universität Kiel eingereichte Arbeit wurde am Lehrstuhl von Gerhard WURZBACHER geschrieben. Das Zweitgutachten der Arbeit stammt von Theodor WILHELM (vgl. 3.1.5). Obwohl die Arbeit nicht der Fachliteratur im engeren Sinn einer theoretischen Beschreibung und Entwicklung der Methode zuzurechnen ist, erscheint sie als durchaus erwähnenswert. Dies hat verschiedene Gründe: Zum einen liefert sie erstmalig eine Evaluation der Tätigkeit in der Sozialen Gruppenarbeit und zum anderen beinhaltet sie – wenn auch nicht explizit dargelegt – eine kluge Zeitdiagnose hinsichtlich des Stands der Demokratisierung der bundesrepublikanischen Gesellschaft.

Das Anliegen und den Zweck der Untersuchung ordnet LORENZ selbst wie folgt ein: Einmal will er einen Beitrag leisten dem, "von der Öffentlichkeit mit zunehmender Aufmerksamkeit beachteten Phänomen der Jugendgefährdung und -verwahrlosung" (LORENZ 1967: 1) begrifflich näher zu kommen. Weiterhin geht es ihm darum, die über Jahre hinweg erprobten Methoden und Erfahrungen der im Grenzbereich zwischen Jugendfürsorge und Jugendpflege situierten Arbeit des Hansischen Jugendbundes einer breiteren Öffentlichkeit zugänglich zu machen (vgl. ebd.). Das dritte zentrale Anliegen ist es, einen Ausgangspunkt für weitere kleinräumige Studien in der gesamten Bundesrepublik zu schaffen. In einer anschließenden übergreifenden Auswertung solcher Monographien, sieht er drei nützliche Aspekte:

Erstens sieht er eine Chance, mit zunehmender Kontrolle und Differenzierung einen vertieften Einblick in inhaltliche und methodische Fragestellungen der Gruppenarbeit zu erlangen.

Zudem erhofft er sich von solchen Arbeiten Aufschlüsse darüber, wie sich die Soziale Gruppenarbeit besser in das Organisationsgefüge der öffentlichen Verwaltung eingliedern lässt.

---

[140] Die hier im konkreten Fall dargelegte Thematik wird unter II/4 Gegenstand einer allgemeinen Betrachtung. Bezüglich der Einordnung des hier verhandelten Gegenstands lässt sich feststellen, dass KONOPKAS Konzeption sowohl Indikator als auch Katalysator des Prozesses der Therapeutisierung war.

Schließlich könnte die Basis für eine Theorie mittlerer Reichweite (nach MER-TON) für die Soziale Gruppenarbeit geschaffen werden. (vgl. ebd.: 1f.)[141] Obgleich sich, wie in den folgenden Kapiteln gezeigt wird, die Vorstellungen und Hoffnungen die LORENZ ausbreitet, nicht verwirklichen sollten, erscheint seine Arbeit in einem Punkt besonders interessant. Unabhängig von den Ergebnissen der konkreten soziologischen Analyse (vgl. dazu 3.2.2) gelingt es ihm in bemerkenswerter Weise, den Zustand und die Schwächen der Demokratisierung der deutschen Gesellschaft in den 60er-Jahren aufzudecken. Im Abschlusskapitel (284ff.) spricht er vom Doppelcharakter einer sozialpädagogischen Subkultur im HJB. Neben einer sozialpädagogischen Subkultur sieht er auch eine Subkultur der Sozialpädagogik wirken (vgl. dazu auch 3.2.2). Grundlage seiner Einschätzung sind die Ausführungen COHENS zur Theorie der Subkultur. COHEN zufolge kommt es zur Bildung subkultureller Gruppen, "wenn es für eine *Anzahl* von Personen mit ähnlichen Anpassungsproblemen keine angemessenen institutionalisierten Lösungen gibt und wenn ihnen keine alternativen Bezugsgruppen zur Verfügung stehen, die angemessenere und von der Kultur gestützte Lösungen bieten würden." (COHEN 1957/1971: 107; Herv. i. O.) Die resultierende Gruppe steht in ihrer Ausgestaltung zumindest partiell in Konflikt mit den Werten und Normen der Mehrheitsgesellschaft. Hier wird nun die Diagnose LORENZ' interessant. Er konstatiert für den HJB eine durchweg demokratische Ausrichtung bei gleichzeitigem Trend zur Demokratisierung der Gesamtgesellschaft. Die institutionalisierte Subkultur des HJB sieht er als Angebot der Gesellschaft, die Anpassungsschwierigkeiten der Betroffenen angemessen bearbeiten zu können. Nimmt man nun die Schwierigkeiten und Problemstellungen die zur Auflösung des Bundes (vgl. 3.2.2) geführt haben und die LORENZ nicht bekannt sein

---

[141] Die Victor-Gollancz-Akademie veranstaltete vom 12. bis 14. Juni 1967 eine Tagung mit dem Thema *Theoriebildung der Gruppenpädagogik* in Erlangen (vgl. VICTOR-GOLLANCZ-AKADEMIE FÜR JUGENDHILFE 1969). Ziel war es, die Grenzen und Möglichkeiten der gruppenpädagogischen Theoriebildung auszuloten. An der prominent besetzten Tagung nahmen neben den Gruppenpädagogen SCHILLER und LATTKE u. a. auch Gerhard WURZBACHER, Werner LOCH, C. W. MÜLLER und Klaus MOLLENHAUER, sowie als ausländische Expertin Gisela KONOPKA an der Veranstaltung teil. KONOPKA vertrat dabei vehement die Position einer Integration der Sozialen Gruppenarbeit in eine Praxistheorie der Sozialarbeit unter dem Primat therapeutischen Handelns. MOLLENHAUER hingegen plädierte hinsichtlich der theoretischen Ausrichtung für eine Anlehnung an die Pädagogik, während WURZBACHER, analog zu den Ausführungen LORENZ', für vermehrte soziologische Analysen bezüglich der Bedingungen von Gruppenarbeit argumentierte. Den umfassendsten Versuch legte Werner LOCH vor, der ein konsequentes Verständnis der Pädagogik als spezielle Sozialwissenschaft zum Ausgangspunkt jeglicher Theoriebildung machen wollte und zugleich den Versuchen MOLLENHAUERS, die Wurzeln der Gruppenpädagogik auch in deutschen Traditionen zu suchen, aufs Heftigste widersprach (vgl. ebd.: 41-84).

konnten, zum Ausgangspunkt, so erscheint zwischen den Zeilen eine eindeutige Differenz zwischen der normativen Ausrichtung des HJB und dem gesamtgesellschaftlichen Wert- und Normgefüge.

Abschließend sei noch auf den bereits mehrfach zitierten Sammelband Carl Wolfgang MÜLLERS verwiesen, der 1970 den gelungenen Versuch einer Zusammenschau der für die Entwicklung der deutschen Gruppenarbeit relevanten Texte unternommen hat (C. W. MÜLLER *Gruppenpädagogik: Auswahl aus Schriften und Dokumenten*, 1970). Die Auswahl der Arbeiten verweist auf einen sensiblen Umgang mit den Wurzeln des *group work*, ebenso erscheint eine realistische Bewertung der deutschen Rezeption. Kritisch anzumerken ist der Verzicht auf eine Darlegung der philosophischen Wurzeln und Quellen, die dazu beigetragen hätte, die Unterschiede zwischen deutscher und amerikanischer Denktradition und Handlungsweise aufzuzeigen, und so die fundamentalen Differenzen in der Sichtweise des Zusammenhangs von demokratischer Philosophie und methodischem Handeln hätte aufklären können.

3.4 Soziale Gruppenarbeit in einer Phase gesellschaftlicher Veränderung

Der Sammelband MÜLLERS markiert gewissermaßen das Ende der Hochphase der Entwicklung der Sozialen Gruppenarbeit in der Bundesrepublik. Die Frage nach den Gründen dieser Stagnation wird im Folgenden Gegenstand der Untersuchung sein.

Bereits Mitte der 60er Jahre kam der beispiellose Aufschwung der Wiederaufbauzeit ins Stocken, die wirtschaftliche Entwicklung stagnierte vorübergehend, die Arbeitslosenzahlen stiegen an. Parallel dazu führten innenpolitische Schwierigkeiten zur Bildung einer großen Koalition der beiden Volksparteien CDU/CSU und SPD. Insbesondere die Debatte um die letztlich angenommenen Notstandsgesetze motivierte dabei massive Proteste und umfangreiche Demonstrationen. Hinzu kamen unter außenpolitischen Gesichtspunkten weltweite Proteste insbesondere gegen die amerikanische Vietnampolitik.

Insgesamt wurde der Stand der gesellschaftlichen Entwicklung und besonders der Demokratisierung der bundesrepublikanischen Gesellschaft kritisch bewertet. Die Überwindung traditioneller überkommener Lebensweisen und ihrer institutioneller Verkörperungen wurde angestrebt. Der Bedarf einer solchen Überprüfung und Revision der gesellschaftlichen Grundlagen schien unausweichlich und dringend geboten. So hatten ALMOND und VERBA (vgl. 1989) in einer viel beachteten Vergleichsstudie aus dem Jahr 1963 den Stand der demokratischen Entwicklung der Bundesrepublik als mangelhaft charakterisiert. Im Vergleich zu den USA, Großbritannien, Italien und Mexiko hatte die Bundesrepublik, was die politischen Einstellungen zur Demokratie angeht, nur einen hinteren Rang belegt. Fast zeitgleich hatte Georg PICHT die deutsche Bildungskatastrophe diagnostiziert (vgl. 1964: 16-42). Die Forderungen nach Reformen im allgemeinen Bildungswesen wurden mit zunehmender Vehemenz vorgetragen und mündeten schließlich in der globalen Forderung nach Chancengleichheit.

Kristallisationspunkt und Träger der Hauptlast der Bemühungen um die Veränderung aller Lebensbereiche wurden die Studenten. Die tragende Rolle hinsichtlich der studentischen Willensbildung und der theoretischen Formulierung der Anliegen kam dabei dem Sozialistischen Deutschen Studentenbund (SDS) zu. Der Wunsch nach vermehrten gesellschaftlichen Partizipationsmöglichkeiten erfasste ausgehend von hochschul- und bildungspolitischen Reformforderungen zunehmend allgemeine politischen Fragestellungen, bis schließlich die radikale Umgestaltung der Gesellschaft als legitimes Ziel erachtet wurde (zur Studentenbewegung siehe KRAUSHAAR 1998; WIGGERSHAUS 1986: 676-705; kritisch dazu: LANGGUTH 2001).

Die Proteste und Demonstrationen, die teilweise zu gewalttätigen Ausschreitungen führten, fanden ihren Höhepunkt im Jahr 1968.

Auf der dritten Jahrestagung vom 19. bis 21. April 1968 thematisierte "Haus Schwalbach" die aktuellen gesellschaftlichen Verwerfungen und kam zu folgender Einschätzung: "Man wird sich einig, daß die Demonstrationen Symptome für tieferliegende Krankheitszustände unserer Gesellschaft sind. Autoritäre Verhaltensweisen, verfestigte Herrschaftsstrukturen, ideologische Erstarrung und Kommunikationsstörungen wurden als Hauptursachen aufbrechender Unruhen genannt." (SCHÖPPING 1968: 1318) Durchaus selbstkritisch wurde festgestellt, dass mittelfristig betrachtet "die gesellschaftlichen Aspekte mehr in die gruppenpädagogische Arbeit aufgenommen" (ebd.: 1319) werden müßten. Um kurzfristige Lösungen drängender Fragen zu ermöglichen, sah man sich in der Lage "Hilfe bei Verfahrenstechniken" (ebd.: 1318) anzubieten, etwa durch die Verfügbarmachung eingeübter Gesprächsleiter.

Die Tagung wurde mit der Verfassung einer Erklärung des Arbeitskreises für Gruppenpädagogik beschlossen. Dieser äußerte sich wie folgt zur aktuellen Lage:

"Wir sind beunruhigt über die unsachgemäßen Formen der Auseinandersetzungen rivalisierender Gruppen in unserer Gesellschaft. Wir sind davon überzeugt, daß weder ein starres Festhalten an bestehenden Strukturen und Formen noch die Anwendung von revolutionärer Gewalt geeignete Mittel zur Herbeiführung notwendiger Entwicklung sind." (ebd.: 1321)

Daran anschließend wurden Sofortmaßnahmen zur Beseitigung der drängendsten Missstände gefordert, wie die Einsetzung von Untersuchungssausschüssen zur Klärung der Gewalttätigkeiten, ebenso wurden mittelfristige Strukturreformen im Bildungswesen angemahnt sowie die Bildung von gesellschaftlichen Substrukturen eingefordert, wobei der Gruppenpädagogik eine besondere Rolle zukommen sollte.

"Die Gruppenpädagogik bietet unseres Erachtens bewährte Wege, Techniken und Arbeitsformen an, die geeignet sind, die verbreiteten autoritären Verhaltensweisen abzubauen, die gegenseitige Verständigung zu ermöglichen und auch inhaltlich zu neuen Resultaten zu kommen." (ebd.)

Ausgehend vom 4. deutschen Jugendhilfetag im Mai 1970 in Nürnberg (vgl. dazu MÜLLER 1992: 135ff.; TRAPPER 2002: 54ff.) erreichte die allgemeine Gesellschaftskritik auch zunehmend den Bereich der Sozialen Arbeit. Diese wurde als einer der zentralen Funktionsbereiche gesellschaftlicher Organisation insbesondere hinsichtlich ihrer Methoden, also auch der Sozialen Gruppenarbeit, kritisiert.[142]

Bereits eine Dekade zuvor, im Jahre 1959, wurde Kritik an der Sozialen Gruppenarbeit und der Gruppenpädagogik geäußert. Der Erziehungswissenschaftler Jürgen HENNINGSEN warf den gruppenpädagogischen Aktivitäten von "Haus Schwalbach"[143] "inhaltliche Unbestimmtheit" (HENNINGSEN 1959/1970a: 145) vor, die in einer hochglanzpolierten Theorie der Form verkauft werden soll, während die Inhalte ausgespart bleiben (vgl. HENNINGSEN 1960/1970b: 171f.).[144]

---

[142] Im Folgenden werden nur die Aspekte der Kritik an der Sozialen Gruppenarbeit thematisiert. Für die Kritik an der Sozialen Einzelfallhilfe siehe MEINHOLD 1973: 208ff. bzw. retrospektiv MÜLLER 1992: 91ff. sowie allgemein zur Methodenkritik 133ff.

[143] C. W. MÜLLER stellt dazu fest, dass dies die einzige Form von Gruppenpädagogik sei, die HENNINGSEN bekannt sei (vgl. 1970: 118).

[144] Die durch HENNINGSEN ausgelöste Debatte um den Stellenwert der Gruppenpädagogik, die in der Zeitschrift *Kulturarbeit* geführt wurde, ist ausführlich rekonstruiert in FREY 2003: 70-85. Für die hier vorliegende Arbeit ist der weitere Verlauf der Debatte nicht weiter interessant, da in der Tendenz nur bereits bekannte Vorwürfe neu erhoben und entsprechend zu widerlegen versucht wurden.

Er wirft den Schwalbachern vor, ihr Tun habe eigentlich nichts genuin Pädagogisches, da sie die Substanz der Erziehung nicht erfassen. "Die *Didaktik* als die Lehre von den Bildungsinhalten geht der *Methodik* als der Lehre von den Bildungsformen voraus" (HENNINGSEN 1970a: 145; Herv. i. O.). Für "Haus Schwalbach stellt er fest: "Sämtliche *didaktischen* Probleme sind ausgeklammert und charakteristischerweise findet man die solidesten Angaben über Inhaltliches an den Stellen, wo über Gesellschaftsspiele gehandelt wird (die von den Schwalbachern entwickelte 'Spielkartei' ist sicher etwas Gutes)." (ebd.: 148, Herv. i. O.) C. W. MÜLLER konstatiert hierzu: "HENNINGSEN ging damals von einer Arbeitsteilung zwischen Methodik und Didaktik aus, von der er meinte, daß sie sich allgemein durchsetzen würde, die sich aber aus guten Gründen nicht hat durchsetzen lassen" (1992: 60).

HENNINGSEN sieht Demokratie nicht als eine Form des Zusammenlebens, sondern als inhaltliche Auseinandersetzung zwischen historisch gewachsenen Gesellschaftsformen und Ideologien. Die Formen sind jedoch "*Ausdruck* ihres Inhalts nicht seine Erzeugungspunkte. Zur Demokratie kann man nicht erziehen, wenn man nicht in diese inhaltlichen Auseinandersetzungen tatsächlich hineingeht, selbst Stellung bezieht und andere von da aus gewissermaßen zieht und stößt." (1970a: 148; Herv. i. O.) Er schließt daraus: "Gruppenpädagogik als eine durch die Formen demokratischen Lebens zur Demokratie erziehende Veranstaltung ist unmöglich." (ebd.: 151)

Beachtet man HENNINGSENS kritische Haltung gegenüber den aus Amerika importierten sozialwissenschaftlichen Hilfsmitteln (vgl. ebd.: 151) sowie seine geisteswissenschaftliche Orientierung (vgl. ebd.: 146ff.), so wird deutlich, dass es sich hier am Vorabend der Wende von der geisteswissenschaftlichen Pädagogik zur empirischen Erziehungswissenschaft um ein vermeintlich letztes Aufbäumen alter Orientierungen und Überzeugungen handelt.

Der Zusammenhang zwischen Demokratie und Gruppenpädagogik steht auch im Mittelpunkt einer im Jahre 1971 vorgetragenen Kritik. Jedoch war diese durch eine gänzlich andere, eine politische Motivation getragen. Im Zuge der politischen Erneuerungsversuche der Studentenbewegung organisierten sich auch praktizierende Sozialarbeiter. Die in diesem Zusammenhang herausgegebene *Sozialpädagogische Korrespondenz* (SPK) bescheinigt der Gruppenpädagogik, "daß sie ursprünglich auf die Demokratisierung der gesellschaftlichen Verhältnisse abgestellt gewesen sei, sich aber im Laufe der Zeit zu einer therapieähnlichen Behandlungsform Einzelner herunterentwickelt habe. Heute habe sie ihren politischen Anspruch verloren, sie sei konfliktscheu geworden operiere mit einem Menschenbild, in dem die Zugehörigkeit zu sozialen Schichten und Klassen nicht vorkomme und mute dem Individuum zu, 'die in der Gesellschaft begründete Entfremdung in sich aufzuheben'" (vgl. SPK 1971/19: 8; zit. n. MÜLLER 1992: 140).

Gottfried WEBERS *Kritische Anmerkungen zur Sozialen Gruppenarbeit* (1973)[145] zielen in eine ähnliche Richtung:

"III. Soziale Gruppenarbeit verschleiert all jene gesellschaftlichen Widersprüche, die sich auf den Grundwiderspruch von Lohnarbeit und Kapital zurückführen lassen. Sie dient systemgerechter Sozialisation, indem sie die durch diesen Grundwiderspruch verursachten, psychischen Spannungen neutralisiert, kanalisiert oder sublimiert." (1973:169)

Er kennzeichnet das der Gruppenarbeit zugrunde liegende amerikanische Verständnis von Demokratie als naiv, und fordert eine Politisierung der Gruppenarbeit und Gruppenarbeiter. Sein Anliegen ist die inhaltliche Ausgestaltung der Demokratie – eine Ausgestaltung, die in den USA angeblich nicht vorgenommen wurde. Er hat damit insoweit recht, als DEWEYS Ansatz zur Demokratie die Makroebene der Gesellschaft zugunsten einer Orientierung an der Mikroebene vernachlässigt. Er liegt jedoch falsch, wenn er diesen Gesichtspunkt als Begründung für ein rein formales Demokratieverständnis anführt. "Die Demokratie [...]

---

[145] Gottfried WEBER, Dozent an einer Höheren Fachschule für Sozialarbeit, veröffentlichte im Jahr 1967 eine Arbeit zur Gruppenarbeit mit dem Titel *Lernen in Gruppen*. Er versucht dabei mittels der Darstellung in Berichtsform, sieben unterschiedliche Ansätze der Gruppenarbeit in verschiedenen Bereichen darzustellen. Er identifiziert drei für die Arbeit zentrale Problemkreise: 1. Wie lässt sich die irrationale Autorität des Lehrenden in Lernprozessen reduzieren? 2. Wie kann man von praktischem Tun zu abstraktem Denken gelangen, einen alle menschlichen Fähigkeiten integrierenden Bildungsprozess verwirklichen? 3. Wie kann man die "Sprachlosigkeit" vieler Menschen überwinden? Bericht 4 (45-58) hat die Gruppenarbeit in einer Jugendstrafanstalt zum Gegenstand. WEBER beschreibt darin den anfänglich mühseligen Versuch, zusammen mit den Häftlingen ein Programm zu realisieren. Man entscheidet sich schließlich für ein Hörspiel über deren eigene Situation. Als dieses erarbeitet ist und die autoritären Erwartungshaltungen der Teilnehmer abgebaut sind, bricht WEBER die Arbeit mit der Begründung ab, sie mache nur dann weiter Sinn, wenn sich auch die Vollzugsbeamten einem Prozess der Bewusstmachung ihrer Einstellungsmuster stellen würden, was jedoch nicht möglich schien. Magda KELBER (1969) bemerkt dazu in einer Rezension der Arbeit, dass diese Einschätzung "auf einem grundlegenden Mißverständnis der Möglichkeiten, Funktionen und Grenzen sozialer Gruppenarbeit" (1455) beruhe. Sie kommt zu dem Schluss, dass "hier mit Gruppen experimentiert wurde, ohne daß auf ihre Bedürfnisse genügend Rücksicht genommen wurde. Damit aber ist gerade das Grundanliegen der Gruppenpädagogik wie der Sozialen Gruppenarbeit zu kurz gekommen." (ebd.)

ist in erster Linie eine Form des Zusammenlebens, der gemeinsamen und miteinander geteilten Erfahrung." (DEWEY 2000a: 121) Sicherlich besteht auch Grund zur Kritik an diesem Ideal, jedoch vermag WEBER keine entscheidenden Hinweise auf die Lösung dieses Problems zu geben, sondern ergeht sich in einer der Zeit entsprechenden Forderung nach Politisierung der Sozialarbeit (vgl. 1973: 182ff.).

Die Kritik an der Gruppenpädagogik war Teil einer umfassenden Kritik an den klassischen Methoden, die jedoch, so MÜLLER, darunter litt, "daß sie als *literarische* Kritik vorliegender *literarischer* Zeugnisse (vor allem in Form von Lehrbuchübersetzungen aus dem Englischen) vorgetragen wurde" (1992: 139, Herv. i. O.). Die Kritik vonseiten der Sozialwissenschaften wurde also nicht aus der eigenen Erfahrung und Anwendung reflektierter methodischer Positionen gespeist, sondern bezog ihre Rechtfertigung aus dem kognitiven Umgang mit vorhandenem Material.

GALUSKE fasst die vom Wunsch nach Theoretisierung und Professionalisierung getragene Kritik anhand von vier Hauptpunkten zusammen (1998: 101ff.).

1.   Fehlende theoretische Fundierung der Methoden; die klassischen Methoden, so GALUSKE, waren eine diffuse Mischung von Techniken und Werten, die sich besonders durch eine weitgehend kritiklose Übernahme von Mittelschichtstandards auszeichnete (vgl. ebd.: 101).

2.   Differenz zwischen gesellschaftlicher Funktion und Selbstwahrnehmung; die fehlende Wahrnehmung der Bedeutung des doppelten Mandats der Sozialarbeit führte letztlich dazu, dass die klassischen Methoden trotz ihres partnerschaftlichen Anspruchs in der Konsequenz zu einem Instrument der Erzeugung gesellschaftlicher Normalitätsstandards wurden (vgl. ebd.: 102f.).

3.   Pathologisierung der Klienten; die Notlagen der von der Sozialen Arbeit zu behandelnden Subjekte werden bis hin zur entsprechenden Terminologie als psycho-soziale Notlagen aufgefasst und ebenso bearbeitet. Nicht die jeweiligen Lebenslagen und Lebensbedingungen stehen im Zentrum, beabsichtigt ist vielmehr – wie auch in II/4 dargestellt – die Veränderung von Personen (vgl. ebd.: 103f.).

4.   Entlastung der Gesellschaft von strukturellen Problemlagen; unter Vernachlässigung der im Makrobereich angesiedelten Herrschaftsstrukturen konzentrieren sich die klassischen Methoden – siehe auch hierzu II/4 – auf eine Individualisierung von sozialen Problemen (vgl. ebd.: 104f.).

Obwohl die Protagonisten der Studentenbewegung selbst zahlreiche Versuche unternahmen, die Erziehung in Gruppen neu zu denken (z. B. Kinderläden), wurde dabei auf eine Einbeziehung der Gruppenpädagogik verzichtet. Stattdessen wurde Bezug auf, wie es MÜLLER bezeichnet, "verdrängte Erziehungslehren" (1992: 148) genommen. Neben der Kollektiverziehung MAKARENKOS, die aufgrund des Interesses an sozialistischem Gedankengut Anklang fand, waren es vor allem solche Ansätze, die in Zusammenhang mit Erkenntnissen der Psychologie bzw. Psychoanalyse standen (vgl. ebd.: 148ff.).

So richtig die Feststellung MÜLLERS sein mag, sie verbleibt in ihrer Begründung an der Oberfläche des Gegenstands. Ein weiterer eher indirekt und implizit wirksamer Zusammenhang der Nichtbeachtung respektive der Abwertung der Gruppenpädagogik lässt sich in den spezifischen Theorieinteressen der Studentenbewegung identifizieren. Besondere Anerkennung und Aufnahme in den sozialistisch orientierten Kreisen der Studenten fand das marxistisch inspirierte und mit Elementen der Psychoanalyse angereicherte Gedankengut der Kritischen Theorie der Frankfurter Schule um HORKHEIMER und ADORNO. Wenn auch das Verhältnis von Studentenbewegung und den beiden eben genannten Autoren als ambivalent und eher von einseitiger Annäherung seitens der Studenten geprägt war, so war zumindest das Wirken von MARCUSE und HABERMAS von eindeutigen Sympathien für die Studierenden gekennzeichnet (vgl. KRAUSHAAR 1998; WIGGERSHAUS 1986). Für die Protagonisten der Kritischen Theorie (ausgenommen HABERMAS) identifiziert JOAS ein ablehnendes Verhältnis zu den Vereinigten Staaten, das "die Möglichkeit wichtiger amerikanischer Ideen stillschweigend übergeht" (1999a: 98). Hinsichtlich der Wahrnehmung des Pragmatismus, als philosophischer Denkansatz, der für Amerika charakteristisch war, konstatiert JOAS eine vollkommenes Missverstehen des Begriffs der 'Anpassung': "Sie verkennen, [...] daß die Pragmatisten unter Anpassung nicht Routine und Verlust der Subjektivität verstanden, sondern praktische Innovation, *kreative* Lösung realer Probleme." (ebd.: 102; Herv. i. O.) Parallel zu dieser sozialphilosophischen Differenz sieht er entsprechende Unterschiede in der politischen Theorie. Ausgehend vom marxistischen Verständnis von Liberalismus und Demokratie deuten die Frankfurter, so JOAS, sämtliche konstitutiven Elemente liberaler Demokratie, also Rede- und Pressefreiheit, Publizität, Toleranz, Parlamentarismus und Gewaltenteilung verkürzend als funktionale Bestandteile des zu überwindenden Konkurrenzkapitalismus (vgl. ebd.: 103).

Ausgehend von diesen wenigen Hinweisen bezüglich der Wahrnehmung und Einordnung des Pragmatismus und der Vereinigten Staaten sowie unter Berücksichtigung der ab 1971 erfolgten "flutartigen Rezeption der Kritischen Theorie in der Pädagogik" (FÜSSL 2004: 269) erscheint es als geradezu zwangsläufig, dass die eindeutig mit dem Pragmatismus zu identifizierende Gruppenpädagogik marginalisiert wurde.

Waren die klassischen Methoden der Sozialarbeit durch die politisch motivierte Kritik bereits weitreichend diskreditiert, so wurde diese Entwicklung noch verstärkt durch eine erneute Reorganisation der Ausbildungsgänge. Obgleich die Einführung der Höheren Fachschulen am Ende der 50er bzw. in den 60er-Jahren mitunter der Statusanhebung der Sozialberufe dienen sollte, und als Antwort auf den nach wie vor gravierenden Fachkräftemangel in diesem Feld gedacht war, brachten die Maßnahmen "zu keinem Zeitpunkt wirklich tiefgreifende Veränderungen, hatten oft nur kosmetischen Charakter, waren Stückwerk geblieben (ROHDE 1989: 26) Der Ruf nach tiefgreifenderen Veränderungen wurde laut. Bereits ab Mitte der 60er-Jahre wurden Entwürfe zur Einrichtung so genannter "Akademien" für soziale Berufe diskutiert, die die bisherige Ausbildung, die dem Berufsschulwesen zugeordnet war, weiter aufwerten sollte. Neben der inhaltlichen Fortentwicklung ging es dabei auch um Aspekte der Statuskonkurrenz zum wirtschaftlichen und technischen Bereich, der solche Entwicklungen bereits verwirklicht hatte (vgl. PFAFFENBERGER 1996: 38ff.; AMTHOR 2003: 502). Innerhalb der Diskussions- und Planungsphase für Akademien wurde jedoch am Ende der 60er-Jahre eine völlige Neuorientierung vorgenommen: HARTWIEG (1970 zit. n. AMTHOR 2003:502) beschreibt die Vorgänge wie folgt:

"Recht mühsam hatte man sich zu einem vorbehaltsbeladenen Ja zur geplanten Akademieebene durchgerungen, als diese Pläne fast über Nacht vom Tisch gewischt wurden und die Fachhochschule kreiert wurde; nicht etwa entwickelt aus Gesprächen der betroffenen Fachleute, sondern vorgegeben aus Gründen, die mit der Ausbildung zur Sozialarbeit zunächst einmal nichts zu tun hatten."

Mit der Einführung der Fachhochschulen ab dem Jahr 1970[146] wurden die Höheren Fachschulen aufgelöst und die Ausbildung von Sozialarbeitern/ Sozialpädagogen in den tertiären, also akademischen Bereich überführt. Zumeist als Kleinsteinrichtungen und in überwiegend nichtstaatlicher Träger-

---

[146] Abgeschlossen war die Umwandlung mit Beginn des Wintersemesters 1971/72. Danach waren in allen Bundesländern entsprechende gesetzliche Grundlagen verabschiedet und die betreffenden Fachhochschulen eingerichtet (vgl. AMTHOR 2003: 504).

schaft verankert, sollten die Fachhochschulen, "als eigenständige Bildungsein-richtung im Hochschulbereich nunmehr eine anwendungsbezogene und auf wis-senschaftlicher Grundlage beruhende Ausbildung vermitteln" (ebd.: 503).

Folgt man der Darstellung SCHILLERS, so hatte die Reform weitreichende Kon-sequenzen speziell für den Bereich der Methodenlehre (vgl. 1997: 314f.). Die beabsichtigte wissenschaftliche Aufwertung der Ausbildungsgänge setzte ent-sprechend ausgebildetes Personal voraus. Einstellungsvoraussetzung wurde da-her eine abgeschlossene Promotion. Für den Bereich der ausgeweiteten Grund-lagenfächer wie Psychologie, Soziologie oder Recht war dies notwendig und sinnvoll. Für die Methodenlehre, zumeist durchgeführt von so genannten "leh-renden Sozialarbeitern" bedeutete es jedoch einen Bedeutungsverlust in zweifa-cher Hinsicht: Einmal war der Status der Methodenlehrer ein marginaler, zum anderen wurde durch die aus professionstheoretischer Sicht notwendige Auswei-tung der wissenschaftlichen Grundlagenfächer die Methodenausbildung stark reduziert. Durch die Kultushoheit der Länder gab es je nach Bundesland unter-schiedliche Akzentuierungen, der Grundton, so SCHILLER war jedoch überall gleich: "Nach dem Motto 'Für oder Wider die Methodenlehre'" wurden "die Me-thodenfächer, so sie überhaupt noch angeboten wurden, in den Hintergrund ge-rückt"[147] (ebd.: 315).

Die von SCHILLER monierte Zurückdrängung der praxiserfahrenen Sozialarbeiter hatte zwangsläufig eine Zunahme der theoretischen Bestandteile in der Ausbil-dung zur Folge. Die praktische Vermittlung und Anwendung der klassischen Methoden wurde daher vernachlässigt.

C. W. MÜLLER sieht dies ähnlich. Für ihn war das mangelnde Praxisinteresse von Hochschullehrern mit dafür verantwortlich, dass die aus der studentischen Methodenkritik resultierenden, neuen Praxisvorschläge nicht reflektiert und wei-terentwickelt wurden.

---

[147] Eine hier vorgesehene Untersuchung der Studienordnungen aus der Gründungszeit der Fachhochschulen Baden-Württembergs musste leider unterbleiben, da die jeweiligen Einrich-tungen die entsprechenden Dokumente nicht archiviert haben. Dies erklärt sich möglicherwei-se dadurch, dass erst Anfang der 80er-Jahre endgültige Rahmenlehrpläne der Länder erlassen wurden (vgl. SCHILLER 1997: 315). Für diesen Zeitraum gibt es mit Burkhard ROHDES Disser-tation *Sozialpädagogische Hochschulausbildung* (1988) eine umfangreiche Analyse. Diese weist in der Tendenz darauf hin, dass allgemein eine Vielzahl von wissenschaftlichen Grund-lagenfächern vertreten ist, die Methodenausbildung jedoch in unterschiedlichster Weise und Intensität praktiziert wird (vgl. ROHDE 1988: 253ff.).

"Diese geringe Bereitschaft wurde durch curriculare Schwerpunktverschiebungen in den Studienplänen von Universitäten und Fachhochschulen unterstützt. An vielen Orten wurde die alte 'Methodenlehre' zugunsten einer 'Arbeitsfeldorientierung' (Vorschule und Hort, Jugendarbeit, Arbeit mit Behinderten, Arbeit mit Erwachsenen) aufgegeben und die systematische Weiterarbeit an der Methodenlehre blieb für das folgende Jahrzehnt auf der Strecke." (MÜLLER 1992: 142)

Die Bewertung dieser Entwicklung fällt durchaus ambivalent aus. Sicherlich war die ursprünglich politisch motivierte Kritik notwendig, berechtigt und angebracht, die Art ihres Vortrags erinnert jedoch sehr stark an ideologische Grabenkämpfe. Ohne wirkliche und praktikable Alternativen zu bieten, wurde eine dem Zeitgeist und den theoretischen Vorlieben gemäße Kritik formuliert, die es versäumte, sich auf die Grundlagen der Sozialen Gruppenarbeit zu beziehen.
Anhand der Kritik, die an der Methode geübt wurde, wird jedoch auch deutlich, dass sie endgültig in Deutschland angekommen war, d. h. als ein integraler Bestandteil der Sozialen Arbeit gesehen wurde. Die Äußerungen von "Haus Schwalbach" angesichts der Situation 1968 zeigen einmal mehr die Lage, in der sich die Gruppenpädagogik in Deutschland befand: Man hatte das methodische Instrumentarium, um demokratische Prozesse wirkungsvoll handhaben und gestalten zu können. Zugleich blieb die Methode, berücksichtigt man die Vagheit der mittel- und langfristigen Forderungen, doch ohnmächtig im Angesicht einer nichtdemokratisch strukturierten Gesellschaft. Es zeigt sich: Der in den Vereinigten Staaten vehement hervorgehobene Zusammenhang von Methode und demokratischer Philosophie, an dem sich die Schwalbacher durchaus orientierten, ist abhängig vom Vorhandensein und von der basalen Akzeptanz eines demokratischen Rahmens.
Die Akademisierung der Sozialarbeit, eigentlich ein begrüßenswerter Schritt, bleibt insofern zu kritisieren, als gerade in Bezug auf die aus der Praxis entwickelten Methoden ein Austausch zwischen Theorie und Praxis verhindert wurde.

Wie an ihren Hauptpunkten bereits deutlich wurde, war die Kritik nicht ausschließlich auf politisch-strukturelle Widrigkeiten bezogen, sondern ebenso auf die Einordnung und Handhabungsweise bestimmter Problemlagen.
Die fortschreitende Entwicklung dieser Prozesse sowie die daraus resultierenden allgemeinen Konsequenzen werden im Folgenden in den Blick genommen und

hinsichtlich ihrer Auswirkungen auf die Wahrnehmung und Einordnung der Sozialen Gruppenarbeit untersucht.

4 Die Psychologisierung und Therapeutisierung der Sozialen Arbeit

Die Kritik an den klassischen Methoden war Teil einer umfassend angelegten Reformbestrebung, die nicht mehr und nicht weniger als die totale Umgestaltung der Gesellschaft forderte. Zwar wurden nach dem Machtwechsel zur sozialliberalen Koalition von SPD und FDP unter Bundeskanzler Willy Brandt im Oktober 1969 Veränderungen hinsichtlich innerer und äußerer Reformen auf den Weg gebracht. Die unter dem Slogan "Mehr Demokratie wagen" stehenden Wandlungsbestrebungen waren quasi die institutionelle Reaktion auf die zuvor beklagten Missstände. Jedoch entsprachen diese Reformen keineswegs den utopischen Ansprüchen der Außerparlamentarischen Opposition (APO) der Studentenbewegung. Deren Absichten mussten spätestens Mitte der 70er-Jahre als gescheitert angesehen werden. Dieses Scheitern hatte auch einen gravierenden Umschwung in der pädagogischen Diskussion und Praxis zur Folge.

"Nach den politischen Frustrationen, die aus dem fast überall administrativ erzwungenen Scheitern von Gemeinwesenansätzen resultierten (Basispolitisierung als Bedrohung der Sozialbürokratie), und der Erfahrung, daß die gesellschaftstheoretischen Abhandlungen der Sozialpädagogen für die Alltagspraxis nur in den seltensten Fällen eine Hilfe bedeuteten, rückte das Individuum (wieder) in den Mittelpunkt des Interesses: besann man sich unter dem Etikett 'subjektiver Faktor' (Horn) in der Theorie wieder auf den einzelnen, man wollte das Individuum vor den Unbilden der gesellschaftlichen Entwicklung [...], vor der Entfremdung in den sozialen Beziehungen, [...] schützen und individuelle Hilfe bei der Wiederherstellung der zerstörten Person leisten [...]" (von KARDOFF: 1982: 4).

Hilfe bei der Wiederherstellung der zerstörten Person ist hier in einem zweifachen Sinn zu verstehen: zum einen bezüglich der Person des hilfebedürftigen 'Ichs', das der Gesellschaft schutzlos ausgeliefert ist, und zum anderen bezogen auf das 'Ich' des Professionellen, das in Zeiten geplanter revolutionärer Umgestaltung Schaden genommen hat. Der resignierende Rückzug ins Private, als

Abkehr von der Veränderung äußerer Strukturen, "die Rückbesinnung auf das eigene Selbst" (SCHMIDT-GRUNERT 1997: 36), ging damit einher, dass sich die Sozialpädagogik "zunehmend an psychologischen und therapeutischen Konzepten" (von KARDOFF 1982: 4) orientierte.

Festzuhalten ist dabei jedoch, was THIERSCH bereits 1978 erkannte: "Daß Sozialarbeit auf Therapie hofft, ist kein Problem der Gegenwart. Die Geschichte der Beratung, des Casework ist – auch – die Geschichte immer neuer Annäherungen an die Assimilationen mit Konzepten, die aus der Therapie, vor allem der Psychoanalyse stammen." (1978: 7)[148]

Jedoch waren es hier nicht die klassischen psychoanalytischen Konzepte, die Bedeutung erlangten, vielmehr waren es Adaptionen derselben bzw. neue, dem Zeitgeist entsprechende Entwicklungen. Die beiden bedeutendsten Ansätze waren dabei die Gruppendynamik und die, der Humanistischen Psychologie verpflichteten, klientenorientierten, nichtdirektiven Beratungskonzepte.
Unter Gruppendynamik wurde dabei eine "Sammlung von Techniken im Hinblick auf die strategische Veränderung von zwischenmenschlichen Beziehungen" (CARTWRIGHT/ZANDER 1986 zit. n. GEIßLER/HEGE: 1999: 138) verstanden. Diese beruhen zu großen Teilen auf den Erkenntnissen von Kurt LEWIN, der bereits im Zusammenhang mit der Sozialen Gruppenarbeit rezipiert wurde, sowie auf Arbeiten von Leland P. BRADFORD. Auf das allgemeine Konzept selbst soll hier nicht eingegangen werden, vielmehr sei auf die Darstellung von GEIßLER und HEGE verwiesen, die das Konzept in den Zusammenhang der Sozialen Arbeit einordnen (vgl. GEIßLER/HEGE 1999: 138-173).

Speziell in Deutschland erfolgte jedoch eine psychoanalytische Untermauerung der Gruppendynamik durch Tobias BROCHER[149]. In *Gruppendynamik und Erwachsenenbildung* (1967) legt BROCHER, der als Dozent auch an der Gestaltung

---

[148] Für die Entwicklung der Wissensbasis des amerikanischen *social work* verweist TUGGENER explizit auf die Psychoanalyse (vgl. 1971: 74ff.).
[149] Andere, zuvor in Deutschland relevante Strömungen benennen OELKERS 1980: 103-106 und LÜCK 1980: 107-109. Zugleich liefern die beiden Artikel einen guten Überblick über die Entwicklungsphasen der Gruppendynamik, von der explosionsartigen Aufbruchsphase bis hin zur Relativierung der Ergebnisse gruppendynamischer Selbsterfahrung. Die Konzentration auf den Ansatz BROCHERS erfolgt unter dem Aspekt seiner Prominenz in den 70er-Jahren. Zugleich zeigt die Arbeit BROCHERS den spezifisch therapeutischen Gehalt der Gruppendynamik exemplarisch auf.

des zweiten Zweijahreskurses von "Haus Schwalbach" beteiligt war, sein Verständnis gruppendynamischen Trainings in gebündelter Form dar (vgl. dazu auch BROCHER 1981, 1985). Unter Berufung auf vorwiegend freudianische Elemente der Psychodynamik und unter Bezug auf Alexander MITSCHERLICH will er Probleme ansprechen, "die überall da bedeutsam sind, wo Wissensvermittlung und Kommunikation vollzogen wird" (ebd.: 9). Ausgangspunkt ist dabei die Annahme, dass *jeder* Erwachsene in der Gruppenarbeit frühkindliche Erfahrungen revitalisiert, die er in seiner Ursprungsfamilie gemacht hat.

"Bei der Anpassungsleistung an die Primärgruppe sind also die soziale Angst und der Wunsch nach Bestätigung entscheidend beteiligt. Nach dem gleichen sozialen Modell erfolgt zunächst unbewußt auch die spätere Anpassung an sekundäre Gruppen. Ziel dieser Anpassung ist es wiederum, ein Gleichgewicht zwischen der Befriedigung eigener Bedürfnisse durch die Zugehörigkeit zur Gruppe einerseits und der Identifizierung mit ihren Standardnormen oder -regeln andererseits herbeizuführen. Gleichzeitig erwartet man eine Belohnung durch die Gruppe für die zurückgestellten, innerhalb der Gruppennormen nicht tolerierten Befriedigungswünsche." (ebd.: 49f.)

Menschen, so BROCHER, neigen in Gruppensituationen dazu, unabhängig von ihrer rationalen Einsicht emotional auf frühere Stufen der Erwartungshaltung zurückzufallen. Wissen, das auf diesen Stufen vom Gruppenleiter gewährt oder vorenthalten wird, ist gleichzusetzen mit Nahrung. Die Gewährung oder der Entzug von Zuwendung, unabhängig vom rationalen oder emotionalen Gehalt, bedeuten dabei zugleich die Verringerung der Zufuhr gegenüber anderen Gruppenmitgliedern. Dem versucht BROCHER entgegenzusteuern, indem er die bewusste und provokative Enthaltsamkeit des Trainers einfordert, die zu einer Umlenkung der emotionalen Bedürfnisse auf die anderen Teilnehmer führen soll. Die während dieser Neuorientierung auftretenden Hindernisse sollen wiederum durch Rückbesinnung auf eigene Sozialisationserfahrungen bewusst gemacht und so einer nachträglichen Bearbeitung zugeführt werden (vgl. ebd.: 59ff.). Kernpunkt von BROCHERS Aussagen ist die Unterstellung, dass prinzipiell jeder Mensch Therapiebedarf hat. Seine Forderung nach einer "Therapie für Normale" (KELBER 1971: 36) blieb nicht lange unwidersprochen. Bereits 1969 kritisierte Klaus HORN den "subjektiven Faktor" der tiefenpsychologisch operierenden Gruppendynamik im Anschluss an BROCHER. Kristallisationspunkt des brocherschen Ansatzes ist nicht die Gruppe selbst, sondern des Ich des jeweiligen Teilnehmers. In der Regel richtet Gruppendynamik "ihr Augenmerk auf das Subjektive, auf jenes psychische Moment, das nicht in unmittelbar zweckrational gebundenen Interaktionen aufgeht und sich bei der Aufgabenlösung hemmend oder befördernd bemerkbar machen kann" (HORN 1969: 263). Er befürchtet, dass "Gruppendynamik zur bloßen Sozialtechnik wird" (ebd.: 270), wenn das von ihr zugänglich gemachte subjektive Moment nicht auf die gesellschaftlich-politischen Verhältnisse rückbezogen und angewendet wird. Insgesamt stellt er fest, dass der ständige Bezug auf das eigene Ich ablenkenden und somit entpolitisierenden Charakter hat.

Einen differenzierten Versuch der Einordnung der Bedeutung der Gruppendynamik für die Gruppenpädagogik nimmt Magda KELBER vor. Im Anschluss an eine von "Haus Schwalbach" im April 1970 veranstaltete Tagung mit dem Titel *Das Verhältnis von Gruppenpädagogik und Gruppendynamik. Theoretische Klärung und Möglichkeiten der Kooperation*[150] arbeitet KELBER die Gemeinsamkeiten und Unterschiede zwischen Gruppenpädagogik und Gruppendynamik heraus (vgl. 1971: 33-39). Sie geht davon aus, dass der Begriff "Gruppendynamik" unter unterschiedlichen Konnotationen verwendet wird. Diese wiederum bedingen das Verhältnis zur Gruppenpädagogik. Versteht man unter "Gruppendynamik" die sozialpsychologisch-dynamische Kleingruppenforschung oder die verschiedenen Techniken und Arbeitsformen die aus gruppendynamischer Forschung hervorgegangen sind und bereits Eingang in die Gruppenpädagogik gefunden haben, so sind Gruppenpädagogik und Gruppendynamik durchaus kompatibel (vgl. ebd.: 33). Subsumiert man unter "Gruppendynamik" jedoch das gruppendynamische Laboratorium und das "Sensitivity- Training", die Selbster-

---

[150] Die damalige Aktualität und Dringlichkeit des Themas lässt sich mit einem Blick auf eine Arbeit Kurt SPANGENBERGS von 1969 belegen. In *Chancen der Gruppenpädagogik. Gruppendynamische Modelle für Erziehung und Unterricht*, einem Werk, das bis 1974 vier weitere Auflagen erfahren hat, breitet SPANGENBERG extensiv Gedanken zur Rolle der Trainingslaboratorien aus. Erst im dritten Teil der Arbeit bezieht er sich auf Ansätze einer Gruppenpädagogik in Deutschland. Nach einem kurzen Exkurs zu "Haus Schwalbach" wendet er sich jedoch sogleich den ersten gruppendynamischen Experimenten in Deutschland zu (vgl. dazu auch SPANGENBERG 1982). Auch das 1967 erstmals erschienene und als Werkbuch gedachte *Arbeiten mit Gruppen* von Anneliese KNIPPENKÖTTER weist ab der Neubearbeitung von 1972 deutliche Reminiszenzen an BROCHERS Ansatz auf (vgl. KNIPPENKÖTTER 1976). Ebenso lässt sich in den *Schwalbacher Blättern* in den 70er-Jahren eine intensive Auseinandersetzung mit gruppendynamisch-therapeutischen Ansätzen wie der themenzentrierten Interaktion nachweisen (vgl. u. a. GORDIN 1972, VOPEL 1973, HELD 1973, SCHÖPPING 1974, TOPITZ 1974, REDL 1977 und HEISE 1978).

fahrungsgruppe, sind, so KELBER, veritable Unterschiede festzustellen.[151] Den Anspruch der vorgenannten Methoden bezeichnet KELBER als überzogen, insofern sie "die Persönlichkeitsstruktur verändern" (ebd.: 34) wollten, während die Gruppenpädagogik vorsichtiger sei und nur Wachstumshilfen anbiete. Ebenso unterschiedlich seien die Vorstellungen darüber, in welcher Zeitspanne die jeweiligen Ziele zu verwirklichen seien. Der langfristig angelegten Gruppenpädagogik stehen dabei die eher kurzfristig operierenden Trainings gegenüber. Weitere zentrale Unterschiede identifiziert sie in der Bedeutung des Programmaspekts sowie der Rolle des Leiters. In der Gruppenpädagogik, so KELBER, sei der Aspekt der Analyse des Gruppenprozesses der Programmebene unter- bzw. nachgeordnet, während sie beim Sensitivity-Training "Ausgangs- und Mittelpunkt" (ebd.: 34) sei. Der gruppenpädagogische Leiter stehe sowohl "mitten in der Gruppe wie auch in beruflicher Distanz neben ihr" (ebd.: 35), während der Trainer außerhalb verbleibe. Dadurch kann Letzterer den Umgang mit Konflikten und Aggressivität zwar steuern, aber nur in einer Weise, die provozierend wirkt. Während in der Gruppenpädagogik, die sich, so KELBER, zu Unrecht dem Vorwurf der erzwungenen Harmonie stellen muss, Konflikte situationsgebunden behandelt und genutzt werden, die Teilnehmer jedoch immer der Schutzfunktion des Leiters vertrauen können, sind diese im Training offen ausgesetzt. Der Trainer schafft sogar bewusst Stresssituationen, "auch auf die Gefahr hin, daß einzelne dabei völlig verzweifeln" (ebd.: 35).

Schließlich grenzt sie beide Methoden noch von der Gruppentherapie als speziellem Therapieangebot ab. KELBER meint, dass das Sensitivity-Training oder die Selbsterfahrungsgruppe als Therapie für Normale gedacht seien. Einer Therapie die nicht mit unbewusstem Material arbeite. Genau jene Voraussetzung sieht sie jedoch oftmals als nicht gegeben an (vgl. ebd.: 37). Die Gruppenpädagogik hingegen sei so konzipiert, dass sie nicht davon ausgehe, dass alle ihre Teilnehmer therapiebedürftig seien. Ihnen fehlten oftmals "lediglich elementare Kenntnisse demokratischer Spielregeln" (ebd.: 36). Sie gelangt daher zu der Einschätzung, dass weder die Selbsterfahrungsgruppe noch das gruppendynamische Seminar einen wirkungsvollen Ersatz für die Gruppenpädagogik darstellen können.

---

[151] KELBER folgt hier – wenn auch nicht wissentlich – der Ansicht Grace COYLES. Siehe dazu Kapitel 1.3.4.

KELBERS eindringlicher Appell stieß in der Folge nur auf wenig Resonanz. Vielmehr verstärkte sich die Rezeption der Gruppendynamik weiter. Sie verlief laut MÜLLER parallel zur Zunahme des rationalisierten und anonymisierten Massenbetriebs an den Hochschulen (vgl. 1992: 172). Dies ist nachvollziehbar, da gerade die Trainingsgruppe[152] es ermöglichen sollte, aus der Anonymität der Masse der Studierenden und Mitarbeiter aufzutauchen und so sich selbst und seine Bedürfnisse eindeutiger wahrzunehmen.

Der zweite Ansatz, die nicht-direktive Beratung nach Carl ROGERS[153] (vgl. dazu GEIßLER/HEGE 1999: 70-80), ist ein Konzept im Rahmen der Humanistischen Psychologie[154]. Der Zugang zur subjektiven Erfahrung des Klienten soll durch eine gewährende und akzeptierende Haltung des Beraters hergestellt werden, die in der Folge die Selbsterfahrung des Klienten befördert (vgl. ebd.: 74).

"Die nicht-direktive Beratung basiert auf der Voraussetzung, daß der Klient das Recht hat, seine Lebensziele selbst zu wählen, selbst wenn diese im Gegensatz zu den Zielen stehen, die der Berater für ihn ausgewählt hätte [...] Der nicht-direktive Standpunkt legt großen Wert auf das Recht jedes Individuums, psychisch unabhängig zu bleiben und seine psychische Integrität zu erhalten. Der direktive Standpunkt legt großen Wert auf soziale Übereinstimmung und das Recht des Fähigeren, den Unfähigeren zu lenken" (Carl ROGERS 1972 zit. n.: GEIßLER/HEGE 1999: 75).

---

[152] MÜLLER beschreibt deren Zweck wie folgt: "In einer Trainingsgruppe werden Menschen veranlaßt, miteinander zu agieren, sie werden danach (später auch gleichzeitig) veranlaßt, ihre Meinungen über ihr eigenes Handeln und ihre Reaktionen auf das Handeln anderer auszutauschen" (1992: 171). Dieser Austausch soll wiederum die Fähigkeit zur Selbsterkenntnis und daraus resultierend die Möglichkeit zur Veränderung bzw. Regulation eigenen Verhaltens eröffnen.

[153] Interessant anzumerken ist, dass es sich bei ROGERS um einen Schüler DEWEYS und KILPATRICKS handelt (vgl. SUHR 1994: 50). Im Vergleich zu seinen Lehrern handelt es sich bei ROGERS' Theorie jedoch nicht um einen genuin pädagogischen Ansatz. SUTER (1986: 70) stellt dazu fest: "Rogers' Aussagen zur Erziehung sind also immer auf dem Hintergrund seines therapeutischen Ansatzes und als dessen Implikationen zu sehen. Da es sich nicht um eine genuin pädagogischen Ansatz handelt, muss bei Lücken auf den pädagogischen Gehalt der psychologischen Theorie rekurriert werden."

[154] MÜLLER versteht darunter kein kohärentes Paradigma, sondern vielmehr "ein recht allgemeines Etikett für sehr unterschiedliche psychologische Richtungen, die sich in den 60er Jahren in den USA zusammengeschlossen haben. Unter ihnen sind sowohl existenzphilosophische und fernöstliche als auch psychoanalytische und gestaltpsychologische Traditionen vertreten" (1992: 245). Eine differenzierte Darstellung findet sich in SCHÜTZ (1989: 74-95).

Die Forderung nach sozialer Funktionalität wird zugunsten einer individualistischen, vom sozialen Zusammenhang unabhängigen Integrität aufgegeben. Um diesem Anspruch gerecht werden zu können, sind es drei Haltungen, die ein Berater zur Strukturierung der Beratungssituation braucht: Akzeptanz, Echtheit und Selbstkongruenz (vgl. ebd.: 78). Diese Begriffe, die hier in der wiedergegebenen Kürze verbleiben sollen, beschreiben anschaulich den Kontrast zu den angeblichen gesellschaftlichen Widrigkeiten und fügen sich daher in besonderem Maße in den Trend der Zeit ein.

Durch die Rezeption dieser Konzepte, die, folgt man der Darstellung SCHMIDT-GRUNERTS im Rahmen der Fachhochschulausbildung ausgiebig angewendet und gelehrt wurden, wurde das Studium zu einer Art "Ersatztherapie" (vgl. 1997: 36f.). Die Soziale Arbeit folgte damit einer allgemeingesellschaftlichen Tendenz, die man analog zum britischen Soziologen Nikolas ROSE als eine umfassende "'Psychologisierung' menschlicher Beziehungen in der westlichen Welt" (LARCHER /TRÖHLER 2002: 99) bezeichnen könnte.[155]

ROSE rekonstruiert in seinem Aufsatz *Power and subjectivity: Critical history and psychology* (1996) die Entstehung der Psychologie als wissenschaftlicher Disziplin und die daraus hervorgehenden Folgen. Für ihn ist diese Entwicklung ein stetiges Fortschreiten, ein "Siegeszug" (LARCHER/TRÖHLER 2002: 99), der in allen liberalen Demokratien des Westens stattgefunden hat.

Im Anschluss an Kurt DANZIGER (1980) fasst er wissenschaftliches Wissen als Konstruktion auf, das im Fall der Psychologie, "constitutes its object in the process of knowing it" (ROSE 1996: 107f.). Interessant ist dabei die Frage nach den Besonderheiten der Konstruktion psychologischen Wissens.

---

[155] Die folgenden Erkenntnisse ROSES sind nicht vollkommen neu. Bereits 1951 warnte Christa von SCHENCK, Mitarbeiterin von "Haus Schwalbach" vor der Gefahr des Psychologismus: Ausgehend von der Beobachtung, dass die meisten erwachsenen Menschen für psychologische Themen aufgeschlossen sind, stellt sie warnend fest: "Die Psychologie vermag zu klären und zu raten, sie ist ein gutes Mittel und Rüstzeug, aber sie ist nicht mehr. Es ist gefährlich die Psychologie zu einem Ersatz der Theologie, der Metaphysik oder der Religion zu machen. Damit hat man ihre Möglichkeiten überschritten. Vor jedem Psychologismus ist zu warnen." (1951: 11f.) Wie im Folgenden zu sehen ist, waren diese Äußerungen von SCHENCKS zwar von großer Einsicht geprägt, jedoch wurde ihre Warnung nur wenig beherzigt.

Analog zu Michel FOUCAULT lässt sich für ROSE Wahrheit als ein Produkt von Macht und Konstruktion begreifen. "Truth that is to say, is always enthroned by acts of violence." (ebd.: 109) Es geht ihm darum, die unterschiedlichen Instanzen der Wahrheitsbildung zu analysieren und einzuordnen. Die Übersetzung der gewonnenen Erkenntnisse in allgemein anerkannte Systeme und Codes ist hierfür entscheidend. Hinzu kommen nach ROSE vor allem die eigentlich als Hilfsmittel gedachten Werkzeuge von Statistik und Experiment, die der Entwicklung der Psychologie als eigenständiger Disziplin genutzt haben. "The two truth techniques that were preeminent here were 'statistics' and 'the experiment'." (ebd.: 111) War die Statistik anfänglich noch eine "condensation of the empirical", so erhielten ihre Gesetze in den 1920-Jahren "an autonomous existence which was merely accessed by statistical devices" (ebd.: 112). Ähnliches galt für andere Sozialwissenschaften, die sich die Errungenschaften der Psychologie zunutze machten und damit sowohl ihre Form der Wahrheit als auch ihre Wissenschaftlichkeit zu rechtfertigen versuchten – und zwar gegenüber Praktikern, Politikern und anderen Akademikern, um so die eigene Position gegen Kritik zu immunisieren. "Statistical norms and values become incorporated within the very texture of conceptions of psychological reality." (ebd.: 112)

Eine ähnliche Bedeutung erlangte das Experiment. Die experimentelle Methode stellte einerseits Modelle zur Herstellung und Bewertung von Gewissheit zur Verfügung und eröffnete andererseits, durch die Trennung von Forscher und zu erforschendem Subjekt, gleichwohl die Möglichkeit, eine stabile Generalisierung messbarer Daten zu erreichen. Das Subjekt wurde dabei auf die Rolle des Datenlieferanten für standardisierte Vergleiche reduziert und festgelegt.

"As the form of the psychological experiment became institutionalized and policed by the emerging disciplinary apparatus, the social characteristics of the experimental situation were naturalized. The norms of the experimental program had, as it were, merged with the psychological subject itself; in the process the object of psychology was itself disciplined." (ebd.: 113)

Statistik und Experiment, gedacht als Maßnahmen zur Etablierung der Psychologie, erreichten die Vermischung der eigentlichen Hilfsmittel mit dem Gegenstand der Disziplin, dem psychologischen Subjekt.

Diese Vermischung führte wiederum zu einer Psychologisierung unterschied-lichster gesellschaftlicher Bereiche und Praktiken, "in which psychology comes to infuse and even to dominate other ways forming, organizing, disseminating and implementing truths about persons" (ebd.: 113). Aufgrund des fehlenden kohärenten Paradigmas in der Psychologie ("psychology's celebrated 'nonparadigmatic' character"; ebd.: 113) handelte es sich bei dieser Psychologi-sierung nicht um eine Totalisierung von Anschauungen, sondern vielmehr um eine "durchgängige Tendenz zur psychologischen Problematisierung von Praxis-feldern" (LARCHER/TRÖHLER 2002: 100).

Wiederum in Anlehnung an FOUCAULT konstatiert ROSE einen durch diesen Vorgang ausgelösten Wandel der Praxisfelder: "Psychological ways of seeing, thinking, calculating, and acting have a particular potency because of the *trans-formations* that they effect upon such problem spaces." (ROSE 1996: 115, Herv. i. O.)

Potentielle Handlungs- und Reflexionsmöglichkeiten werden dadurch allein auf den psychologischen Blickwinkel begrenzt. Am Beispiel, das ROSE nennt, wird nun erstmals der Bezug zur hier vorliegenden Arbeit explizit. Seiner Meinung nach zeigt die Transformation des *social work*, ebenso wie die Einführung von personenzentrierten Zugängen in der Medizin, eindeutig die psychologische Ra-tionalisierung der Praxis. Diese wird auf wenige, ausschließlich mit der Person des Klienten/Patienten zusammenhängende Aufgabenbereiche reduziert (vgl. ebd.: 115).

Die Macht der Psychologie resultierte aus ihrer Fähigkeit, die aus institutionel-len Projekten hervorgegangenen Prozesse menschlicher Individualität und Diffe-renz zu fassen und vereinfachend zu organisieren. Diese Vereinfachung bedingte jedoch eine fundamentale Veränderung derselben.

Psychologie ist, so gedacht, nicht nur eine Art des Denkens, sondern vielmehr eine spezifische Lebensform, in deren Mittelpunkt die "Person" bzw. die "Per-sönlichkeit" steht. Die Psychologisierung der Politik, oder genauer des Denkens darüber, führte im Laufe des 20. Jahrhunderts zu einer neuen Form sozialer Au-torität, die geprägt war durch ein spezifisches Denken über die jeweiligen Ob-jekte. "From the 'macro' […] to the 'micro' […], the administration of persons has taken psychological coloration" (ebd.: 116).

Die so produzierten "new social authorities" (ebd:117), angesiedelt in Schule, Arbeit, Psychiatrie, Gefängnissen und Gerichten, bezogen ihre Macht und ihren Status durch ihre "possession of psychological truths and their mastery of psychological techniques" (ebd.: 117). Durch diese Einflüsse hat sich insbesondere auch die Ethik verändert.

Die Vorstellung, was unter einer "Person" zu verstehen ist, wurde immens erweitert, sodass dadurch erweiterte Interventionsmöglichkeiten im Namen der Subjektivität geschaffen wurden. Unterschiedliche Subjekttypen, wie das motivierte, das soziale, das kognitive oder das psychodynamische Subjekt konnten identifiziert und für Interventionen vorbereitet werden.

"But the condition of possibility for each version of the contemporary subject is the birth of the person as a psychological self, the opening of the world of objectivity located in an internal 'moral' order between physiology and conduct, an interior space with its own laws and processes that is a possible domain for a positive knowledge and a rational technique." (ebd.: 119)

Das Subjekt als Kern der "Person" wird dabei auf die psychologisch definierte "Persönlichkeit" reduziert und so für weitere psychologische Interventionen vorbereitet.

Andererseits war die Psychologie eng mit dem ethischen Repertoire der Individuen verknüpft und hat dieses beeinflusst. Dies analysiert ROSE anhand dreier miteinander verbundener Achsen, die in den kulturellen Transformationskontext des Zivilisationsprozesses der westlichen Demokratien eingebunden sind.

Die erste Achse betrifft die "moral codes". Laut ROSE hat sich in den letzten fünfzig Jahren des 20. Jahrhunderts, insbesondere aber seit den 80er Jahren die "Sprache des Selbst" zunehmend mit Begriffen wie Freiheit, Autonomie, Selbsterfüllung und Wahlmöglichkeiten angereichert. Das moderne Subjekt wurde von da an mit einem Projekt der Identität und einem säkularen Lebensstil verbunden. Dieser erkannte die Möglichkeiten des Lebens dann als bedeutsam an, wenn sie als Resultat einer eigenständigen Entscheidung angesehen werden konnten. ROSE sieht die Psychologie nicht als Urheber dieser Entwicklung, wehrt sich jedoch gegen die Auffassung, dass psychologische Werte lediglich Symptom einer tiefgreifenderen kulturellen Transformation seien. LARCHER /TRÖHLER fassen seine Sicht wie folgt zusammen: "Psychologie ist gleichzeitig Indikator wie auch Katalysator dieses Prozesses, den auszuloten eine kritische Geschichte der Psychologie anstrebt." (2002: 100)

Im Zentrum seiner Analyse stehen die "languages" der Diskurse über die Person und deren Verhalten; das ethische Gebiet, das sie abstecken; die wesentlichen ethischen Merkmale die sie Personen zuordnen; die Beurteilungssysteme von Personen; die zu umgehenden Fallen und die Ziele, die sie verfolgen. So kann aufgezeichnet werden, wie psychologische Normen und Werte die Art und Weise beeinflusst haben, wie über die vielfältigsten Arten von Beziehungen zu denken sei. "Within this psychologized version of freedom, persons are enjoined to 'work' on themselves – in their relations with their children, their colleagues, their lovers, themselves – in order to 'improve their life-style,' 'maximize their quality of life', release their potential, become free." (ROSE 1996: 120) Das Selbst wurde dadurch von einem Bild ("image") zu einem eigenständigen Projekt, an dem es kontinuierlich zu arbeiten gilt.

Die zweite Achse der Untersuchung betrifft diejenigen ethischen Szenarien, in denen den Menschen die moralischen Codes aufgedrängt werden und die therapeutische Aufmerksamkeit auf diejenigen gerichtet ist, die unter der Differenz zwischen ihren eigenen Erfahrungen und den vorgegebenen Bildern von Individualität und Freiheit zu leiden haben.

"Psychological images and vocabularies have infused all those practices where individual conduct is a matter of concern for others, in the school and the courts, in the visit of the social worker, in the doctor's surgery, in the ward group of the psychiatric hospital, in the interview with the personnel officer." (ebd.: 120)

Während der letzten Jahrzehnte hätten sich zahlreiche neue Kontexte ergeben, in denen Individuen ihr Leben selbst anhand psychologischer Begrifflichkeiten problematisiert hätten, um daraus positive Effekte für ihr Handeln und ihre Beziehungen ableiten zu können. Als Beispiele nennt ROSE "the analyst's consulting room, the therapeutic group, the counseling session, the marriage guidance encounter, the radio phone-in" (ebd.: 120). Therapieangebote unterschiedlichster Couleur reagierten auf die verschiedenen Ansprüche, die die Psychologie durch die Durchsetzung der moralischen Codes erzeugt hätte: "the management of life has become, potentially, a kind of therapy" (ebd.: 120).

Die dritte Achse betrifft das, was ROSE, wiederum in Anlehnung an FOUCAULT, als "techniques of the self" (ebd.: 121) nennt. Gegenstand ist dabei die Analyse von psychologisch motivierten Prozeduren, mit denen sich Individuen, analog zu den vorgegebenen Techniken der psychologischen Experten, auf ihren Körper, ihre Gefühle und ihr Verhalten beziehen. Das Selbst wird hierbei verstanden als interdependentes Konstrukt von "[...] self-reflexion, self-knowledge, self-examination", "modes of self-inspection, vocabularies for the self-description, ways of rendering the self into thought" (ebd.: 121). Durch diese Techniken sei es möglich, Zugang zu unterschiedlichen Aspekten des Selbst zu erlangen. Die Möglichkeit, sich selbst neu zu entdecken, wirke nicht nur in psychologischen Beratungssituationen, sondern in Bezug auf jegliche Art zwischenmenschlicher Kontakte.

"They involve education of the subject in the *languages for evaluating the self*, diagnosing its ills, calibrating its failings and its advances. And they involve *techniques for the curing of the self*, through the purgative effects of catharsis, the liberating effect of understanding, the restructuring effect of interpretation, the retraining of thoughts and emotions." (ebd.: 121)

Betrachtet man die oben dargelegten Vorgänge der Ausweitung therapeutischer Konzepte vor dem Hintergrund der Ausführungen von Nikolas ROSE, so erscheinen diese nur als eine logische Konsequenz des soeben Geschilderten. Dass es sich dabei um einen transnationalen Prozess handelt und die Entwicklung nicht ausschließlich der spezifisch deutschen Situation geschuldet ist, zeigt der Blick auf die Entwicklung der amerikanischen Gruppenarbeit in den 60er- und 70er-Jahren[156]:

Bereits 1965 bzw. 1970 erschienen dort die *Explorations in Group Work – Essays in Theory and Practice* und darauf aufbauend die *Further Explorations in Group Work*, beide herausgegeben von Saul BERNSTEIN und Louis LOWY. Beide Werke wurden ins Deutsche übersetzt (1969/1975) und als *Untersuchungen zur Sozialen Gruppenarbeit* bzw. *Neue Untersuchungen zur Sozialen Gruppenarbeit* im Lambertus Verlag in Freiburg veröffentlicht.

---

[156] Für das Ende der 70er Jahre, genauer das Jahr 1979, konstatiert ANDREWS-SCHENK (2003: 26-29) eine stattfindende, wenn auch noch partielle Umorientierung. Sie verweist darauf, dass selbst Gisela KONOPKA zu diesem Zeitpunkt die 1955 begonnene Allianz mit der Sozialarbeit als zunehmend schädlich empfand. Die Dominanz des klinisch orientierten Casework-Ansatzes hatte eine gravierende Veränderung der Gruppenarbeit zur Folge. In der Ausbildung wurde die Soziale Gruppenarbeit immer mehr durch den methodenintegrierten ("generic") Ansatz verdrängt (vgl. KALCHER 1999). 1979 wurde mit der Gründung der Association for the Advancement of Social Work with Groups (AASWG) ein erster Schritt in Richtung einer Revitalisierung unternommen. Diese hat sich, so ANDREWS-SCHENK zwar noch nicht auf breiter Front durchgesetzt, jedoch hat die ursprüngliche "Groupworkideologie die Zeiten gut überstanden, weil sie deutlich in den Realitäten menschlichen Lebens und der conditio humana verwurzelt ist." (ebd.: 28)

Entgegen der Situation in Deutschland zeigen beide Werke den Versuch, Theorie und Praxis zusammenzuführen. Allerdings wird vor allem im zweiten Band deutlich, dass sich der Fokus des Interesses verschoben hat. Sind im ersten Band noch sozialwissenschaftlich geprägte Entwicklungsmodelle und Entscheidungsprozesse Gegenstand des Interesses, so werden diese im zweiten Band vornehmlich in Bezug auf den Terminus "Behandlung" angewendet. Diese erfolgt immer unter dem Aspekt der Therapie von abweichendem Verhalten, gleich welcher Art. Genannt werden auffällige Kinder, behinderte Kinder sowie psychisch Kranke (vgl. BERNSTEIN/LOWY 1975: 111-246).[157]

Ebenso sieht Robert D. VINTER (*Beiträge zur Praxis Sozialer Gruppenarbeit*, 1971; im Original: *Readings in Group Work Practice*, 1967) Gruppenarbeit als ein Mittel der Behandlung von abweichendem Verhalten. Defizite bei der Ausübung sozialer Rollen sollen durch die Teilnahme an Sozialer Gruppenarbeit beseitigt bzw. verringert werden.

Helen NORTHERN legt den Schwerpunkt ihrer Ausführungen auf die Herstellung sozialer Funktionsfähigkeit, wobei die Gruppe jedoch lediglich als Medium der Problemlösung fungiert (*Soziale Arbeit mit Gruppen*, 1973; im Original: *Social Work with Groups*, 1969).

Festzuhalten ist hierzu also, dass eine eindeutige Orientierung am (kranken) Individuum besteht, bei der die Gruppe – sprich die Gruppenarbeit – lediglich als Mittel der Behandlung Verwendung findet. Im Mittelpunkt steht demgegenüber die Differenz zwischen Anspruch, gesellschaftlicher bzw. persönlicher Art und der konkreten Situation.

Die durch die Transformation der Sozialarbeit erreichte Marginalisierung sowie die daraus resultierende Desorientierung und Zerrissenheit der Gruppenpädagogik in Deutschland lassen sich deutlich belegen. Der Verein "Haus Schwalbach" veranstaltete im Oktober 1980 eine Tagung mit dem Ziel einer Bestandsaufnahme der Situation der Gruppenpädagogik. Ausgehend von der Einschätzung, dass

---

[157] HÖRMANN stellt dazu fest: "Da deviante Episoden überall unterstellt werden, nimmt ihre verstärkte Wahrnehmung zu und folglich die Vielzahl angebotener Interventionen." (1988: 442) In seinem Artikel über Intervention im frühen Lebensalter führt er weiter kritisch aus: "Wo der Konformismus zur Normalbedingung des Mitmenschen geworden ist, avanciert die auffällige Menge von Kindern und Jugendlichen zur behandlungsbedürftigen Wachstumsbranche. Mit der diffusen Rede von Auffälligkeiten, welche keine Annahme über eine Ätiologie oder Pathogenese präjudiziert, ergeben sich für Medizin, Psychiatrie, Psychologie, Sonder-, Heil- und Sozialpädagogik, Justiz und Verwaltung ständig neue, bislang ungeahnte Interventionsmöglichkeiten und Verwissenschaftlichungsschübe." (ebd.: 443)

die "stürmische Aufbruchsphase der oft als Konkurrenz zur Gruppenpädagogik erlebten Bewegungen in Gruppendynamik und Gruppentherapie" (LÜCK 1980:130) ihrem Ende entgegenzugehen scheint, sollte der Standort der Gruppenpädagogik neu bestimmt werden. Diskussionsgrundlage war u. a. ein Thesenpapier Jürgen OELKERS, das unter dem Titel *Plädoyer für die Gruppenpädagogik* in den *Schwalbacher Blättern* veröffentlicht wurde (1980: 134-138). OELKERS bezieht darin deutlich Stellung für ein erzieherisches Verständnis der Gruppenpädagogik, und zwar in deutlicher Abgrenzung zu therapeutisch argumentierenden Ansätzen, denen er bisweilen mangelnde Praktikabilität vorhält. "Erziehung" und "Therapie", so OELKERS sind grundlegend verschieden, also sind auch Gruppenpädagogik und Gruppentherapie deutlich zu scheiden (vgl. 1980: 134).

Die Eigenständigkeit der Gruppenpädagogik, die er als Extension und Ergänzung des klassischen Ich-Du-Modells der Pädagogik versteht, lässt sich anhand dreier Merkmale feststellen: Gruppe als Gemeinschaft, demokratische Partnerschaft und Regelhaftigkeit (vgl. ebd.: 135). Diese allgemeine Charakterisierung bedingt, dass Gruppenpädagogik in *allen* pädagogischen Feldern, also nicht nur beschränkt auf die Sozialpädagogik, Anwendung finden kann.

Gruppenarbeit fokussiert im Gegensatz zur Therapie nicht die Vergangenheit, sondern ist eindeutig auf zukünftiges Verhalten gerichtet. Der entscheidende Vorteil zum therapeutischen Arbeiten mit Gruppen ist dabei, dass die Gruppe an sich nicht zum Gegenstand der Reflexion gemacht wird, sondern vielmehr dem Einzelnen einen stabilen, wenn auch nicht konfliktfreien Interaktionsrahmen zur Verfügung stellt (vgl. ebd.: 137). Insgesamt geht es der Gruppenpädagogik um die "Verbesserung der Kompetenz" (ebd.), sie dient der "Bildung, also [der] fortschreitenden Verbesserung in sachlicher und mitmenschlicher Hinsicht" (ebd.: 138).

OELKERS Thesen wurden im Laufe der Tagung ausgiebig und mitunter kritisch diskutiert (vgl. LÜCK 1980: 131ff.). Als Reaktion auf die Thesen OELKERS erschien in derselben Ausgabe der *Schwalbacher Blätter* eine Replik von Hans GOLDBRUNNER, einem der Vorstandsmitglieder des Vereins "Haus Schwalbach". GOLDBRUNNER gesteht OELKERS zwar zu, dass die von ihm betriebene Rückbesinnung auf die erziehungswissenschaftlichen Grundlagen die Gruppenpädagogik aus ihrem "Schattendasein" (GOLDBRUNNER 1980: 139) herausholt.

Inhaltlich jedoch widerspricht GOLDBRUNNER vor allem in Bezug auf eine mögliche Abgrenzung zwischen Erziehung und Therapie. Beide Bereiche, so GOLDBRUNNER, ließen sich weder praktisch noch theoretisch klar trennen (vgl. ebd.: 139) Ohne dies näher zu belegen, konstatiert er, dass es in der Praxis genügend Überschneidungen zwischen den beiden Bereichen gäbe und der Gruppenpädagogik eine Vermittlerposition zwischen Erziehung und Therapie zukäme (vgl. ebd.: 140). Nur eine funktionale Betrachtung therapeutischer und pädagogischer Arbeit erlaube eine eindeutige Abgrenzung, die sich angesichts des personalen Faktors in beiden Handlungsformen nicht aufrechterhalten ließe (vgl. ebd.: 141f.).

Ein weiteres starkes Argument gegen die Sichtweise OELKERS' glaubt GOLDBRUNNER in dessen Benutzung des Begriffs "Gruppenpädagogik" zu finden (vgl. ebd.: 142f.). Die Abkehr von dem im deutschen Sprachgebrauch auch verwendeten Begriff der sozialen Gruppenarbeit sieht er als Versuch an, den nicht immer pädagogischen Charakter der Methode in Vergessenheit zu bringen. Berücksichtigt man die unter 1.3ff. dargelegte Entwicklung der Methode, so erscheint hier zum wiederholten Mal die begriffliche Engführung und Unkenntnis der deutschen Rezeption.

OELKERS Ansatz wird somit als dem Modell der Sozialen Aktion zugehörig eingeordnet, das, so GOLDBRUNNER, aus den Anfangszeiten der Methode stamme und quasi als Notlösung in Ermangelung besserer, therapeutischer Verfahren praktiziert worden sei (vgl. ebd.: 144). Sein Verständnis der Sozialen Gruppenarbeit/Gruppenpädagogik erscheint deutlich orientiert an den Vorstellungen Gisela KONOPKAS (vgl. dazu 3.3). Berücksichtigt man GOLDBRUNNERS lange Zugehörigkeit und exponierte Stellung im Verein "Haus Schwalbach" (vgl. dazu FREY 2003: 53), so zeigt sich selbst die "Wiege der deutschen Gruppenpädagogik" als eindeutig vom gesellschaftlichen Trend der Psychologisierung erfasst.[158] Oder wie es Anna BEYER 1983 ausdrückt: "Eine Brücke zwischen den verschiedenen Vorstellungen von früher und heute zu finden, war oft recht schwierig." (1983: 86)

---

[158] Einen weiteren Hinweis auf den Einfluss therapeutischen Denkens auf die Arbeit von "Haus Schwalbach" zeigt sich bei der Durchsicht der Liste der Vereinsmitglieder, die am 18.10.1985 die endgültige Auflösung des Vereins beschlossen haben. Lisel WERNINGER (vgl. dazu Kapitel 3.2.2) war seit 1969 Vereinsmitglied (vgl. dazu FREY 2003: 53; 205) und als solches an der entscheidenden Sitzung beteiligt. Als Leiterin der dezentralen sozialen Gruppenarbeit in Hamburg vertrat sie schon früh ein dezidiert therapeutisches Verständnis der Gruppenarbeit.

So verwundert es auch nicht, dass die einzige eigenständige Arbeit zur Sozialen Gruppenarbeit, die in den 80er-Jahren in Deutschland erschienen ist, eine sehr spezifische Intention hat.[159] Henning IMKER (1984) versucht, in seiner Dissertation über die *Grundlagen einer Technologischen Theorie der Sozialen Gruppenarbeit* (1984) eine wissenschaftlich haltbare und relevante Theorie der Sozialen Gruppenarbeit zu entwickeln. Er stellt einleitend fest, dass in der Entwicklung der Sozialen Gruppenarbeit seit Längerem "eine Stagnation hinsichtlich ihrer theoretischen und methodologischen Grundlagen" (ebd.: 9) zu beobachten ist und geht davon aus, dass sich mit seiner im Anschluss an ALISCH und RÖSS-NER[160] entwickelten Konzeption einer Technologischen Theorie "eine Reihe von Problemen der Sozialen Gruppenarbeit adäquat lösen lassen." (ebd.)
Er untersucht in der Folge unterschiedliche Modelle Sozialer Gruppenarbeit hinsichtlich ihrer technologischen Brauchbarkeit (vgl. ebd.: 16-65). Dem Modell der sozialen Ziele, das er typischerweise bei COYLE, WILSON/RYLAND und KEL-BER vertreten sieht, attestiert er neben inkonsistenten inhärenten Grundlagen, vor allem "ein erhebliches Defizit an technologisch verwertbaren Aussagen" (ebd.: 18f.). Eine befriedigende Grundlage für die Konstruktion einer Technologischen Theorie bietet, so IMKER, lediglich das Modell der therapeutischen Hilfe: "Das Modell der therapeutischen Hilfe kann, in Kombination mit verhaltenstheoretischen Modellen, als theoretisch relativ gut fundiert und technologisch elaboriert bezeichnet werden" (ebd.: 60).

Sein Versuch, die Grundlagen einer technologischen Theorie der Sozialen Gruppenarbeit zu konstruieren, baut folgerichtig auf dem Modell der therapeutischen Hilfe auf. Neben den Aspekten einer Technologischen Theorie integriert er weiterhin Elemente aus der Spieltheorie, die er hinsichtlich der Lösung von interpersonalen Entscheidungskonflikten anwendet (vgl. ebd.: 109-225). Die genaue Rekonstruktion seiner Überlegungen ist hier nicht weiter von Interesse. Lediglich sein durchaus optimistisches Fazit sei hier angeführt:

---

[159] SCHÜTZ' *Gruppenforschung und Gruppenarbeit* (1989) wird hier bewusst ausgeklammert. Der als Vorstudie zu einer Dissertation über Gruppenarbeitsmethoden in der Kirche geschriebene Band hat lediglich zusammenfassenden Charakter und klammert den Bereich der Sozialen Gruppenarbeit weitestgehend aus.

[160] THOLE/GALUSKE/GÄNGLER stellen Lutz RÖSSNER in ihre Reihe der Klassiker der Sozialen Arbeit (vgl. 1998: 335ff.). RÖSSNER war als Vertreter eines Kritischen Rationalismus (vgl. KRÜGER 1999) interessiert an der Theoriebildung der Sozialarbeit, im Sinne einer Sozialarbeitswissenschaft. Zugleich war er Betreuer der hier betrachteten Arbeit.

"U. E. bieten die in dieser Arbeit aufgezeigten Wege der Konstruktion einer technologischen Theorie der Sozialen Gruppenarbeit eine wesentlich verbesserte Grundlage für die rational fundierte Beeinflussung des Verhaltens von Individuen in Gruppensituationen und damit für eine effektive Gruppenarbeit." (ebd.: 225)

Berücksichtigt man die Wahl seiner Begrifflichkeit, so erscheint sein Werk ganz in der Tradition des ab den 70er-Jahren unternommenen Versuchs der Beseitigung des Technologiedefizits der Erziehung (vgl. dazu GALUSKE 1999: 49ff.).
Die Arbeit IMKERS steht damit paradigmatisch für die Entwicklung der Gruppenpädagogik und der Sozialen Gruppenarbeit in Deutschland in den 70er- und 80er-Jahren des 20. Jahrhunderts: Sie stellt den systematischen Versuch dar, das ursprüngliche Kernanliegen der Vermittlung und Einübung demokratischer Handlungsweisen auszugrenzen, um die Methode unter technischen Aspekten und dem Primat therapeutischer (Pseudo-)Rationalität verwertbar zu gestalten. Der Zusammenhang zwischen der Methode und der zugrunde liegenden Philosophie wird hier – fest in der deutschen Tradition stehend – komplett negiert. Stattdessen werden die ursprünglich zentralen Anliegen unter dem Argument der Nichtwissenschaftlichkeit der Irrationalität anheim gestellt.

Zusammenfassend lässt sich daher festhalten: Die verstärkte Hinwendung der Sozialarbeit zu therapeutischen bzw. psychologisch untermauerten Hilfen lässt sich in Anlehnung an die Argumentation ROSES, als Folge der Psychologisierung unterschiedlichster Lebensbereiche fassen.
Die sozial- und erziehungswissenschaftliche Kritik an der Sozialen Gruppenarbeit war also angemesssen, insofern sie sich zu einer vornehmlich therapeutischen Hilfe entwickelt hat. Die Vernachlässigung demokratischer Strukturen und Handlungsweisen, die den zweiten Teil der Kritik darstellte, ist, bedenkt man den auf die Entwicklung des Individuums abzielenden Charakter der Psychologisierung, eine logische Konsequenz derselben.
Hatte die Studentenbewegung und mit ihr die damalige Wissenschaft dies auch richtig erkannt, so scheint sie doch in diesem System der Psychologisierung ge-

fangen zu sein.[161] Anstatt konkrete Veränderungsvorschläge zu unterbreiten, erfolgte getreu den von ROSE dargelegten Vorgängen ein Rückzug auf das eigene Selbst, mit der Option, dieses zu entwickeln (Stichwort: Therapie-Boom; vgl. dazu MÜLLER 1992: 175ff.).

Für die Praxis der Sozialarbeit gilt ähnliches: die Orientierung am Individuum wurde, aufgrund fehlender Alternativen (Methodenlehre war aus der Ausbildung entfernt bzw. diskreditiert) zur obersten Handlungsmaxime, während die Gruppe, einstmals Ziel und Mittel des Handelns, zum Vehikel der Beförderung von Einzelinteressen herabgestuft wurde. Die Ausrichtung sozialarbeiterischen/sozialpädagogischen Handelns erfolgte von da an entlang des klinisch-kurativen Paradigmas (vgl. *8. Jugendbericht*: 170).

Die Soziale Gruppenarbeit, deren therapeutische Ausrichtung mit ROSE unter dem Aspekt der Transformation der Sozialarbeit zu verstehen ist, konnte dieser Entwicklung – wie gezeigt wurde – nicht entgehen, was in der Konsequenz zu ihrer Marginalisierung führte.

5   Resümée

Die bis hierher beschriebenen historischen Entwicklungen und Prozesse lassen sich im Rückblick wie folgt zusammenfassen und bewerten:

Im liberal-demokratischen Klima der Vereinigten Staaten entstand zu Beginn des 20. Jahrhunderts eine soziale und pädagogische Reformbewegung, die aufgrund philosophischer Einsichten Gesellschaft neu zu denken versuchte.

Die pragmatistische Erziehungstheorie John DEWEYS (II/1.1.1), die Erziehung als das entscheidende Werkzeug zur Realisierung einer demokratischen Gesellschaft versteht, entwirft die Vorstellung einer Pädagogik, die insoweit sozialpädagogisch ist, als sie eine "Pädagogik des Sozialen" beschreibt. Das Soziale als Kern der Gesellschaft wird realisiert durch Kommunikation und wechselseitigen Austausch. Dieses zu fördern und zu ermöglichen ist Aufgabe der Erziehung – einer Erziehung die verstanden wird als Realisierung von Wachstum zur Wahrnehmung der eigenen Interessen und schließlich in die Formierung einer Öffentlichkeit mündet. DEWEYS Erziehungstheorie findet ihre Entsprechung und Bestä-

---

[161] Auf eine Kritik der politisch-ideologisch motivierten Unstimmigkeiten wird hier verzichtet, es sei jedoch darauf verwiesen, dass die politische Linke, mit der breiten Rezeption der Kritischen Theorie, ebenfalls ein "Opfer" der Psychologisierung geworden zu sein scheint (vgl. dazu auch Abschnitt 3.4).

tigung im sozialpsychologischen Ansatz George Herbert MEADS (II/1.2.2), der durch sein Konzept der sozialen Identitätsbildung eine positiv-konstruktive Einbeziehung der Gruppendimension verwirklicht. Den Boden für eine solche Entwicklung hatte bereits Charles Horton COOLEY (II/1.1.3) mit der Einführung des Primärgruppenkonzepts bereitet.

Der Ausgangspunkt aller gesellschaftlichen Aktivität liegt dabei in der kleinen überschaubaren Gemeinschaft, dem Gemeinwesen, der *community*.

Die *community* als Zentrum sozialer Aktivität wird unabhängig von sozialen Grenzen und Barrieren zum Mittelpunkt des gemeinsamen Handelns, eines Handeln auf der Grundlage der Orientierung an der kleinen Gruppe, die zugleich Mittel und Ziel der Aktivität repräsentiert. Individuum und Gesellschaft lassen sich dabei nicht als separate Entitäten begreifen, sondern bedingen und durchdringen sich gegenseitig.

Aus den unter II/1.2 beschriebenen Beispielen sozialarbeiterischer Tätigkeit erfolgte die Etablierung des *group work*, als einem praxisorientierten Ansatz der Erziehungsarbeit.

Die Vorstellungen DEWEYS und LINDEMANS (II/1.1.4) verinnerlicht, verfolgte diese Art von Gruppenarbeit eindeutig erzieherische Absichten. Erst mit der Integration des *group work* ins Feld der Sozialarbeit, erfolgte eine schrittweise und partielle Umorientierung. Gemäß dem Auftrag und Anspruch der Sozialarbeit wurde die Methode weiterentwickelt und verändert. Die bis dato lineare Entwicklung erhielt eine Wendung und neue Konturen (vgl. II/1.3.3). Das *group work* wurde zum *social group work*, der Sozialen Gruppenarbeit. Nach wie vor orientiert an der Vorstellung Demokratie als Lebens- und Sozialform verwirklichen zu wollen, gewann der Anspruch, "Hilfe" zu leisten, zunehmend an Bedeutung (II/1.3.4).

Unter II/2.1-2.2 wurde gezeigt, dass die Übernahme des demokratischen *social group work* in Deutschland nicht – wie später oft behauptet – an vorhandene Entwicklungen im Bereich der Arbeit mit Gruppen anschließen konnte.

Die amerikanischen Bestrebungen zur demokratischen Umerziehung der Deutschen nach dem 2. Weltkrieg brachten das *social group work* schließlich nach Deutschland (II/3.1ff.).

Dort gewann, die nun Gruppenpädagogik bzw. Soziale Gruppenarbeit genannte Methode rasch Anhänger und Befürworter, konnte sich jedoch – verglichen mit den USA – nur schwer im deutschen Kontext etablieren. Schuld daran scheint zum einen ein kritisches Verhältnis zu den USA und deren kulturellen Errungenschaften und zum anderen das fehlende Verständnis von Demokratie zu sein. Demokratie, so scheint es, blieb etwas den Deutschen Übergestülptes, eine formale Hülle, die nicht mit (sozialem) Leben erfüllt wurde. Der Grund dafür ist im mangelnden Verständnis und Interesse an den zugrunde liegenden philosophischen Ansätzen zu suchen (vgl. dazu insbesondere II/3.1.5). Weiterhin wurde am Grundsatz des Widerstreits von Individuum und Gesellschaft festgehalten, einem bis heute nicht wirklich überwundenen Gegensatz in der deutschen Geistesgeschichte. Deutlich wird dieser Zusammenhang anhand der in den 60er-Jahren entstandenen deutschsprachigen Fachliteratur (II/3.3).

Verschiedene Einrichtungen praktizierten unterschiedlich gelagerte Ansätze Sozialer Gruppenarbeit, deren vordergründiger Erfolg darin mündete, dass die Gruppenarbeit in den Methodenkanon der deutschen Sozialarbeit aufgenommen wurde (II/3.3). Aufgrund fehlender philosophischer Überzeugung wurde sie zu einem Instrument, einem Mittel zum Zweck. Anfänglicher Zweck war der Transport und die Realisierung demokratischer Werte, während in der Folge die therapeutische Orientierung am Begriff der Hilfe die Oberhand gewann. Die Konsequenz dieses Prozesses war, dass die Methode sukzessive und systematisch ihres demokratischen Kerns beraubt wurde.

Hinzu kam, dass durch die Reform der Ausbildungsstruktur, der so genannten Akademisierung der Sozialarbeit, die aus der Praxis stammenden Methoden zugunsten theoretischer Grundlagenfächer vernachlässigt bzw. verdrängt wurden (II/3.4).

Die Studentenbewegung am Ende der 60er Jahre initiierte eine Diskussion über den Zustand der Gesellschaft und deren Veränderung. Auch die Soziale Arbeit und ihre Methoden gerieten dabei auf den Prüfstand und wurden als ungenügend empfunden. Mangels wirklicher Alternativen und aufgrund politischen Scheiterns etablierte sich ein Prozess, der sich entlang des Leitbegriffs der "Therapeutisierung" beschreiben lässt (II/4). Bedingt wurde diese Orientierung an individuell helfenden Ansätzen durch eine Tendenz zur Psychologisierung, die für alle westlichen Demokratien zu konstatieren ist. Dass es sich bei dieser Hinwendung zu therapeutischen Ansätzen nicht um ein der spezifisch deutschen Situation geschuldetes Phänomen handelt, beweist der Blick auf die Entwicklung der Sozialen Gruppenarbeit in den USA. Trotz philosophischer Fundierung der Arbeit und trotz theoretischer Auseinandersetzung mit dem Gegenstand ist auch dort eine Verschiebung von staatsbürgerlich-erziehender Tätigkeit hin zu therapeutischem Wirken festzustellen.

Die therapeutisch gefärbte Orientierung am Individuum führte dazu, dass die Gruppe als soziales Gebilde zunehmend aus dem Blick geriet. Wenn überhaupt, diente die Beachtung der Gruppendimension lediglich als Vehikel der Beförderung von Einzelinteressen, was zur Folge hatte, dass die Soziale Gruppenarbeit zunehmend an Bedeutung verlor.

Diese Situation sollte sich erst mit der Einführung des Kinder- und Jugendhilfegesetzes und dem damit einhergehenden Paradigmenwechsel in der Sozialen Arbeit verändern. Mit welchem Resultat bzw. inwiefern dies gelungen ist, zeigt der folgende Teil der Arbeit.

III   Die gegenwärtige Situation der Sozialen Gruppenarbeit und ihre Position im System der Sozialen Arbeit

1   Das Kinder- und Jugendhilfegesetz (KJHG)

Das 1991 in Kraft getretene Kinder- und Jugendhilfegesetz (KJHG) stellt den rechtlichen Rahmen für die Durchführung Sozialer Gruppenarbeit dar. Dieser Begründungszusammenhang ist Gegenstand der weiteren Untersuchung. Nach einem Überblick über die Entstehungsgeschichte des Gesetzes in Kapitel 1.1 wird der inhaltliche Aufbau dargestellt (1.2). Davon ausgehend werden die für die Soziale Gruppenarbeit relevanten Einzelabschnitte dargelegt und hinsichtlich ihrer Implikationen für die Praxis untersucht (1.2.1ff.). Vorweg ist darauf hinzuweisen, dass es sich bei den folgenden Ausführungen nicht um eine generelle Kritik am KJHG und der rechtlichen Verankerung sozialpädagogischer Tätigkeit handelt. Eine solche ist unabdingbar und sinnvoll. Vielmehr sollen die im KJHG getroffenen rechtlichen Festschreibungen bezüglich ihrer Relevanz für die Methode der Sozialen Gruppenarbeit untersucht und bewertet werden.

1.1   Zur Vorgeschichte des KJHG

Eine rechtlich eigenständige Stellung der Jugendhilfe wurde erstmals im 1922 verabschiedeten und 1924 in Kraft getretenen Reichsjugendwohlfahrtsgesetz (RJWG) festgeschrieben. Kernpunkt war die Schaffung eines Erziehungsgesetzes, das die Jugendfürsorge aus dem Bereich der Armenfürsorge ausgliederte und mit der Jugendpflege zu einem genuin pädagogischen Arbeitsfeld vereinigte (vgl. HASENCLEVER 1978, zit. n. STRUCK 2002: 531).
Das RJWG behielt, abgesehen von einigen Novellierungen, in weiten Teilen zunächst auch in der Bundesrepublik Gültigkeit. Eine bereits damals beabsichtigte umfassende Reform scheiterte, sodass 1961 wiederum nur eine Novelle, das Jugendwohlfahrtsgesetz (JWG), verabschiedet wurde. Laut MÜNDER (vgl. 1996a: 323) brachte dieses Gesetz neben einer neuen Paragraphenfolge auch einige inhaltliche Neuerungen, die allerdings die Mängel und Schwächen des RJWG nicht beseitigen konnten.
Die im Anschluss vor allem in Fachkreisen anhaltende Diskussion um den Reformbedarf der Jugendhilfe und ihrer rechtlichen Grundlagen konnte erst im Jah-

re 1969 erneut die politische Ebene erreichen. Der *3. Jugendbericht* der Bundes-
regierung (1972) stellt dazu fest: "Noch in seiner jetzigen Fassung ist das JWG
völlig durch seine Herkunft aus dem Polizeirecht (Pflegekinderschutz) und
Strafrecht (FE) und durch obrigkeitsstaatliche Vorstellungen einer eingreifenden
Verwaltung geprägt." (BUNDESMINISTERIUM FÜR JUGEND, FAMILIE UND GE-
SUNDHEIT (BMJFG) 1972: 31)

Anstelle des Angebots von Leistungen (Hilfe), waren es also vornehmlich ord-
nungsrechtliche, d. h. kontrollierende Funktionen, die der Jugendhilfe durch den
Gesetzgeber zugestanden wurden.

Erst 1978 wurde ein Referentenentwurf zu einer Reform des Jugendhilferechts
vorgelegt und 1980 von der sozialliberalen Regierungskoalition verabschiedet.
Jedoch scheiterte dieses Vorhaben eines zustimmungsbedürftigen Gesetzes an
der konservativen Mehrheit im Bundesrat und wurde im Zuge des Regierungs-
wechsels 1982 (CDU/FDP) aufgegeben (siehe dazu ausführlich RETHMANN
1997: 69-97). Stattdessen wurde entgegen der ursprünglichen Absicht eine weitere Novellierung ins Auge gefasst. Diese gelang erst im Anschluss an einen Referentenentwurf aus dem Jahr 1988. Die "unendliche Geschichte der J [Jugend-
hilferechtsreform, S.G.]" (MÜNDER 1996a: 323), die letztlich doch keine war,
fand ihren Ausdruck in der Verabschiedung des KJHG am 28.3.1990 und seiner
Annahme im Bundesrat am 11.5.1990. Mit breiter fraktionsübergreifender
Mehrheit verabschiedet, konnte das "Gesetz zur Neuordnung des Kinder- und
Jugendhilferechts" am 1.1.1991 in Kraft treten (vgl. MÜNDER 1996a: 323; ebenso STRUCK 2002: 531f. und JORDAN/ SENGLING 1992: 63ff.). Zu beachten ist dabei, der Verzicht auf die Bezeichnung "Reform". Diese ist, so JORDAN/
SENGLING, "am Streit über zentrale 'ideologische' Fragen [...], letztlich aber ent-
scheidend wohl doch wegen der von Ländern und Kommunen befürchteten
Mehrbelastungen der Haushalte gescheitert" (1992: 66). Diese Feststellung wird
im Folgenden noch von Bedeutung sein.

Um bereits hier den Zusammenhang mit dem Thema der Arbeit herzustellen,
muss auf den im Kontext mit dem sozial-liberalen Gesetzentwurf stehenden *5.
Jugendbericht* eingegangen werden. In den *Materialien zum Fünften Jugendbericht* (1980) thematisieren Brigitte GUTENBERGER und Vera SPRAU-KUHLEN am
Beispiel der so genannten "Übungs- und Erfahrungskurse" (1980: 28ff.) Entwicklungstendenzen in der Jugendhilfe. Mit diesen Kursen sollte ein Instrument
geschaffen werden, "mit dem auf Fehlentwicklungen bei Kindern und Jugendlichen reagiert werden soll" (ebd.: 28). In eigens initiierten Modellprojekten wur-

den, folgt man der Beschreibung der Autorinnen, entgegen den tradierten, repressiven und individualisierenden Vorstellungen von Erziehungshilfe, Angebote geschaffen, die die Gruppe als Medium pädagogischer *und* therapeutischer Intervention zu nutzen versuchten. Ohne den Begriff der Sozialen Gruppenarbeit explizit zu verwenden, werden diese Angebote insofern positiv bewertet, als sie auch (Freizeit-)Bedürfnisse der Teilnehmer berücksichtigen (vgl. ebd.: 30). Kritisch sehen die Autorinnen jedoch die nach wie vor vorhandene "Symptomorientierung" (ebd.: 31), die besonders dadurch hervorgehoben wird, dass Projektmitarbeiter notwendigerweise über eine therapeutische Zusatzausbildung verfügen müssen.

Unabhängig davon, dass dieser Entwurf niemals realisiert wurde, zeigt sich bereits hier die grundsätzliche Haltung zur Gruppe als einem Medium der Behandlung. In Folge der unter II/4 beschriebenen Vorgänge der Psychologisierung und Therapeutisierung erscheint eine solche Vorstellung der Handhabung der Gruppenarbeit nur als logische Konsequenz derselben.

1.2 Inhaltlicher Aufbau und Struktur des KJHG

Den inhaltlichen Kern des Jugendhilferechts bildet das 8. Buch Sozialgesetzbuch – Kinder- und Jugendhilfe (SGB VIII). Zu diesem im Allgemeinen als KJHG bezeichneten Artikelgesetz kommen verschiedene Ländergesetze sowie das Jugendgerichtsgesetz (JGG) (siehe dazu III/ 2) (vgl. auch MÜNDER 1996b: 353).

Wesentliche inhaltliche Änderungen zum JWG beziehen sich vornehmlich auf die

Konzentration der Jugendhilfetätigkeit bei den örtlichen Jugendämtern,

Dokumentation des Abbaus repressiver Maßnahmen zugunsten von aus der Praxis entwickelten präventiven, sozialpädagogischen Angeboten,

umfassende Benennung allgemeiner Förderungsangebote und präventiver Leistungen (vgl. ebd.: 353f.).

Die grundsätzliche Veränderung der Handlungs- und Betrachtungsweise manifestiert sich im plakativen Slogan "Von der Eingriffs- zur Leistungsverwaltung" (vgl. dazu bereits MÜNDER 1978: 193-201). Dieser mit WIESNER U. A. als "Perspektivenwechsel" (zit. n. TRAPPER 2002: 209) zu bezeichnende Schritt sollte ordnungspolitische Komponenten und Eingriffe, in den Hintergrund stellen und zugleich präventiv agierende Hilfs-, Beratungs- und Förderangebote mit Dienstleistungscharakter zum Gegenstand sozialpädagogischen Handelns machen.

Inhaltlich gliedert sich das Gesetz wie folgt[162]:
Das erste Kapitel (§§ 1-10) enthält allgemeine Vorschriften und Grundsätze. Als grundsätzliche Aufgaben der Jugendhilfe (§ 1 Abs. 3) werden folgende Richtlinien genannt:

Junge Menschen in ihrer individuellen und sozialen Entwicklung fördern und dazu beitragen, Benachteiligungen zu vermeiden oder abzubauen,
Eltern oder andere Erziehungsberechtigte bei der Erziehung beraten oder unterstützen,
Kinder und Jugendliche vor Gefahren für ihr Wohl schützen,
dazu beitragen, positive Lebensbedingungen für junge Menschen und ihre Familien sowie eine kinder- und familienfreundliche Umwelt zu erhalten oder zu schaffen (vgl. BMFSFJ 2000: 40).

Des Weiteren werden so genannte "Querschnittsaufgaben" (STRUCK 2002: 534) benannt, die sich mit grundsätzlichen Fragen wie beispielsweise der Grundrichtung von Erziehung oder der Beteiligung von Jugendlichen befassen.
Das zweite Kapitel (§§ 11-41), quasi das Kernstück des Gesetzes, befasst sich mit den Leistungen der Jugendhilfe und untergliedert sich in vier Abschnitte. Dabei handelt es sich um:

- Jugendarbeit, Jugendsozialarbeit, sowie den erzieherischen Kinder- und Jugendschutz (§§ 11-15)
- Förderung der Erziehung in der Familie (§§ 16-21)
- Förderung von Kindern in Einrichtungen der Tagespflege (§§ 22-26)
- Hilfe zur Erziehung (§§ 27-35) (siehe dazu III/ 1.2.2); sowie Eingliederungshilfe für seelisch behinderte Kinder und Jugendliche, Hilfe für junge Volljährige (§ 35a bzw. 41) (vgl. STRUCK 2002: 534f.; MÜNDER 1996b: 353).

Besondere Relevanz hat vor allem im Hinblick auf die Hilfen zur Erziehung der Hilfeplan (§ 36) als das Instrument zur Planung und Ausgestaltung des Hilfeprozesses (vgl. dazu III/ 1.2.3).
Die hier beschriebenen Leistungen repräsentieren allesamt Pflichtaufgaben der örtlichen Jugendhilfe, sind jedoch mit unterschiedlichen Verpflichtungsgraden ausgestattet. Sie sind zwar verpflichtend anzubieten, bei der konkreten Realisie-

---

[162] Die folgenden Ausführungen haben ausschließlich hinleitenden Charakter. Sie sollen lediglich die Einordnung der Sozialen Gruppenarbeit in den Gegenstandsbereich des KJHG ermöglichen (für eine ausführliche Darstellung: siehe MÜNDER U.A. 1998: 90- 698).

rung bestehen jedoch bestimmte Gestaltungsspielräume in Bezug auf Quantität und Qualität des Angebots (Beispiele hierfür sind die §§ 11, 14, 16 und 24). Andere Leistungen sind verbunden mit Rechtsansprüchen (vgl. hierzu III/3.1), die sich wiederum in so genannte Muss-, Kann- und Sollvorschriften gliedern lassen (vgl. STRUCK 2002: 535).

"Muss-Vorschriften" sind für den Träger verpflichtend. Bei Vorliegen entsprechender Voraussetzungen ist eine Gewährung der Leistung zwingend notwendig (Beispiele hierfür: §§ 17, 18, 24, 27, 35a).

"Soll-Vorschriften" sind prinzipiell genauso verpflichtend, erlauben jedoch beim "Vorliegen atypischer Umstände" (ebd.: 535) eine zu begründende Abweichung von der Norm (Bsp.: §§ 19, 20, 41).

Hingegen räumen "Kann-Vorschriften" der Verwaltung einen Ermessensspielraum ein, der jedoch nur in Bezug auf die Auswahl einer konkreten Maßnahme genutzt werden kann. Unter Beachtung des Gleichheitsgebots können dabei u. a. auch Kostengesichtspunkte eine Rolle spielen (vgl. ebd.:535).

Das dritte Kapitel befasst sich mit "Anderen Aufgaben der Jugendhilfe" (§§ 42-60). Diese sind vor allem in Bezug auf das hoheitliche Handeln der Jugendämter definiert (vgl. STRUCK 2002: 535).

Kapitel 4 (§§ 61-68) behandelt den "Schutz von Sozialdaten". Die Vorschriften befassen sich entlang allgemeingesetzlichen Vorgaben (SGB I, "Sozialdatenschutz") mit der Handhabung und Verwertung erhobener persönlicher Daten.

In Kapitel 5 (§§ 69-78) werden die Organisationsnormen des KJHG beschrieben (vgl. ebd. 537f.). Die Zuständigkeiten für jeweils unterschiedliche Bereiche wie Planung, Durchführung und Finanzierung der Aufgaben sind dort geregelt.

Das sechste Kapitel (§§ 82-84) regelt zentrale Aufgaben und Zuständigkeiten bezüglich ihrer Verortung bei den Ländern bzw. dem Bund und bestimmt die Zuständigkeit für die Erstellung des Jugendberichts.

Die Kapitel 7 und 8 (§§ 85-89 bzw. 90-97) regeln die Zuständigkeiten für die Kostenerstattung, sowie der Erhebung von Teilnehmerbeiträgen und Heranziehung zu Kosten.

Der Zweck und die Aufgaben der Kinder- und Jugendhilfestatistik werden in Kapitel 9 geregelt (§§ 98-103), wohingegen die Paragraphen 104 und 105, die Straf- und Bußgeldvorschriften enthalten, die bei Verstößen gegen die zuvor gesetzten Grundlagen anzuwenden sind (Kapitel 10).

Wie hier kurz umrissen wurde, handelt es sich beim Inhalt des KJHG um den Versuch, eine der Zeit angemessene Jugendhilfe rechtlich zu normieren – eine Jugendhilfe, deren Anspruch es ist, den Primat sozialpädagogischer Handlungsmaximen gegenüber den dazu oftmals im Widerstreit liegenden ordnungsrechtlichen Interessen und Absichten durchzusetzen. Inwieweit und in welcher Weise dies vor allem in Bezug auf die Verortung der Sozialen Gruppenarbeit gelungen ist, muss sich nun im Folgenden zeigen.

Neben den rechtlichen Aspekten soll dabei insbesondere darauf geachtet werden, ob und wie sich die unter II/4 beschriebenen Prozesse hier auswirken.

1.2.1 Strukturmaximen der Jugendhilfe

Die Formulierungen der Gesetzestexte des KJHG stehen unter dem Eindruck und Einfluss der im *8. Jugendbericht* propagierten "Lebensweltorientierung" in der Sozialen Arbeit (siehe dazu III/4.1). Die dort unter der maßgeblichen Mitarbeit Hans THIERSCHS, des Begründers des Konzepts der Lebensweltorientierung, verfassten Prinzipien umreißen den groben Rahmen der im KJHG anzutreffenden Orientierung.

Hervorgehoben wird bereits im *8. Jugendbericht*, dass sich diese Strukturprinzipien nicht ausschließlich auf die Jugendhilfe beziehen, sondern vielmehr im gesamten Feld des Sozial- und Gesundheitswesens mit allen seinen Facetten Anwendung finden können und sollen (BMJFFG 1990: 85).

Prävention als Strukturmerkmal gewinnt seine Bedeutung für die Jugendhilfe aufgrund der "Undeutlichkeit des normativen Horizonts" (ebd.: 85) in der aktuellen gesellschaftlichen Situation, die durch Pluralisierungs- und Individualisierungstendenzen geprägt ist. Primäre Prävention, also Vorbeugung, zielt daher auf die Schaffung "lebenswerter stabiler Verhältnisse" (ebd.: 85). Die Grundlage hierfür bildet das Erkennen und Vermeiden von Krisen und Konflikten.

Sekundäre Prävention soll konflikt- oder krisenhafte Momente vermindern. Sie umfasst vorbeugende Hilfen in belastenden psychosozialen Lebenslagen oder beim Auftreten einschneidender Lebensereignisse.

Die dritte Stufe der Prävention repräsentieren schließlich die Kriseninterventionsmaßnahmen in akuten Konfliktfällen.

Die Dreiteilung der Präventionsorientierung, die auf verschiedene Dimensionen der Lebensverhältnisse Jugendlicher abzielt, soll in einem weiteren Schritt dazu führen, vorhandene Ressourcen im kommunalen Bereich aufzuspüren und für

Selbsthilfeansätze fruchtbar zu machen (vgl. ebd.: 85f.; zur Kritik des Präventionsbegriffs: siehe III/4.2).

Die **Dezentralisierung/Regionalisierung** der Jugendhilfe fordert die örtliche Präsenz institutioneller Leistungsangebote. Sozialpädagogische Maßnahmen der Jugendhilfe sollen "sichtbar, erreichbar und abrufbar sein" (NÜBERLIN1997: 59; vgl. BMJFFG 1990: 86f.).

Ein weiteres Strukturmerkmal ist die **Alltagsorientierung in institutionellen Settings und in den Methoden** (ebd.: 87f.). Gefordert ist dabei der Abbau zeitlicher, räumlicher und organisatorischer Hindernisse, die den Alltag der Fachleute von dem der Klienten trennt. Gleichzeitig sollen sich die einzelnen Anbieter von Hilfen untereinander vernetzen und fachlich-methodisch zusammenarbeiten. Zudem soll die Lebenswelt der Klienten in ihren Besonderheiten und Perspektiven in den Blick genommen und akzeptiert werden. Alltagsorientierung fordert leichte Erreichbarkeit und Ansprechbarkeit, die sich in der Orientierung an konkreten Situationen und dem Anspruch der Ganzheitlichkeit messen lassen müssen (Zur Alltagsorientierung und deren Kritik siehe III/4.1).

Unter dem Begriffspaar **Integration/Normalisierung** (ebd.: 88) soll eine "dezidiert nicht-stigmatisierend, sondern normalisierend" (ebd.: 77) konzipierte Jugendhilfe gedacht und realisiert werden. Ausgehend von der Überwindung des Prinzips der "Unerziehbarkeit" Jugendlicher soll Klarheit über die Problematik repressiver Erziehung gewonnen werden. NÜBERLIN verweist in diesem Zusammenhang auf einen einheitlichen Ansatz, beispielsweise bei der Handhabung sozialer Trainingskurse (siehe dazu III/2) mit devianten und nichtdevianten Jugendlichen (vgl. 1997: 59).

Anstelle von institutionellen Spezialisierungen und Zuständigkeiten soll lebensweltorientierte Jugendhilfe Grenzen abbauen, Abschiebungen vermeiden und Hilfen für problembelastete Menschen in den Kontext allgemeiner Hilfen integrieren (vgl. BMJFFG 1990: 88).

Partizipation ist ein weiteres konstitutives Merkmal lebensweltorientierter Jugendhilfe (vgl. ebd.: 88f.). Sie meint die aktive Mitbestimmung und Teilhabe der Klienten an Beratungs- und Entscheidungsprozessen. Ausgehend von der Mitbestimmung im konkreten Fall soll Partizipation in einem weiteren Rahmen die Teilhabe an gesamtgesellschaftlichen Entwicklungen ermöglichen.

Ein letztes von der Kommission propagiertes Strukturmerkmal ist die Situierung der **Lebensweltorientierung zwischen Hilfe und Kontrolle** (vgl. ebd.: 89f.). "Jugendhilfe ist [...] geprägt durch den Widerspruch von Sozialstaatspostulat und Sozialdisziplinierung." (ebd.:89) Davon ausgehend ist das Verhältnis zum Klienten als eine Form intimer Kontrolle zu deuten und dementsprechend sensibel zu bearbeiten. Rückzugsmöglichkeiten sind ebenso zu bieten, wie "Widerstände und Absicherungen [...] institutionalisiert werden" (ebd.: 89) müssen. Normierte fachliche Absicherungen müssen in einem Verhältnis "kritischer Selbstreflexivität" (ebd.: 90) realisiert und institutionalisiert werden.

Diese in Kürze vorgetragenen Strukturprinzipien sollen in ihrer Ausgestaltung helfen, eine lebensweltliche Jugendhilfe in Bezug auf den rechtlichen Rahmen des KJHG zu legitimieren. Sie sind zugleich Vorgabe und Reaktion der Fachöffentlichkeit auf den politisch-rechtlichen Normierungswillen.

Nach dieser deskriptiven Darstellung des strukturellen und inhaltlichen Rahmens sollen im Folgenden zwei für die rechtliche Legitimierung der Sozialen Gruppenarbeit zentrale Abschnitte des KJHG untersucht werden.

1.2.2 Hilfe zur Erziehung

Im Rahmen der Leistungen der Jugendhilfe repräsentieren die Hilfen zur Erziehung (HzE) einen wesentlichen Bereich des Angebotsspektrums. § 27 Abs. 2 des KJHG begründet einen individuellen Rechtsanspruch auf eine im Einzelfall geeignete und notwendige Hilfe:

"Ein Personensorgeberechtigter hat bei der Erziehung eines Kindes oder eines Jugendlichen Anspruch auf Hilfe (Hilfe zur Erziehung), wenn eine dem Wohl des Kindes oder des Jugendlichen entsprechende Erziehung nicht gewährleistet und die Hilfe für seine Erziehung geeignet und notwendig ist." (BMJFFG 2000: 51)[163]

Diese Hilfe wird insbesondere, also nicht zwingend, durch die in §§ 28-35 geregelten Maßnahmen gewährt. Von Bedeutung ist dabei der jeweilige erzieherische Bedarf. Die genannten Hilfen umfassen die Gewährung pädagogischer *und* therapeutischer Leistungen (§ 27 Abs. 3).

---

[163] Zur Rolle des Rechtsanspruchs für Personensorgeberechtigte siehe III/3.1.

Folgt man der Darstellung HARNACH-BECKS, so handelt es sich bei HzE um eine Möglichkeit der Verbesserung kindlicher Sozialisationsbedingungen, bei der präventive Arbeit im Vordergrund steht (vgl. 1995: 94). Sie ist jedoch, das stellt die Autorin im Anschluss an WIESNER (1991) fest, keine "'Entfaltungshilfe' für das Kind, sondern als Qualifikationshilfe für Erziehende" (ebd.: 94) gedacht. Während HARNACH-BECK in den HzE einen eindeutigen präventiven, also mitunter pädagogischen Charakter erkennen will, vertritt Klaus WOLF eine differenziertere Position:

"Die meisten Erziehungshilfen werden wegen ihrer relativ hohen Kosten und der aufwendigen Entscheidungsprozeduren erst ausgelöst, wenn die Entwicklung von Schwierigkeiten weit fortgeschritten ist, oft erst wenn gravierende Probleme deutlich nach außen sichtbar werden. Ihre präventive Potenz ist damit begrenzt und bezieht sich primär auf die Vermeidung weiterer Eskalationen." (2002: 633)

Er gibt zu bedenken, dass durch den individuellen Rechtsanspruch zwar ein Angebot von HzE zwingend erforderlich ist, dieses aber aufgrund des Kostendrucks und der bürokratischen Prozeduren zur Gewährung der Hilfe[164] oftmals durch Eingriffe des Kostenträgers in die inhaltliche Ausgestaltung, als eine Form der Kontrolle erlebt werden kann (vgl. ebd.: 633f.).

In ihrer Struktur sind die HzE eindeutig einzelfallbezogen und als so genannte ambulante Hilfen den stationären Maßnahmen (z. B. § 34 Heimerziehung) vorzuziehen. Entscheidend ist dabei, dass der Lebensmittelpunkt des Kindes/Jugendlichen möglichst erhalten bleibt und das familiäre und soziale Umfeld des Klienten einbezogen wird (vgl. RETHMANN 1997: 143). JORDAN/SENGLING stellen hierzu fest:

"Diese Entwicklungslogik entspricht nicht nur fachlichen Positionen (familienbezogene, offene, präventive und freiwillig angenommene Hilfen haben Vorrang vor Eingriffen/Interventionen), auch die Respektierung der elterlichen Rechte und die Anerkennung ihrer Bedeutung für den Sozialisationsprozeß begünstigen ebenso wie fiskalische, von der Kostenseite her angelegte Argumentationen einen Ausbau familienbezogener Hilfen und begründen deren Priorität vor familienersetzenden Hilfen." (1992:149)

Die Diskussion um die letztlich gescheiterte Jugendhilferechtsreform ist hier in der Konzeption der HzE noch erkennbar. Unter dem Einfluss der vom *8. Ju-*

---

[164] siehe dazu III/ 1.2.3: der Hilfeplan.

gendbericht geforderten Beseitigung des klinisch-kurativen, individualisierenden Paradigmas erscheinen die konkreten Maßnahmen jedoch als an den klassischen Methodenkanon gebunden. Der Versuch, neue, integrative Handlungsmöglichkeiten jenseits eines therapeutischen Ansatzes zu etablieren, führte zu
einer Rückbesinnung auf die drei klassischen Konzepte[165].
Festzuhalten ist, dass die Individualorientierung, soweit möglich und sinnvoll,
aufgebrochen wurde. Die ausdrückliche Festschreibung therapeutischer Leistungen (§ 27 Abs. 3) scheint jedoch gerade in Bezug auf die späte Auslösung der
Maßnahmen (vgl. WOLF 2002: 633) einen besonderen Stellenwert zu erhalten.
Probleme erst im bereits manifesten Stadium anzugehen, erfordert zwangsläufig
eine intensivere und massivere Intervention. Welche Konsequenzen diese partielle Umorientierung tatsächlich hat, wird weiter unten noch zu diskutieren sein.
Die ungenügende Beseitigung von klinisch-therapeutischen Haltungen und ent-
sprechendem Vokabular soll nun am Beispiel der Hilfeplanung nochmals verdeutlicht werden.

1.2.3 Der Hilfeplan

Hilfeplanung gemäß § 36 KJHG wird als Versuch verstanden, "auch für den Bereich sozialer Beratungs- und Unterstützungsleistungen ein rechtsstaatlich ver-
bindliches Verfahren so zu gestalten, daß die leistungsberechtigten Bürger auf
für sie nachvollziehbaren und kontrollierbaren Wegen zu einer Entscheidung
über ihren Antrag auf eine öffentliche Leistung gelangen können." (SCHRAPPNER
1994, zit. n. RETHMANN 1997: 177)
Inhaltliche Regelungen trifft § 36 besonders für die Bereiche der Mitwirkung
der Betroffenen (Kinder/Jugendliche; Personensorgeberechtigte), der Inan-
spruchnahme von HzE sowie der Planung und Überprüfung des Hilfeprozesses
(vgl. MÜNDER U. A. 1998: 324). Unter dem Gesichtspunkt der Realisierung von
Partizipation ist dabei besonders der Aspekt der Mitwirkung von Relevanz.

---

[165] Dabei entsprechen entlang einer groben Einteilung: der Einzelfallhilfe § 28 Erziehungsbe-
ratung, § 30 Erziehungsbeistand, Betreuungshelfer, § 35 Intensive sozialpädagogische Einzelbetreuung; der Gruppenpädagogik: § 29 Soziale Gruppenarbeit, § 32 Erziehung in einer Ta-
gesgruppe; § 31 Sozialpädagogische Familienhilfe repäsentiert eine Mischform der beiden
zuvor genannten methodischen Ansätze; die Gemeinwesenarbeit dient als Rahmenkonzept im
Zuge integrativer Orientierung in den zuvor genannten Angeboten.

MÜNDER U.A. weisen in diesem Zusammenhang jedoch auf die bestehende Gefahr einer Überforderung *aller* Beteiligten hin (vgl. ebd.: 325, Herv. i .O.).[166] RETHMANN sieht im Hilfeplanverfahren die gelungene Entwicklung eines sozialpädagogisch geleiteten Aushandlungsprozesses, der sich von bisherigen Versuchen mittels psycho-sozialer Diagnosen erkennbar abhebt (vgl. 1997: 177-181). Die Einschätzung RETHMANNS erscheint zweifelhaft, zumal er im Anschluss auf nach wie vor vorhandene Konzepte verweist, die der psychosozialen Diagnose erhebliche Bedeutung beimessen (vgl. ebd.: 182f.). Die Forderung nach differenzierten Zuweisungs- und Entscheidungskriterien, die bereits der 8. *Jugendbericht* fordert (BMJFFG 1990: 132f.), sieht er vielmehr in sozialpädagogisch-hermeneutischen Verfahren der Hilfeplanung realisiert. Das von MOLLENHAUER und UHLENDORFF entwickelte Diagnoseverfahren beabsichtigt als ein spezifisch sozialpädagogisches Verfahren "die Befindlichkeit des Kindes oder Jugendlichen, sowie die sich andeutenden Entwicklungsmöglichkeiten einerseits und die Gestaltung des pädagogischen Settings und der pädagogischen Interaktion andererseits [...]" (UHLENDORFF 1997: 18) zu erfassen. Das für sozialpädagogische Praktiker gedachte Verfahren entspricht ungeachtet der theoretischen Probleme, die ein solcher Ansatz mit sich bringt, möglicherweise den Anforderungen der sozialpädagogischen Praxis. Franz-Josef KRUMENACKER, der die Methode seit 1998 in Fortbildungen vermittelt, gibt jedoch zu bedenken, dass der Bedarf an Fortbildungen zu der Thematik wohl vom Umstand herrühre, dass "die Aneignung des Verfahrens [...] vergleichsweise hohe Anforderungen stellt und im Berufsalltag nicht zu bewerkstelligen ist" (2004: 93). Hinsichtlich der Praktikabilität der Methode stellt er fest, dass die "relative Aufwendigkeit des Verfahrens ihren routinemäßigen Einsatz ausschließt." (ebd.: 94). Er will die Anwendung somit auf "schwierige Fälle" begrenzt sehen. Weiterhin bemängelt er die Fixierung des Verfahrens auf sprachliche Äußerungen, die dazu führt, dass die als zentral erachteten "Lebensthemen" bei gering begabten Jugendli-

---

[166] Die Mitwirkung an der Hilfeplanung begründet sich entlang dem von Hans THIERSCH eingeführten Begriff des Aushandelns (vgl. THIERSCH 1986). Er bestimmt Soziale Arbeit vor dem Hintergrund der habermasschen Diskursethik als Verhandlungsarbeit (vgl. ebd.: 215). Er berücksichtigt dabei jedoch nicht die, in der Sozialen Arbeit weithin verbreiteten, strukturell verankerten Asymmetrieverhältnisse. STRECKMANN stellt zudem fest, dass THIERSCH den von HABERMAS gesetzten Kriterien vielfach widerspricht und versucht den Aushandlungsbegriff aus seinem diskursethischen Kontext herauszulösen. "Durch den sich daraus ergebenden inflationären Gebrauch des Ausdrucks *Aushandeln* trägt er jedoch dazu bei, die Unterscheidung zwischen gerechtfertigten und ungerechtfertigten Aushandlungsvorgängen einzuebnen." Zudem gibt er für das, "was er *Aushandeln* nennt, [...] denn auch keine Verfahrensregeln an." (2004: 276; Herv. i. O.)

chen nur schwerlich erarbeitet werden können (vgl. ebd.: 102). Soweit die Einschätzung hinsichtlich der sozialpädagogischen Praxis.

Zur Frage, ob und inwieweit es sich für den Gebrauch im administrativ geregelten Jugendamt eignet, gelangt Burkhard MÜLLER zu der Einschätzung, dass die Fachkräfte des Allgemeinen Sozialen Dienstes (ASD) aufgrund der hohen Fallzahlen der Diagnostik keine Priorität einräumen können. Er plädiert in diesem Zusammenhang für eine Art diagnostischen Blick auf die Oberflächenstruktur der Fälle, während die Tiefendiagnose durch die letztlich ausführenden sozialpädagogischen Praktiker in den Einrichtungen durchgeführt werden könnte. Neben der zeitlichen Ersparnis, hätte dies einen Gewinn an zusätzlichen Handlungsspielräumen für die ASD-Mitarbeiter zur Folge (vgl. MÜLLER 2004a: 67-76)

Zu bedenken gilt insgesamt, dass, wie UHLENDORFF selbst festgestellt hat, die Methode für die Einzelbetreuung bzw. Heimerziehung entwickelt worden ist und für die Soziale Gruppenarbeit, um die es hier vornehmlich geht, "noch gangbare Wege gefunden werden" (ebd.: 20) müssen.

Der von RETHMANN kritisierte Ansatz der psycho-sozialen Diagnose wird in geradezu idealtypischer Weise von Viola HARNACH-BECK in ihrer Arbeit *Psychosoziale Diagnostik in der Jugendhilfe* (1997) vertreten.

NIEMEYER sieht diese Arbeit quasi stellvertretend für eine "Art Wiederentdeckung des 'medizinischen Modells'" (2002: 1025) auch im Bereich der Kinder- und Jugendhilfe. Obwohl MÜNDER U. A. in ihrem Kommentar zum KJHG die psycho-soziale Diagnose vor dem Hintergrund des geforderten Datenschutzes kritisch bewerten, verweisen auch sie speziell auf die Arbeit HARNACH-BECKS (vgl. 1998: 333).

Entgegen der Absichtserklärung der Bundesregierung (vgl. BMJFFG 1990: XII), die eine Trennung zwischen "normaler" und "gefährdeter" Jugend für nicht mehr zeitgemäß hält[167], hebt HARNACH-BECK die Bedeutung von Verhaltensauffälligkeiten als Signale für die Jugendhilfe hervor (vgl. 1995: 79ff.). Für die Ausgestaltung des Hilfeplans empfiehlt sie entsprechende Formblätter, wie sie unter anderem von verschiedenen Landesjugendämtern entwickelt wurden (vgl. ebd.: 132). Neben formalen Angaben zur Person und zum sozialen Umfeld, wird dabei die Klärung des Sachverhalts vor allem durch die Anfertigung einer psycho-

---

[167] Die Beseitigung dieser Trennung ist jedoch nur ungenügend verwirklicht worden. HARNACH-BECK verweist in diesem Zusammenhang auf § 33 KJHG (vgl. 1995: 98). Beachtet man die Indikationsstellung und Auslösevoraussetzungen für andere HzE, so scheint sich die Trennung zwischen Jugendpflege und -fürsorge auch hier fortzuschreiben (vgl. zur Indikationsstellung für die Soziale Gruppenarbeit: GOLL 1993: 156).

sozialen Diagnose (Fachliche Beurteilung) gefordert. Diese Diagnose wiederum stellt die Grundlage für die rechtliche Einordnung und Bewertung des Sachverhalts dar und beeinflusst maßgeblich die Einschätzung des erzieherischen Bedarfs (vgl. ebd.: 133ff.). Die Offenlegung innerpsychischer Vorgänge stellt eine, für einen Sozialpädagogen/Sozialarbeiter nicht zu leistende Aufgabe dar. Die Feststellungen, die bei einer solchen Art der Diagnose getroffen werden, hinterlassen wiederum den Eindruck einer an standardisierten Normalitätserwartungen orientierten, schematischen Einordnung. Entgegen den Forderungen der damaligen Bundesregierung ist hier eine wesentliche Trennung pädagogischer und therapeutischer Gesichtspunkte nicht gegeben.

Beachtet man die besonderen Charakteristika der Sozialen Gruppenarbeit nach § 29, wie sie im Folgenden dargelegt werden, so erscheint hier ebenfalls eine unbotmäßige Vermischung von therapeutischer und erzieherischer Hilfe gegeben zu sein.

2 Die "Wiederentdeckung" der Sozialen Gruppenarbeit

Wie die unter II /3ff. erfolgte Darstellung und Analyse der mitunter wechselvollen Geschichte bereits nahelegt, kam der Sozialen Gruppenarbeit im Zuge der therapeutischen Transformation der Sozialen Arbeit "zunehmend die Bedeutung einer zwar geduldeten, aber nicht zwingend notwendigen Freizeitveranstaltung einiger unverbesserlicher Idealisten" (GOLL 1993: 153) zu. Erst mit der oben dargestellten Fokussierung der Lebenswelt fand im Bereich der Erziehungshilfe eine Neugestaltung statt. Nachdem bereits in der Diskussion um die Jugendhilferechtsreform die Einführung sogenannter Übungs- und Erfahrungskurse (III/1.1) anvisiert worden war, wurde im KJHG die Soziale Gruppenarbeit als eine ambulante Maßnahme im Spektrum der Hilfen zur Erziehung etabliert.

2.1 Soziale Gruppenarbeit als Hilfe zur Erziehung nach § 29 KJHG

Aufgabe und Zweck der Sozialen Gruppenarbeit (SGA) werden im Gesetz wie folgt geregelt:

"Die Teilnahme an sozialer Gruppenarbeit soll älteren Kindern und Jugendlichen bei der Überwindung von Entwicklungsschwierigkeiten und Verhaltensproblemen helfen. Soziale Gruppenarbeit soll auf der Grundlage eines gruppen-pädagogischen Konzepts die Entwicklung älterer Kinder und Jugendlicher durch soziales Lernen in der Gruppe fördern." (§ 29 KJHG; BMFSFJ 2000: 53)

Laut MÜNDER U.A. ist die SGA, "zwischen *offenen pädagogischen Angeboten* [...], *beratenden Hilfen* [...] und *der Erziehung außerhalb der eigenen Familie*" (1998: 281, Herv. i. O.) anzusiedeln.

Vergleicht man verschiedene Überblicksartikel zur SGA, so fällt auf, dass bezogen auf die Zielgruppe, ältere Kinder und Jugendliche "mit abweichenden Entwicklungsverläufen und/oder Verhaltensstörungen" (GÜNDER 1999: 68; vgl. ebenso HOFACKER 1990; FRISKE 1992, und kommentierend FIESELER 2002) in den Blick genommen werden. Die Orientierung an zu bearbeitenden Defiziten und Abweichungen von gesellschaftlichen Normalitätsvorstellungen steht im Vordergrund.

"Schwerpunkt der sozialen Gruppenarbeit ist die Wiederherstellung individueller und sozialer Handlungsfähigkeit. Durch die Beeinflussung der Gruppenprozesse sollen Angst und Vorurteile abgebaut, emotionale Sicherheit gegeben und Kooperationsfähigkeit gefördert werden." (HOFACKER 1990: 86)

Im Mittelpunkt steht also der Vorgang des sozialen Lernens, den GOLL, als "Sozialtherapie" bezeichnet (1993: 156). Die Entwicklung von grundlegenden Kompetenzen soll zwar befördert werden, jedoch erst in einer Situation, in der bereits Mängel offensichtlich geworden sind und sich Schwierigkeiten manifestiert haben. "Damit wird stärker auf die Veränderung eines Personenmerkmals abgehoben und eine Erziehungsabsicht eher explizit formuliert." (WOLF 2002: 643)

Der allgemeine Anspruch von SGA, Entwicklungsmöglichkeiten zu bieten, Wachstumshilfe zu sein und das Gemeinwesen zu stärken, wird hier zugunsten einer an Defiziten und Minder- bzw. Fehlentwicklungen orientierten Indikationsstellung vernachlässigt. Diese Fixierung ist insofern problematisch, als dadurch der Eindruck entsteht, SGA sei ausschließlich eine HzE und für andere Bereiche und Aufgaben nicht geeignet.

Erforderlich ist SGA, so der allgemeine Tenor, wenn Schwierigkeiten manifest geworden sind, sich aber das familiäre Umfeld als tragfähig genug erweist, um auf weiter gehende und intensivere Maßnahmen verzichten zu können (vgl. hierzu auch III/2.2 – Soziale Trainingskurse).

WENDT stellt hierzu treffend fest: "Es sind Veranstaltungen für bedürftige Konsumenten." (1990:4)

Die Begrifflichkeit "auf der Grundlage eines gruppenpädagogischen Konzepts" verweist auf eine Vorstellung von SGA, die diese weniger als eine Methode der Sozialen Arbeit denn vielmehr als eine didaktische Tradition ansieht (vgl. MÜLLER 1996: 268).[168]

Deutlich wird eine immer noch eindeutige Orientierung an individuellem (Fehl-)verhalten. Die Gruppe als Potential und Möglichkeit an sich wird nur in Bezug auf diese individualistische Deutung in den Blick genommen.

2.2 Soziale Trainingskurse

Exemplarisch für die symptomorientierte, therapeutische Haltung im Rahmen der SGA stehen die sogenannten Sozialen Trainingskurse (STK)[169]. DREWNIAK/HÖYNCK (1998) weisen darauf hin, dass diese unter den vielfältigsten Bezeichnungen, wie SGA, STK, aber auch Erziehungskurse, Übungs- und Erfahrungskurse, erzieherisch gestaltete Gruppenarbeit oder sozialpädagogische Betreuungskurse firmieren (vgl. 1998: 487). Die Vielfältigkeit der Bezeichnungen führt auch in neuester Zeit noch zu Verwirrrungen.[170] TRENCZEK spricht gar da-

---

[168] Hierin kommt zum wiederholten Male die Auffassung zum Vorschein, dass es sich bei der SGA in Deutschland eher um eine Technik, als um eine Methode handelt, da eine Methode auch einen philosophischen Begründungszusammenhang enthalten müsse (vgl. dazu auch: KALCHER 2001a). So beklagt C. W. MÜLLER einmal mehr, dass die SGA durch ihre Aufnahme in den Methodenkanon der Sozialarbeit von ihren "europäischen Wurzeln in Reformpädagogik und Jugendbewegung abgeschnitten" (1992: 268) wurde.
Eine ähnliche Beschreibung liefert 1984 bereits Kreszentia BARTH, die Gruppenarbeit als ein Medium zur Beförderung individueller Ziele in unklaren und unsicheren Situationen versteht (BARTH 1984: 458-463).

[169] Zum rechtshistorischen Hintergrund der Sozialen Trainingskurse: vgl. WALKENHORST 1989: 46ff.. WALKENHORST kommt in seiner – noch vor der Einführung des KJHG verfassten und somit eindeutig einem jugendstrafrechtlichen Zusammenhang zugehörigen – Arbeit zu dem Schluss: "Die Realisierung von ST-Kursen [Sozialen Trainingskursen; S. G.] auf breiter Basis sowie, untrennbar damit verbunden, eine fach- und ämterübergreifende Zusammenarbeit der Beteiligten stellen eine wirksame und konstruktive Hilfe nicht zur 'Bekämpfung' wie es in der juristischen Terminologie des öfteren heißt, sondern zur Lösung und Bewältigung von Konflikten im Jugendalter dar." (ebd.: 271)

[170] Exemplarisch hierfür: HÄDICKE, der in seiner Arbeit *Soziale Gruppenarbeit als Alternative strafunmündiger Kinder am Beispiel der Hansestadt Hamburg* (2004) erst Bezüge zur Sozialen Gruppenarbeit des Hansischen Jugendbundes offen legt, um sich sogleich auf eine Studie des Bundesministeriums für Justiz über die Wirksamkeit Sozialer Trainingskurse und anderer ambulanter Maßnahmen zu berufen (vgl. 38ff. und 41ff.; s. a. ähnliche Vermischung der Begrifflichkeiten bei SEYBOLD 1997; RADTKE/SCHRÖTER 2000). Es sei hier angemerkt, dass

von, dass "die soziale Gruppenarbeit [...] in den letzten 20 Jahren gerade als besonderes Angebot für straffällige Jugendliche entwickelt" (2000: 38) wurde. Allen diesen Kursen ist gemeinsam, dass es sich um gruppenpädagogisch arbeitende, zeitlich zumeist begrenzte Trainingsmaßnahmen für straffällig gewordene Jugendliche handelt, die durch jugendrichterliche Entscheidungen (als Weisung nach §10 Abs. 1 Nr. 6 Jugendgerichtsgesetz [JGG]) angeordnet werden können (vgl. hierzu JORDAN/SENGLING 1992: 160). Formaljuristisch werden diese Kurse als Normverdeutlichungskonzepte mit Delinquenz als Zugangskriterium bezeichnet (vgl. BAUR/ENGEL 2001).

Entgegen der freiwilligen Teilnahme an Sozialer Gruppenarbeit als HzE, ist die Teilnahme hier verpflichtend geregelt. DREWNIAK/HÖYNCK arbeiten dabei folgende unterschiedliche Handlungslogiken heraus:

"Gesetzliches Ziel der SGA bzw. STK ist folglich – entsprechend dem jeweiligen Anlaß – nach KJHG die Überwindung von Entwicklungsschwierigkeiten und Verhaltensproblemen mittels sozialen Lernens in der Gruppe, nach JGG die Förderung und Sicherung der Erziehung, deren Mängel in der Straftat zum Ausdruck gekommen sind. Die *Legalbewährung* ist primärer Erfolgsmaßstab des JGG [...]. *Soziale Integration* ist hingegen das Ziel im Rahmen des KJHG, wobei die Legalbewährung hier ein (erwünschter) Nebeneffekt ist." (1998: 490; Herv. d. S. G.)

Die Kritik aus Reihen der Fachöffentlichkeit geht diesen Unterschieden entsprechend dahin, SGA als ein jugendhilfespezifisches Angebot zu profilieren und von den Trainingskursen abzugrenzen (vgl. MÜNDER U.A.1998: 281f.).

WOLF vermutet, dass diese Art von Kursen einen wesentlichen Anteil der Sozialen Gruppenarbeit ausmacht und diese Art der Erziehungshilfe möglicherweise gar dominiert[171] (vgl. 2002: 643; siehe auch schon bei KÜHL 1993).

---

es sich bei der betreffenden Arbeit um eine Diplomarbeit an einer Fachhochschule handelt. Diese wurde jedoch durch die Gesellschaft der Freunde und Förderer der Evangelischen Fachhochschule Hannover e. V. ausgezeichnet und im hochschuleigenen Verlag veröffentlicht.

[171] DÜNKEL U.A. sprechen bereits für das Jahr 1993 von einer nahezu flächendeckenden Verbreitung des Angebots sozialer Trainingskurse (vgl. 1998) GÜNDER nennt für 1996 folgende bundesweite Zahlen: 34,4 % der Teilnehmer kamen auf Anregung des Gerichts, 35,5 % durch das Jugendamt, während 18 % auf Initiative der Eltern teilnahmen (vgl. 1999:69). Hingegen identifiziert GOLL für den gleichen Zeitraum in Berlin nur 8 % aller stattfindenden Gruppen als Soziale Trainingskurse (GOLL o. J.:11). Es scheint hier also trotz einer umfassenden Verbreitung, große regionale Disparitäten und Unterschiede hinsichtlich der Quantität zu geben (vgl. dazu auch III/2.3)

Aufgrund der Veranlassung infolge eines konkreten Fehlverhaltens (Straftat) ist gerade hier zu konstatieren, dass der Erziehungsgedanke in den Hintergrund und die Veränderung eines bestimmten Merkmals in den Fokus gerät. Eine aktuell in Berlin durchgeführte Untersuchung zur Evaluation Sozialer Trainingskurse liefert einen weiteren Hinweis auf deren ambivalenten Charakter. Die von Jürgen KÖRNER verantwortlich geleitete Studie verweist explizit darauf, dass sie in ihrer Konzeption keine Gruppenmethode gewählt hat, sondern auf ein "1 zu 1 - Setting" rekurriert, das eine nachweislich geringere Rückfallquote aufweist. Aus diesem individualisierten Kontext heraus soll dann die eigentliche Indikationsentscheidung getroffen werden, um dem jeweiligen Probanden eine gewissermaßen maßgeschneiderte Hilfe anbieten zu können. Hilfe in einer Gruppe stellt in diesem Zusammenhang nur eine der möglichen Alternativen dar, wohingegen eindeutig das innerpsychische Erleben des Jugendlichen im Vordergrund der Bearbeitung steht (vgl. KÖRNER U. A. 2001).[172]

2.3 Empirische Befunde zur Situation der Sozialen Gruppenarbeit

Generell ist die Verfügbarkeit empirischer Daten zur SGA relativ gering. TRAPPER nennt unter Berufung auf Daten des Statistischen Bundesamtes für 1999 die bundesweite Zahl von 5004 jungen Menschen, die an SGA als ambulanter Erziehungshilfe teilnahmen (vgl. 2002: 230ff.). Insgesamt errechnet er für die 90er-Jahre einen Zuwachs um 281 %, der sich jedoch relativiert, wenn man den niedrigen Ausgangswert berücksichtigt. Bezüglich der Altersstruktur der Teilnehmer stellt er fest, dass zuverlässige Aussagen nur bezüglich des Kriteriums +/- 15 Jahre alt zu treffen sind. Für 1999 konstatiert er daher, dass 62 % der Teilnehmer jünger als 15 Jahre alt waren (vgl. ebd.: 231).

Eine regional in Baden-Württemberg durchgeführte Untersuchung zur *Implementation Sozialer Gruppenarbeit mit verhaltensauffälligen Jugendlichen* (BLUMENBERG/BAUR/ENGEL 2003) versucht die Lücke an aussagekräftigen Da-

---

[172] Zum Zeitpunkt der Anfertigung dieser Arbeit waren die Untersuchungsergebnisse noch nicht veröffentlicht. Der Bezug konnte lediglich aufgrund der am 04.04.2001 auf einer Forschungskonferenz in Freiburg präsentierten und handschriftlich festgehaltenen Zwischenergebnisse hergestellt werden. Die Homepage des Projekts http://userpage.fu-berlin.de/~denkzeit/links.html weist am 15.08.2005 eine letztmalige Bearbeitung am 05.11.2003 aus. Der dort niedergelegte Stand deckt sich mit den hier angeführten Ergebnissen.

ten zumindest punktuell zu schließen.[173] Ziel dieser Untersuchung ist eine Bestandsaufnahme der Praxis der SGA, um davon ausgehend günstige Durchführungsbedingungen entwickeln zu können.

Unabhängig von den konkreten Durchführungsbedingungen lässt sich Folgendes konstatieren:

Die Weitergabe reliabler Statistiken über SGA als HzE sowie zu sozialen Trainingskursen erfolgt nur höchst ungern.

Festzustellen ist eine Zunahme der Angebote von SGA und Sozialen Trainingskursen.[174]

Die Befragung der jeweils durchführenden Träger (N = 80; Rücklauf 64 %; öffentliche und freie) ergibt Folgendes (in Auszügen):

Es gibt 198 Gruppen mit durchschnittlich sieben Teilnehmern, wovon sechs HzE nach § 29 erhalten.

Etwa ein Viertel der Gruppen ist offen für Teilnehmer ohne Antrag auf HzE.

Über 50 % der Mitarbeiterstellen sind befristete Arbeitsverhältnisse, wobei bezüglich der Qualifikation der Mitarbeiter festzustellen ist, dass über 80 % keine gruppenspezifische Fortbildung besitzen.

Über 90 % der Gruppen treffen sich ein bis dreimal wöchentlich, wobei die Zusammensetzung der Gruppen zu annähernd 60 % gemischtgeschlechtlich erfolgt (vgl. BLUMENBERG/BAUR/ENGEL 2003: 32ff.).

Der Zugang zu den Gruppen erfolgt – und dies bestätigt die These, dass SGA erst dann angezeigt ist, wenn Schwierigkeiten manifest geworden sind – vorwiegend auf Anfrage der Schulen, auf Initiative des öffentlichen Trägers oder innerhalb der eigenen Einrichtung (vgl. ebd.: 38). Die Anlässe sind hierbei vielschichtig und reichen von Selbstwert- und Motivationsproblemen, dissozialem Verhalten, Schulschwierigkeiten und Problemen mit Gleichaltrigen bis zu Erziehungs- und Autoritätsproblemen (vgl. BLUMENBERG/BAUR/ENGEL 2003: 39). Bezüglich der Vernetzung mit anderen Einrichtungen, also der Etablierung im

---

[173] Ebenso wie die in der vorigen Anmerkung genannte Studie ist auch diese Untersuchung, Teil des vom BMFSFJ geförderten Modellprojekts "*Implementation und Evaluation Sozialer Gruppenarbeit/Sozialer Trainingskurse mit verhaltensauffälligen/ delinquenten Jugendlichen*" (1999-2001).

[174] Untersuchungsergebnisse wurden gemäß dem Forschungsdesign nur in bezug auf SGA als HzE weitergegeben (Rücklauf: 43 von 49 angefragten Jugendämtern; 76,7 % führen SGA durch; vgl. BLUMENBERG/ BAUR/ENGEL 2003). Hinsichtlich der Abgrenzung beider Angebote sprechen die Autoren von SGA im *engeren* Sinn nach HzE. SGA im *weiteren* Sinn umfasst auch die Sozialen Trainingskurse (vgl. ebd.: 8).

Gemeinwesen, geht die Selbsteinschätzung der Träger in über fünfzig Prozent der Fälle dahin, dass diese *hoch* bis *sehr hoch* sei (vgl. ebd.: 40). BLUMENBERG/BAUR/ENGEL stellen aufgrund der Datenlage fest, dass von *der* SGA als HzE nicht zu sprechen sei. Vielmehr gibt es "eine wenig einheitliche Praxis der SGA mit erheblichen regionalen und örtlichen Unterschieden" (ebd.: 41).

Das Datenmaterial lässt den Schluss zu, dass, im Vergleich zu 1996, eine Ausweitung der SGA als HzE stattgefunden hat (siehe dazu auch TRAPPER 2002: 230).[175] Weiterhin lässt sich feststellen, dass die Situation der SGA eindeutig durch den Begründungszusammenhang des KJHG geprägt ist, dieser aber in der Konsequenz zu einem heterogenen und uneinheitlichen Bild der Praxis führt. Dabei sind infolge der durch das KJHG bundesweit vereinheitlichten Praxisformen mitunter deutliche regionale Unterschiede festzustellen. Für Baden-Württemberg verweist BLUMENBERG auf eine Diasporasituation der SGA, aufgrund deren die entsprechende Forschung auch einen politischen Hintergrund hat (vgl. 2001).

3 Probleme und Schwierigkeiten in der Anwendung Sozialer Gruppenarbeit

BLUMENBERG/BAUR/ENGEL nennen in ihren Untersuchungsergebnissen bereits verschiedene Probleme in der Praxis Sozialer Gruppenarbeit: Hoher Zeitaufwand, Fluktuation der Mitarbeiter, mangelnde Motivation seitens der Teilnehmer, Problemeskalation, fehlende Kooperationsbereitschaft aufseiten der Eltern sowie die Frage nach der ausreichenden Belegung der Gruppe, d. h. der Bewilligung entsprechender Anträge (vgl. 2003: 41).
Diese Schwierigkeiten repräsentieren in ihrer Summe die jeweiligen Situationen der örtlichen Praxis. Jedoch bestehen neben diesen mitunter lokalspezifisch geprägten Problemlagen auch solche grundlegender Art, die in ihrer Verursachung auf strukturelle Hindernisse und Schwierigkeiten gründen.

---

[175] Waren es 1996 bundesweit 3651 Teilnehmer, ergeben die Zahlen für Baden-Württemberg hochgerechnet bereits eine Teilnehmerzahl von ca. 1200 (nach § 29 KJHG). Zu berücksichtigen ist dabei jedoch, dass für andere Bundesländer keine zuverlässigen Zahlen vorliegen. Dieter GOLL spricht jedoch ebenfalls von einer Ausweitung, insbesondere in den neuen Bundesländern sowie in Baden- Württemberg (vgl. 2001).

Im Folgenden werden daher zwei dieser "externen" Problembereiche näher untersucht.

3.1 Der ambivalente Charakter von Rechtsvorschriften in der Jugendhilfe

Der hier verhandelte Gegenstand bezieht sich im Wesentlichen auf den Gesamtbereich sozialarbeiterischen bzw. sozialpädagogischen Handelns in der Jugendhilfe, wird jedoch, so dies möglich und notwendig ist, konkret auf die SGA bezogen.[176]

Mit der Einführung des KJHG wurde der Wandel der Jugendhilfe von einer Eingriffs- zu einer Leistungsinstitution festgeschrieben. Mit dieser Orientierung am Begriff der Leistung sind kraft Gesetz verschiedene Rechtsansprüche verbunden. Diese Rechtsformulierungen, die auf den ersten Blick Sicherheit schaffen und Ansprüche zu sichern scheinen, besitzen bei genauerem Hinsehen einen ambivalenten Charakter, der vor allem in Bezug auf sozialpädagogisches Handeln problematisch erscheint.

Exemplarisch hierfür steht § 1 Abs. 1 KJHG. Dieser spricht dem Kind bzw. Jugendlichen ein "Recht auf Förderung seiner Entwicklung und auf Erziehung" zu, während in Abs. 2, das "Recht auf Erziehung" als ein "natürliches" Recht der Eltern näher bezeichnet wird, welches wahrzunehmen die "zuvörderst ihnen obliegende Pflicht" repräsentiert. Bei der Verwirklichung dieses Rechts bleibt nun unklar, ob diese bezogen auf das Recht des jungen Menschen oder in Erfüllung des natürlichen Rechts der Eltern geschehen soll (vgl. NÜBERLIN 1997: 86). Aufgrund der den Eltern zuvörderst obliegenden Pflicht erscheint die Verwirklichung des Anspruchs nur in Bezug auf genau diese von Bedeutung zu sein. Erziehung wird also in Beziehung zum Recht der Eltern verwirklicht.

Die Jugendhilfe, die zur Verwirklichung dieser Rechte beitragen soll, steht in diesem Zusammenhang zwischen den Eltern und dem jungen Menschen. In der Konsequenz, so NÜBERLIN, verhilft die Jugendhilfe den Eltern zur Verwirklichung ihres Erziehungsrechtes, nicht jedoch den jungen Menschen in der Wahrnehmung ihres eigenen Erziehungsanspruchs (vgl. 1997: 87). Die über die Ver-

---

[176] Beachtet man beispielsweise den von Udo MAAS in *Soziale Arbeit als Verwaltungshandeln* (1992) dargelegten Ansatz, so lässt sich der Gegenstandsbereich auf das gesamte Feld der Sozialen Arbeit ausweiten. MAAS definiert Soziale Arbeit als den Vollzug einer per Gesetz gesicherten staatlichen Daseinsfürsorge, die allein anhand von Verwaltungsakten definiert werden kann.

wirklichung der Rechtsansprüche wachende staatliche Gemeinschaft (§ 1 Abs. 2) geht in diesem Zusammenhang davon aus, dass die Jugendhilfe keinen eigenständigen Erziehungsauftrag hat, sondern zuallererst die Verwirklichung der Elternrechte ermöglicht (vgl. Walter SCHELLHORN, zit. n. NÜBERLIN 1997: 87). Die Elternzentrierung wird insbesondere auch in § 27 Abs. 1, dem Anspruch auf HzE deutlich. Nicht der Jugendliche als eigenständiges Subjekt hat einen Anspruch auf Erziehung, vielmehr sind es die Personensorgeberechtigten, die entsprechende Anträge stellen können (vgl. dazu MÜNDER U. A. 1998: 266f.). In diesem Zusammenhang erscheint auch das unter § 5 geregelte Wunsch- und Wahlrecht als ein Instrument zur Verwirklichung der Interessen der Leistungsberechtigten (Eltern). Lediglich § 8 Abs. 1 regelt, dass Kinder und Jugendliche unter Berücksichtigung ihres Entwicklungsstandes zu beteiligen sind.

Die damit einhergehenden Schwierigkeiten sind offensichtlich: Die Interessen der Kinder- und Jugendlichen werden unter dem Gesichtspunkt von Elterninteressen und -wünschen subsumiert.

Die Festschreibung von HzE als Pflichtleistung der Jugendhilfe führt zu einer juristisch geregelten Zugangsvoraussetzung. Diese ist unter Verwendung unbestimmter Rechtsbegriffe (vgl. dazu NÜBERLIN 1997: 100f., MÜNDER U. A. 1998: 268f.) sehr offen gehalten. Letztlich wird die Entscheidung über den "erzieherischen Bedarf" oder das "Wohl des Kindes" den im Einzelfall entscheidenden öffentlichen Trägern überlassen.

Aufgrund des Vorrangs des Elternrechts besteht daher die Gefahr, dass Entscheidungen entlang der Interessen und Wünsche der Eltern getroffen werden. Die Gewährung von Leistungen für Kinder und Jugendliche ist somit nur möglich in Abhängigkeit von Einsicht und Wohlwollen der Eltern.[177]

Bezüglich des Rechtsanspruchs der Eltern stellt Norbert STRUCK fest: "Das KJHG wäre ohne seine familienbezogene Komponente wohl 1989 nicht verabschiedet worden." (2002: 543) Berücksichtigt man die damalige konservative Regierungsmehrheit, so erscheint die Ausgestaltung des KJHG als eine logische Konsequenz konservativer Familienpolitik.[178]

---

[177] Zur Illustration dieses Sachverhalts: Meine Erfahrungen in der Praxis Sozialer Gruppenarbeit zeigen, dass oftmals Familien mit erheblichen, geradezu offensichtlichen Problemen einen Antrag auf HzE für ihre Kinder (in halboffenen Gruppen) ablehnen bzw. einen Folgeantrag verweigern, sei es aus Angst vor Eingriffen des Jugendamts oder aufgrund von Fehleinschätzungen bezüglich der Notwendigkeit (vgl. dazu auch GOLL 1993: 156).

[178] Beachtet man die Diskussionen anlässlich der Besetzung des Bereichs der Familienpolitik im "Kompetenzteam" der CDU/CSU für die Bundestagswahl 2002 durch eine ledige Mutter, so zeigt sich auch hier noch die tradierte Vorstellung von der Familie als der Keimzelle der

Sozialpädagogik wird in diesem Zusammenhang zum Erfüllungsgehilfen einer politisch motivierten Familienpädagogik.

Bezüglich der Festschreibung der HzE im Rahmen einer "Muss-Vorschrift" verweist BÖHNISCH auf die damit einhergehende "deutliche Dimension sozialer Kontrolle [...]. Dort aber, wo es offensichtlich nicht um Kontrolle geht, vor allem in den Bereichen der Jugendarbeit, handelt es sich um Kann- bestenfalls Soll-Normen." (1999: 160) Das für die Sozialpädagogik konstitutive doppelte Mandat von Hilfe und Kontrolle spiegelt sich dementsprechend auch in der Struktur des KJHG wieder.[179]

Weiterhin ist die Differenz der Rechtsansprüche im KJHG zu anderen Ansprüchen auf Sozialleistungen kritisch zu bewerten. Besteht normalerweise ein Anspruch auf materielle Leistungen, in der Regel Geldleistungen, so sind die Ansprüche an die Jugendhilfe so genannte "weiche Leistungen" (MÜNDER 1996: 355). Es besteht zwar ein Anspruch auf eine Leistung, die konkrete inhaltliche Realisierung derselben ist aber nicht festlegbar. Die für eine solche Festlegung erforderlichen Faktoren lassen sich aufgrund immenser finanzieller Kosten nicht verwirklichen (vgl. MÜNDER 1996: 355).

Die im KJHG entwickelte Struktur von Rechtsansprüchen, lässt sich daher wie folgt fassen: "Das KJHG ist in seiner Grundstruktur ein Reprivatisierungsgesetz, Erwachsenenrecht und Kostendämpfungsgesetz." (BERK 1992 zit. n. NÜBERLIN 1997: 103)[180]

Gesellschaft. Dies wird ebenso deutlich, wenn man die Nominierung einer siebenfachen Mutter als Vertreterin für die Familienpolitik anlässlich der Wahl 2005 betrachtet.

[179] So zeigt eine im August 2005 in Kraft getretene Gesetzesänderung des KJHG, dass der Versuch eine rein dienstleistungsbezogene Jugendhilfe zu konstituieren als gescheitert angesehen werden muss. Nachdem die ursprüngliche Fassung des Gesetzes den Kontrollaspekt fast vollkommen negierte, ist nun mit dem Paragraphen 8a die Grundlage geschaffen worden, beim Verdacht einer Kindeswohlgefährdung schneller und effektiver eingreifen zu können (vgl. dazu DEUTSCHER BUNDESTAG 2004). Auffallend ist, dass obwohl durch die Garantenstellung des Jugendamtes ein Mindestmaß an ordnungsrechtlicher Aufsicht bereits zuvor gegeben sein musste, dieses aber offenkundig nicht effektiv ausgeübt wurde.

[180] Zur Illustration des Sachverhalts "Kostendämpfung" mit Bezug zur Sozialen Gruppenarbeit: Das Jugendamt des Landkreises Rhein-Neckar in Baden-Württemberg forderte im Jahr 2004 aufgrund explodierender Jugendhilfekosten und einem geringen Ausbaustatus der ambulanten Hilfen, dass "der sozialen Gruppenarbeit im Rahmen der ambulanten Hilfen zur Erziehung ein stärkeres Gewicht zukommen muss."(RHEIN-NECKAR-KREIS 2004: 7). Man stellte in der Vorlage für den örtlichen Jugendhilfeausschuss fest: "Die Kosten der sozialen Gruppenarbeit liegen 50 % unter den Aufwendungen für teilstationäre Einrichtungen, auch dann

Die rechtliche Verankerung der SGA ist insofern positiv zu bewerten, als die Methode dadurch wieder ins Bewusstsein der Jugendhilfe gerückt ist. Der Zusammenhang, in dem sie institutionalisiert wurde (vgl. dazu III/1.2.2) verweist jedoch auf einen Bereich, der eine eindeutige Indikationsstellung (Symptomorientierung) fordert und einen kontrollierenden Charakter hat. Dies führt letztlich dazu, dass die erzieherischen Potentiale der SGA nur ungenügend wahrgenommen und realisiert werden können. Durch die rechtliche Etablierung in diesem Bereich läuft die Soziale Gruppenarbeit Gefahr, einzig in diesem Kontext verortet und wahrgenommen zu werden.

3.2 Soziale Gruppenarbeit zwischen Erziehung und Therapie

Soziale Gruppenarbeit als Hilfe zur Erziehung bewegt sich wie oben beschrieben im Spannungsfeld von sozialpädagogisch-erzieherischem und therapeutischem Handeln.

Beachtet man die unter II dargelegte historische Entwicklung der Gruppenarbeit, wie sie vornehmlich in den USA, in den Anfängen ihrer Rezeption aber auch in Deutschland stattgefunden hat, so hat die Methode einen eindeutig erzieheri-

---

noch, wenn die Gruppenarbeit täglich angeboten wird. [...] Das Jugendamt ist sich durchaus bewusst, dass die Schaffung bzw. Ausweitung eines Angebots für soziale Gruppenarbeit u.U. zu einer zusätzliche [sic] Nachfrage führen kann. Die pädagogisch-therapeutischen Ansätze der sozialen Gruppenarbeit können aber nur greifen, wenn das Angebot an mindestens drei Tagen zur Verfügung steht. In diesem Fall sind auch Rückführungen aus teilstationären Einrichtungen in die soziale Gruppenarbeit möglich. Fachliche Überlegungen anderer Kreise sehen die Gruppenarbeit als gleichwertige Alternative zur teilstationären Unterbringung. Deshalb wird das Jugendamt auch dem Ansatz nachgehen, die teilstationäre Unterbringung durch soziale Gruppenarbeit so weit wie möglich zu ersetzen." (ebd.: 9) Dass man der Sozialen Gruppenarbeit "pädagogische" und "therapeutische" Ansätze zuschreibt, bestätigt, obwohl die Aussagen nicht repräsentativ zu werten sind, einmal mehr die Stellung und Einordnung der Sozialen Gruppenarbeit. Weiterhin ist jedoch die Gleichsetzung von teilstationären Tagesgruppen und SGA problematisch. SPÄTH (1995) verweist in seiner Darstellung der Geschichte der Tagesgruppen explizit auf deren therapeutische Orientierung. So kam eines der ersten modernen Tagesgruppenprojekte 1967 in Frankfurt nur zustande, weil sich keine therapeutisch (psychoanalytisch) qualifizierten Mitarbeiter fanden, die eine Rund-um-die-Uhr-Heimbetreuung leisten wollten. (vgl.:82) Was hier also unter dem Aspekt der Kostenersparnis vorgeschlagen und letztlich umgesetzt (vgl. dazu RHEIN-NECKAR-KREIS 2005) wird, entbehrt unter fachlichen Gesichtspunkten beinahe jeglicher Legitimität. Ohne fachliche Unterschiede zu berücksichtigen wird hier rein unter dem Aspekt fiskalischer Prävention gehandelt. Soziale Gruppenarbeit erscheint hier nur noch als Verfügungsmasse zur Haushaltskonsolidierung (vgl. dazu bereits BRIGHT 1948 in Anmerkung 82).

schen Charakter. Dieser wurde analog zu den unter II/4 dargelegten Vorgängen aufgeweicht und therapeutisch gewendet, so dass SGA heute eine Art Zwitterstellung im KJHG einnimmt.

Aus diesem Grund erscheint es sinnvoll, einen Blick auf die Unterschiede bzw. Gemeinsamkeiten pädagogischen und therapeutischen Handelns zu werfen, um aus dieser Position heraus eine angemessene Einordnung der SGA vornehmen zu können.[181]

Wie GALUSKE feststellt, haben beide, sowohl die therapeutische, als auch die sozialpädagogische Intervention das gleiche Ziel: Hilfe zur gelingenderen Lebensbewältigung (vgl. 1998: 124ff.). Die Art der von ihnen zu bearbeitenden Probleme[182] ist hingegen unterschiedlich. Sozialpädagogisch relevante Problemstellungen haben demzufolge einen generalistischen, sachfunktionalen und personenintentionalen Charakter, der die Komplexität von Alltagsproblemen widerspiegelt. Therapeutisches Handeln wird hingegen durch spezialistische, personenintentionale Problemstellungen geleitet. Komplexitätsreduktion führt zu einer Beschränkung auf wenige Schlüsselbereiche (vgl. ebd.: 125, siehe dazu auch SCHÖN 1989: 76ff).
Zieht man beispielsweise die unter II/1.3.3 vorgestellten Ansätze heran, wird deutlich, dass es sich bei der Gruppenarbeit in ihrem ursprünglichen Sinn um eine eindeutig pädagogische Handlungsform handeln muss. Jedoch wird unter Berücksichtigung der Modalitäten und Vorgaben der HzE ebenso deutlich, dass es sich bei SGA nach KJHG trotz der heterogenen Erscheinungsweisen um eine Art therapeutische Intervention handelt. Insbesondere gilt dies natürlich für die Sozialen Trainingskurse, deren Intention eindeutig auf die Korrektur abweichenden Verhaltens zielt.

---

[181] Diese Thematik ist vielfach und unter unterschiedlichen Prämissen bearbeitet worden: Vgl. Thiersch 1978, SCHÖN 1989, SCHAEFFER 1992, KÖRNER 1996, Böhm 1997, GALUSKE 1998, GÖPPEL 2000.
[182] GALUSKES Formulierung verweist wiederum auf die spezifisch deutsche, problemzentrierte Sichtweise sozialpädagogischen Handelns. Sozialpädagogisches Handeln als erzieherisches und allgemein entwicklungsförderndes Agieren wird dabei nicht berücksichtigt. Eine differenziertere Sichtweise hierzu präsentiert Doris SCHAEFFER. Sie sieht die Aufgabe pädagogischen Handelns in der Förderung von Entwicklungsmöglichkeiten und Potentialen (vgl. SCHAEFFER 1992: 206).

Der Bereich des situativen Kontexts einer Intervention verweist, so GALUSKE, durch die jeweilige Nähe bzw. Entfernung zum Alltag des Klienten, auf entweder sozialpädagogisches oder therapeutisches Handeln (vgl. ebd.:126f.). THIERSCH stellte dazu bereits 1978 fest:

"Alltäglichkeit bedeutet Engagement im gemeinsamen Handeln, Reden und Unternehmen; Therapie dagegen setzt auf Distanz, damit der Klient von den Zwängen des Miteinander-Auskommen-Müssens freigesetzt (und ihnen gegenüber auch durch die Verschwiegenheit des Therapeuten abgesichert) neue, unbefangene Möglichkeiten eines Verhältnisses zu sich, seinen Ängsten, Hemmungen und Peinlichkeiten finden kann." (1978: 18)

Problematisch an einer derartigen, künstlich geschaffenen Situation ist, laut GALUSKE, dass nicht gewährleistet ist, "daß der 'Lernerfolg' in der 'Insel' Therapie auch in den Alltag 'mitgenommen' wird" (1998: 127).

Dieser Bereich der Unterscheidung zwischen therapeutischem und pädagogischem Handeln scheint im Hinblick auf die per Gesetz festgeschriebene Orientierung an einem gruppenpädagogischen Konzept als für die SGA weniger relevant.

Jedoch erscheint ein von THIERSCH bereits gestreifter Zusammenhang in Bezug auf die SGA nach § 29 KJHG als bedeutsam. Während die in einer Therapie gemachten Äußerungen und Entwicklungen durch die Verschwiegenheitspflicht des Therapeuten nicht an die Öffentlichkeit gelangen, besteht im Rahmen der Fortschreibung der HzE eine Berichtspflicht gegenüber dem öffentlichen Träger. Beachtet man die für die Hilfegewährung konstitutiven belastenden Probleme und negativen Zuschreibungen, so können diese später, aufgrund ihrer Verwertung im Jugendamt, Auslöser für weiter gehende Stigmatisierung sein (vgl. dazu auch SCHÖN 1989: 58ff.).

Bezüglich der Frage nach dem Klientel sozialpädagogischer bzw. therapeutischer Intervention, stellt GALUSKE fest: "Sozialpädagogische Unterstützung wendet sich potentiell an jeden Menschen mit bestimmten Versorgungsinteressen [...] und/oder (Alltags-)Problemen sachlicher oder personaler Art" (1998: 129).

Durch den Verzicht auf die ausschließliche Betonung von Problemen eröffnet GALUSKE hier einen Spielraum für pädagogisches Handeln jenseits des tradierten Hilfebegriffs.

Die hier vorgeschlagene Kennzeichnung entspricht im Wesentlichen den Voraussetzungen für die Teilnahme an Sozialer Gruppenarbeit in ihrer klassischen Definition (nach WILSON/ RYLAND).

Im Gegensatz dazu ist für therapeutische Angebote eine Selektivität typisch, und zwar in sachlicher, sozialer und zeitlicher Hinsicht (vgl. ebd.: 129).

GALUSKE erklärt diese unter Bezug auf OLK (1986) wie folgt:

Sachliche Selektivität bedeutet den Ausschluss bestimmter Probleme, sowie die Übernahme der vom Therapeuten geleisteten Problemdefinition.

Soziale Selektivität meint die schichtenspezifische Zugänglichkeit zu Therapieangeboten; d.h. die Zugangsschwelle zu solchen Angeboten ist höher, da dem Hilfe Suchenden bestimmte Kompetenzen (u.a. Sprache, Verbalisierungsfähigkeit) abverlangt werden.

Zeitliche Selektivität meint die "Institutionalisierung von Warteschlangen" (OLK 1986 zit. n. GALUSKE 1998: 130), d. h. eine Reduzierung der potentiellen Klientel auf solche Personen, deren Leidensdruck erst so hoch ist, dass eine gewisse Wartezeit in Kauf genommen werden kann (vgl. ebd.: 129f.).

In abgewandelter Form sind diese Selektivitätskriterien auch für den Bereich der HzE und der SGA gültig. In sachlicher Hinsicht wird die im Rahmen des Hilfeplans angefertigte Diagnose zum handlungsleitenden Instrument. Zwar soll der Hilfeplan einen "Hilfeprozeß mit Aushandlungscharakter" (RETHMANN 1997) ermöglichen, wie jedoch unter III/1.2.3 dargelegt wurde, ist es letztlich die vom Experten verfasste psycho-soziale Diagnose, deren Problemdefinition zur Entscheidungsgrundlage wird.

Mit sozialer Selektivität lässt sich der Umstand beschreiben, dass aufgrund gleicher oder ähnlicher Problemdefinition dieselben Maßnahmen anberaumt werden. Dies führt zu einer einseitigen Ausrichtung hinsichtlich bestimmter Problemlagen und Interessen. Die Vielfältigkeit menschlicher Beziehungen und Austauschformen ist daher nicht gewährleistet.[183]

Bezüglich der zeitlichen Selektivität lässt sich festhalten, dass die Verfügbarkeit bestimmter Angebote immer auch der personellen und finanziellen Situation

---

[183] BLUMENBERG/ BAUR/ ENGEL (vgl. 2003: 34) stellen fest, dass etwa 75 % der Gruppen ausschließlich Teilnehmer nach §29 KJHG zulassen.

verpflichtet ist, d.h. im Falle der SGA, dass keine Aufnahme weiterer Teilnehmer möglich ist, wenn vorhandene Gruppenkapazitäten ausgeschöpft sind.

Es bleibt also festzuhalten, dass es sich bei sozialpädagogischer bzw. therapeutischer Intervention um zwei unterschiedliche Handlungsformen handelt, von denen sich die eine nicht in der anderen auflösen kann. Vielmehr erscheint es notwendig, die jeweiligen Stärken herauszuarbeiten.

In Bezug auf die Soziale Gruppenarbeit gilt dabei zweierlei zu beachten: Zum einen sind, laut BAUR/ENGEL (2001) über zwei Drittel der Mitarbeiter ausgebildete Erzieher oder Sozialpädagogen[184] und daher auf eine sozialpädagogische Handlungsweise festgelegt. Zum anderen ist festzuhalten dass Soziale Gruppenarbeit sicherlich auch therapeutische Effekte hat. Diese stellen – das Gleiche wurde auch schon von der deutschen Gruppenpädagogik um KELBER erkannt – jedoch lediglich ein Nebenprodukt des gelungenen Gruppenprozesses dar, während die Arbeit in und mit der Gruppe wesentlich eine pädagogische Hilfe repräsentiert (vgl. dazu KELBER 1970: 128f.).

Dieser Zusammenhang erscheint bezüglich der HzE nicht entsprechend realisiert und gewürdigt. Vielmehr wird hier das Verhältnis zwischen pädagogischer Sozialisationsbegleitung und symptomorientierter Behandlung umgekehrt, sodass von einer Sozialen Gruppenarbeit im ursprünglich gruppenpädagogischen Sinn nicht mehr zu sprechen ist.

4 Möglichkeiten und Risiken einer Neuverortung der Sozialen Gruppenarbeit im KJHG

Berücksichtigt man die bisher dargestellten Elemente Sozialer Gruppenarbeit nach dem KJHG, so bietet sich das Bild einer Methode, die ihrer ursprünglichen und grundsätzlichen Ansprüche und Zielsetzungen beraubt, den Eindruck eines deformierten und zurechtgestutzten Mittels zum Zweck hinterlässt. Der Anspruch, bildend und erziehend wirksam zu sein, verschwindet hinter der Zielsetzung, jeweils situationsadäquat konkrete Problemstellungen zu bearbeiten.

---

[184] Bezüglich des letzten Drittels wurden keine konkreten Aussagen getroffen. Dass es sich dabei jedoch um ausgebildete Therapeuten handelt, ist aufgrund der Beschäftigungssituation eher unwahrscheinlich. Zudem stellen BLUMENBERG/BAUR/ENGEL fest, dass nur ca. 20 % der Mitarbeiter über relevante Zusatzausbildungen verfügen. Diese sind jedoch weniger therapeutisch orientiert, vielmehr beziehen sie sich vornehmlich auf Bereiche wie Kommunikation, Mediation und Gruppenleitung (vgl. 2003).

Im Folgenden sollen daher die Möglichkeiten und Risiken einer Neuverortung der SGA im Kontext des vom KJHG abgesteckten Rahmens untersucht und bewertet werden.

4.1 Soziale Gruppenarbeit und Lebensweltorientierung

Die dem KJHG zugrunde liegenden Strukturmaximen (vgl. 1.2.1) verweisen in ihrer Ausgestaltung auf das dahinter liegende Konzept der Lebensweltorientierung. Wie oben bereits erwähnt, ist dieses Konzept hauptsächlich zurückzuführen auf die Arbeit Hans THIERSCHS (vgl. 1978; 1986; 1992).[185]
Die im *8. Jugendbericht* niedergelegten Orientierungen kommentiert THIERSCH wie folgt:

"Lebensweltorientierte Jugendhilfe hat sich als Signal und Titel in den letzten Jahren durchgesetzt, um Ansätze der Kritik und Gegentendenzen zu Entwicklungen zu bezeichnen, die sich im Zeichen spezialisierter Administration und Sozialtherapie durchgesetzt haben; lebensweltorientierte Jugendhilfe meint ihnen gegenüber die ganzheitliche Wahrnehmung von Lebensmöglichkeiten und Schwierigkeiten, wie sie im Alltag erfahren werden (1992: 24).

Der Bezug, die Hinwendung zum Alltag, ist, so THIERSCH, "Indiz einer Sozialpädagogik, die Lebenswirklichkeit, so wie sie gegeben ist, ernst nimmt und sich von da aus orientiert" (1998/1977: 443). Dabei sind es nicht Verhaltensmöglichkeiten und -stärken, die im Fokus der Betrachtung liegen, sondern vielmehr die Strukturen und Ressourcen der Lebensfelder, in denen sich der Einzelne realisieren kann (vgl. ebd.: 445). Alltäglichkeit in seinem Sinn kann verstanden werden "als generell geltende Verstehens- und Handlungsmuster im Alltag" (THIERSCH 1986: 16).

---

[185] THIERSCH formulierte bereits in den 70er Jahren eine kritisch-interaktionistische Fassung der Sozialpädagogik. Er selbst sah seine Arbeit damals in der Tradition von SCHÜTZ, MEAD und GOFFMAN stehend, deren interaktionistische Analysen aber "mit gesellschaftstheoretischen Annahmen verbunden" werden müssen "und in der Dialektik des konkreten (Kosik) verstanden werden als 'Pseudokonkretheit', die in den sie strukturierenden Faktoren analysiert werden muß" (1977: 1). Hinsichtlich MEAD erwähnt er nur dessen sozialpsychologisches Konzept, den fundamentalen Zusammenhang desselben mit der demokratischen Philosophie ignoriert er dabei zugunsten einer wie auch immer zu verstehenden kritischen Haltung.

NÜBERLIN weist unter Bezug auf C. W. MÜLLER darauf hin, dass sich das Konzept der Lebenswelt fachgeschichtlich auf Jürgen HABERMAS zurückführen lässt:

"Die 'Lebenswelt' wurde damit als ein von Staat und Wirtschaft unabhängiger Bereich aufgefaßt, der aber ihrem nachträglichen Zugriff ausgesetzt war. [...] Den Bereich der 'Lebenswelt' konnte man insofern in Verbindung bringen mit gut, unkorrumpiert, ursprünglich, echt, bewahrenswert – als Wert für den es sich zu kämpfen lohnte" (Nüberlin 1997: 65).

Lebensweltorientierung versteht sich daher als ein innovatives, offensivkritisches und parteilich agierendes Konzept, das aber laut THIERSCH, "keine Alternative zur rechtlich gesicherten, institutionell strukturierten und professionell verantworteten Jugendhilfe" (1992: 25) darstellt.

Die Lebenswelt ist für THIERSCH gekennzeichnet durch Brüche und Schwierigkeiten, die sogleich auf die Aufgabe der Sozialen Arbeit hinweisen, die nämlich darin besteht diese abzumildern, zu beseitigen, um so einen gelingenderen Alltag, eine gelingendere Lebenswelt zu ermöglichen (vgl. ebd.: 27). Diese zu realisieren ist aber nur im Zusammenhang mit den tatsächlichen Alltagsgegebenheiten möglich.

Gemäß dem 8. *Jugendbericht* geht es um die "Orientierung an Alltagserfahrungen und Alltagskonzepten" (vgl. BMJFFG 1990: 81). Der Maßstab für sozialpädagogische Innovation besteht dabei in der Unterordnung unter den gelebten Alltag.

An den gegebenen Verhältnissen anzusetzen, ist für Soziale Arbeit geradewegs selbstverständlich. NÜBERLIN stellt dazu fest: "Soziale Arbeit fängt *immer* da an, wo die KlientIn steht und bezieht sich auf die Welt in der sie lebt" (1997: 66, Herv. i. O.). Auch THIERSCH selbst erkennt diesbezüglich: "Soziale Arbeit war seit ihren Anfängen gleichsam implizit am Lebensweltprinzip orientiert; Leitmaximen wie z. B. 'Anfangen wo der Klient steht', 'Unterstützung in den gegebenen Verhältnissen', 'Hilfe zur Selbsthilfe' machen dies deutlich" (2002: 205; vgl. auch 1993: 12).

Problematisch erscheint in diesem Zusammenhang der Terminus "in den gegebenen Verhältnissen".

Jugendhilfe und die von ihr gewährten Unterstützungsleistungen müssen, laut THIERSCH, so strukturiert sein, "daß sie die individuellen, sozialen und politischen Ressourcen so stabilisieren, stärken und wecken, daß Menschen sich in ihnen arrangieren, ja vielleicht Möglichkeiten finden, Geborgenheit, Kreativität, Sinn und Selbstbestimmung zu erfahren" (1992: 23).

Das Ziel einer solchen Ausgestaltung der Jugendhilfe war und ist es: "Sie wollte Menschen in den gegebenen Lebensverhältnissen zur Bewältigung der Lebensverhältnisse helfen, wollte [...] Menschen primär in den Schwierigkeiten helfen, die sie mit sich selbst und für sich selbst haben, nicht aber in denen, die andere mit ihnen haben." (ebd.: 23f.)

Die letzte, analog zu NOHL formulierte Feststellung verweist in ihrer Bedeutung bereits auf einen Zusammenhang, der lebensweltorientierte Jugendhilfe einzig unter dem moralischen Anspruch der Beseitigung von "Schwierigkeiten" und "Problemen" betrachtet, ohne dabei die genuin pädagogische Aufgabe der Hilfe zur Entwicklung und Entfaltung zu berücksichtigen. In dieser Betrachtungsweise erscheint der Vorgang der Anpassung an vorhandene Unwägbarkeiten als ein einseitiges Arrangement mit sozialen Gegebenheiten.

Anstelle einer wechselseitigen Veränderung von Individuen und Verhältnissen ist eine reaktive Anpassung des Individuums an jeweils veränderte Umstände gefordert.

Verstärkt wird dieser Umstand durch eine latente, konservative Tendenz des Lebensweltkonzepts. Im Anschluss an seine Aussage zur Hilfe in gegebenen Lebensverhältnissen stellt THIERSCH selbst fest:

"Lebensweltorientierung als Arrangement in Verhältnissen, wie sie alle bestimmen, Lebensweltorientierung statt der Frage nach Widersprüchen und Schmerzen, nach sozialen und politischen Konflikten, nach Randständigkeit, Ausgrenzung, Isolation? Gegen solche verkürzenden Mißinterpretationen gilt es, das Konzept lebensweltorientierter Jugendhilfe schwierig, kantig, sperrig zu halten. [...] Um es zu pointieren: Lebensweltorientierte Jugendhilfe bezieht sich nicht auf Bilder einer heilen Welt, wie sie z. B. im konservativen Kontext (als Beschwörung der ursprünglichen Kraft von Familie und Mutter oder von Ehrenamtlichkeit und Nachbarschaft) entworfen, wie sie z. B. aber auch für alternative 'Inseln' in Anspruch genommen werden. Lebensweltorientierte Jugendhilfe ist kein affirmatives, sondern ein kritisches Konzept. Lebensweltorientierung ist Indiz der Krise heutiger Lebenswelt und zugleich Ausdruck des Anspruchs, in dieser Krise angemessen agieren zu können (ebd.: 24f.).

Wie NÜBERLIN feststellt, bleibt in diesem Zusammenhang unklar, wie THIERSCH die durch den lebensweltorientierten Ansatz zu weckenden Selbsthilfepotentiale einordnet (vgl. 1997: 67). Diese sind, analog zu den oben beschriebenen, ebenso "ursprüngliche Kräfte", was in der Konsequenz dazu führt, dass kein wesentlicher qualitativer Unterschied zum "konservativen Kontext" mehr festzustellen ist.

Unter der Voraussetzung, dass die gegebenen Lebensverhältnisse einen gelungenen Alltag ermöglichen, werden diese, entgegen THIERSCHS Ansicht, angenommen. Die von ihm beabsichtigte Verbesserung des Alltags führt letztlich nur dazu, dass dieser in seinem Kern und seiner Struktur erhalten werden soll. Kritik oder kritische Betrachtung der Verhältnisse wird in diesem Zusammenhang unmöglich und unnötig (vgl. ebd.: 67).

Auf den ersten Blick bietet das Konzept der Lebensweltorientierung in Bezug auf die Soziale Gruppenarbeit einen angemessenen Rahmen. Die durch den *8. Jugendbericht* propagierten Strukturprinzipien bieten vordergründig einen Bezugsrahmen, der den Forderungen von Sozialer Gruppenarbeit in ihrer ursprünglichen Gestalt im Wesentlichen entspricht.

Jedoch scheint der Wandel der Jugendhilfe unter Berücksichtigung der soeben dargelegten Ambivalenz des Lebensweltkonzepts nur vordergründig stattgefunden zu haben. Geäußerte Prinzipien gewinnen ihre Kontur und Bedeutung nicht aufgrund ihrer Darstellung, sondern in Bezug auf die ihnen zugrunde liegenden Überlegungen und die daraus resultierenden praktischen Konsequenzen. Beachtet man die Manifestationen dieser Prinzipien im KJHG, so müssen diese als Absichtserklärungen verstanden werden, deren Substanz aufgrund der zugrunde liegenden Rahmenkonzeption wenig Spielraum für weiter gehende Entwicklungen lässt.

THIERSCHS Konzeption bezieht sich nach wie vor auf personale Defizite, Schwierigkeiten und Brüche, die in Zeiten zunehmender Individualisierung und Pluralisierung vermehrt zu bearbeiten sind. Der Rekurs auf den Alltag in seiner Widersprüchlichkeit bedeutet die kritiklose Akzeptanz der gegebenen Verhältnisse. Entwicklung gemäß den Interessen und Neigungen, ist in diesem Zusammenhang nur in den engen Grenzen der gegebenen Lebensverhältnisse möglich.

MÜNCHMEIER/ORTMANN sehen diesen Zusammenhang in ähnlicher Weise: Menschen, die an den gegebenen, modernen Lebensmöglichkeiten partizipieren können und wollen, haben die Möglichkeit, die Angebote Sozialer Arbeit als Dienstleistungsressourcen wahrzunehmen. "Auf der anderen Seite aber bleiben jene Angebote erhalten (oder verstärken sich sogar noch), die eher Interventionscharakter bei Problemen und Defiziten haben, die auf die Korrektur von Abweichungen und ihre sanfte Kontrolle ausgerichtet sind." (MÜNCHMEIER/ ORTMANN 1996: 155) Lebensweltorientierung rechtfertigt somit Interventionen im Namen gesellschaftlicher Normalität.

Die Begründung sozialpädagogischen Handelns erfolgt dabei ausschließlich entlang dem Hilfebegriff. Hilfe zur Bewältigung der gegebenen Lebensverhältnisse wird als moralisch erforderliche Pflicht betrachtet und dementsprechend realisiert. Aspekte sozialer Kontrolle und deren Konsequenzen werden qua Definition ausgeschlossen und so einer demokratisch gesteuerten Bearbeitung entzogen. Dies hat zur Folge, dass sich das Konzept als wenig geeignet erweist, um einen Begründungszusammenhang für die Soziale Gruppenarbeit zur Verfügung zu stellen.

4.2   Soziale Gruppenarbeit und Prävention im Sinne des KJHG

Der Begriff der Prävention zählt, wie bereits unter 1.2.1 dargelegt, zu den Strukturmaximen der Jugendhilfe.

Bezüglich der Sozialen Gruppenarbeit ist diesbezüglich mit GOLL festzuhalten: "Von Prävention [...] kann jedenfalls bei der gegenwärtigen Indikationsstellung und Angebotsstruktur der Sozialen Gruppenarbeit kaum die Rede sein." (1993: 156)

SGA als HzE ist gekennzeichnet durch hohe Zugangsschwellen, die im Regelfall erst dann zu überwinden sind, wenn Probleme bereits manifest geworden sind. Ausgehend von den Feststellungen des *8. Jugendberichts* (1990: 85f.) handelt es sich gemäß der Aufteilung des Präventionsbegriffes (siehe dazu 1.2.1) auch in diesem Fall noch um eine präventive Leistung.

Dieses weit gefasste Verständnis von Vorbeugung lässt sich am ehesten unter dem Gesichtspunkt einer fiskalisch gedachten Prävention verstehen. Der Aspekt der Vermeidung weiter gehender, kostenintensiverer Maßnahmen wurde hier bereits mehrfach erwähnt (vgl. dazu auch JORDAN/ SENGLING 1992: 149 oder BERK in NÜBERLIN 1997: 103).

Versteht man "Prävention" im Sinne von Vorbeugung, so bietet das KJHG mit der Jugendarbeit (§ 11) einen Bereich, in dem solche präventive Arbeit geleistet werden kann. Neben dem Grundsatz der Freiwilligkeit der Teilnahme, sollen dort insbesondere die Prinzipien der Ganzheitlichkeit, Partizipation und Selbstorganisation verwirklicht werden (vgl. MÜNDER U. A. 1998: 161).

Jugendarbeit als dritter Sozialisationsbereich neben Familie und Schule/Beruf hat laut § 11 Abs. 3 KJHG unter anderem eine Bildungsfunktion und dient der Verwirklichung von Sport, Spiel und Geselligkeit.

Der Bereich umfasst, neben der Verbandsjugendarbeit die offene Jugendarbeit sowie gemeinwesenorientierte Angebote (§ 11 Abs. 2; vgl. BMFSFJ 2000: 44; MÜNDER U.A. 1998: 163ff.).

Setzt man diese Forderungen und Aufgaben in Bezug zur Sozialen Gruppenarbeit in ihrer ursprünglichen Gestalt, so lassen sich bedeutende Übereinstimmungen erkennen (vgl. dazu II/1.3.3; vor allem COYLE, aber auch TRECKER und WILSON/RYLAND). Angefangen bei Angeboten der Bildung, der Geselligkeit über die Einbindung ins Gemeinwesen bis hin zur Vielfältigkeit der Träger ergibt sich, unter Berücksichtigung der grundlegenden Prinzipien ein Bild, das den Ansprüchen und Zielen der "klassischen" Sozialen Gruppenarbeit in weiten Zügen entspricht.

Problematisch erscheint in diesem Zusammenhang die Festschreibung im Gesetzestext:

"Jungen Menschen sind die [...] erforderlichen Angebote zur Verfügung zu stellen [...]." (§ 11 Abs. 1)

MÜNDER U. A. stellen dazu fest: Die Definition des Erforderlichen fällt zunehmend schwer, weil "die Auffassung über das, was an erforderlichen Angeboten notwendig ist, sehr stark voneinander abweicht und die verschiedenen Akteure (z.B. Politik, Verwaltung und Träger) aus ihrer jeweiligen Interessenlage eine unterschiedliche Bewertung und Kritik vornehmen" (1998: 162).

Da kein zwingender individueller Rechtsanspruch in Form einer "Muss-Vorschrift" vorliegt, erscheint es angesichts einer solchen Situation mehr als fraglich, ob sich Soziale Gruppenarbeit als eine verbindliche und im Vergleich zu offenen Angeboten relativ personal- und kostenintensive Maßnahme hier etablieren kann.

Hinzu kommt, dass mit der inflationären Verwendung des Präventionsbegriffs eine Entwicklungsspirale in Gang gesetzt wurde, die sich, unter dem Gesichtspunkt explodierender Kosten im Sozialwesen, nur sehr bedingt durchbrechen lässt. Helga TREEß stellt dazu fest:

"Mal sollte die offene Kinder- und Jugendarbeit die Hilfen zur Erziehung verhindern, mal die ambulanten Hilfen zur Erziehung die stationären. Die Hoffnungen, eine Hilfeart könne eine andere verhindern und damit präventiv im Hinblick auf z. B. drohende Stigmatisierung [...] oder Entfremdung von der eigenen Lebenswelt [...] wirken, mussten allerdings durch die Praxis und durch die Ergebnisse zahlreicher empirischer Untersuchungen (z. B. Bürger 1998, Thiersch u.a. 1998) ebenso regelmäßig begraben werden." (2002: 926)

Sie gibt zu bedenken, dass es sich beim Präventionsbegriff um einen Import aus dem Bereich des Strafrechts (Generalprävention) bzw. der Medizin/Psychiatrie (Primär-, Sekundär- und Tertiärprävention) handelt und solchen Präventionsmodellen die kritiklose Unterwerfung unter einen – wie auch immer definierten – gesellschaftlichen Normalitätsbegriff immanent sei (vgl. ebd.: 926). Unter Verweis auf die nach wie vor vorhandenen klinischen Bestandteile der Kinder- und Jugendhilfe bezweifelt sie jedoch, dass es gelingen kann, den Präventionsbegriff einfach zu tilgen (vgl. ebd.: 927).

Angesichts der Ambivalenz des Präventionsbegriffs fordert sie stattdessen eine Sozialraumorientierung entlang den handlungsleitenden Prinzipien Partizipation, Kooperation und Integration. Diese erscheint ihr gerade in bezug auf die Überwindung der einzelfallbezogenen Hilfen zur Erziehung angebracht (vgl. ebd.: 927).

Die Orientierung am Sozialraum führt sie zurück auf die "Praxistheorie des Pragmatismus" (ebd.: 928; oder ausführlich TREEß 1999: 32-40) im Anschluss an MEAD und DEWEY, die, ihrer Meinung nach, hierzulande erst allmählich wieder diskursfähig wird.

Betrachtet man die von ihr in Kürze dargelegten Grundsätze sozialräumlicher Arbeit, so erkennt man die direkte Verbindung zwischen dem von ihr vorgeschlagenen, gemeinwesenorientierten Ansatz und der Sozialen Gruppenarbeit als *social group work*:

Im Zentrum stehen:

- die geäußerten Bedürfnisse der Wohnbevölkerung,
- Stärkung der Selbsthilfekräfte und Eigeninitiative,
- Nutzung der Ressourcen des sozialen Raums,
- Zielgruppen- und arbeitsfeldübergreifendes Arbeiten,
- Koordination und Kooperation aller sozialen Dienste (vgl. ebd.: 933-938).

Gerade bezüglich des pädagogischen Selbstverständnisses und der daraus folgenden Arbeit mit Kindern und Jugendlichen hat die Sozialraumorientierung eine besondere Bedeutung:

Sozialräumliches Handeln erfordert ein Eingehen auf kindliche Bedürfnisse. Ausgehend von physiologischen Grundbedürfnissen, sind es vor allem auch soziale Befindlichkeiten, die es zu beachten gilt (vgl. ebd.: 934). Zudem soll die bei Kindern potentiell vorhandene Bereitschaft und Kompetenz zur Kooperation und zur Übernahme von Verantwortung gefördert werden (vgl. ebd.: 935).

Kinder als Bewohner eines Sozialraums sind zukünftige Ressourcen für die Ausgestaltung desselben und in diesem Verständnis angemessen zu berücksichtigen (vgl. ebd.: 936).

Analog zum Grundsatz Inklusion statt Exklusion ist sozialräumliche Pädagogik eine Pädagogik für *alle* Kinder. Besondere, möglicherweise benachteiligte Zielgruppen sind im Rahmen von Regelangeboten zu fördern (vgl. ebd.: 936f.).

Schließlich bedeutet Sozialraumorientierung in ihrer pädagogischen Wendung "eine Aufforderung an alle sozial Tätigen in einem Gemeinwesen, im Interesse der und nicht gegen Kinder zu agieren [...] und sich gegenseitig immer wieder darauf aufmerksam zu machen, dass die eigentlichen Adressaten des KJHG die Kinder und Jugendlichen sind." (ebd.: 937)

Nach TREEß ist dieses sozialräumliche, an partizipativer Pädagogik orientierte Konzept in das Rahmenkonzept der Lebensweltorientierung einzubinden, wobei die Erschließung "kluger Finanzierungsinstrumente" (ebd.: 927) von besonderer Bedeutung sein wird.

Hier zeigt sich nun die Problematik des Ansatzes. Unter Berücksichtigung des unter 4.1 dargelegten, mitunter problematischen Charakters des Lebensweltkonzepts erscheint das von TREEß favorisierte Konzept als ein richtiger Ansatz, der jedoch den Kreislauf moralisierenden Denkens in der Jugendhilfe zu durchbrechen nicht in der Lage ist. Professionelles sozialräumliches Handeln ist für sie "ausgerichtet an der Verbesserung der räumlich definierten Lebenswelt" (ebd.: 927). Die Ambivalenz des im Lebensweltkonzept angelegten Verständnisses vom gelingenderen Alltag, dass eine mithin konservative Festschreibung des Status quo darstellt, wirkt einem solchen Ansatz jedoch entgegen.

Daher erscheint der Ansatz von TREEß als ein überdenkenswerter Vorschlag, der jedoch in der Konsequenz mit zunehmender Radikalität, sprich einer Abkehr vom Prinzip der Lebensweltorientierung verfolgt werden müsste.

5 Eine kritische Bilanz

Im Anschluss an die bisher erfolgten Ausführungen lassen sich Feststellungen in zweifacher Hinsicht treffen: zum einen bezogen auf die veränderte Situation der Sozialen Gruppenarbeit infolge der rechtlichen Einbindung in den Kontext des KJHG, zum anderen bezüglich der Rahmenkonzeption eben dieses Gesetzes. Verglichen mit der Situation vor Inkrafttreten des KJHG hat die Soziale Gruppenarbeit durch ihre Verankerung im Bereich der Hilfe zur Erziehung eine deutliche Aufwertung erfahren. Dieser angenommene Statusgewinn ist in der Konsequenz jedoch ambivalent zu bewerten. Entgegen der ursprünglichen Absicht realisiert die Konzeption des KJHG, als sozialpolitische Manifestation pädagogischer Absichten, nämlich keinen radikalen Bruch mit den therapeutischen Orientierungen vergangener Zeiten.

Dies führt zu einer Vermischung pädagogischer und therapeutischer Absichten, denen sich auch die SGA nicht entziehen kann. Ihre zweifellos vorhandenen therapeutischen Potentiale werden analog zur historischen Entwicklung in Deutschland über Gebühr hervorgehoben.

Die Beseitigung psychologisierender und individualisierender Tendenzen wurde zwar beabsichtigt, aber anschließend nicht konsequent verwirklicht. Die Hilfen zur Erziehung werden dabei zu einer defizitorientierten Methode der Symptombehandlung, wohingegen Entwicklungspotentiale und -chancen ins Hintertreffen geraten.

Durch das Konzept der Lebensweltorientierung fachlich abgesichert, normiert das KJHG sozialpädagogisches Handeln. Diese Normierung erfolgt vielerorts unter dem Zwang der Einsparung von Kosten, was zur Folge hat, dass sozialpädagogische Maximen zugunsten von finanziellen Interessen zurücktreten müssen.

Für die Soziale Gruppenarbeit bedeutet dies, dass sie durch ihre rechtliche Verortung zu einem Instrument in der Verfolgung bestimmter Zwecke wird. Eingesetzt, um gesellschaftliche Normalitätserwartungen durchzusetzen, tritt ihr ursprüngliches Anliegen der Hilfestellung bei der Artikulation sozialer Interessen, hinter diese staatlich verordnete Hilfe zurück.

Das Konzept der Lebensweltorientierung, so progressiv und innovativ es auf den ersten Blick auch erscheint, rekurriert in seiner Struktur auf die konservative Strategie des "sich selbst Bescheidens". Grundlegende Veränderungen in der

Betrachtung des Sozialen scheinen politisch nicht opportun und fachlich nicht gewollt zu sein.

Dementsprechend ambivalent bis unergiebig zeigt sich der Blick in die Zukunft der Methodenentwicklung.

So zeugen GALUSKES Thesen zur Methodenfrage (vgl. 1998: 143-146) vom Versuch einer differenzierten Sichtweise und Behandlung des methodischen Vorgehens der Sozialpädagogik, der aber letztlich daran scheitert, dass unter dem Stichwort "Lebensweltorientierung" der zentrale Fluchtpunkte der Methodenentwicklung und -reflexion in der Sozialen Arbeit subsumiert wird (vgl. ebd.: 146).

Die von GEIßLER/HEGE erarbeiteten *Konzepte sozialpädagogischen Handelns* (1999/1988), die sich aufgrund ihres zeitlichen Ursprungs nicht am Konzept der Lebensweltorientierung orientieren, verweisen speziell, bezogen auf die Gruppenarbeit, auf ein Konzept der Gruppenpädagogik (vgl. ebd.: 174ff.). Innerhalb dieses Rahmenkonzepts erscheint die Soziale Gruppenarbeit neben dem Gruppenunterricht als eine der konkreten Methoden. Sie stellen eine weitgehende Parallelität zwischen der Entwicklung des von ihnen Gruppenpädagogik genannten Konzepts und der Entwicklung der Sozialen Gruppenarbeit fest (vgl. ebd.: 198). Jedoch beziehen sie sich im Weiteren vorwiegend auf die Arbeit Gisela KONOPKAS, was angesichts von KONOPKAS therapeutischer Orientierung wiederum zu einem spezifisch gefärbten Bild der Methode führt.

Die Trennung zwischen Sozialer Gruppenarbeit und Gruppenpädagogik verweist auf einen wenig sensiblen Umgang mit der historischen Entwicklung der Methode. Mit dem Konzept der Gruppenpädagogik setzen GEIßLER/HEGE auch, dass ihrer Meinung nach wenig pädagogische *social group work* gleich, welches vornehmlich der Ausbildung demokratischer Strukturen dienen sollte. Der dabei vorauszusetzende Zusammenhang zwischen Erziehung und Demokratie bleibt demgegenüber weitgehend unberücksichtigt, sodass auch dieser Ansatz als nur wenig brauchbar erscheint.[186]

---

[186] Auch FREYS Arbeit zur Gruppenpädagogik von Magda KELBER (2003) trägt hier nicht zu einer konzeptionellen Klärung bei. Während sich FREY anfänglich bemüht, Differenzen zwischen Sozialer Gruppenarbeit und Gruppenpädagogik herauszuarbeiten, gesteht er später ein, dass Magda KELBER bei einer USA-Reise 1949 mit den klassischen Ansätzen des *social group work* in Kontakt kommt und diese produktiv aufnimmt (vgl. 85-95). In der abschließenden kritischen Würdigung der Arbeit KELBERS (vgl. 173ff.) wiederum meint er, die "amerikanische Soziale Gruppenarbeit" (ebd.:176) und die Arbeit von KELBER seien nicht synonym zu verstehen. Insbesondere kritisiert er die "anpassende Wirkung" (ebd.) der amerikanischen Ansätze. Unabhängig vom Missverständnis des Begriffs der Anpassung erscheint hier

Eine mögliche Alternative zu diesen Konzepten bietet der noch vorsichtig von TREEß umrissene Ansatz einer Sozialraumorientierung (vgl. 4.2). Trotz des Bezugs auf die Lebensweltorientierung erscheint hier erstmalig der Versuch Sozialpädagogik als eine "Pädagogik des Sozialen im Sozialen" zu denken – ein Verständnis, das dem der Sozialen Gruppenarbeit in ihrer ursprünglichen Konzeption sehr ähnlich ist

Die dort niedergelegten Grundsätze weisen in ihrer Struktur auf die bereits von DEWEY erkannte Bedeutung der Demokratie als sozialer Größe, also als Lebensform, die es durch Erziehung zu verwirklichen gilt.

Die von TREEß aus einer sozialpädagogisch-fachlichen Perspektive formulierten und vorgetragenen Gedanken bieten, wenn auch mit Abstrichen, durchaus Analogien und Anknüpfungspunkte an ein, am Pragmatismus orientiertes Verständnis des Sozialen.

Jedoch lassen sich in der mittlerweile im sozialpädagogischen *mainstream* verorteten Debatte um die Sozialraumorientierung durchaus kontroverse Positionen ausmachen.[187] Zunächst einmal lässt sich, so SCHIPMANN, feststellen, "dass es in der Jugendhilfe keine allgemein verbindliche Definition des Begriffs 'Sozialraum' oder 'Sozialraumorientierung', es im Gegenteil aber erhebliche Differenzen in der Ausgestaltung gibt" (2002: 132; vgl. dazu auch FIGIEL/MEYER 2002b: 373f.). Genauer – und für den hier zu verhandelnden Gegenstand verkürzt – lassen sich zwei Akteursperspektiven ermitteln: zum einen die Kommunen, die steigende Kosten im Jugendhilfebereich nicht weiter tragen wollen oder können, und zum anderen die Protagonisten der Sozialraumorientierung, die durch ihre Aktivität bestimmte gesellschaftspolitische Vorstellungen umsetzen wollen.

Während die Kommunen durch sozialräumlich agierende Handlungsstrategien und Instrumente effektiv versuchen, Kosten zu reduzieren, wollen die zumeist aus dem Feld der Gemeinwesenarbeit stammenden fachlichen Vertreter der Sozialraumorientierung fachliche Innovationen fördern. Der Hintergrund und Ursprung dieser Entwicklung ist, wie WOLFF (2002: 41ff.) ausführt, in der Entwicklung der Jugendhilfe in den 90er Jahren zu identifizieren. Ständig steigende Jugendhilfekosten, eine zunehmende Ökonomisierung der Sozialen Arbeit (vgl. dazu TRAPPER 2002: 266ff.) und fachliche Kritik an den "versäulten", sprich spezialisierten Erziehungshilfen (vgl. WOLFF 2002: 42) führten dazu, dass das

---

zwischen den Zeilen einmal mehr die Sichtweise, dass die Soziale Gruppenarbeit in Deutschland lediglich ein Produkt des Ansatzes von Gisela KONOPKA sei.

[187] Vgl. u. a. die verschiedenen Beiträge in den Bänden von MERTEN (Hg.) (2002) und SPI (2001) sowie die Artikel von HINTE (2002) und FIGIEL /MEYER (2002a; 2002b).

mit dem KJHG assoziierte Konzept der Lebensweltorientierung als nicht mehr angemessen betrachtet wurde. Produkt dieser Kritik waren die so genannten Flexiblen bzw. Integrierten Hilfen in Jugendhilfestationen (vgl. dazu TRAPPER 2002: 294ff.), deren Ausgestaltung gemäß § 1 Abs. 3, Satz 4, KJHG sehr eng an die sozialräumliche Umgebung der Adressaten angebunden ist. Sozialraumorientierung sollte dabei helfen, die Lebensweltorientierung entlang der Strukturmaximen des *8. Jugendberichts* tatsächlich zu verwirklichen.

Seit Mitte der 90er Jahre versuchen die Kommunen unter dem Begriff "Neue Steuerung" (vgl. dazu BMFSFJ 2002: 79ff.), zunehmend einen Umbau der Jugendhilfe unter Kostengesichtspunkten zu realisieren. Hier konvergieren nun, so WOLFF, zwei unterschiedliche Entwicklungsstränge: einmal der fiskalische Aspekt, andererseits die fachliche Innovation, die sich vom Einzelfall zum Feld hin orientierte. "Hatte sich das Lebensweltkonzept – und darauf aufbauend auch das Konzept der Integrierten Hilfen – noch als pädagogisches im Sinne einer Stärkung der Betroffenenperspektive verstanden, so ist heute davon auszugehen, dass die Sozialraumdebatte hauptsächlich um Finanzierungs- und Planungsfragen kreist." (WOLFF 2002: 48) Letzteres bestätigt auch ein von der Internationalen Gesellschaft für erzieherische Hilfen (IgfH) und dem SOS-Kinderdorfverein in Auftrag gegebenes Rechtsgutachten. Johannes MÜNDER, der Verfasser des Gutachtens, betrachtet unter dem Aspekt der Kompatibilität von Sozialraumorientierung und KJHG vornehmlich den Aspekt der Finanzierung durch so genannte Sozialraumbudgets (vgl. MÜNDER 2001: 6-124, hier besonders: 13). Unter dem gleichen konzeptionellen Schwerpunkt erscheinen auch die knappen Ausführungen des *11. Jugendberichts* der Bundesregierung zur Sozialraumorientierung (vgl. BMFSFJ 2002: 85f.). DAHME/WOHLFAHRT stellen dazu fest: "Die gegenwärtige Renaissance der Sozialraumorientierung muss demnach als Ausdruck und Bestandteil der aktuell laufenden Modernisierung von Staat und Verwaltung gewertet werden und ist durch die Einführung von Sozialraumbudgets Bestandteil der sog. 'Effizienzrevolution' in den Kommunalverwaltungen." (2004: 269)

Berücksichtigt man die massiven Finanzprobleme der Kommunen, so erscheint es als wahrscheinlich, dass der Streit zwischen fachlicher und fiskalischer Interpretation eher zugunsten der Letzteren ausgehen wird.

Aufgrund der nach wie vor im Gang befindlichen Diskussion lässt sich das Konzept der Sozialraumorientierung nicht abschließend bewerten. Unabhängig davon lässt sich festhalten, dass sozialräumliches Handeln, das auf den Zusammenhang der Kinder- und Jugendhilfe begrenzt wird und damit wesentliche Teile der Bevölkerung ignoriert, in Bezug auf eine demokratische Gestaltung des gesamten Gemeinwesens eine nur partielle Bedeutung haben kann. Partizipation – als zentraler Begriff des Konzepts – muss alle Bevölkerungsteile einschließen und sich nicht, wie es hier der Fall ist, auf Kinder und Jugendliche bzw. indirekt deren Eltern beschränken. Sozialraumorientierung, in einem fiskalischen Sinn verstanden, fügt dem personenzentrierten Lebensweltkonzept lediglich eine sozialstrukturell-planerische Perspektive hinzu, sie verändert jedoch nicht die grundsätzliche Betrachtung gesellschaftlicher Zusammenhänge. Statt einer Betrachtung des 'Sozialen' als konstitutiver Aspekt der Gesellschaftsformation scheint hier einmal mehr jene deutsche Tradition durch, die das 'Soziale' als ein wie auch immer geartetes Problemverhältnis definiert.

IV   Schluss: Ein alternativer Zugang

Die Rekapitulation der bisherigen Aussagen in Form eines Fazits ist ein notwendiges Merkmal einer historischen Rekonstruktion der Entwicklung der Sozialen Gruppenarbeit. Angesichts der offensichtlichen und gravierenden Unterschiede hinsichtlich des ursprünglichen und aktuellen Verständnisses der Methode drängt sich jedoch ein zweites Anliegen geradezu auf und zwar gilt es zu fragen ob überhaupt ein Zusammenhang zwischen der Arbeitsform und der zugrundeliegenden Philosophie und wie er gegebenenfalls geregelt ist, wie er sich effektiv gestalten lässt und welche Bedeutung ihm heute beigemessen werden kann.

Daher sollen die gewonnenen Erkenntnisse in konstruktiver Form aufgenommen und in aktuelle pädagogische und sozialphilosophische Diskussionszusammenhänge eingebunden werden. Dies betrifft vor allem zwei Aspekte, die sich im Laufe der Arbeit als wesentlich herausgestellt haben: einmal die theoretische Anbindung und Einordnung der Sozialen Gruppenarbeit sowie das daraus resultierende inhaltliche Verständnis und zum zweiten, die strukturelle Verortung und Relevanz eines so verstandenen Konstrukts. Dies geschieht nicht unter der Prämisse der Theoriebildung, sondern soll vielmehr als skizzenhafter Überblick und Umriss über Bedingungen und Perspektiven zukünftiger Entwicklung verstanden werden.

Die bisherigen Ausführungen haben ein sehr heterogenes Bild der Methode der Sozialen Gruppenarbeit gezeigt. In ihrer ursprünglichen Konzeption handelt es sich um eine genuin pädagogische Methode, um eine Methode, die, um im amerikanischen Verständnis des Begriffs zu bleiben, eine eindeutige philosophische Haltung und Zielsetzung in sich birgt. Diese ist für die Soziale Gruppenarbeit/Gruppenpädagogik mit der Orientierung am demokratischen Ideal und an dessen anzustrebender Verwirklichung gegeben. Im Verlauf ihrer Entwicklung und Rezeption in Deutschland wurde die Methode – gemäß dem deutschen Verständnis des Begriffs – dahin gehend verändert, dass die zugrundeliegenden Haltungen immer stärker hinter die therapeutischen Effekte, die die Soziale Gruppenarbeit quasi als Beiprodukt zu zeitigen vermag, zurückgetreten sind.
Die Gründe hierfür sind vielschichtig: Ausgehend von einem mangelnden Verständnis des Demokratiebegriffs, das neben fehlender Erfahrungen auch und vor allem durch eine generell verschiedene Sichtweise des Verhältnisses von Individuum und Gesellschaft bedingt war, wurde die strukturelle Konzeption des Bil-

dungs- und Sozialwesens – trotz anders lautender Empfehlungen – in zweifacher Hinsicht entlang von Selektionskriterien angelegt: einmal durch die horizontale Differenzierung des Sozial- und Bildungswesens in voneinander geschiedene Bereiche und zum anderen durch eine vertikale Differenzierung über Ausschlusskriterien. Die für demokratische Gesellschaftsentwicklung essentielle Bedingung und Wertschätzung einer Pluralität der Lebensformen wurde so verhindert und zugunsten einer vermeintlichen Homogenität der Lebenspraxen geopfert. In Verbindung mit der allgemeingesellschaftlichen Tendenz zur Psychologisierung unterschiedlichster Lebensbereiche – der sich auch der Bereich der Sozialen Arbeit und mit ihm die Gruppenarbeit nicht entziehen konnte – wurde so demokratische Strukturbildung nachhaltig verhindert. Darüber hinaus wirkt ein Verständnis von Sozialer Arbeit, das sich grundlegend am Begriff einer individuellen Hilfe in Notlagen orientiert und versucht, diese im Namen gesellschaftlicher Normalität zu harmonisieren und auszugleichen. Demokratie verstanden als soziale Größe und Lebensform spielte dabei keine Rolle.

Die aktuelle Situation und Ausrichtung der Sozialen Gruppenarbeit ist – analog zu den in dieser Arbeit beschriebenen Vorgängen – als Indikator dieser Entwicklungen und Verhältnisse zu betrachten.

Beachtet man nun ihre Wurzeln in der Philosophie des Pragmatismus (vgl. II/1.1ff.), so zeigt sich dort das Bild einer gänzlich anderen Betrachtungsweise gesellschaftlicher Organisation.
Sicherlich könnte man diesbezüglich einwenden, dass es sich dabei um eine nicht mehr zeitgemäße philosophische Denkweise handelt, die an ihre Zeit gebunden und nur dort Anspruch auf Relevanz erheben konnte.
Dass dies nicht der Fall, ist lässt sich anhand verschiedener neuerer Arbeiten aufzeigen: Amy GUTMANNS Democratic Education (1999/1987) steht dabei quasi am Anfang der Neubelebung des Zusammendenkens von Demokratie und Erziehung.
Im Vorwort der 1999 erschienenen überarbeiteten Auflage stellt sie daher fest, dass die zentrale Frage der politischen Erziehungstheorie "How should citizens be educated, and by whom?" in den USA seit Erscheinen ihrer Arbeit zunehmend an Bedeutung gewonnen hat (vgl. GUTMANN 1999: xi).
Die notwendige Bedingung zur Realisierung einer angemessenen staatsbürgerlichen Erziehung besteht für sie darin, "to cultivate the skills and virtues of deliberative citizenship" (ebd.: xiii).

Diese, so GUTMANN weiter, sollte nicht das Produkt einer bewussten, absichts-vollen Erziehung darstellen, sondern vielmehr ein unbeabsichtigtes Nebenpro-dukt der Erziehungsanstrengungen abgeben (vgl. ebd.: xiii f.). Was sie darunter versteht, legt sie in Kürze in dem 1991 erschienenen Artikel *Undemocratic Education* dar.

Ausgehend von einer in Analogie zu DEWEY stehenden Kritik an den Staatsvor-stellungen und den daraus resultierenden Erziehungskonzeptionen PLATOS und ROUSSEAUS, stellt sie sich die Frage nach einer adäquaten Kombination von Freiheit und Tugend: "how to combine freedom with virtue" (GUTMANN 1991: 75).

Neben der Vermittlung von Toleranz ist es für sie insbesondere der gegenseitige Respekt bezüglich begründeter moralischer Unstimmigkeiten, der die Tugend-haftigkeit einer Demokratie ausmacht. Diese sieht sie am besten verwirklicht in einem "frankly liberal or Deweyan sense" (ebd.: 76).

Die Gründe hierfür sind vielschichtig: zum einen der Verzicht auf das Diktat des "common sense", zum anderen die grundsätzlich kritische Haltung gegenüber jenen erzieherischen Autoritäten, die versuchen, die Interessen und die Entwick-lung von Kindern zu beschränken; und nicht zuletzt die Unterstützung derjeni-gen Institutionen, die versuchen, die in einer Demokratie unvermeidbaren Diffe-renzen bezüglich der Erziehung zu integrieren.

Dabei ist sie sich der Tatsache bewusst, dass ein derartiges Verständnis nicht sämtliche Probleme beseitigen kann: "The threat of repression and discrimination remains. Democratic processes can be used to destroy democratic education." (ebd.: 76)

GUTMANN sieht die vornehmlichste Aufgabe einer demokratischen Gesellschaft darin, derartige Vorgänge zu verhindern. Um die intellektuellen und sozialen Ressourcen der Demokratie zu bewahren, ist es an der demokratischen Erzie-hungstheorie, die Bürger zu befähigen, ihre Entscheidungen und ihre Politik auf nichtdiskriminierende und nichtrepressive Weise zu gestalten.

"Democracy must be understood not merely (or primarily) as a *process* of ma-jority rule, but rather as an *ideal* of society whose adult members are, and con-tinue to be, equipped by their education and authorized by political structure to share in ruling. A democratic society should educate all educable children to be capable of participating in collectively shaping their society." (ebd.: 77)

Nicht die völlige Übereinstimmung aller Bürger mit dem Ideal ist gefordert, sondern vielmehr die Möglichkeit einer maximalen Gestaltungsfreiheit der Bürger im Rahmen dieses Ideals. Die Gewährleistung einer dauerhaften, bewussten sozialen Reproduktion "must cultivate the kind of character and the kind of intellect that enables people to choose rationally (some would say 'autonomously') among different ways of life" (ebd.: 77).

Die Voraussetzung dafür ist, wie zuvor erwähnt, der Verzicht auf Praktiken der Diskriminierung und Unterdrückung. Dieser muss durch Werte wie Wahrhaftigkeit, Gewaltverzicht, religiöse Toleranz, die Achtung und Anerkennung gegensätzlicher Meinungen sowie die Fähigkeit, mit Bedacht zu handeln, ergänzt werden. Daraus resultiert die Fähigkeit zur Partizipation am sozialen Leben (vgl. ebd.: 79).

GUTMANN verwehrt sich einer Betrachtung des demokratischen Ideals in Form eines kollektivistischen Determinismus. Ein auf metaphysische Annahmen basierendes, kollektives Selbst existiert ihrer Meinung nach nicht. Vielmehr stellt sie fest: "There are just so many individual selves that must find a fair way of sharing the goods of a society together." (ebd.: 80)

Einen fairen und überlegt gesteuerten Umgang in der Gestaltung des gesellschaftlichen Miteinanders zu finden ist dabei notwendige, aber nicht hinreichende Bedingung für eine demokratische Gesellschaft. Ebenso zentral erscheint GUTMANN die Feststellung, dass demokratische Erziehung nur möglich ist, wenn die entsprechenden legislativen Rahmenbedingungen gegeben sind. "[G]ood laws, which are the consequence of peaceful political agitation in a democracy, are the source of good education, and good education in turn creates good citizens." (GUTMANN 1999: 282) Gemeint sind damit nicht ausschließlich Gesetze die sich auf die Schule oder weitere mit Bildungs- und Erziehungsfragen befasste Institutionen beziehen, sondern auch jene, die ökonomische und politische Rahmenbedingungen betreffen (vgl. dazu auch McDONNELL 2000: 4).

Das Anliegen demokratischer Erziehung in ihrem Verständnis fasst sie im Nachwort zu *Democratic Education* (1999) prägnant zusammen: "Democratic education [...] aims to teach understanding and appreciation of liberty and justice for all from multiple perspectives." (GUTMANN 1999: 315)

Der Frage nach der Beschaffenheit demokratischer Prinzipien geht A. Vic KELLY in seiner Arbeit *Education and Democracy. Principles and Practices* (1995) nach. Ausgangspunkt seiner Arbeit ist die Feststellung, dass die gerade erwähnten Prinzipien demokratischen Zusammenlebens in England durch erziehungspolitische Bestrebungen der Gefahr der Erosion ausgesetzt sind. "'Democracy' along with all other concepts to be found in political theory, is like 'trousers' in that it is something we tend only to talk about when it is not there or looks likely to fall." (KELLY 1995: XIV) Die aktuelle Situation verlangt daher nach einer Reflextion der Fundamente demokratischen Zusammenlebens. Er geht dabei davon aus, dass "[a]ll social institutions and all social politics in a democracy must be founded on democratic principles of a more sophisticated kind than mere approval by a duly elected government or by majority vote. They must represent the essence of democratic living, and must support and promote its continuation." (ebd.: XVI)

Der Vergleich verschiedener nichtdemokratischer und liberaler politischer Theorien ermöglicht ihm schließlich ein erstes Fazit hinsichtlich der Grundrichtung demokratischer Prinzipien: Demokratie ist für KELLY sowohl ein moralisches als auch ein politisches Konzept. "Indeed it might be claimed that the most important single characteristic which distingiushes democratic forms of political organization from other forms is that, unlike those other forms, they have firm moral roots, and are based on, and justified by clear moral principles." (ebd.: 48). Folgende Prinzipien lassen sich dabei identifizieren: "a concern for the protection of human rights, for the equality of all citizens, for the maximation of individual liberty and for the maintenance of popular sovereignity" (ebd.). Diese formalen Kriterien gilt es jedoch mit Leben zu erfüllen, um sie nicht zu bloßen Postulaten einer demokratischen Absicht werden zu lassen. So müssen, ausgehend von der Annahme, dass soziales Zusammenleben der Natur des Menschen entspricht, konkrete Wege der Verwirklichung ebenjener Sozialität gefördert werden. "[I]ts prime purpose is to promote such collaboration and not merely protect the individual in his or her private ambitions." (ebd.) Dabei ist entscheidend, dass die Fähigkeit zu gemeinschaftlich-kooperativem Handeln die Ressourcen einer demokratischen Gesellschaft wesentlich mitbestimmt. Wie diese effektiv genutzt werden können, ist eine Frage des Umgangs mit Wissen im Sinne von "knowledge". KELLY geht davon aus, dass "one of the most serious sources of threat to a democracy is the adaption, or the blind assumption, of rationalist, universalistic, postivist views of knowledge" (ebd.: 49). Wird Wissen als eine Form von ewigen und fixierten Wahrheiten betrachtet, so folgt daraus zwangsläufig ein System der Erziehung und Bildung, das in seinem Charakter undemokratisch und totalitär ist. Vielmehr muss Wissen von einem weniger dogmatischen und offeneren Standpunkt aus erarbeitet werden. "And that openness is necessary because of that lack of dogmatism, because of the need to create a social and political environment in which 'knowledge' can genuinely be challenged and, when appropriate, modified and changed, and because of the importance of a social and political context which can accommodate difference." (ebd.: 96) Ein Erziehungswesen, das auf einer solchen Konzeption von Wissen aufbaut, ist in seiner Tendenz ebenso offen wie demokratisch.

Um nun die genannten Grundbedingungen in eine fruchtbare Relation zu bringen, ist es, so KELLY, zuerst – hier verdeutlicht er das Anliegen GUTMANNS – notwendig, dass *alle* gesellschaftlichen Praktiken und Bereichen von dem Wissen durchdrungen werden, dass die Demokratie wesentlich von den genannten Prinzipien abhängig ist. Nur so kann es gelingen, ein Erziehungssystem zu etablieren, das wiederum den Kriterien entspricht und den jungen Menschen die fundamentale Bedeutung ebenjener demokratischen Anforderungen nahe zu bringen vermag (vgl. ebd.: 169). Nur so kann es gelingen, Tendenzen der Apathie und des Rückzugs unter den Bürgern effektiv und langfristig zu begegnen. "In a democratic society, then education should be expected to take deliberative steps toward producing citizens who, even if they will not themselves be centrally engaged in policy-making, will appreciate the need to be aware of the actions of those who are competent to form opinions and judgements about them." (ebd.: 170) Die Erzeugung von Öffentlichkeit wird hier nicht zwangsläufig mit dem konkreten Engagement innerhalb der Gemeinschaft gleichgesetzt, sondern vielmehr als Fähigkeit zur kritischen Reflexion angebotener bzw. vorgestellter Möglichkeiten gedeutet. Die Erreichung eines solchen Zustandes ist davon abhängig, inwieweit es wiederum gelingt, junge Menschen durch Erziehung darauf vorzubereiten. Moralerziehung erscheint ihm hier als angemessener Weg. Er wehrt sich daher gegen eine "minimalist ideology" des reinen "upbringing" (ebd.: 171), lehnt aber auch eine religiös-dogmatisch operierende Indoktrination (vgl. ebd.: 172) ab. "Morality in a democratic society must be essentially humanist." (ebd.: 173) Diese Moralität demokratischer Werte wiederum darf jedoch nicht ausschließlich auf die Erziehung bezogen sein, sondern muss – entsprechend der obigen Aussagen – in allen gesellschaftlichen Bereichen und Institutionen reflektiert und ständig geprüft werden.[188]

---

[188] Hier geht KELLY einmal mehr konform mit GUTMANN. Diese weist unter Berufung auf die Ansätze RAWLS' und KOHLBERGS und bei gleichzeitiger Zurückweisung von deren sozialphilosophischen Absolutheitsansprüchen auf die Zentralität einer am Modus des "associated living" orientierten Moralerziehung hin. "Even if the morality of association is, as both Rawls and Kohlberg suggest, a subordinate philosophical ideal, it still may be the primary political ideal for democratic education within primary schools." (GUTMANN 1999: 62).

Das Funktionieren einer demokratischen Gesellschaft ist somit abhängig von einer bewussten Reproduktion der für sie konstitutiven Werte. Diese ist wiederum bedingt durch ein demokratisch durchdrungenes und entsprechend organisiertes System der Erziehung. Eine so verstandene Moralerziehung ist, so KELLY, auf den Bereich der "citizenship education" zu übertragen und auszudehnen. "It [citizenship education; S.G.] must [...] extend that democratic form of morality from theory into practice, from making the informed moral decisions and evaluations into effective participation in the governance of society." (ebd.: 184)[189]

Wilfred CARR und Anthony HARTNETT haben, analog zu KELLY, in *Education and the Struggle for Democracy* (1996) die Situation des Erziehungswesens und der Erziehungspolitik in England vor Augen. Sie konstatieren in ihrer erziehungshistorischen Studie eine De-Intellektualisierung der Erziehungspolitik, die einhergeht mit einer, wie sie es nennen, Fragmentierung der Erziehungstheorie, die wiederum in engem Zusammenhang mit einer Entpolitisierung des Diskurses über Erziehung steht.

Um die Debatte über Erziehung neu zu beleben, sind ihrer Meinung nach folgende Kerninhalte zu beachten. Einmal muss Erziehung als konstitutiver Bestandteil gesellschaftlicher Wandlungsdynamik betrachtet werden, der zur Reproduktion des kulturellen, ökonomischen und politischen Lebens beiträgt. Davon ausgehend muss neben dem Beitrag zur Reproduktion vorhandener gesellschaftlicher Ressourcen die inhärent wirksame Kraft zur Transformation gesellschaftlicher Muster Beachtung finden. Zudem muss berücksichtigt werden, dass Veränderungen in der Erziehung immer auch einen Wett- und Widerstreit von Meinungen, Ideen und Konzepten hervorrufen, die es wiederum angemessen zu bearbeiten gilt (vgl. CARR/HARTNETT 1996: 36f.).

Ausgehend von diesem konzeptuellen Rahmen nähern sich CARR/HARTNETT den traditionellen theoretischen Mustern der Erziehung in Großbritannien, die sie zuerst allgemein behandeln, um sie dann am Beispiel DEWEYS zu kontrastieren. In Bezug auf dessen *Democracy and Education* folgern sie, dass die Arbeit als eine Erziehungsphilosophie lesbar ist, die erkennt, dass jede zukünftige Vision von Erziehung in einer liberal-demokratischen Gesellschaft auf grundsätzlich

---

[189] NIE und HYLLAGUS (2001) stellen infolge empirischer Untersuchung in einer Studie für die Vereinigten Staaten fest, dass "citizenship education" umso bessere Resultate zeitigt, umso früher sie einsetzt. "We conclude, in fact, the skills acquired earlier in the educational process (or perhaps even before that) may ultimately be more important than postsecondary experiences in shaping future levels of political and civic engagement." (NIE/HYLLAGUS 2001: 31)

anderen Annahmen basieren muss als jenen, die der klassische Liberalismus zur Verfügung stellt. Zugleich wirft eine solche Erziehungsphilosophie neue Fragen auf und beseitigt alte Gewissheiten (vgl. ebd.: 66). Ausgehend vom dort entworfenen Bild der Erziehung drängt sich ihnen die Frage auf, was aus der Erkenntnis resultiert, dass die liberal-demokratische Tradition "is open and indeterminate and hence subject to reinterpretation and reconstruction as it passes from one historical context to another" (ebd.:66).

Die daraus resultierende folgende Darstellung der englischen Erziehungsgeschichte ab dem 19. Jahrhundert (vgl. ebd.: 67-182) ist für den hier vorliegenden Zusammenhang nicht weiter von Interesse. Bedeutung erlangen vielmehr die Folgerungen der Autoren, die diese im Sinne einer Einschätzung der Bedeutung und des Inhalts demokratischer Erziehung im 21. Jahrhundert verstanden wissen wollen:

Unter Berufung auf HELD sehen CARR/HARTNETT die wesentliche Aufgabe einer demokratischen Erziehungstheorie in der Beförderung der "'double democratisation' – a process aimed at the simultaneous democratic development of both education and society" (ebd.: 189). Eine demokratische Erziehungstheorie muss also Erziehung so konzipieren, dass sie sicherstellt und anerkennt, dass die demokratische Gesellschaftsentwicklung an sie gebunden ist und umgekehrt, die Gesellschaftsentwicklung unter Berücksichtigung der Bedeutung der Erziehung vonstatten zu gehen hat.

Ausgehend von diesem doppelten Auftrag muss Erziehung so gestaltet werden, dass sie divergente Meinungen und Anliegen jederzeit aufnehmen und konstruktiv bearbeiten kann.

"[S]ince a democracy is a society whose members collectively discuss issues which they themselves consciously recognize as having practical signifcance for the conduct and organzation of their own shared social life, any democratic vision of education will be committed to fostering a wide public debate in which educational policies and proposals can be tested through critical dialogue and in which all can participate irrespective of occupational status and technical expertise." (ebd.: 191)

Dieser öffentliche Charakter der Erziehung, der unter der oben gestellten doppelten Aufgabe eine weiter gehende und umfassende Formierung einer Öffentlichkeit einschließt, bedingt zugleich, dass Reformen im Erziehungswesen nicht entlang einer marktorientierten Sichtweise erfolgen dürfen. Erziehung darf nicht zur konsumierten Ware werden, sondern muss als öffentliches Allgemeingut dazu beitragen, die Partizipationsmöglichkeiten aller Menschen auf Dauer zu verbessern. Wahlfreiheit muss als demokratisches Prinzip gewährleistet werden, jedoch nicht in einem rein individualistischen Sinn, sondern auch kollektiv, im Sinne einer gesamtgesellschaftlichen Entscheidung zum gemeinsamen Nutzen.

"A democratic vision of education is thus one that recognizes that education has a vital role to play in creating an informed and educated public who can exercise their collective choice about the future direction that their society should take." (ebd.: 192).

Eine solche Forderung bedingt und dies heben die Autoren besonders hervor, dass *ausnahmslos alle* Mitglieder einer demokratischen Gesellschaft einen Anspruch auf Erziehung und Bildung haben. Denn nur wenn dies vorausgesetzt wird, lässt sich die zentrale Aufgabe realisieren: "The outstanding educational task is not to *defend* democracy by *reproducing* society, but to *create* democracy by *transforming* society." (ebd.: 199, Herv. i. O.)

Die drei hier dargelegten Ansätze einer demokratischen Erziehungstheorie vereinen somit folgende Anliegen: Demokratische Erziehung ist sowohl ein politisches als auch ein erzieherisches Ideal. Politische Kontroversen über erzieherische Fragestellungen repräsentieren somit eine wichtige Quelle gesellschaftlichen Fortschritts. Dabei gilt, dass eine demokratische Erziehungstheorie keine umfassenden Problemlösungen anbieten kann, sondern nur aufzeigen kann, wie Probleme unter Zuhilfenahme demokratischer Werte lösbar sind. Demokratische Erziehungstheorie ist somit kein Ersatz für ein moralisches Erziehungsideal, sondern vielmehr ein Instrument zur Austragung von Meinungsverschiedenheiten, das zur Bereicherung des gesellschaftlichen Lebens beiträgt. Erste und zentrale Aufgabe einer demokratischen Erziehung muss daher der Anspruch sein, alle Mitglieder einer Gesellschaft entsprechend auszubilden, um so eine bewusste und chancengerechte soziale Reproduktion zu ermöglichen. Diese wiederum ist ein Resultat aller sozialen Einflüsse, nicht ausschließlich der bewusst geplanten und entsprechend institutionalisierten Bestrebungen. Grundlegende Funktion demokratischer Erziehung ist die Charakterbildung der Mitglieder, da demokratisches Handeln immer bestimmte Haltungen und Kompetenzen erfordert.
Um jedoch die Grundprämisse demokratischer Erziehung – nämlich die möglichst umfassende Partizipation an gesellschaftlichen Angelegenheiten – zu ge-

währleisten, muss die Autorität über diese erzieherischen Prozesse möglichst breit gestreut und verteilt sein. Das Ziel einer so verstandenen Erziehung muss es sein, die Mitglieder einer Gesellschaft zu befähigen kritisch zwischen den – im Rahmen demokratischer Entwicklung – wählbaren Alternativen zu entscheiden.

Wie hier gezeigt wurde, folgen die Ansätze von GUTMANN, KELLY und CARR/HARTNETT ausgehend von ihrer Situierung in verschiedenen Staaten, ihren je spezifischen Herangehensweisen und Perspektiven, jedoch zeigen sie in der Tendenz jeweils dasselbe. Demokratie, verstanden als Lebensform, ist untrennbar verbunden mit der Gewährleistung bestimmter Standards und Bedingungen. Hier zeigen sich die deutlichen Anleihen bei den pragmatistischen Ansätzen: zur Arbeit John DEWEYS, die auch zumeist expliziert wird, und zu den – wenn auch nicht offengelegten, so doch implizit involvierten – theoretischen Überlegungen George Herbert MEADS.

Das der Sozialen Gruppenarbeit zugrunde liegende Erziehungsverständnis sowie die damit einhergehenden gesellschaftstheoretischen Implikationen sind also ein nach wie vor diskutierter Gegenstand.

Versteht man die Formulierung in Art. 20 Abs. 1 des deutschen Grundgesetztes wörtlich,[190] so müsste die soeben dargelegte Vorstellung demokratischer Erziehung im Grunde eine Selbstverständlichkeit darstellen.

"Sozial" beschreibt in diesem Kontext eher den Sachverhalt der sozialen Absicherung, als die gemeinsame soziale Ausgestaltung der formalen Hülle der Demokratie.

Dabei stellt sich die Frage, inwiefern sich eine rein formal gedachte, nicht auf allgemeine Partizipation gegründete Demokratie auf Dauer behaupten kann, beziehungsweise welche Alternativen zum demokratischen Prinzip generell denkbar sind.

Berücksichtigt man nun die oben referierten Gedanken zu einer demokratischen Erziehungstheorie, so fällt auf, dass ein wesentlicher Bestandteil, nämlich der öffentliche Erziehungs- und Bildungsanspruch, weder aus verfassungsrechtlicher Sicht (Artikel 6 GG), noch im Sinne des § 1 KJHG in Deutschland gegeben ist. Die Erziehungsverantwortung ist primär den Eltern übertragen.[191] Eine sol-

---

[190] Art. 20 Abs. 1 GG: Die Bundesrepublik Deutschland ist ein demokratischer und sozialer Bundesstaat.

[191] FIESELER (2001: Rz 22ff.; 16f.) erkennt in seinem Kommentar zum SGB VIII an, dass ein eigenständiger Erziehungs- und Förderungsauftrag der Jugendhilfe zwar nicht Gesetz wurde,

che Konzeption, die vor dem Hintergrund der nationalsozialistischen Bestrebungen zur Verstaatlichung der Erziehung durchaus Sinn ergibt, liegt zwangsläufig quer zu den Erfordernissen einer demokratischen Erziehungstheorie. Hinzu kommt, dass die Kinder- und Jugendhilfe – entgegen dem Vorschlag der damaligen amerikanischen Besatzungsregierung – entlang unterschiedlicher Verbindlichkeits- und Verpflichtungsgrade organisiert wurde und selbst im KJHG in einen quasi fürsorgerischen und einen jugendpflegerischen Bereich unterteilt ist. Berücksichtigt man die Veränderungen im Hinblick auf Familienstrukturen (vgl. z. B. *11. Jugendbericht* 2002: 122ff.) sowie die manifesten Schwierigkeiten im Hinblick auf Entwicklungen im schulischen Bereich (Stichwort: PISA-Debatte), so drängt sich der Gedanke auf, um es mit Burkhard MÜLLER zu sagen, dass "die Schwierigkeiten des deutschen 'Sonderweges', der Jugendhilfe zwischen Sozial- und Erziehungswesen einordnet" (vgl. 2004b: 66) unübersehbar geworden sind. Ausgelöst durch die Debatte um die Ergebnisse der PISA-Studie bzw. die Forderungen des *11. Jugendberichts* nach einer intensiveren Kooperation von Jugendhilfe und Schule (vgl. dazu GERNERT 2002) plädieren beispielsweise BLUMENBERG/BAUR/ENGEL dafür, dass Soziale Gruppenarbeit als hilfreiches Kooperationsmedium von Jugendhilfe und Schule genutzt und entwickelt werden sollte (vgl. 2003: VI).

Eine solche Forderung legt jedoch wiederum ein Verständnis der Sozialen Gruppenarbeit zugrunde, das nicht, wie unter III dargelegt, eindeutig an defizitären Entwicklungen ansetzt, sondern vielmehr auf die ursprüngliche erzieherische Dimension der Kompetenzentwicklung zielt. Ansätze hierfür sind verschiedentlich vorgelegt worden:

Hans FALCK, amerikanischer Staatsbürger deutscher Herkunft, hat bereits 1996 die Kriterien für eine zeitgemäße Arbeit mit Gruppen bestimmt. Er wehrt sich gegen eine Sichtweise von Gruppenarbeit, die a) ausschließlich auf eine Veränderung des individuellen Selbst zielt und häufig als "Casework mit Zuhörern" (FALCK 1996: 80) bezeichnet wird, b) nur die individuellen persönlichen Vorteile des Einzelnen im Blick hat, c) durch ein starres und hierarchisches Leiter-Teilnehmer Verhältnis bestimmt ist, d) ihr Standardrepertoire zur Verhaltensbeschreibung der Mitglieder aus dem Bereich der Psychopathologie und der Behandlung formuliert und e) sozialen Wandel und soziale Initiativen lediglich als zufällige Nebenprodukte der Gruppenarbeit darstellt.

---

stellt jedoch zugleich fest, dass er einen solchen indirekt, aufgrund der Bedeutung der Kinder- und Jugendhilfe gegeben sieht.

Stattdessen handelt es sich nach FALCK dann um eine – als sozialpädagogische zu verstehende – Sozialarbeit, mit Gruppen, wenn die Teilnehmer "sich gegenseitig beibringen (d. h. voneinander lernen), wie sie ihre Bedürfnisse mit Hilfe eines demokratischen Gruppenprozesses unter sozialarbeiterischer Verantwortlichkeit befriedigen können." (FALCK 1996: 80). Als Sozialarbeit lässt sich diese Arbeit verstehen, sofern das Ziel der Aktivität darin besteht, die Teilnehmer "darin zu unterstützen, sich gegenseitig etwas beizubringen" (ebd.). Voraussetzung hierfür ist, dass sich Sozialarbeiter und soziale Institutionen verpflichtet fühlen, "jedem einzelnen Gruppenmitglied und damit allen zusammen dabei zu helfen, in Übereinstimmung mit ihren eigenen und gleichzeitig den Bedürfnissen der anderen zu handeln" (ebd.). Des Weiteren ist dann von Sozialarbeit mit Gruppen zu sprechen, wenn sich Mitarbeiter und Institutionen dazu verpflichtet fühlen, "den Mitgliedern einer Gruppe dabei zu helfen, sowohl voneinander als auch vom und durch den Groupworker zu lernen, wie sie Veränderungen außerhalb ihrer Gruppe bewirken können" (ebd.). Dabei gilt es zu beachten und zu vermitteln, dass "das Verhalten aller Personen innerhalb wie außerhalb der Gruppe bedeutsame Konsequenzen für andere nach sich zieht." (ebd.)

Einen bei FALCK implizit angelegten, aber wegen der amerikanischen Herkunft des Autors nicht maßgeblichen Aspekt, nämlich den der Zentrierung der Gruppenarbeit auf die Arbeit mit Kindern und Jugendlichen, der jedoch gerade für den hier diskutierten deutschen Zusammenhang zentrale Bedeutung hat, thematisiert Jürgen KALCHER (2001b) explizit. Unter Anerkennung der maßgeblichen Bedeutung der Gruppendimension für das Jugendalter stellt er fest: "Übersehen wird dabei leicht die Tatsache, daß sich soziales Leben und Lernen keineswegs ausschließlich im Kindes- und Jugendalter vollzieht, sondern grundsätzlich überall dort, wo sich menschliches Leben in Beziehungen, in Gemeinschaft mit anderen realisiert. Die Gruppendimension ist daher auf allen Gebieten und Ebenen Sozialer Arbeit, allen Lebensbereichen eine wichtige Bühne sozialen Geschehens." (KALCHER 2001b:22)

Ausgehend von den oben – im Rahmen der Erörterung einer demokratischen Erziehungstheorie – getroffenen Aussagen, lässt sich selbst die umfassendere Äußerung KALCHERS noch ausweiten. Nicht nur die Soziale Arbeit, sondern vielmehr alle Bereiche des menschlichen Lebens spiegeln menschliche Beziehungen und Gemeinschaft wider.

Die Gruppendimension ist zentraler Kristallisationspunkt gesellschaftlichen Lebens und als solcher eine intermediäre Ebene der Vermittlung menschlicher Angelegenheiten. KUNSTREICH spricht im Anschluss an FALCK davon, dass die

Mitgliedschaft in sozialen Gruppierungen von so existenzieller Bedeutung ist, "daß sie nur ein Ausdruck für Mensch-sein, d. h. sozial sein ist" (1999: 15). Die Debatte um Methoden in der Sozialen Arbeit greift insofern zu kurz, als sie eine Reduktion der per se menschlichen Bestrebungen auf ein gegenstandsadäquates Bild betreibt. Vielmehr müssen alle mit Erziehung befassten Bereiche durch ein solches an Gruppenzusammenhängen orientiertes Verständnis durchdrungen werden.

Deshalb ist die Einordnung der Sozialen Gruppenarbeit als eine Methode sozialarbeiterischen Handelns auch nicht so zu verstehen, dass durch sie eine konkrete Handlungsanleitung erfolgen kann. Vielmehr beschreibt sie in grundsätzlicher Weise einen Hauptaspekt menschlichen Zusammenlebens.

KUNSTREICH plädiert daher dafür, nicht nach einer Methode, sondern methodisch zu handeln. Die Arbeit mit Gruppen ist als eine Arbeit am Sozialen, der einzig eigenständige Ansatzpunkt methodischen Handelns (vgl. 1999: 17). Die daraus resultierenden Konsequenzen für methodisches Handeln lassen sich wie folgt zusammenfassen. "Methodisches Handeln [...] nimmt seinen Ausgangspunkt am Eigensinn sozialer Selbstregulierung, basiert auf sozialer Gleichheit der Akteure, die soziale Differenz erst ermöglicht und im Dialog fruchtbar werden läßt. Die Ziele derartiger Kooperation und Ko-Produktion des Sozialen bilden sich im Ringen um ein 'gemeinsames Drittes' (Brecht) aller Akteure [...]" (ebd.:18).

Ein solches sozialpädagogisches Verständnis der Sozialen Gruppenarbeit verweist wiederum auf eine Konzeption von Sozialpädagogik als Bürgererziehungswissenschaft (MÜLLER 2005). MÜLLER versteht sein Konstrukt, das er auf die frühe Sozialpädagogik nach MAGER zurückführt (vgl. ebd.: 3f. oder MÜLLER 2002), als Ergänzung zu einer Sozialen Arbeit die sich als Menschenrechtsprofession begreift. Die Orientierung der Sozialen Arbeit an den Menschenrechten in negativer Form – etwa unter Bezug auf natürliche Bedürfnisse – bedarf der flankierenden Unterstützung: "Im Sinne der frühen Sozialpädagogik sind Menschen zu Bürgern zu erziehen, welche die Angelegenheiten des Gemeinwesens in eigene und gemeinsame Hände nehmen." (ebd.: 5)

Dies wiederum bedarf, wie MÜLLER nachweist, in der Begründung nicht zwangsläufig der Orientierung am amerikanischen Vorbild. Dieses ist zwar wegweisend für eine solche Konzeption, doch lassen sich auch Anschlussmöglichkeiten in der deutschen Tradition ausmachen (vgl. ebd.: 6f.). Gleiches gilt auch für die Soziale Gruppenarbeit. Die unter II/ 3.2ff. dargelegten frühen Ansätze einer Gruppenpädagogik/Sozialen Gruppenarbeit können hier Anschluss und Orientierung bieten, wenn auch nicht hinsichtlich ihrer institutionalisierten Form, so doch in inhaltlicher Weise.

Und zuletzt: Die Wirksamkeit einer solchen Konzeption von Sozialer Gruppenarbeit, die diese eher als grundlegende Handlungsorientierung denn als konkrete Methode versteht, bleibt davon abhängig, inwiefern die demokratische Gestaltung der rechtlich-politischen Rahmenbedingungen gelingend realisiert wird. Versteht man Demokratie als Lebensform, so erscheint es unabdingbar, dass alle gesellschaftlichen Felder eingebunden werden, um eine umfassende und aktive Teilnahme am Gemeinwesen im Rahmen einer allgemeinen Partizipation zu ermöglichen. Oder um es mit Mary Parker FOLLETT (1998/1918: 30) zu sagen: "Law must follow life."

V   Literaturverzeichnis

Addams, Jane (1913): *Zwanzig Jahre Sozialer Frauenarbeit in Chicago.* München

Dies. (1964/1907): *Democracy and Social Ethics.* Hg. von Anne Firor Scott. Cambridge: Harvard University Press

Dies. (2002/1893): *The Objecitve Value of a Social Settlement.* In: Dies.(2002): *The Jane Addams Reader.* Hg. von Jean Bethke Elshtain. New York: Basic Books: 29-45

Dies. (2002/1895): *The Settlement as a Factor in the Labor Movement.* In: Dies. (2002): a.a.O.: 46-61

Almond, Gabriel A./Verba, Sidney (1989): *The Civic Culture. Political Attitudes and Democracy in Five Nations.* 3. Aufl. London: Sage Publications

Amthor, Ralph Christian (2003): *Die Geschichte der Berufsausbildung in der Sozialen Arbeit. Auf der Suche nach Professionalisierung und Identität.* Weinheim / München

Andrews-Schenk, Janice (2003): *Group Work as Progressive Practice.* Übersetzt von Jürgen Kalcher. In: Mobile – Social Group Work Report 2/2004: 26-29

Ansorge, Dietrich (1952): *Schutzaufsicht als Gruppenarbeit.* In: Unsere Jugend, 4.Jg., H.5 1952: 187-189

Ders. (1957): *Erfahrungen auf Auslandsfahrten mit Jugendlichen der Schutzaufsichtsgruppe.* In: Unsere Jugend, 9.Jg., H. 4, 1957: 168-170

Barth, Kreszentia (1984): *Gruppenarbeit.* In: Eyferth Hanns/Otto, Hans-Uwe/Thiersch, Hans (Hg.)(1984): *Handbuch zur Sozialarbeit/Sozialpädagogik.* Neuwied: 458-463

Bauer, Ingeborg (1953): *Methode 66*. In: Schwalbacher Blätter, H.18, 12/1953: 11-13

Dies. (1955): *Das Flanelltuch im Dienste des politischen Unterrichts*. In: Schwalbacher Blätter, H.26, 6/1955: 9

Baur, Jörg/Engel, Eva-Maria (2001): *Implementation Sozialer Gruppenarbeit mit verhaltensauffälligen Jugendlichen: Zwischenergebnisse des Projektstandortes Freiburg*. Vortrag im Wissenschaftlichen Institut des Jugendhilfswerks Freiburg am 04.04.2001; handschriftliche Notizen von Stefan Gebhard

Bericht der amerikanischen Erziehungskommission (1946): *Der gegenwärtige Stand der Erziehung in Deutschland*. Veröffentlichungen der Deutschen Pädagogischen Arbeitsstelle Nr. 1. München

Bernstein, Saul/Lowy, Louis (Hg.)(1978/1969): *Untersuchungen zur Sozialen Gruppenarbeit in Theorie und Praxis*. Freiburg i. Br.; 6. Aufl.

Bernstein, Saul/Lowy, Louis (Hg.)(1975): *Neue Untersuchungen zur Sozialen Gruppenarbeit*. Freiburg i. Br.

Blumenberg, Franz-Josef (2001): *Begrüßung und Einführung*. Vortrag im Wissenschaftlichen Jugendhilfswerk Freiburg am 05.04.2001; handschriftliche Notizen von Stefan Gebhard

Blumenberg, Franz-Josef/Baur, Jörg/Engel, Eva-Maria (2003): *Modellprojekt Implementation und Evaluation Sozialer Gruppenarbeit/Sozialer Trainingskurse mit verhaltensauffälligen/delinquenten Jugendlichen. Projektstandort Freiburg. Abschlussbericht. August 1999-Juli 2001*. Freiburg

Böhm, Winfried (1997): *Über die Unvereinbarkeit von Erziehung und Therapie*. In: Ders. (1997): *Entwürfe zu einer Pädagogik der Person. Gesammelte Aufsätze*. Bad Heilbrunn: 169-189

Böhnisch, Lothar (1999): *Abweichendes Verhalten. Eine pädagogisch-soziologische Einführung*. Weinheim/München

Braun, Birgit (2004): *Umerziehung in der amerikanischen Besatzungszone. Die Schul- und Bildungspolitik in Württemberg-Baden von 1945 bis 1949.* Münster

Briggs, Asa/Macartney, Anne (1984): *Toynbee Hall, the first hundred years.* London: Routledge and Kegan Paul

Bright, Sallie E. (1955/1948): *Letting the Public in on Group Work Objectives.* In: Trecker, Harleigh B. (Hg.)(1955): a.a.O.: 35-49

Brocher, Tobias (1967): *Gruppendynamik und Erwachsenenbildung. Zum Problem der Entwicklung von Konformismus und Autorität in Arbeitsgruppen.* Braunschweig

Ders. (1981/1970) *Warum Gruppendynamik?* In: Kutter, Peter (Hg.)(1981): *Gruppendynamik der Gegenwart.* Darmstadt: 19-27

Ders. (1985): *Einleitung.* In: Kutter, Peter (Hg.)(1985): *Entwicklung der Gruppendynamik.* Darmstadt: 1-5

Brumlik, Micha (1973): *Der symbolische Interaktionismus und seine pädagogische Bedeutung.* Frankfurt a.M.

Bundesministerium für Familie, Senioren, Frauen und Jugend (BMFSJ) (Hg.)(2000): *Kinder- und Jugendhilfe (Achtes Buch Sozialgesetzbuch).*Berlin; 10.Aufl.

Bundesministerium für Familie, Senioren, Frauen und Jugend (BMFSFJ) (Hg.)(2002): *11. Kinder-Jugendbericht. Bericht über die Lebenssituation junger Menschen und die Leistungen der Kinder- und Jugendhilfe in Deutschland.* Berlin

Bundesministerium für Jugend, Familie und Gesundheit (BMJFG) (Hg.)(1972): *Dritter Jugendbericht, Aufgaben und Wirksamkeit der Jugendämter in der Bundesrepublik. (BT- Drucks. VI/3170).* Bonn

Bundesministerium für Jugend, Familie, Frauen und Gesundheit (BMJFFG) (Hg.)(1990): *Achter Jugendbericht, Bericht über Bestrebungen und Leistungen der Jugendhilfe*. (BT- Drucks. 11/6576). Bonn

Bungenstab, Karl-Ernst (1970): *Umerziehung zur Demokratie? Re-education-Politik im Bildungswesen der US- Zone – 1945- 1949*. Düsseldorf

Cammerer, Dora von / Schenck, Christa von (1964): *Ein Zweijahreskurs in Hessen*. In: Schwalbacher Blätter, H. 62, 6/1964: 830-856

Carr, Wilfred/Hartnett, Anthony (1996): *Education and the Struggle for Democracy*. Buckingham: Open University Press

Cohen, Albert K. (1971): *Kriminelle Subkulturen*. In: Heintz, Peter/König, René (Hg.)(1971): *Soziologie der Jugendkriminalität*. Sonderheft der Kölner Zeitschrift für Soziologie und Soziapsychologie, 2. Opladen: 103-117

Cook, Gary Allen (1993): *George Herbert Mead. The Making of a Social Pragmatist*. Urbana/ Chicago: University of Illinois Press

Cooley, Charles Horton (1929/1909): *Social Organization. A Study of the Larger Mind*. New York: Scribners

Ders. (1964/1902): *Human Nature and the Social Order*. New York. Schocken Books

Coser, Lewis A. (1977): *Charles Horton Cooley*. In: Ders.: *Masters of Sociological Thought. Ideas in historical and social Context*. New York: Harcourt Brace; 2.Aufl: 305-330

Coyle Grace Longwell (1930): *Social Progress in Organized Groups*. New York: Richard R. Smith Inc.

Dies. (Hg.)(1937): *Studies in Group Behavior*. New York. Harper and Brothers

Dies. (1947): *Group Experience and Democratic Values*. New York: The Woman's Press

Dies. (1948): *Group Work with American Youth*. New York: Harper and Brothers

Dies. (1970a/1946): *Auf dem Wege der Professionalisierung*. Übersetzt von und nachgedruckt in: Müller, Carl Wolfgang (1970): a.a.O.: 100-109

Dies. (1970b/1949): *Die Funktion des Gruppenpädagogen*. Übersetzt von und nachgedruckt in: Müller, Carl Wolfgang (1970): a.a.O.: 110-111

Dahme, Heinz-Jürgen/Wohlfahrt, Norbert (2004): *Sozialraumorientierung und Sozialraumbudgetierung: Sparprogramm oder Innovationsimpuls?* In: Theorie und Praxis der Sozialen Arbeit Nr.4/2002: 268-274

Danzig, David (1948): *Short Contact Group Work Services*. In: Hendry, Charles E. (Hg.)(1948): a.a.O.: 105-114

Deegan, Mary Jo/Burger, John S. (1978): *George Herbert Mead and Social Reform. His Work and Writings*. In: Journal of the History of the Behavioral Sciences 14: 362-373

Dennis, Lawrence J./Stickel, George W. (1981): *Mead and Dewey: Thematic Connections on Educational Topics*. In: Educational Theory, 31, No. 3-4: 319-331

Der zweite Aufruf zum Ersten Freideutschen Jugendtag (1970/1913): Nachgedruckt in: Müller, Carl Wolfgang (1970): a.a.O.: 28-30

Deutscher Bundestag (2004). *Gesetzentwurf der Bundesregierung. Entwurf eines Gesetzes zum qualitätsorientierten und bedarfsgerechten Ausbau der Tagesbetreuung und zur Weiterentwicklung der Kinder- und Jugendhilfe – Tagesbetreuungsausbaugesetz – TAG*. (BT- Drucks. 15/3676). Berlin

Dewey, John (1972a/1896): *The Reflex Arc Concept in Psychology*. In: Ders.(1972): *The Early Works. Volume 5. 1892-1898*. Hg. von Jo Ann Boydston. Carbondale / Edwardsville: Southern Illinois University Press: 96-109

Ders. (1972b/1897): *My Pedagogic Creed.* In: Ders.(1972): a.a.O.: 84-95

Ders. (1996/1927): *Die Öffentlichkeit und ihre Probleme.* Hg. von Hans Peter Krüger Darmstadt

Ders. (2000a/1916): *Demokratie und Erziehung. Eine Einleitung in die Philosophische Pädagogik.* Hg. von Jürgen Oelkers. Weinheim

Ders. (2000b/1942/1916): *Deutsche Philosophie und Deutsche Politik.* Hg. und mit einer Einleitung versehen von Axel Honneth. Berlin/Wien

Ders. (2001/1929): *Die Suche nach Gewißheit.* Frankfurt a. M.

Ders. (2002/1910): *Wie wir denken.* Mit einem Nachwort neu herausgegeben von Rebekka Horlacher und Jürgen Oelkers. Zürich

Drewniak, Regine/Höynck, Theresia (1998): *Soziale Gruppenarbeit/Soziale Trainingskurse: Eine theoretische Erklärung.* In: Zentralblatt für Jugendrecht 85.Jg, H.12/1998:487-493

Dworkin, Martin S. (Hg.)(1959): *Dewey on Education – Selection with an Introduction.* Classics in Education No.3; New York: Columbia University Press

Dünkel, Frieder/Geng,Bernd/Kirstein, Wolfgang (1998): *Soziale Trainingskurse und andere neue Maßnahmen nach dem JGG in Deutschland.* Mönchengladbach

Dykhuizen, George (1973): *The life and mind of John Dewey.* Carbondale: Southern Illinois Press

Eberhart, Cathy (1995): *Jane Addams (1860-1935). Sozialarbeit, Sozialpädagogik und Reformpolitik.* Rheinfelden

Falck, Hans (1996): *Zentrale Merkmale der Sozialarbeit mit Gruppen. Eine soziokulturelle Analyse.* In: Standpunkt: Sozial 2+3/1996: 77-81

Feidel-Mertz, Hildegard (1986): *Exil und Rückkehr*. In: sozial extra 3/86: 34-38

Dies. (1996): *Gisela Konopka – "Mutter der Gruppenpädagogik"*. In: Konopka, Gisela (1996): *Mit Mut und Liebe – Eine Jugend im Kampf gegen Ungerechtigkeit und Terror*. Weinheim: 281-283

Fieseler, Gerhard (2001): § 1 SGB VIII. In: Fieseler, Gerhard/Schleicher, Hans/Busch, Manfred (Hg.)(1998): *Kinder- und Jugendhilferecht. Gemeinschaftskommentar zum SGB VIII (GK-SGB VIII). Grundwerk 1998*. Neuwied

Ders. (2002): *§ 29. Soziale Gruppenarbeit*. In: Fieseler, Gerhard/Schleicher, Hans/Busch, Manfred (Hg.)(1998): a.a.O.

Figiel, Hermann/Meyer, Otto C. (2002a): *Wege zur Sozialraumorientierung – Zur Situation des Strukturwandels in den Hilfen zur Erziehung*. In: Theorie und Praxis der Sozialen Arbeit Nr.1/2002: 56-60

Figiel, Hermann/Meyer, Otto C. (2002b): *'Sozialraumorientierung' – Orientierungsbedarf im Theorieraum*. In: Theorie und Praxis der Sozialen Arbeit Nr.5/2002: 372- 376

Firor Scott, Anne (1964): *Introduction*. In: Addams, Jane (1967/1907): a.a.O.: vii-lxxv

Follett, Mary Parker (1998/1918): *The New State. Group Organization – The Solution of Popular Government*. University Park. Pennsylvania: The Pennsylvania State University Press

Fraenkel, Ernst (1970): *Geleitwort*. In: Bungenstab, Karl-Ernst (1970): a.a.O: 9 12

Frey, Kurt (2003): *Die Gruppe als der Mensch im Plural. Die Gruppenpädagogik Magda Kelbers*. Frankfurt a. M.

Friske, Hans-Wilhelm (1992): *Soziale Gruppenarbeit*. In: Textor, Martin R.(Hg.)(1992): *Praxis der Kinder- und Jugendhilfe. Handbuch für die sozialpädagogische Anwendung des KJHG*. Weinheim: 145-150

Füssl, Karl-Heinz (1994): *Die Umerziehung der Deutschen: Jugend und Schule unter den Siegermächten des Zweiten Weltkriegs – 1945-1955*. Paderborn/ München

Ders. (1995): *Erziehung im Umbruch. Die Erziehungspolitik und das Jugendprogramm der USA in der deutschen Nachkriegsgeschichte*. In: Zeitschrift für Pädagogik, 41.Jg. 1995, Nr. 2: 225-244

Ders. (1997): *Restauration und Neubeginn. Gesellschaftliche, kulturelle und reformpädagogische Ziele der amerikanischen "Re-education"-Politik nach 1945*. In: Aus Politik und Zeitgeschichte B 6/97: 3-14

Ders. (2004): *Deutsch-amerikanischer Kulturaustausch im 20. Jahrhundert. Bildung – Wissenschaft – Politik*. Frankfurt a. M./New York

Galster, Gudrun (o.J.): *Die Jugendwohlfahrtspflege in den Vereinigten Staaten von Nordamerika und in Deutschland mit Berücksichtigung des einschlägigen Rechts*. Leipzig.

Galuske, Michael (1998): *Methoden der Sozialen Arbeit. Eine Einführung*. Weinheim/ München

Gasterstaedt, Christel (Hg.)(1995): *"Draußen war Druck, aber im HJB konntest Du aufatmen" – Der Hansische Jugendbund Hamburg, ein Modell der Sozialen Gruppenarbeit im Rückblick*. Hamburg/Wien

Geißler, Karlheinz A./Hege, Marianne (1999/1988): *Konzepte sozialpädagogischen Handelns*. Weinheim/Basel, 9. Aufl.

Gerhardt, Uta (1992): *Re-Demokratisierung nach 1945 im Spiegel der zeitgenössischen Sozialforschung und sozialwissenschaftlicher Literatur*. In: Gerhardt, Uta/Mochmann, Ekkehard (Hg.)(1992): *Gesellschaftlicher Um-*

bruch1945-1990: Re-Demokratisierung und Lebensverhältnisse. Oldenbourg: 27-57

Dies. (1997): *The Medical Meaning of Reeducation for Germany: Contemporary Interpretation of Cultural and Institutional Change.* In: Paedagogica Historica XXXIII 1997/1: 135-155

Gernert, Wolfgang (2002): *Jugendhilfe und Schule nach der PISA – Studie.* In: Zentralblatt für Jugendrecht, 87.Jg., H.7-8/2002: 245-251

Giese, Gerhardt (1959): *Gruppenpädagogische Ansätze in der neuen Erziehung.* In: Schwalbacher Blätter, H. 42, 6/1959: 299-310

Goldbrunner, Hans (1980): *Gruppenpädagogik und Gruppentherapie.* In: Schwalbacher Blätter, H.128,12/1980:138-145

Goll, Dieter (1993): *Soziale Gruppenarbeit als ambulantes Hilfsangebot des Jugendamtes.* In: Soziale Arbeit 5/93: 153-159

Ders. (1995): *Fazit und Ausblick.* In: Gasterstaedt, Christel (Hg.)(1995): a.a.O.: 119-128

Ders. (2001): *Soziale Gruppenarbeit als Erziehungshilfe.* Vortrag im Wissenschaftlichen Institut des Jugendhilfswerks Freiburg am 05.04.2001; handschriftliche Notizen von Stefan Gebhard

Ders. (o.J.): *Bestandsaufnahme zum Leistungsangebot der Sozialen Gruppenarbeit in den Berliner Jugendämtern.* Landesjugendamt Berlin

Göppel, Rolf (2000): *Der Lehrer als Therapeut? Zum Verhältnis von Erziehung und Therapie im Bereich der Verhaltensgestörtenpädagogik.* In: Zeitschrift für Pädagogik. 46.Jg.2000.Nr.2: 215-234

Gordin, Elisabeth (1972): *Gruppenarbeit nach der thema-zentrierten interaktionalen Methode.* In: Schwalbacher Blätter H.93, 3/1972: 2-5

Grohall, Karl-Heinz (1997): *Studienreform in den Fachbereichen für Sozialwesen: Materialien, Positionen, Zielsetzungen.* Freiburg i.Br.

Günder, Richard (1999): *Hilfen zur Erziehung: eine Orientierung über die Erziehungshilfen im SGB VIII.* Freiburg

Gutenberger, Brigitte/Sprau-Kuhlen, Vera (1980): *Erziehungshilfen. Gegenwärtige Situation und Tendenzen in der Entwicklung.* Materialien zum Fünften Jugendbericht. München

Gutmann, Amy (1991): *Undemocratic Education.* In: Rosenblum, Nancy (Hg.)(1991/1989): *Liberalism and the Moral Life.* Cambridge: Harvard University Press: 71- 88

Dies. (1999/1987): *Democratic Education.* Princeton: Princeton University Press; 2. Aufl.

Hädicke, Jörg (2004): *Soziale Gruppenarbeit als Alternative zur geschlossenen Unterbringung strafunmündiger Kinder am Beispiel der Hansestadt Hamburg.* Hannover

Harnach-Beck, Viola (1995): *Psychosoziale Diagnostik in der Jugendhilfe. Grundlagen und Methoden für Hilfeplan, Bericht und Stellungnahme.* Weinheim/München

Hartford, Margaret E. (1971): *Groups in Social Work. Applications of Small Group Theory and Research to Social Work Practice.* New York: Columbia University Press

Haus Schwalbach (Hg.)(1959) *Gruppenpädagogik: Auswahl aus den Schwalbacher Blättern.* Wiesbaden

Haus Schwalbach (Hg.)(1965): *Beiträge zur Gruppenpädagogik. Neue Auswahl aus den Schwalbacher Blättern.* Wiesbaden

Haus Schwalbach (Hg.)(1971) *Auswahl 3. Dritter Sammelband aus den Schwalbacher Blättern.* Wiesbaden

Haus Schwalbach (Hg.)(1978a): *Gruppenpädagogische Grundlegungen. Auswahl 4 (Bd.1)*. Wiesbaden

Haus Schwalbach (Hg.)(1978b): *Gruppenpädagogische Handlungsfelder. Auswahl 4 (Bd. 2)*. Wiesbaden

Hawkins, Mike (1997): *Social Darwinism in European and American Thought. 1860-1945*. Cambridge: Cambridge University Press

Heinemann, Manfred (Hg.)(1981): *Umerziehung und Wiederaufbau*. Stuttgart

Heise, Ruth (1978): *Aspekte einer sozialtherapeutischen Gesprächsgruppe*. In: Schwalbacher Blätter, H.117, 3/1978: 2-24

Held, Paul (1973): *Die themenzentrierte interaktionelle Gruppenarbeit*. In: Schwalbacher Blätter H.100, 12/1973: 107-116

Hendry, Charles E. (Hg.)(1948): *A Decade of Group Work*. New York: Association Press

Henningsen, Jürgen (1970a/1959): *Zur Kritik der Gruppenpädagogik*. Nachgedruckt in: Müller, Carl Wolfgang (1970): a.a.O.:141-152

Ders. (1970b/1960): *Die Diskussion um die Gruppenpädagogik*. Nachgedruckt in: Müller, Carl Wolfgang (1970): a.a.O.: 167-175

Hering, Sabine/Münchmeier, Richard (2000): *Geschichte der Sozialen Arbeit*. Weinheim/München

Hinte, Wolfgang (2002): *'Sozialraumorientierung' – den eigenen Tunnelblick mit der Weite des Raumes verwechseln?* In: Theorie und Praxis der Sozialen Arbeit Nr.5/2002:366-372

Hofacker, Sigurd (1990): Soziale Gruppenarbeit. In: Gernert, Wolfgang (Hg.)(1990): *Freie und öffentliche Jugendhilfe. Einführung in das Kinder- und Jugendhilfegesetz(KJHG)*. Stuttgart: 85-88

Hoffmann Erika (1959): *Sozialpädagogik und Gruppenpädagogik*. In: Unsere Jugend 11.Jg. Nr.7, 1959: 305-312

Honneth, Axel (2000): *Logik des Fanatismus. Deweys Archäologie der deutschen Mentalität.* In: Dewey, John (2000b): a.a.O.: 7-35

Horlacher, Rebekka (1998): *Rettungsvisionen und Reform der Schule. Niederers Motive, sich Pestalozzi anzuschliessen.* In: Neue Pestalozzi Blätter (1998). Jg. 4, H.1:25-31

Hörmann, Georg (1988): *Intervention im frühen Lebensalter. Gedanken zur Therapeutisierung von Kindheit.* In: Neue Praxis H.5/1988: 440-446

Horn, Klaus (1969): *Politische und methodologische Aspekte gruppendynamischer Verfahren.* In: Das Argument, Nr. 50,1969, Sonderband zum 10.Jg.: 261-283

Hylla, Erich (1959): *Stoff und Methode in Bildung und Erziehung.* In: Schwalbacher Blätter, H.43, 9/1959: 323-327

Ders. (2000/1963): *Vorwort zur 3. Auflage der deutschen Ausgabe.* In: Dewey, John (2000a): a.a.O.: 6-10

Iben, Gerd (1967): *Von der Schutzaufsicht zur Erziehungsbeistandschaft. Idee und Wirklichkeit einer sozialpädagogischen Maßnahme.* Weinheim

Ders. (1969): *Die Sozialpädagogik und ihre Theorie. Stand der Diskussion über Begriffe und Realitäten.* In: Zeitschrift für Pädagogik, 15.Jg. 1969, Nr.4: 385-401

Imker, Henning (1984): *Grundlagen einer Technologischen Theorie der Sozialen Gruppenarbeit.* Braunschweig

James, William (2001a/1907): *Das gegenwärtige Dilemma der Philosophie.* In: Ders. (2001): *Pragmatismus – Ein neuer Name für einige alte Denkwei-*

sen. Übersetzt und hg. von Klaus Schubert und Axel Spree. Darmstadt: 40-59

Ders. (2001b/1907): *Was heißt Pragmatismus?*. In: Ders. (2001): a.a.O.: 60-78

Joas Hans (1980): *Praktische Intersubjektivität. Die Entwicklung des Werkes von George Herbert Mead.* Frankfrut a. M.

Ders. (Hg.)(1985) *Das Problem der Intersubjektivität. Neuere Beiträge zum Werk George Herbert Meads.* Frankfurt a. M.

Ders. (1999): *Pragmatismus und Gesellschaftstheorie.* 2. Aufl. Frankfurt a. M.

Ders. (1999a): *Die unterschätzte Alternative. Amerika und die Grenzen der 'Kritischen Theorie'.* In: Ders. (1999): a.a.O.: 96-113

Ders. (1999b): *Amerikanischer Pragmatismus und deutsches Denken. Zur Geschichte eines Mißverständnisses.* In: Ders. (1999): a.a.O: 114-145

Ders. (2000): *Einleitung: John Dewey – der Philosoph der Demokratie.* In: Ders. (Hg.)(2000): *Philosophie der Demokratie – Beiträge zum Werk von John Dewey.* Frankfurt a. M.: 7-19

Johns, Ray (1948): *Practices and Applications during Wartime.* In: Hendry, Charles E. (Hg.)(1948): a.a.O.: 115-123

Jordan, Erwin/Sengling, Dieter (1992/1988): *Jugendhilfe: Einführung in Geschichte und Handlungsfelder, Organisationsformen und gesellschaftliche Problemlagen.* Weinheim/München; 2.Aufl.

Kahle, Wolfgang (1951): *Auch die Berliner Freunde....* In: Schwalbacher Blätter H.6, 10/1951: 6-8

Kaiser, Clara A. (1955/1953): *Group Work Education in the Last Decade.* In: Trecker, Harleigh B. (Hg.)(1955): a.a.O.: 353-369

Kalcher, Jürgen (1979): *Ambrosius war kein Dinosaurier – dem Hansischen Jugendbund nachträglich zum Geburtstag*. In: Praxis der Kinderpsychologie und Kinderpsychiatrie 6/1979: 212-224

Ders. (1999): Soziale Arbeit mit Gruppen: Das Gebot der Stunde. In: Standpunkt: Sozial 3/1999: 19-26

Ders. (2001a): *Soziale Arbeit mit Gruppen – Ein traditionelles Feld Sozialer Arbeit vor neuen Herausforderungen*. Vortrag im Wissenschaftlichen Institut des Jugendhilfswerks Freiburg am 04.04.2001; handschriftliche Notizen von Stefan Gebhard

Ders. (2001b): *Über den engen Rahmen des KJHG hinaus: Soziale Gruppenarbeit als notwendige Form professioneller Sozialarbeit*. In: Gilde Rundbrief. H.1/2001: 17-25

Kapp, Gertrud/Kelber, Magda (1960): *Ein Zweijahreskurs in Gruppenpädagogik*. In: Schwalbacher Blätter, H.48, 12/1960: 446-468

Karbe, Walter (1952): *Vorurteil*. In: Schwalbacher Blätter H. 12, 12/1952: 3-6

Kardoff, Ernst von (1982): *Die Strategie der Therapeutisierung – zum veränderten Handlungstyp in der Sozialarbeit*. In: Neue Praxis 12.Jg. H.1: 1-11

Kelber, Magda (1950): *Wie alles kam... .* In: Schwalbacher Blätter, H.1, 12/1950: 4-8

Dies. (1952): *Schwalbacher Methoden*. In: Schwalbacher Blätter, H.10, 8/1952: 8-14

Dies. (1953a): *Liebe Freunde von Haus Schwalbach*. In: Schwalbacher Blätter, H.15, 6/1952:2

Dies. (1953b): *Liebe Freunde von Haus Schwalbach*. In: Schwalbacher Blätter, H.16, 8/1953: 2-3

Dies. (1954a): *Liebe Freunde von Haus Schwalbach*. In: Schwalbacher Blätter, H.19, 2/1954: 2-3

Dies. (1954b): *Liebe Freunde von Haus Schwalbach*. In: Schwalbacher Blätter, H.24, 12/1954: 1

Dies. (1955): *Was ist neu an der Gruppenpädagogik?*. In: Schwalbacher Blätter, H. 28, 12/1955: 2-3

Dies. (1956): *Liebe Freunde von Haus Schwalbach*. In: Schwalbacher Blätter, H. 30, 6/1956: 41

Dies. (1957a): *Was verstehen wir unter Gruppenpädagogik?*. In: Schwalbacher Blätter, H.33, 3/1957: 106-110

Dies. (1957b): *Liebe Freunde von Haus Schwalbach*. In: Schwalbacher Blätter, H.35, 8/1957: 145

Dies. (1959): *Liebe Freunde von Haus Schwalbach*. In: Schwalbacher Blätter, H.44, 12/1959: 341

Dies. (1963a): *Liebe Freunde von Haus Schwalbach*. In: Schwalbacher Blätter, H.58, 6/1963: 713

Dies. (1963b): *Zum Geleit*. In: Schiller, Heinrich (1963): *Gruppenpädagogik (social group work) als Methode der Sozialarbeit*. Wiesbaden

Dies. (1964): *Haus Schwalbach stellt um*. In: Schwalbacher Blätter, H.64,12/1964: 895-900

Dies. (1965a): *Statistik über die Arbeit von Haus Schwalbach für die Zeit vom 1.1.1964 bis 31.12.1964*. In: Schwalbacher Blätter, H. 65, 3/1965: 923

Dies. (1965b): *Was verstehen wir unter Gruppenpädagogik?*. In: Haus Schwalbach (Hg.): *Beiträge zur Gruppenpädagogik. Neue Auswahl aus den Schwalbacher Blättern*. Wiesbaden: 1-13

Dies. (1966): *Gruppenarbeit, Gruppenpädagogik, Soziale Gruppenarbeit*. In: Schwalbacher Blätter, H.71, 9/1966: 1094-1101

Dies. (1969): *Literatur für Gruppenpädagogen – Anmerkungen zu neuerer deutschsprachiger Fachliteratur*. In: Schwalbacher Blätter, H.83, 9/1969: 1446-1468

Dies. (1971): *Nachgedanken zu einer Tagung: Das Verhältnis von Gruppenpädagogik und Gruppendynamik*. In: Haus Schwalbach (Hg.)(1971):a.a.O.: 33-38

Dies. (1978/1974): *25 Jahre "Haus Schwalbach". 26. Juni 1949 bis 29. Juni 1974*. In: Haus Schwalbach (Hg.) (1978): *Auswahl vier aus den Schwalbacher Blättern. Bd. 1. Gruppenpädagogische Grundlegungen*. Wiesbaden

Kellermann, Henry J. (1946): *The present status of German youth*. Washington D.C. U.S. Gov. Print Office

Ders. (1978): *Cultural relations as an instrument of US foreign policy: the educational exchange program between the United States and Germany – 1945-1954*. Washington D.C.: Department of State Publ.

Ders. (1981): *Von Re-education zu Re-orientation. Das amerikanische Reorientierungsprogramm im Nachkriegsdeutschland*. In: Heinemann, Manfred (Hg.): a.a.O.: 86-102

Ders. (1985): *Soziale Arbeit und deutscher Wiederaufbau. Interview mit Henry Kellermann*. In: Sozialmagazin 6/85: 34

Kelly, A. Vic (1995): *Education and Democracy. Principles and Practices*. London: Paul Chapman Publishing

Kerschensteiner, Georg/Spranger, Eduard (1966/1915): *Briefwechsel 1915*. In: Englert, Ludwig (Hg.)(1966): *Georg Kerschensteiner/Eduard Spranger-Briefwechsel 1912- 1931*. München/Wien: 30-38

Kerschensteiner, Georg (1920): *Staatsbürgerliche Erziehung*. In: Zentralinstitut für Erziehung und Unterricht Berlin (Hg.)(1920): *Die deutsche Schulreform. Ein Handbuch für die Reichsschulkonferenz*. Leipzig: 108-116

Klafki, Wolfgang (1982): *Die Pädagogik Theodor Litts: eine kritische Vergegenwärtigung*. Königsstein/Taunus

Knippenkötter, Anneliese (1976): *Arbeiten mit Gruppen. social group work*. Völlige Neubarbeitung des gleichnamigen Buches. Düsseldorf

Konopka, Gisela (1948): *Group work and Therapy*. In: Hendry, Charles E. (1948): a.a.O.: 39-44

Dies. (1958): *Eduard C. Lindeman and social work philosophy*. Minneapolis: University of Minneapolis Press

Dies. (1964): *Gruppenarbeit in einem Heim*. Wiesbaden

Dies. (1966): *Soziale Gruppenarbeit (Social Group Work)*. In: Friedländer, Walter A./ Pfaffenberger, Hans (Hg.)(1966): *Grundbegriffe und Methoden der Sozialarbeit*. Neuwied/Berlin: 115-206

Dies. (1982): *Gisela Konopka*. In: Pongratz, Ludwig (1982): *Pädagogik in Selbstdarstellungen Bd. IV*. Hamburg: 207-239

Dies. (2000/1968): *Soziale Gruppenarbeit: ein helfender Prozeß*. Weinheim; Reprint der 6. überarbeiteten Aufl.

Körner, Jürgen (1996): *Zum Verhältnis pädagogischen und therapeutischen Handelns*. In: Combe, Arno/Helsper, Werner (Hg.)(1996): *Pädagogische Professionalität. Untersuchungen zum Typus pädagogischen Handelns*. Frankfurt a.M.: 780-809

Körner, Jürgen/Meixner, S./Lorenz, H. (2001): *Die Evaluation Sozialer Trainingskurse/ sozialer Gruppenarbeit mit delinquenten Jugendlichen. Stand des Forschungsvorhabens*. Vortrag im Wissenschaftlichen Institut des Jugendhilfswerks Freiburg am 04.04.2001; handschriftliche Notizen von Stefan Gebhard

Krapohl, Lothar (1997): *Klassische Modelle Sozialer Gruppenarbeit.* In: Nebel, Georg/ Woltmann-Zingsheim, Bernd (Hg.)(1997): *Werkbuch für das Arbeiten mit Gruppen.* Aachen: 31-45

Kraushaar, Wolfgang (Hg.)(1998): *Frankfurter Schule und Studentenbewegung. Von der Flaschenpost zum Molotowcocktail. 1946-1955. Band 1: Chronik.* Hamburg

Krüger, Gerd (1995a): *Erinnerungen an den Fortschritt.* In: Gasterstaedt, Christel (Hg.) (1995): a.a.O.: 13-25

Ders. (1995b): *Die Entwicklungsgeschichte des HJB.* In: Gasterstaedt, Christel (Hg.) (1995): a.a.O.: 27-54

Ders. (1995c): *Befragung ehemaliger Besucher des HJB.* In: Gasterstaedt, Christel (Hg.)(1995): a.a.O.: 55-84

Ders. (1999): *Ist Soziale Gruppenarbeit 'marktfähig'?* In: Standpunkt: Sozial 3/99:27-31

Kuhn, Thomas (1996/1962): *Die Struktur wissenschaftlicher Revolutionen.* Frankfurt a. M.; 13.Aufl.

Krumenacker, Franz-Josef (2004): *Sozialpädagogisch-hermeneutische Diagnosen nach Mollenhauer und Uhlendorff. Erfahrungen und Einschätzungen.* In: Ders. (2004): *Sozialpädagogische Diagnosen in der Praxis. Erfahrungen und Perspektiven.* Weinheim/München: 91-118

Kunstreich, Timm (1999): *Die Soziale Gruppenarbeit ist tot – es lebe die soziale Gruppenarbeit.* In: Standpunkt: Sozial 3/1999: 15-18

Kühl, Wolfgang (1993): *Soziale Gruppenarbeit in der öffentlichen Jugendhilfe: elaborierte Konzepte, aber nicht gerade Konjunktur.* In: Zentralblatt für Jugendrecht, 80.Jg., H.12/1993: 565-569

Lamnek Siegfried (1997): *Neue Theorien abweichenden Verhaltens*. München

Langguth, Gerd (2001): *Mythos'68. Die Gewaltphilosophie von Rudi Dutschke – Ursache und Folgend der Studentenbewegung*. München

Larcher, Sabina/Tröhler, Daniel (2002): *Von der Psychologie zur Psychotherapie? Die Psychologisierung der Lehrer- und Lehrerinnenbildung und ihre Folgen. Eine Diskussion*. In: Zeitschrift für pädagogische Historiographie, 8.Jg., 2002, H.2: 98-103

Lasch, Christopher (Hg.) (1965): *The Social thought of Jane Addams*. Indianapolis: The Bobbs-Merrill Company

Lattke, Herbert (1962): *Sozialpädagogische Gruppenarbeit*. Freiburg i. Br.

Lee, S.C. (1964*): The Primary Group as Cooley Defines It*. In: Sociological Quarterly, 5, No.1: 23-34

Lemke, Bruno (1970/1913): *Einleitungsworte bei der Aussprache des Ersten Freideutschen Jugendtages auf dem "Hanstein"*. Nachgedruckt in: Müller, Carl Wolfgang (1970): a.a.O.: 31-35

Lindeman, Eduard C. (1921): *The Community – An Introduction to the study of Community Leadership and organization*. New York: Association Press

Ders. (1924): *Social Discovery – An approach to the study of functional groups*. New York: Repbulic Publishing

Ders. (1955/1939): *Group Work and Democratic Values*. In: Trecker, Harleigh B. (Hg.)(1955): a.a.O.: 13-25

Lippitt, Ronald (1948): Socio-Psychological Research and Group Work. In: Hendry, Charles E. (Hg.)(1948): a.a.O.: 166-177

Lippmann, Walter (1922): *Public Opinion*. New York: Harcourt Brace

Litt, Theodor (1958/1954): *Die politische Selbsterziehung des deutschen Volkes.* Bundeszentrale für Heimatdienst; 4.Aufl.

Lorenz, Paul (1967): *Soziale Gruppenarbeit als Eingliederungshilfe für gefährdete Jugendliche: Analyse eines sozialpädagogischen Modells.* Dissertation. Kiel

Lorenz, Klaus-Peter (1987): *Der Beitrag der politischen Jugendbildung zur Überwindung antidemokratischer Strukturen in den Nachkriegsjahren.* Dissertation. Kassel

Lück, Wolfgang (1980a): *Gruppendynamik im Übergang.* In: Schwalbacher Blätter, H.127, 9/1980: 107-109

Ders. (1980b): *Wohin steuert die Gruppenpädagogik?.* In: Schwalbacher Blätter, H.128,12/1980: 130-133

Maas, Udo (1992): *Soziale Arbeit als Verwaltungshandeln.* Weinheim

Mattson, Kevin (1998): *Reading Follett.* In: Follett, Mary Parker (1998): a.a.O.: xxix-lix

McDonnell, Lorraine M. (2000): *Defining Democratic Purposes.* In: McDonnell, Lorraine M./Timpane, P. Michael/Benjamin, Roger (Hg.) (2000): *Rediscovering the Democratic Purpose of Education.* Kansas: University of Kansas Press: 1-18

Meacham, Standish (1987): *Toynbee Hall and Social Reform – 1880-1914.* New Haven & London: Yale University Press

Mead, George Herbert (1908/09): *Industrial Education, the Working-Man, and the School.* In: The Elementary School Teacher, 9.Jg. (1908/09): 369-383

Ders. (1936): *Movements of Thought in the nineteenth Century.* Hg. von Merritt H. Moore. Chicago: University of Chicago Press

Ders. (1973/1934): *Geist, Identität und Gesellschaft*. Hg. von Charles W. Morris. Frankfurt a.m.

Ders. (1980): *Gesammelte Aufsätze. Band 1*. Hg. von Hans Joas. Frankfurt a. M.

Ders. (1981/1964): *Selected Writings*. Hg. von Andrew Reck. Chicago: University of Chicago Press; 2.Aufl.

Ders. (1983): *Gesammelte Aufsätze. Band 2*. Hg. von Hans Joas. Frankfurt a. M.

Meinhold, Marianne (1973): *Zum Selbstverständnis und zur Funktion von Sozialarbeitern. Am Beispiel von Theorie und Praxis der sozialen Einzelfallhilfe*. In: Hollstein, Walter/Meinhold, Marianne (Hg.)(1973): *Sozialarbeit unter kapitalistischen Produktionsbedingungen*. Frankfurt a. M.: 208-225

Menand, Louis (2002): *The Metaphysical Club*. London: Flamingo

Merritt, Anna J. (1970): *Public opinion in occupied Germany: the OMGUS surveys 1945-1949*. Urbana: University of Illinois Press

Merritt, Richard L. (1995): *Democracy imposed: US occupation policy and the German public, 1945-1949*. New Haven/London: Yale University Press

Merten, Roland (Hg.)(2002): *Sozialraumorientierung. Zwischen fachlicher Innovation und rechtlicher Machbarkeit*. Weinheim/München

Miller, David L. (1982): *George Herbert Mead. The Individual and the Social Self. Unpublished Work of George Herbert Mead*. Chicago: University of Chicago Press

Mollenhauer, Klaus (1959): *Die Ursprünge der Sozialpädagogik in der industriellen Gesellschaft*. Weinheim/Berlin

Morris, Charles (1973/1934): *Einleitung: George H. Mead als Sozialpsychologe und Sozialphilosoph*. In: Mead, George Herbert (1973): a.a.O.: 13-38

Müller, Burkhard (2004a): *Sozialpädagogische Diagnosen und der 'Allgemeine Soziale Dienst' (ASD)*. In: Krumenacker, Franz-Josef (Hg.)(2004): a.a.O: 67-76

Ders. (2004b): *Weniger Jugendhilfe und mehr Schule? Oder ist Bildung mehr als Schule?* In: Zeitschrift für Sozialpädagogik 2.Jg.,2004, H.1: 66-77

Müller, Carl Wolfgang (Hg.)(1970): *Gruppenpädagogik: Auswahl aus Schriften und Dokumenten*. Weinheim/Basel

Ders. (1988/1982): *Wie Helfen zum Beruf wurde: eine Methodengeschichte der Sozialarbeit-Bd.1 – 1883-1945*. Weinheim/ Basel; 2. Aufl.

Ders. (1992/1988): *Wie Helfen zum Beruf wurde: eine Methodengeschichte der Sozialarbeit-Bd.2 – 1945-1990*. Weinheim/Basel; 2. Aufl.

Ders. (1996): *Gruppenarbeit, soziale (s.G.)*. In: Kreft, Dieter/Mielenz, Ingrid (Hg.) (1996): *Wörterbuch Soziale Arbeit*. Weinheim/Basel. 4. Aufl.: 267-269

Müller, Carsten (2002): *'Wir alle sind Aristen ... weil Bürger'*. In: Andresen, Sabine/Tröhler, Daniel (2002): *Gesellschaftlicher Wandel und Pädagogik. Studien zur historischen Sozialpädagogik*. Zürich: 14-24

Ders. (2005): *Sozialpädagogik als Bürgererziehungswissenschaft. Eine problemgeschichtliche Auseinandersetzung mit Sozialer Arbeit als Menschenrechtsprofession*. In: Zeitschrift für pädagogische Historiographie, 11.Jg., 2005, H.1: 3-8

Münchmeier, Richard/Ortmann, Friedrich (1996): *Soziale Arbeit im Wandel der Moderne*. In: Grunwald, Klaus/Ortmann, Friedrich/Rauschenbach, Thomas/Treptow, Rainer (Hg.) (1996): *Alltag, Nicht-Alltägliches und die Lebenswelt. Beiträge zu einer lebensweltorientierten Sozialpädagogik*. Weinheim/München: 141-156

Münder, Johannes (1978): *Der Abbau des Eingriffs- und Kontrollcharakter der Jugendhilfe zugunsten des Leistungscharakters.* In. Neue Praxis H.3/1978: 193-201

Ders. (1996a): *Jugendhilferechtsreform.* In. Kreft, Dieter/Mielenz, Ingrid (Hg.)(1996): a.a.O.: 322-323

Ders. (1996b): *Kinder- und Jugendhilfegesetz (KJHG).* In: Kreft, Dieter/Mielenz, Ingrid (Hg.) (1996): a.a.O.: 353-356

Ders. (2001): *Sozialraumorientierung und das Kinder- und Jugendhilferecht. Rechtsgutachten im Auftrag von IgfH und SOS-Kinderdorf e.V..* In: Sozialpädagogisches Institut im SOS-Kinderdorf e.V.(SPI)(Hg.)(2001): a.a.O.: 6-124

Münder, Johannes u.a. (1998/1991): *Frankfurter Lehr- und Praxiskommentar zum KJHG/SGB VIII.* Münster; 3.Aufl.

Neuendorff, Edmund (1921): *Die Schulgemeinde als Arbeitgemeinschaft und Lebensgemeinschaft.* In: Ders. (Hg.)(1921): *Die Schulgemeinde. Gedanken über ihr Wesen und Anregungen zu ihrem Aufbau.* Leipzig/Berlin: 1-12

Neuffer, Manfred (1994*): Die Rezeption der amerikanischen Methoden der Sozialarbeit nach 1945 in Westdeutschland.* In: Hamburger, Franz (Hg.)(1994): *Innovation durch Grenzüberschreitung.* Studien zur vergleichenden Sozialpädagogik und internationalen Sozialarbeit Bd.8. Rheinfelden/Berlin: 131-157

Newstetter, Wilber I./Feldstein, Marc J./Newcomb, Theodore (1970/1935): *Gruppenarbeit als Prozeß.* Übersetzt von und nachgedruckt in: Müller, Carl Wolfgang (1970): a.a.O.: 86-93

Nie, Norman/Hyllagus, D. Sunshine (2001): *Education and Democratic Citizenship.* In: Ravitch, Diane/Viteritti, Joseph P. (Hg.)(2001): *Making Good Citizens. Education and Civil Society.* Binghampton/New York: Vail-Balou Press: 30-57

338

Niemeyer, Christian (2002): *Professionalisierung von Erziehung.* In: Schroer,Wolfgang/ Struck, Norbert/Wolff, Mechthild (Hg.)(2002): *Handbuch der Kinder- und Jugendhilfe.* Weinheim/München: 1019-1031

Northern, Helen (1973): *Soziale Arbeit mit Gruppen – Der Verlauf des helfenden Prozesses.* Freiburg i. Br.

Nüberlin, Gerda (1997): *Jugendhilfe nach Vorschrift? Grundlagen, Probleme und Vorschläge der Umsetzung des neuen Kinder- und Jugendhilferechts in sozialpädagogische Praxis.* Pfaffenweiler

Oelkers, Jürgen (1980a): *Schwanengesang auf die Gruppendynamik?* In: Schwalbacher Blätter, H. 127, 9/1980: 103-160

Ders. (1980b): *Plädoyer für die Gruppenpädagogik.* In: Schwalbacher Blätter, H.128,12/1980: 134-138

Ders. (1996): *Reformpädagogik. Eine kritische Dogmengeschichte.* Weinheim; 3. vollständig bearbeite und erweiterte Auflage

Ders. (2000): *Dewey in Deutschland – ein Mißverständnis.* In: Dewey, John (2000a): a.a.O.: 489-509

Ders. (2004): *Pragmatismus und Pädagogik: Zur Geschichte der demokratischen Erziehungstheorie.* Vortrag anlässlich des Kolloquiums "Erziehen – Lehren – Lernen. Zu Kontinuitäten, Brüchen und Neuorientierungen im pädagogischen Denken" am 9. Juli 2004 an der Carl von Ossietzky Universität Oldenburg. http://www.unizh.ch./paed/vortraege.html

Oelkers, Jürgen/Horlacher, Rebekka (2002a): *Nachwort zur Neuausgabe von 'Wie wir denken'.* In: Dewey, John (2002): a.a.O.:166-186

Oelkers, Jürgen/Horlacher, Rebekka (2002b): *John Deweys Philosophie der Erziehung im Kontext.* In: Dewey, John (2002): *Pädagogische Aufsätze und Abhandlungen (1900-1944).* Mit einer Einleitung, neu hg. von Rebekka Horlacher und Jürgen Oelkers. Zürich: 7-21

Oetinger, Friedrich (1951): *Wendepunkt der politischen Erziehung – Partnerschaft als pädagogische Aufgabe.* Stuttgart

Otto, Hans-Uwe/Utermann Kurt (Hg.) (1973): *Sozialarbeit als Beruf. Auf dem Weg zur Professionaliserung?* München

Perinbanayagam, R.S. (1975): *The Significance of Others in the Thought of Alfred Schutz, G.H. Mead and C.H. Cooley.* In: Sociological Quarterly, 16: 500-521

Pestalozzi, Johann Heinrich (1927): *Sämtliche Werke.* Bd. 1. Hg. von Artur Buchenau, Eduard Spranger und Hans Stettbacher. Berlin/Leipzig

Ders. (1932): *Sämtliche Werke.* Bd.13. Hg. von Artur Buchenau, Eduard Spranger und Hans Stettbacher. Berlin/Leipzig

Petersen, Peter (1952/1927): *Das Gemeinschaftsleben der Gruppe.* In: Ders. (1952): *Der Kleine Jena-Plan.* Braunschweig: 25-38

Pfaffenberger, Hans (1956a): *Ausbildung für soziale Gruppenarbeit – ein Bestandteil der Sozialarbeiterausbildung.* In: Unsere Jugend, Jg. 8, H.6,1956: 113-117

Ders. (1956b): *Jugendpflege – Jugendfürsorge.* In: Unsere Jugend, 8.Jg. H.7, 1956: 313-316

Ders. (1996): *Zu Entwicklung und Reformen der Ausbildung für das Berufsfeld "Sozialarbeit/ Sozialpädagogik" von 1945 bis 1995.* In: Engelke, Ernst (Hg.)(1996): *Soziale Arbeit als Ausbildung: Studienreform und -modelle.* Freiburg i. Br.: 28-54

Philpott, Thomas Lee (1978): *The Slum and the Ghetto. Neighborhood Deterioration and Middle Class Reform, Chicago, 1880-1930.* New York: Oxford University Press

Picht, Georg (1964): *Die deutsche Bildungskatastrophe – Analyse und Doku-mentation.* Olden

Picht, Werner (1913): *Toynbee Hall und die englische Settlement-Bewegung – Ein Beitrag zur Geschichte der sozialen Bewegung in England.* Tübingen

Pongratz, Ludwig J. (1982): *Pädagogik in Selbstdarstellungen Bd. IV.* Hamburg

Radtke, Eva-Maria / Schröter, Inge (2000): *Soziale Trainingskurse – Soziale Gruppenarbeit.* In: Bundesarbeitsgemeinschaft für ambulante Maßnah-men nach dem Jugendrecht in der DVJJ (Hg.)(2000): *Neue Ambulante Maßnahmen. Grundlagen – Hintergründe – Praxis.* Mönchengladbach: 326-343

Redl, Fritz (1974): *Die Wirkung von Spielelementen auf das Spielverhalten von Kindern (Übersetzung: Gudrun Hylla).* In: Schwalbacher Blätter, H.116, 12/1977: 119-166

Renger III, Paul (1980): *George Herbert Mead's Contribution to the Philosophy of American Education.* In: Educational Theory, 30, No. 2.: 115-133

Reid, Kennth E. (1981): *From Character Building to Social Treatment. The his-tory of the use of groups in social work.* Westport, Conneticut: Greenwood Press

Rethmann, Benno (1997): *Entscheidungsfindung in der Hilfe zur Erziehung. Die Umsetzung zentraler fachlicher Eckwerte des Kinder- und Jugendhilfege-setzes (KJHG) in der Hilfeplanung der Hilfe zur Erziehung im Zusam-menhang der Diskussion betriebswirtschaftlicher Steuerung in der Ju-gendhilfe.* Dissertation an der Westfälischen-Wilhelms-Universität Müns-ter

Rhein-Neckar-Kreis. Landratsamt (2004): *Weiterentwicklung der Hilfen des Ju-gendamtes infolge der Strukturberichte 2004. Vorlage Nr. 16.* Heidelberg

Rhein-Neckar-Kreis. Landratsamt (2005): *Strukturanalyse der einzelnen Hilfe-arten – Fortschreibung, 2.Teil. Vorlage Nr. 8.* Heidelberg

Rockefeller, Steven C. (1991): *John Dewey. Religious Faith and Democratic Humanism*. New York: Columbia University Press

Rohde, Bernhard (1989): *Sozialpädagogische Hochschulausbildung. Eine vergleichende Untersuchung von Studiengängen an Fachhochschulen wissenschaftlichen Hochschulen*. Frankfurt a. M.

Rose, Nikolas (1996): *Power and subjectivity: Critical history and psychology*. In: Gergen, Kenneth, J. / Graumann, Carl F. (Hg.)(1996): *Historical dimensions of psychological discourse*. Cambridge: Cambridge University Press: 103-124

Rosenzweig, Beate (1998): *Erziehung zur Demokratie? Amerikanische Besatzungs- und Schulpolitik in Deutschland und Japan*. Stuttgart

Rupieper, Hermann-Josef (1993): *Die Wurzeln der westdeutschen Nachkriegsdemokratie. Der amerikanische Beitrag 1945-1952*. Opladen

Salomon, Alice (1913): *Geleitwort*. In: Addams, Jane (1913): a.a.O.: 3-7

Dies. (1932): *Jane Addams*. In: Dies. (1932): *Soziale Führer. Ihr Leben, ihre Lehren, ihre Werke*. Leipzig: 135-147

Schaeffer, Doris (1992): *Tightrope Walking. Handeln zwischen Pädagogik und Therapie*. In: Dewe, Bernd/Ferchhoff, Wilfried/Radtke, Frank-Olaf (Hg.) (1992): *Erziehen als Profession. Zur Logik professionellen Handelns in pädagogischen Feldern*. Leverkusen: 200-229

Schenck, Christa von (1951): *Psychologismus eine Gefahr*. In: Schwalbacher Blätter H.2/3/1951: 10-14

Schiller, Heinrich (1954): *Gruppenpädagogik im Unterricht einer Sozialen Schule*. In: Schwalbacher Blätter, H.24, 12/1954: 8-17

Ders. (1963): *Gruppenpädagogik (social group work) als Methode der Sozialarbeit*. Wiesbaden

Ders. (1997): *Soziale Gruppenarbeit in Deutschland. Persönliche Erinnerungen und Erfahrungen.* In: Nebel, Georg/Woltmann-Zingsheim, Bernd (Hg.)(1997): a.a.O: 277-327

Schipmann, Werner (2002): *'Sozialraumorientierung' in der Jugendhilfe. Kritische Anmerkungen zu einem (un-)zeitgemäßen Ansatz.* In: Merten, Roland (Hg.)(2002): a.a.O.: 127-149

Schlander, Otto (1981): *Der Einfluß von John Dewey und Hans Morgenthau auf die Formulierung der Re- educationpolitk.* In: Heinemann, Manfred. (Hg.)(1981): a.a.O.: 40-52

Schmelcher, Grit/Pietschmann, Anneliese/Walsdorff, Ingeborg/Hutta, Jos/Berlé, Marie-Anne (1965): *Gisela Konopka in Deutschland, Erlebnisberichte.* In: Schwalbacher Blätter, H.68, 12/1965: 1020-1030

Schmidt-Grunert, Marianne (1997): *Soziale Arbeit mit Gruppen – Eine Einführung.* Freiburg i. Br.

Schön, Bärbel (1989): *Therapie statt Erziehung? Chancen und Probleme der Therapeutisierung pädagogischer und sozialer Arbeit.* Frankfurt a. M.

Schöpping, Wolfgang (1968): *Bericht über die Jahrestagung von Haus Schwalbach vom 19. bis 21.April 1968 in Königstein.* In: Schwalbacher Blätter, H.78, 6/1968: 1318-1321

Ders. (1974): *Die nicht- direktive Beratung.* In: Schwalbacher Blätter, H.102, 6/1974: 42-53

Schreiber, Adele (1904): *Settlements. Ein Weg zum sozialen Verständnis.* Leipzig

Schubert, Hans-Joachim (1995): *Demokratische Identität: der soziologische Pragmatismus von Charles Horton Cooley.* Frankfurt a. M.

Schubert, Kurt (1956): *Gruppenarbeit mit Jugendlichen. Jugendarbeit neben dem Jurastudium.* In: Unsere Jugend, 8.Jg., H.. 9, 1956: 403-406

Schütz, Klaus-Volker (1989): *Gruppenforschung und Gruppenarbeit: theoretische Grundlagen und Praxismodelle.* Mainz

Schwartz, William (1959): *Group Work and the Social Scene.* In: Kahn, Alfred J. (Hg.)(1959): *Issues in American Social Work.* New York: Columbia University Press: 110-137

Seybold, Helga (1997): *Soziale Trainingskurse für Kinder. Es gibt soziale Gruppenarbeit für Erwachsene und auch für Jugendliche – aber für Kinder?* In: Sozialmagazin 22.Jg.,1997, H.2: 41-45

Slavson, S.R. (1955/1941): *Leadership and Democracy Are Compatible.* In: Trecker, Harleigh B. (Hg.)(1955): a.a.O.: 25-34

Smith, Thomas Vernon (1931): *The Social Philosophy of George Herbert Mead.* In: American Journal of Sociology, 37, No.3: 368-385

Smith, Thomas Vernon/Lindeman, Eduard C. (1951): *The Democratic Way of Life.* New York: Mentor Books

Sozialpädagogisches Institut im SOS-Kinderdorf e.V. (Hg.)(2001): *Sozialraumorientierung auf dem Prüfstand. Rechtliche und sozialpädagogische Bewertungen zu einem Reformprojekt in der Jugendhilfe.* München

Spangenberg, Kurt (1974): *Chancen der Gruppenpädagogik. Gruppendynamische Modelle für Erziehung und Unterricht.* 5. Aufl.. Weinheim

Ders. (1982): *Gruppenarbeit in der Sozialpädagogik/Sozialarbeit.* In: Gruppendynamik 6/82, S.193-206

Späth, Karl (1995): *Zur Geschichte und Entwicklung von Tagesgruppen in der Erziehungshilfe.* In: Unsere Jugend, 47. Jg.H.2, 1995: 77-89

Strauss, Anselm L. (Hg.)(1956): *The Social Psychology of George Herbert Mead*. Chicago: University of Chicago Press

Streckmann, Ulrich (2004): *Autonomie und lebensweltliche Einbettung: Hans Thiersch über Soziale Arbeit und Moral*. In: Zeitschrift für Sozialpädagogik, 2.Jg.2004, H.3: 262-285

Struck, Norbert (2002): *Kinder- und Jugendhilfegesetz/SGB VIII*. In: Schroer,Wolfgang/ Struck, Norbert/Wolff, Mechthild (Hg.)(2002): a.a.O.: 529-544

Suhr, Martin (1994): *John Dewey zur Einführung*. Hamburg

Sülau, Elisabeth (1949): *Noch einmal: "Junge Mannschaft"*. In: Unsere Jugend, 1.Jg. H. 6, 1949: 32-34

Dies. (1950): Erfahrungen mit der Schutzaufsicht. In: Unsere Jugend, 2.Jg. H. 6, 1950: 226-229

Dies. (1952): *Schutzaufsicht in der Gruppe*. In: Unsere Jugend, 4.Jg. H.10,1952: 361- 367

Dies. (1961): *Pädagogische Gruppenarbeit als Lebens- und Entwicklungshilfe*. Blätter des Pestalozzi-Fröbel-Verbands, Juli 1961: 107-112

Dies. (1965): *Soziale Gruppenarbeit – Eine Lebenshilfe für unsere Jugend*. In: Röhrs, Hermann (Hg.)(1965): *Die Jugendfrage – eine erzieherische Aufgabe*. Frankfurt a. M.: 158-163

Suter, Alois (1986): *Menschenbild und Erziehung bei M. Buber und C. Rogers. Ein Vergleich*. Bern/Stuttgart

Swanson, Guy E. (1961): *Mead and Freud: Their Relevance for Social Psychology*. In: Sociometry, 24, No.4: 319-339

Tent, James F. (1982): *Mission on the Rhine: reeducation and denacification in American-occupied Germany*. Chicago: University of Chicago Press

Thiersch, Hans (1977): *Kritik und Handeln. Interaktionistische Aspekte der Sozialpädagogik. Gesammelte Aufsätze.* Neuwied

Ders. (1978): *Zum Verhältnis von Sozialarbeit und Therapie.* In: Neue Praxis (1978), 8.Jg. H. 1: 6-24

Ders. (1986): *Die Erfahrung der Wirklichkeit. Perspektiven einer alltagsorientierten Sozialpädagogik.* Weinheim/München

Ders. (1992): *Lebensweltorientierte Soziale Arbeit. Aufgaben der Praxis im sozialen Wandel.* Weinheim/München

Ders. (1993): *Strukturierte Offenheit. Zur Methodenfrage einer Lebensweltorientierten Sozialen Arbeit.* In: Rauschenbach, Thomas/Ortmann, Friedrich/ Karsten, Maria-E. (Hg.)(1993): *Der sozial-pädagogische Blick. Lebensweltorientierte Methoden in der Sozialen Arbeit.* Weinheim/München: 11-28

Ders. (1998/1977): *Alltagshandeln und Sozialpädagogik.* In: Thole, Werner/Galuske, Michael/Gängler, Hans (Hg.)(1998): a.a.O.: 443- 469

Ders. (2002): *Positionsbestimmungen der Sozialen Arbeit. Gesellschaftspolitik, Theorie und Ausbildung.* Weinheim/München

Thole, Werner, Galuske, Michael, Gängler, Andreas (Hg.) (1998): *KlassikerInnen der Sozialen Arbeit.* Neuwied

Topitz, Bernd (1974): *Zur Einführung in die Gruppendynamik.* In: Schwalbacher Blätter, H.102,6/1974: 54-60

Trapper, Thomas (2002): *Erziehungshilfe: Von der Disziplinierung zur Vermarktung. Entwicklungslinien der Hilfen zur Erziehung in den gesellschaftlichen Antinomien zum Ende des 20. Jahrhunderts.* Bad Heilbrunn

Trecker, Audrey R./Trecker Harleigh B. (1952): *How to Work with Groups.* New York: Whiteside Inc. & William Morrow and Company

Trecker, Harleigh B. (1949): *Social Group Work. Principles and Practices.* New York: The Woman's Press

Ders. (Hg.) (1955): *Group Work. Foundations and Frontiers.* New York: Whiteside Inc. & William Morrow and Company

Ders. (1955): *The Frontiers in Group Work.* In: Ders. (Hg.)(1955): a.a.O.: 373 418

Treeß, Helga (1999): *Global denken – lokal handeln. Sozialräumliches Handeln in der Kinder- und Jugendhilfe als Gemeinwesenarbeit.* In: Standpunkt: Sozial 3/99: 32-40

Dies. (2002): *Prävention und Sozialraumorientierung.* In: Schroer, Wolfgang/Struck, Norbert /Wolff, Mechthild (Hg.)(2002): a.a.O.: 926-940

Trenzcek, Thomas (2000): *Rechtliche Grundlagen der Neuen Ambulanten Maßnahmen und sozialpädagogischen Hilfeangebote für straffällige Jugendliche.* In: Bundesarbeitsgemeinschaft für ambulante Maßnahmen nach dem Jugendrecht in der DVJJ (Hg.)(2000): a.a.O.: 17-119

Tröhler, Daniel (2001): *Pädagogische Historiographie und Kontext.* In: Zeitschrift für pädagogische Historiographie Jg.7 (2001),H.1: 26-34

Ders. (2002): *Die Anfangskonstruktionen der deutschen Sozialpädagogik.* In: Andresen, Sabine/Tröhler, Daniel (Hg.)(2002): *Gesellschaftlicher Wandel und Pädagogik. Studien zur historischen Sozialpädagogik.* Zürich: 25-37

Ders. (2003a): *Internationalisierung und nationale Kontexte der Forschung.* In: Zeitschrift für pädagogische Historiographie Jg.9 (2003), H.1: 31-33

Ders. (2003b): *Politische Moral und deutsche Pädagogik. Die geisteswissenschaftliche Pädagogik und ihre Sprache.* Manuskript. Zürich

Ders. (2005): *Geschichte und Sprache der Pädagogik.* In: Zeitschrift für Pädagogik 51.Jg. 2005/ H.2: 218-235

Tuggener, Heinrich (1971): *Social Work – Versuch einer Darstellung und Deutung im Hinblick auf das Verhältnis von Sozialarbeit und Sozialpädagogik.* Weinheim/Basel

Uhlendorff, Uwe (1997): *Sozialpädagogische Diagnosen III – Ein sozialpädagogisch-hermeneutisches Diagnoseverfahren für die Hilfeplanung.* Weinheim/München

Victor Gollancz-Akademie für Jugendhilfe (1969): *Zur Theoriebildung der Gruppenpädagogik. Bericht über ein Expertengespräch.* Bearbeitet von Oskar Jessl, Werner Küchenhoff, C. Wolfgang Müller. München

Vinter, Robert D. (1973/1971): *Beiträge zur Praxis der Sozialen Gruppenarbeit.* Freiburg i. Br.; 2.Aufl.

Vogt, Peter (2002): *Pragmatismus und Faschismus. Kreativität und Kontingenz in der Moderne.* Weilerswist

Vopel, Klaus W. (1973): *Themenzentrierte Interaktion.* In: Schwalbacher Blätter H. 100, 12/1973: 93-106

Walkenhorst, Philipp (1989): *Soziale Trainingskurse. Ein themenorientiertes Förderangebot.* Pfaffenweiler

Walz, Kurt (1951): *Aus einem Brief.* In: Schwalbacher Blätter, H.6, 10/1951: 8

Walz, Ursula (1974): *Vierundzwanzig Jahre 'Schwalbacher Blätter'.* In: Schwalbacher Blätter, H.103, 9/1974: 81-84

Weber, Gottfried (1967): *Lernen in Gruppen. Sieben Berichte.* München

Ders. (1973): *Kritische Anmerkungen zur sozialpädagogischen Gruppenarbeit.* In: Otto, Hans-Uwe/Schneider Siegfried (Hg.)(1973):*Gesellschaftliche Perspektiven der Sozialarbeit Bd.2.* Neuwied/Darmstadt: 169-187

Wegner, Gregory/Füssl, Karl-Heinz (1997): *Wissenschaft als säkularer Kreuzzug: Thomas V. Smith und die deutschen Kriegsgefangenen in den USA (1944-1946).* In: Paedagogica Historica XXXIII 1997/1: 157-182

Wendt, Wolf Rainer (1990): *Vorwort.* In: Mühlfeld, Claus/Oppl, Hubert u.a. (Hg.)(1990): *Brennpunkte Sozialer Arbeit – Soziale Gruppenarbeit.* Neuwied: 3-6

Ders. (1995): *Geschichte der Sozialen Arbeit.* Stuttgart; 4. Aufl.

Weniger, Erich (1952): *Politische und mitbürgerliche Erziehung.* In: Die Sammlung 7.Jg.1952: 304-317

Ders. (1954): *Politische Bildung und Staatsbürgerliche Erziehung. Zwei Denkschriften.* Würzburg

Wenzel, Harald (1990): *George Herbert Mead zur Einführung.* Hamburg

Werninger, Lisel (1961): *Die Entwicklung der sozialen Gruppenarbeit im Rahmen der vorbeugenden Jugendhilfe.* Blätter des Pestalozzi-Fröbel-Verbands, Juli 1961: 103-107

Westbrook, Robert B. (1991): *John Dewey and American Democracy.* New York: Cornell University Press

Wiggershaus, Rolf (1986): *Die Frankfurter Schule. Geschichte, Theoretische Entwicklung, Politische Bedeutung.* München/Wien

Wilhelm, Theodor (1953): Partnerschaft: *Die Aufgabe der politischen Erziehung.* Stuttgart

Ders. (1954): *Eine Lanze für die Partnerschaft. Bemerkungen zum Streit um die Aufgabe der politischen Volksbildung.* In: Die Sammlung 9.Jg. 1954: 225-236

Ders. (1982): *Theodor Wilhelm.* In: Pongratz, Ludwig (1982): a.a.O.: 315-347

Wilson, Gertrude u.a. (1970/1936): *Ziele der Gruppenarbeit*. Übersetzt von und nachgedruckt in: Müller, Carl Wolfgang (1970): a.a.O.: 94-99

Wilson, Gertrude/Ryland, Gladys (1949): *Social Group Work Practice – The Creative Use of the Social Process*. Boston/ New York: Houghton Mifflin Company

Wolf, Klaus (2002): *Hilfen zur Erziehung*. In: Schroer, Wolfgang/Struck, Norbert/ Wolff, Mechthild (Hg.)(2002): a.a.O.: 631-645

Wolff, Mechthild (2002): *Integrierte Hilfen vs. versäulte Erziehungshilfen. Sozialraumorientierung jenseits der Verwaltungslogik*. In: Merten, Roland (Hg.)(2002): a.a.O.: 41-52

Zander, Alwin/ Cartwright, David (1948): *Looking toward the Next Ten Years in Group Work*. In: Hendry, Charles E. (Hg.)(1948): a.a.O.: 178-182

Zink, Harold (1957): *The United States in Germany - 1944-1955*. Princeton: Van Nostrand

Internetquellen

www-distance.syr.edu/eclvita.html ; 05.01.2005

www.infed.org/thinkers/wilson.htm ; 05.012005

www.infed.org/thinkers/coyle.htm ; 05.01.2005

Aus unserem Verlagsprogramm:

VERLAG DR. KOVAČ

FACHVERLAG FÜR WISSENSCHAFTLICHE LITERATUR

Postfach 57 01 42 · 22770 Hamburg · www.verlagdrkovac.de · info@verlagdrkovac.de